权威 · 前沿 · 原创

皮书系列为

“十二五”“十三五”国家重点图书出版规划项目

北京新闻出版广电发展报告（2017~2018）

ANNUAL REPORT ON THE DEVELOPMENT OF BEIJING'S MEDIA INDUSTRY (2017-2018)

北京市新闻出版研究中心／编
主　编／王　志
执行主编／孙　玲

社会科学文献出版社
SOCIAL SCIENCES ACADEMIC PRESS (CHINA)

图书在版编目（CIP）数据

北京新闻出版广电发展报告．2017－2018／北京市新闻出版研究中心编．－－北京：社会科学文献出版社，2018.11

（北京传媒蓝皮书）

ISBN 978－7－5201－3680－8

Ⅰ．①北… Ⅱ．①北… Ⅲ．①新闻事业－研究报告－北京－2017－2018 ②出版事业－研究报告－北京－2017－2018 ③广播事业－研究报告－北京－2017－2018 ④电影事业－研究报告－北京－2017－2018 ⑤电视事业－研究报告－北京－2017－2018 Ⅳ．①G219.271 ②G239.271 ③G229.271

中国版本图书馆 CIP 数据核字（2018）第 240169 号

北京传媒蓝皮书

北京新闻出版广电发展报告（2017～2018）

编　　者／北京市新闻出版研究中心

主　　编／王　志

执行主编／孙　玲

出 版 人／谢寿光

项目统筹／吴　敏

责任编辑／张　超

出　　版／社会科学文献出版社·皮书出版分社（010）59367127

地址：北京市北三环中路甲 29 号院华龙大厦　邮编：100029

网址：www.ssap.com.cn

发　　行／市场营销中心（010）59367081　59367083

印　　装／三河市龙林印务有限公司

规　　格／开　本：787mm×1092mm　1/16

印　张：22.75　字　数：343 千字

版　　次／2018 年 11 月第 1 版　2018 年 11 月第 1 次印刷

书　　号／ISBN 978－7－5201－3680－8

定　　价／89.00 元

皮书序列号／PSN B－2016－588－1/1

本书如有印装质量问题，请与读者服务中心（010－59367028）联系

《北京新闻出版广电发展报告（2017～2018）》
编　委　会

《北京新闻出版广电发展报告（2017～2018）》
课　题　组

课题组组长　王　志

课题组副组长　孙　玲

课题组成员　陈含章　刘拥军　赵　均

课题合作单位　中国新闻出版研究院

中智科学技术评价研究中心

中国传媒大学

顾　　问　魏玉山　周蔚华　刘燕南　于秀娟

统　　稿　孙　玲

主要编撰者简介

王　志　毕业于中国人民大学法学院，硕士研究生学历，现任北京市新闻出版研究中心主任，主任编辑，长期从事新闻出版广电及版权行业研究工作。曾主持“北京市全民阅读评估体系研究”“数字化冲击下的北京新闻出版产业”“北京市新闻出版产业发展报告（2014）”“北京市新闻出版公共服务体系评价研究”“北京市数字出版产业发展研究”“全媒体时代出版物消费市场研究”“北京市版权相关产业评估研究”“首都公共阅读服务体系建设对策研究”“北京市新闻出版广电产业发展状况分析”“出版产业链协同模式与集群治理研究”“北京市新闻出版业企业社会责任建设研究”“精品图书传播推广研究”“网络版权保护新机制研究”“网络版权案例分析”等课题研究，曾参与《首都全面深化改革政策研究》《中国全民阅读蓝皮书》等书籍的编写工作。

孙　玲　北京市新闻出版研究中心高级经济师，副编审。毕业于中国科学院大学，博士学位，主要从事新闻出版广电产业、创意产业研究工作。主持并参与多个研究课题，在《出版发行研究》《中国新闻出版广电报》《传媒》《科技进步与对策》等报刊发表多篇文章。

主编单位简介

北京市新闻出版研究中心　北京市新闻出版研究中心为北京市新闻出版广电局全额拨款事业单位，承担本市新闻出版、著作权、广播影视等方面发展战略、规划、体制改革、政策法规的研究工作；承担研究项目、课题相关工作；组织推广应用科技成果，开展学术交流与合作，为新闻出版广电行业单位提供咨询服务等。

摘　要

《北京新闻出版广电发展报告（2017～2018）》是由北京市新闻出版研究中心牵头，联合国内学术界、产业界众多专家学者共同编撰的北京地区新闻出版广电行业年度发展报告，今年是蓝皮书的第三本。全书由总报告、分报告、专题报告和附录（主要政策汇编及大事记）构成。

总报告统领全书，全景呈现北京新闻出版广电业在2017年的发展概况和新情况、新亮点，对2018年乃至今后几年的发展趋势进行预测，并提出推进北京新闻出版广电业可持续发展的意见和建议。

分报告盘点了2017年首都图书（进出口贸易）、期刊、报纸、数字出版（音像电子）、印刷、发行、广播、电影、电视、视听新媒体和广电技术等细分领域的发展情况和行业热点，探讨各领域今后的发展态势，并针对存在的问题提出建议。

专题报告以问题为导向，聚焦行业热点，对行业难题和创新案例进行深入研究和剖析，力争提出可供业界参考的对策建议。专题报告涵盖少儿畅销书生产机制、实体书店转型升级模式、传媒上市公司治理结构、全媒体环境下电视媒体战略转型、网络自制节目综合解析、网络直播文化价值等内容，兼具实践指导和理论参考价值。

本书认为，2017年是北京市全面实施扎实推进《新闻出版广播影视“十三五”发展规划》之年。北京市以学习宣传贯彻习近平新时代中国特色社会主义思想和党的十九大精神为主线，提升首都站位，坚持正确导向，紧紧围绕“四个全面”战略布局，围绕全国文化中心建设定位、“一核一城三带两区”总体规划，全面阐释党的十九大精神，加强社会主义核心价值观引领，深入挖掘北京历史文化内涵，积极推进京津冀协同发展战略，繁荣兴盛首都文化。这一年里，北京新闻出版广电业围绕党的十九大做好正面宣传工作，意识形态阵地监管全面加强，内容创作质量大幅提升，更好地满足人民群众精神文化需求；深入落实《公共文化服务保障法》，公共文化服务取得丰硕成果；政策引领作用明显，产业基础设施建设稳固；上市与资本运作再掀新高潮，推动产业持续发展、融合；著作权登记增势迅猛，网络版权监管力度增强；对外交流合作范围扩大，国际传播能力持续增强。

Abstract

Annual Report on the Development of Beijing's Media Industry (*2017 – 2018*) which is compiled by Beijing Research Center of Press and Publication, associated with many industry experts and scholars, is the continuation and advancement of previous two years. The book is consisted of General Report, Sub Reports, Theme Reports and Appendices (major policies compilation and the chronicle).

General Report presents the overall development of Beijing's media industry in 2017. This report also provides the forecast for Beijing's Media Industry in 2018, and makes suggestions on the sustainable development.

Sub Reports show the development and the main focus of several areas of Beijing's media industry, including books (import and export of copyright), periodicals, newspapers, audio-visual productions and electronic publications (digital publishing), printing, distribution, radio, film, television, new audio-visual media in 2017. Sub Reports discuss the trend of the sub areas of media industry in the next few years, and provide solutions on certain problems.

Theme Reports, which are problem-oriented, analyze the challenges and innovative case of media industry, to put forward some suggestions for reference. These reports cover a wide range of content, such as The Production of Bestselling Children's Books, The Transformation and Upgrade for Bookstores, Media Public Company Governance Structure, Web Original Programs General Analysis, Cultural Value of Webcast. Theme Reports provide significant value to the practice and the theoretical study.

The book believes that 2017 is the year of making solid effort to fulfill the 13th Five-Year Plan of Press, Publication, Radio, Film and Television. Around the main line of the study, publicity, and implementation of Xi Jinping Thought on Socialism with Chinese Characteristics for a New Era and the spirit of the 19th CPC National Congress, enhancing the capital position, Beijing gives correct guidance to the public, evolving around the Four-Pronged Comprehensive Strategy, in order to build Beijing into a national cultural center, focusing on "one core, one city, three belts, two areas", explaining comprehensively the spirit of the 19th CPC National Congress, taking core socialist values as the overarching principle, utilize Beijing's rich historical and cultural resources, accelerate the integration of Beijing-Tianjin-hebei, flourishing Beijing's culture market. In this year, Beijing Municipal Bureau of Press, Publication, Radio, Film and Television has done a good job of positive propaganda around the 19th CPC National Congress, and the supervision of ideology has been strengthened in an all-round way. The quality of works has been greatly improved to better satisfy spiritual and cultural needs of the people. Deep implement the "public culture service guarantee law", public cultural services have yielded fruitful results. The leading role of policies is obvious, and the construction of industrial infrastructures is stable. The new climax of listing and capital operation promotes the continuous development and integration of industries. Copyright registration is increasing rapidly, and supervision of the copyright under the network environment is strengthened. The scope of international exchanges and cooperation has expanded and international communication capacity has been continuously enhanced.

目 录

Ⅰ 总报告

Ⅱ 分报告

Ⅲ 专题报告

Ⅳ 附录

皮书数据库阅读**使用指南**

CONTENTS

Ⅰ General Report

Ⅱ Sub Reports

Ⅲ Theme Reports

Ⅳ Appendices

总 报 告

General Report

B.1
2017 ~2018年北京新闻出版广电业发展报告

陈含章*

摘 要： 北京是全国的新闻出版中心、媒体传播中心、影视制作重要基地，是新闻出版广电业政策制定的发源地，对全国新闻出版广电业有着极强的影响力和辐射力。2017 年，党的十九大胜利召开，新闻出版广电业从此步入新的发展时代。本报告系统梳理了2017 年北京地区新闻出版广电业发展的新情况、新变化，并结合国家大政方针和地方政府工作计划，预测近期发展趋势，提出对策建议，力求真实反映行业年度发展全貌。

关键词： 北京地区　新闻出版　广播影视

* 陈含章，中国新闻出版研究院出版发行研究室副主任，副研究员，长期从事新闻出版广电业、基层公共文化服务、出版物发行等领域研究，主持、参与各级课题50 余项。

2017 年，国家新闻出版广电总局发布了《新闻出版广播影视“十三五”发展规划》，是北京市全面实施发展规划、扎实推进之年。与此同时，党的十九大胜利召开也对北京市新闻出版广电业的发展提出了许多新的要求。2017 年，北京市以学习宣传贯彻习近平新时代中国特色社会主义思想和党的十九大精神为主线，提升首都站位，坚持正确导向，紧紧围绕“四个全面”战略布局，牢牢把握首都城市战略定位，围绕全国文化中心建设定位、“一核一城三带两区”总体战略布局，全面阐释党的十九大精神，加强社会主义核心价值观引领，深入挖掘北京历史文化内涵，积极推进京津冀协同发展战略，进一步聚焦全国文化中心建设，繁荣兴盛首都文化。

2017 年，北京地区新闻出版广播影视业总营收 2961.27 亿元，较上年增长 12.94%。其中，新闻出版营业收入 1345.95 亿元（不含数字出版），广播电视实际创收 1581.37 亿元，电影票房收入 33.95 亿元，分别较上年增长 5.58%、20.10% 和 12.12%。全市共有图书出版单位 239 家，报纸期刊 3491 种，音像出版单位 160 家，电子出版单位 144 家，出版物印刷企业 724 家（含专项及数字印刷），书刊发行网点 8922 处，网络出版服务持证单位 350 家；省级以上广播电台 3 座、电视台 2 座（不含中国教育电视台），区县级电视台 10 座，有线广播电视站 50 个；电影院线 25 条，电影院 209 家，银幕 1420 块（含 IMAX 17 块），座位数 20.4 万个；广播电视节目制作持证机构 7479 家，较上年增加 1413 家，增长 23.29%；信息网络传播视听节目持证机构 124 家，较上年增加 1 家。全年全市共出版图书 21.78 万种，26.74 亿册，品种较上年增长 2.54%，数量较上年下降 0.71%；报纸 249 种，83.91 亿份，品种较上年减少 3 种，数量较上年下降 2.43%；期刊 3242 种，8.6 亿册，品种较上年增长 21 种，数量较上年下降 4.44%。播出公共广播节目 49 套，播出时长 36.16 万小时；播出公共电视节目 56 套，播出时长 37.78 万小时；生产电视剧 75 部 3210 集，较上年增长 5 部 279 集；生产动画片 22 部 680 集 6321 分钟，较上年减少 8 部 69 集 3523 分钟；生产纪录片 2.24 万小时，较上年增加 0.32 万小时；生产电影 350 部，较上年增加 35 部，增长 11.11%。从以上数据可以看出，2017 年北京市新闻出版广电业整体呈稳步增长态势，在数量和规模上继续领跑全国。2017 年，北京市在重大活动宣传报道、精品力作生产、公共文化服务、行业市场发展和对外开放水平等方面均有诸多新亮点呈现。

一 2017年北京市新闻出版广电业发展概况

（一）围绕党的十九大做好正面宣传工作，意识形态阵地监管全面加强

2017 年，中央宣传部办公厅和国家新闻出版广电总局办公厅评选出包括《十八大以来治国理政新成就》《全面从严治党这五年》等 77 种图书和《红色家书》《中国故事》等 20 种音像电子出版物，共计 97 种主题出版重点出版物选题，为党的十九大提供了强有力的思想基础和舆论保证。国家新闻出版广电总局对《“十三五”国家重点图书、音像、电子出版物出版规划》项目进行了增补、调整，主要聚焦于习近平新时代中国特色社会主义思想，深入宣传贯彻党的十九大精神，纪念党的十一届三中全会召开暨改革开放 40 周年等重大主题。2017 年，北京市认真贯彻党的十八大、十九大精神，深入实践习近平新时代中国特色社会主义思想，全面落实习近平总书记两次视察北京重要讲话及对北京一系列重要指示精神，牢固树立新发展理念，弘扬主旋律，传播正能量，牢牢把握意识形态阵地主动权。北京市严格落实意识形态工作责任制，统筹抓好网上网下监管，圆满完成党的十九大、“一带一路”国际合作高峰论坛、庆祝香港回归 20 周年、纪念全民族抗战爆发 80 周年、庆祝建军 90 周年等重要节点、重大活动、重大事件的宣传报道与舆论引导任务，为首都工作大局营造了良好的舆论氛围。北京市积极开展了“十九大精神”“习近平新时代中国特色社会主义思想”“社会主义核心价值观”等重大主题宣传报道，并出版了一批优秀主题作品，形成了正面宣传的强大声势。

在出版方面，为迎接和庆祝党的十九大，各出版社积极策划出版发行了

一批党的十九大主题出版物。中国人民大学出版社出版的《时代大潮和中国共产党》《社会主义核心价值观与中国文化对外传播》成功入选了2017年主题出版重点出版物选题。人民出版社、党建读物出版社、学习出版社共同推出6种党的十九大大会文件及学习辅导读物，成为学习贯彻党的十九大精神必备的基础文本材料，第一时间满足了广大党员干部群众的学习用书需求。人民出版社出版了党的十九大报告《决胜全面建成小康社会　夺取新时代中国特色社会主义伟大胜利》单行本。人民出版社、党建读物出版社、学习出版社出版发行了《党的十九大报告辅导读本》《党的十九大报告学习辅导百问》《十九大党章修正案学习问答》等学习辅导读物。

多部优秀作品全面总结和展示了党和国家过去五年的不平凡之路，《将改革进行到底》《法治中国》《巡视利剑》《大国外交》《辉煌中国》《强军》《不忘初心　继续前进》等七部重点电视专题片系列视频书由人民出版社与学习出版社、中国方正出版社、新华出版社、解放军出版社联合出版，此系列图书配有同名电视片的二维码和解说词。中国国际电视总公司和解放军音像出版社、中国方正出版社也推出了相关音像作品。这些出版物为深入学习贯彻党的十九大精神提供了重要内容。

北京发行集团旗下北京图书大厦、中关村图书大厦、王府井书店等各大书店纷纷设立了党的十九大文件及学习辅导读物专柜，并举办了首发式，吸引了读者的广泛关注。其中首日正式销售后，党的十九大报告单行本在中关村图书大厦的销量就达到了3700册，在北京图书大厦则超过8200册。党的十九大召开后仅一个多月，人民出版社出版的党的十九大报告单行本、《中国共产党章程》单行本、《中国共产党第十九次全国代表大会文件汇编》、《党的十九大报告辅导读本》、《党的十九大报告学习辅导百问》和《十九大党章修正案学习问答》发行量已分别达到2089万册、3442万册、442万册、493万册、438万册和270万册。截至2017年底，人民出版社共出版党的十九大文件及学习辅导读物18种，总发行量超过1.2亿册。

2017年，习近平总书记系列著作再次迎来出版发行高峰，及时满足了广大党员干部群众学习和了解习近平新时代中国特色社会主义思想的阅读需求。由人民日报社组织编写、人民出版社出版发行的《习近平讲故事》，出版三个月发行即超过150万册。由中共中央党校组织编写、中共中央党校出版社出版的《习近平的七年知青岁月》，上市短短10天发行量就突破100万册。《习近平谈治国理政》第二卷由外文出版社以中英文版出版，面向海内外发行。在此之前，《习近平谈治国理政》第一卷已出版24个语种，全球发行超过660万册。此外，外文出版社以中英文在国内外出版发行了《习近平二十国集团领导人杭州峰会讲话选编》。北京图书大厦、中关村图书大厦、王府井书店、三联书店等知名书店均将习近平总书记系列著作摆放在显要位置，以方便读者购买。

在新闻宣传方面，2017年央广中国之声微信公众号推出习近平总书记"原声"系列报道60余条，通过微博同步推广，阅读量达1400万次；特别策划了《听总书记讲"党课"》，报道了党的十八大以来习近平总书记党建思想研究成果。"两会"期间，国际台新闻中心推出"春风习习"系列融媒体报道，《"听民声　为民谋"习近平代表的"两会"关切》等文章在环球资讯"两微一端"的浏览量均超10万。党的十九大期间，中央人民广播电台推出特别策划《听，习总书记的话》，回顾习近平总书记重要论述；开设《央广公开课》特别节目，第一次将党课搬进直播间；开设《一日一课》专栏，结合习近平总书记十九大报告原声逐条解读。北京广播电视台顺利完成习近平总书记2017年新年贺词、"一带一路"国际合作高峰论坛、庆祝中国人民解放军建军90周年阅兵、党的十九大开幕式等重要转播任务。在党的十九大召开之际，北京市还特设"十九大献礼剧"及"北京电视剧五年成果展"展览，共展出献礼剧28部、成果剧47部。组织全市开展了"庆祝中国人民解放军建军90周年电影展映活动""庆祝党的十九大胜利召开优秀国产影片展映活动"等主题放映活动，为各类展映活动营造良好思想舆论和社会文化氛围。

在意识形态管理方面，2017年《互联网新闻信息服务单位内容管理从业人员管理办法》《互联网新闻信息服务新技术新应用安全评估管理规定》《最高人民法院、最高人民检察院关于利用网络云盘制作、复制、贩卖、传播淫秽电子信息牟利行为定罪量刑问题的批复》出台，进一步规范网上新闻出版活动。12 月，中共中央宣传部、中央网信办、教育部等部门联合印发通知，要求通过加强网上主旋律宣传、深化网上主题教育活动，进一步加强社会主义核心价值观网上传播。2017 年，北京市全面加强意识形态阵地监管，规范网络传播秩序，加强新闻舆情检测和报刊审读工作，建立宣传管理周例会制度，完善广播电视内容监管体系。全年共清理下线 28 万多条色情淫秽、血腥暴力和低俗视频，关闭 501 个上传违规视听节目用户账号，约谈 60 余次违规网站负责人，查处了凤凰网、ACFUN、新浪微博、花椒、秒拍、梨视频等 20 多家视频网站、社交平台、直播平台和短视频平台，关闭了无证视听网站 31 家。

（二）内容创作质量大幅提升，更好地满足人民群众精神文化需求

2017 年初，中共中央办公厅、国务院办公厅下发了《关于实施中华优秀传统文化传承发展工程的意见》。意见明确提出要滋养文艺创作，善于从中华文化资源宝库中提炼题材、获取灵感、汲取养分，推出一大批底蕴深厚、涵育人心的优秀文艺作品。8 月，国家新闻出版广电总局印发了《关于重申“三审三校”制度要求暨开展专项检查工作的通知》，要求确保图书内容质量。9 月，国家新闻出版广电总局等五部门针对电视剧发展方面，联合印发了《关于支持电视剧繁荣发展若干政策的通知》，推动电视剧行业良性运转和繁荣发展。在政策的鼓励和引导下，2017 年诞生了一系列精品力作，更好地满足了人民群众的精神需要。

在新闻出版领域，2017 年，新华社的文字通讯《弄潮儿向涛头立——习近平主席出席二十国集团领导人杭州峰会系列活动纪实》和新闻专栏《新华全媒头条》、《人民日报》的文字通讯《以信仰之光照亮奋斗之路》以及中央电视台的电视消息《习近平在青海考察时强调　尊重自然顺应自然保护自然　坚决筑牢国家生态安全屏障》获得第二十七届“中国新闻奖”特别奖。《北京日报》的新闻专栏《长安观察》和千龙网的网络专题《外国漫画家手绘北京》获得第二十七届“中国新闻奖”一等奖。第十四届精神

文明建设“五个一工程”中，包括北京市委宣传部在内的16家单位获得组织工作奖。人民出版社出版发行的《习近平讲故事》、中国少年儿童出版社和北京大学出版社出版的《伟大也要有人懂：一起来读毛泽东》、人民文学出版社出版的《抗日战争》等67部获奖作品受到表彰，为党的十九大胜利召开营造了浓厚文化氛围。第四届中国出版政府奖中，学习出版社和人民出版社出版的《习近平总书记系列重要讲话读本（2016年版）》、中央文献出版社出版的《毛泽东年谱（1949~1976）》和《邓小平传（1904~1974）》、中共党史出版社和党建读物出版社出版的《中国共产党的九十年》等57种图书获图书奖，中国社会科学院出版的《中国社会科学》等20种期刊获期刊奖，解放军音像出版社出版的《胜利日——大阅兵2015》等19种作品获音像电子网络出版物奖。

2017年度“中国好书”榜中，外文出版社出版的《习近平谈治国理政》第二卷、人民出版社出版的《习近平讲故事》获得年度荣誉图书；机械工业出版社出版的《华为创新》和中国社会科学出版社出版的《中国的和平发展道路》获得主题出版奖；中信出版社出版的《读懂中国经济》、机械工业出版社出版的《付费：互联网知识经济的兴起》和北京大学出版社出版的《国粹：人文传承书》获得人文社科奖；商务印书馆出版的《诗的八堂课》、中国青年出版社出版的《乔家大院》第二部和北京出版社出版的《好诗不厌百回读》获得文学艺术类奖。《习近平谈治国理政》第二卷、《习近平的七年知青岁月》和《红色家书》、《独龙花开——我们的民族小学》、《朗读者》等50种图书入选2017年度“大众喜爱的50种图书”。社会科学文献出版社出版的《“一带一路”与中国发展战略》，深入阐释中国发展战略布局，引领和推动国内相关国际问题的研究。人民美术出版社出版的《李苦禅全集》、荣宝斋出版社出版的《历代画谱类编》等15种图书，荣获第二十六届“金牛杯”优秀美术图书及优秀装帧设计评选活动“优秀美术图书金奖”。

2017年，北京市新闻出版广电局建立完善《2017年—2020年主题出版（精品项目）选题库》《2017年—2020年“三个文化带”选题库》，制定

《促进出版创意产业园区图书出版指导意见》等。精心耕耘优秀选题“种子库”，突出重大主题和京味特色，筛选出了70种主题出版重点选题（含34种纪念改革开放40周年选题）、53种“三个文化带”传承保护利用重点选题、38种优秀古籍整理出版项目，并分别建立了《2017年—2021年主题出版重点选题种子库》《2017年—2021年“三个文化带”重点选题种子库》《2017年—2021年优秀古籍整理出版项目种子库》。

北京市涌现一批社会效益与经济效益双丰收的优秀图书，很多出版作品获得国家级奖项。《中国军事战略思维论》入选中宣部、国家新闻出版广电总局2017年主题出版重点出版物选题目录，《面包男孩》荣获中宣部“儿童文学出版工程”奖一等奖，《神奇科学》等5种图书获得第六届中华优秀出版物奖图书提名奖，4种图书入选第四届中国出版政府奖图书提名奖，北京十月文艺出版社总编辑韩敬群荣获第四届中国出版政府奖优秀编辑奖，《中国故事：中华文明五千年》等4种图书入选2017年向全国青少年推荐百种优秀出版物图书类推荐目录，《中关村笔记》入选2017年中国文艺原创精品出版工程项目名单。北京十月文艺出版社出版的《人民的名义》成为当年畅销书，在短短三个月里，先后6次印刷，销量超过76万册，同时还带动了电子书的发行。《文明》期刊入选第四届中国出版政府奖期刊奖，《北京日报》申报的“深入学习习近平同志系列重要讲话精神”专栏和《文明》申报的《“一带一路”上的文明记忆》（《人类的文明记忆·世界遗产》系列珍藏特刊Ⅱ）项目分别获得报纸、期刊竞争性资助项目类一等奖。

在广播影视方面，中央电视台的《记住乡愁》《中国诗词大会》《朗读者》等节目产生了广泛影响，传播了中国文化和力量。2017年，北京电视剧年产量75部3210集，持续全国第一。在第十四届精神文明建设“五个一工程”奖评选中，《战狼2》《平凡的世界》等8部作品获得优秀作品奖。50集大型电视系列片《正道沧桑——社会主义500年》，被中宣部列为中国特色社会主义教育教材。《中国梦·我的梦》系列纪录片入选第一批国家优秀纪录片库。电视剧《北京青年》等7部作品获得第29届“飞天奖”。电影《一代宗师》等4部作品获得第29届金鸡奖，《失恋33天》等8部作品获第15届华表奖，《百团大战》等14部北京影片获得第16届华表奖。

2017年，国产票房前10名中北京出品占4部。《战狼2》票房超过56亿元，打破国产影片票房纪录，成功进入全球电影票房100强。《羞羞的铁拳》以22.12亿元的票房，夺得华语2D电影票房冠军，并成为华语电影票房年度亚军。《打狗棍》创当年北京地区和全国收视“双料冠军”。百集大型动画片《飞越五千年》获美国博班克电影节最佳国际动画短片奖、四川电视节金熊奖。由北京电视台、北京其欣然影视文化传播有限公司制作的58集电视动画片《快乐集结号》，北京璀璨星空文化发展有限公司制作的53集电视动画片《京剧猫之信念的冒险》获得国家新闻出版广电总局2017年度优秀国产电视动画片称号。

在数字出版方面，各数字出版机构高度重视产品题材规划，着力提升产品质量，精品佳作不断涌现。中华书局的《中华经典古籍库》、故宫出版社的《米芾书法全集》、人民教育电子音像出版社的《造物的智慧——中国传统器具原理与设计》等三种电子出版产品和人民出版社的“党员小书包”APP、人大数媒科技（北京）有限公司的《“壹学者”学术生态系统》等四种网络出版物在第四届中国出版政府奖的评选活动中获奖。学习出版社的《百年潮·中国梦》、北京智明星通科技有限公司的《列王的纷争》（*Clash of Kings*）等4种在京出版机构的音像电子游戏出版物产品在第六届中华优秀出版物奖图书奖评选活动中获奖。三辰影库音像出版社有限公司出版的《海滨消消乐》等12款游戏入选国家新闻出版广电总局组织实施的2017年度“中国原创游戏精品出版工程”选题目录。大佳网等5家北京单位选送的《岐黄》等8部作品，入选国家新闻出版广电总局和中国作家协会发布的2017年优秀网络文学原创作品推介名单。

在网络视听方面，北京市组织爱奇艺、优酷、搜狐等12家重点持证网站开展了2017年北京市优秀网络视听节目展播活动，获得了广大网民的认可和喜爱。北京市2017年优秀网络视听节目征集评选活动共征集196部作品，评选出网络剧《法医秦明》、网络电影《特种兵王2使命抉择》、网络纪录片《了不起的匠人第二季》、网络动画片《西游记的故事》等46部优秀作品，获得北京影视出版创作基金奖励。爱奇艺等多家北京视听媒体出品的《河神》《白夜追凶》《无证之罪》《大军师司马懿之军师联盟》《双世宠妃》等，获得网络热播。

（三）深入落实《公共文化服务保障法》，公共文化服务成果丰硕

2017年，党的十九大提出要“深入实施文化惠民工程”的要求。北京市牢固树立以人民为中心的工作导向，坚持政府主导、社会参与、共建共享、改革创新原则，形成了农村电影公益放映、全民阅读、广播电视覆盖、区级节目扶持四大工程的公共文化服务体系。

1. 贯彻落实《中华人民共和国公共文化服务保障法》，保障群众基本文化权益

2017年是《中华人民共和国公共文化服务保障法》正式施行第一年。涉及新闻出版广电领域的，包括农家（职工）书屋、公共阅报栏（屏）、广播电视播出传输覆盖等基础设施建设，也包括为公众提供书报阅读、影视观赏、广播播送等公共文化服务活动，还包括图书、报刊、电影、广播电视节目等公共文化产品供给。1月，国家新闻出版广电总局印发《关于开展2017年全民阅读工作的通知》，要求2017年要明确以迎接、宣传、贯彻党的十九大为主线，认真贯彻落实《中华人民共和国公共文化服务保障法》。北京市在2017年积极贯彻落实《中华人民共和国公共文化服务保障法》和国家新闻出版广电总局相关文件要求，健全公共图书、文化活动、公益演出三大配送体系，把更多公共文化产品送到基层，全方位保障群众尤其是农村居民的基本文化权益。

2. 全民阅读深入发展，双效合一愈加凸显

2017年1月，国家新闻出版广电总局印发《关于开展2017年全民阅读工作的通知》，要求2017年要明确以迎接、宣传、贯彻党的十九大为主线，认真贯彻落实《中华人民共和国公共文化服务保障法》，以重大活动、重点工程、重要项目为抓手，努力构建全民阅读推广服务体系，为党的十九大胜

利召开营造良好文化氛围和社会氛围。3 月，国务院法制办公室下发《关于〈全民阅读促进条例（征求意见稿）〉公开征求意见的通知》，包括鼓励学校图书馆、科研机构图书馆向公众提供全民阅读服务，鼓励实体书店宣传展示优秀出版物，并积极开辟阅读空间、开展读书活动等内容。4 月，长安街读书会和中国社会经济文化交流协会在京共同组建“全民阅读促进委员会”，通过开发利用全国各级党政机关、企事业单位、社会组织、大中院校的全民阅读文化资源，促进全民阅读活动深入开展。11 月，在 2017 博鳌全民阅读论坛上，中国新闻出版研究院、中国期刊协会、中国编辑学会等 14 家单位联合发起成立全民阅读促进联盟，通过共同搭建全民阅读联盟数字网络平台、联合开展全民阅读工程建设等举措，促进全民阅读深入开展。

2017 年，北京阅读季精心打造全民阅读品牌，搭建“六位一体”综合服务平台，依托节展平台、联结合作机构开展多种形式的阅读推广及专题策划活动，贯穿全年、覆盖城乡，成为首都文化新名片和全民阅读新典范。全年共开展全民阅读活动 3 万多场，广播电台、电视台、报刊、网站、微博、微信等各媒体平台信息覆盖人群达到千余万人次，取得了良好的社会效益和经济效益。4 月，成功举办第七届“书香中国·北京阅读季”活动，该活动长达 8 个月，从 4 月持续到 12 月。其间，北京市推出“全城尚读”系列活动和“读北京·游北京·讲北京·爱北京”等项目，春夏秋冬四季则分别以“创新”“关爱”“唯美”“传承”为关键词进行主题阅读推广。为了让读者更方便地参与活动，还特别推出了“阅读护照”，可以参加全年活动。当月，北京书市围绕“喜迎十九大、浓墨颂辉煌”、“一带一路”、建军 90 周年、京津冀协同发展等主题，共展销精品图书 40 余万种，主展区设立展棚 600 余个，300 多家国内知名出版单位参展。书市设立线上线下展场，举办名家签售等文化活动，接待读者约 60 万人次。第十五届北京国际图书节共展销 5 万种精品出版物，举办 100 多场阅读推广活动，并创新性地设置了智慧书城体验区、“悦读悦想听诵读”体验区、北新云网体验区等，提升读者线下体验。数据显示，2017 年北京市全市综合阅读率达 92. 73%，较上年增长 0. 49 个百分点，人均纸书阅读量为 10. 97 本。

3. 确保广播电视有效覆盖，拓展公益电影放映新形式

2017 年北京地区采取无线调频广播、有线数字广播 DVB – C、互联网广播等多种方式播出节目，更加注重人群覆盖、频率建设，实现“村村响”，确保农村地区广播信号的有效覆盖。通过完善广播电视公共服务设施运维机制，做好转播站、行政村发射站、媒资共享平台运维工作，确保广播电视安全有效播出。2017 年国家新闻出版广电总局发布了全国应急广播总体规划，北京市积极响应，通过开展应急广播示范项目，加强应急广播覆盖。在房山、密云、平谷、延庆、怀柔等多山地区，传统无线调频、调幅广播利用广播电视中心发射塔和其他转播塔实施多点发射转播，确保“村村响户户通”。其间，“村村响”怀柔区广电中心荣获第五届全国服务农民、服务基层文化建设先进集体。全年全市播出公共广播节目 49 套，播出时长 36.16 万小时；播出公共电视节目 56 套，播出时长 37.78 万小时。

2017 年，北京市完成了《北京市多厅影院建设补贴管理办法》的修订，扶持新建、改扩建影院，重点扶持五环以外城区影院、高技术影厅、远郊区乡镇影院和北京城市副中心影院建设。通过首都影视大拜年、惠民电影展映、青少年电影展等特色活动，组织多批次国家电影数字节目中心流动放映设备，开展电影公益放映。在农村，按照影片自选、场次自调、方式自定的原则，拓展公益放映新形式，提高公益放映水平。为保证公益放映正常开展，北京市组织完成 16 个区共 13 批次国家电影数字节目中心流动放映平台系统、北京农村公益放映监控平台系统培训，更换播放器 4051 台，为 325 台流动放映设备加装了室外天线，完成 2 套 2K 数字电影播放系统集成方案。利用歌华电视院线系统，在基层街道、乡镇开设 12 个样板影院。在通州城市副中心，组织了 5 套智能点播影院设备试点，采取发放电子消费券的形式，拓展了公益放映新形式。2017 年，北京市全年电影公益放映达 16.89 万场，观影人次达 730 万余人。

（四）政策引领作用明显，产业基础设施建设稳固

2017 年，在政策的引领和推动下，北京市新闻出版广电产业基础进一

步夯实，实体书店、影院、园区基地等建设稳步发展。

1. 政策继续推动京城实体书店快速发展

2017 年，北京市继续贯彻落实《关于支持实体书店发展的指导意见》的文件精神，修订《北京市实体书店扶持资金管理办法》，健全完善扶持实体书店考评体系。提出以 16 家综合书城、200 家特色书店为战略支点，以财政资金作引导，动员社会力量参与，经济效益与社会效益兼顾，建立层次分明、布局合理、特色浓郁、多业融合、遍布京城的实体书店体系，实现从硬件设施到软件服务的全面升级，打造文化地标，建设书香京城。在总结扶持实体书店工作经验的基础上，形成《北京市支持实体书店发展的实施意见（报审稿）》，创新地提出建设适应首都工作特点的书店总编辑制度等新思路，以推动本地实体书店发展。

在政策的引领下，新华书店、中国书店、中信书店、西西弗书店等一批具有影响力的品牌特色实体书店在北京开设新店。北京新华书店建筑书店、新华书店城乡华懋店、PAGEONE 24 小时前门店、中国书店前门东大街店等新店纷纷开业。而民营书店西西弗书店一家，一年就在北京地区开设了八家新店。此外，智能书店、无人书店等新形态的书店也走进大众视野，新华无人智慧书店和北京新华书店香山 24 小时店成为创新发展的代表。2017 年 11 月，北京图书大厦获国家新闻出版广电总局评定的 2017 年度“全国新华书店系统先进集体”荣誉，北京市新华书店花市新华书店经理和北京市怀柔新华书店总经理获“全国新华书店系统先进个人”荣誉。

2. 电影市场规模和影院建设增势明显

2017 年是《电影产业促进法》正式实施第一年。为促进北京市电影产业健康繁荣发展，弘扬社会主义核心价值观，规范电影市场秩序，丰富人民群众精神文化生活，北京市组织全市 25 家院线公司和 200 家影院，围绕贯彻落实《电影产业促进法》，开展了相关培训活动。与此同时，还与银行、信托等金融机构签署战略合作协议，修订颁发《北京市多厅影院建设补贴管理办法》等，促进北京市电影产业发展。

2017 年北京电影市场进入理性增长期，市场规模继续领跑全国。全年电影票房33.95亿元，同比增长12.1%；观影人次7636.31万人次，同比增长11.1%；人均观影3.51场次，同比增长11%。其中，单银幕贡献票房231.11万元，人均贡献票房156.24元，均为全国最高。国产票房年度前10名中，北京出品制作的影片占4部——《战狼2》《羞羞的铁拳》《三生三世十里桃花》《英伦对决》。其中，《战狼2》以56.83亿元成为年度票房冠军，《羞羞的铁拳》以22.12亿元成为年度国产电影票房亚军。仅这两部影片的票房就占全国国产影片总票房的26.23%，为拉动全国年度票房、观影人数及国产影片占比等发挥了决定性作用。在第十四届精神文明建设“五个一工程”（2014~2017）评选中，《战狼2》《湄公河行动》《智取威虎山》《百团大战》获得电影类优秀作品奖，占获奖作品的36.4%。

影院建设方面，2017年北京市全年营业影院达到209家，新增2家；银幕1420块，新增196块；座位数20.4万个，新增0.42万个。在全国票房排名前五的影院中，北京占3家。与此同时，北京市继续推动“北京市特色影院”建设，加强对先期确立的5家特色影院放映“艺术电影”、“经典电影”和“儿童电影”主题影片的管理和指导，截至2017年10月，共放映影片200余部、500余场次，观影达到2万多人次，平均上座率约30%，受到了广大观众的肯定和好评。

3. 园区、基地积极发挥先导作用和资源聚集优势

中国北京出版创意产业园区是目前国内最大的民营书业企业集聚地，2017年园区修改了《中国北京出版创意产业园区企业入园暂行办法》，进一步完善产业园区管理，吸引优秀企业入驻。园区企业北京联合出版公司全国零售市场月占有率连续排名第一，精品出版成果显著。其中，《中国社会经济通史》获得中国出版协会评选的“年度中国30本好书”，入围“2016中国好书”。电子图书、数字报刊、数字音乐、数字视频、网游动漫等数字出版企业均在园区内得到充分发展。

北京国家数字出版基地先导区建设工作已签约租赁面积100%，成为基地的先行先试功能区、公共服务配套区和集中展示示范区。目前，基地正在稳步推进版权平台、自媒体平台、虚拟园区运营平台、金融投资平台、大数

据平台、行业智库平台六大运营服务平台的建设，坚持“以版权内容产业为核心，以科技和金融为支撑”的数字出版、文化创意全产业链建设，致力推动传统文化创意行业向数字文化创意行业转型。

2017 年，北京市怀柔区人民政府办公室印发了《加强中国（怀柔）影视产业示范区投资服务环境建设工作方案》的通知，通过设立 O2O 创新创业服务平台和影视企业专业孵化平台、建立影视剧组服务体系等措施，改善怀柔影视基地投资服务环境。截至 2017 年底，中国（怀柔）影视产业示范区已累计投资 60 多亿元，园区内拥有中影、华谊、乐视等影视及关联企业超过 400 家，文创产业年营收 100 多亿元，累计接待剧组拍摄制作影视作品超过 2600 部。近年来票房过亿的国产大片近半数出自怀柔影视基地。

（五）上市与资本运作再掀新高潮，推动产业持续发展、融合

2017 年 5 月，中共中央办公厅、国务院办公厅印发《国家“十三五”时期文化发展改革规划纲要》，提出完善现代文化市场体系和现代文化产业体系，提高文化产业发展质量和效益。北京市积极落实“十三五”发展规划，新闻出版广电业取得进一步发展。

1. 资本推动传统新闻出版企业发展布局

2017 年财政部网站发布消息称，根据国务院关于推进“放管服”改革的要求，财政部印发了《关于进一步规范中央文化企业国有资产交易管理的通知》和《关于中央文化企业国有资产评估管理的补充通知》，按照放得下、接得住、管得好的原则，推进中央文化企业国有资产监督管理“放管服”改革落地生效。这一系列政策的出台进一步激发了新闻出版企业发展的活力和创造力。

据相关数据统计，2017 年共有 7 家“出版 + 科技”企业在 A 股及港股上市，国家队和民企均表现亮眼，受到市场欢迎。北京地区的 4 家出版企业——中国科技出版传媒股份有限公司、新经典文化股份有限公司、中国出版传媒股份有限公司、掌阅科技，均于 2017 年在上海证券交易所成功上市。

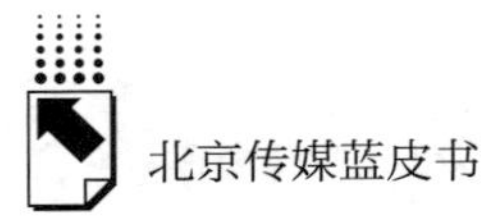

加上此前2015年深圳证券交易所上市的中文在线，北京地区的上市出版企业达到了5家，占全国的23.8%。五家上市公司2017年营业收入总计100.37亿元，利润总计13.36亿元，利润率高于国内上市出版企业平均水平2个百分点。中国出版传媒股份有限公司作为“国家队”上市公司，集纸质出版、数字出版、纸业经营、印刷复制、版权贸易、IP全媒体运营、物流与信息服务等于一体。民营图书公司新经典文化传媒有限公司，年销售额超过10亿元。上市后，新经典文化传媒有限公司积极开拓新业务，如在电子书方面，积极与腾讯、掌阅科技等平台合作，推动数字出版业务。登陆资本市场后，其将会获得更多资金支持。此外，北京卫时代华语等民营书企也在积极筹备上市。

国有及民营书企上市将使北京市书业整体实力迈上一个新的台阶。北京市新闻出版广电局和北京银行为支持北京市新闻出版广播影视产业发展达成了全面战略合作协议，北京银行将为北京市新闻出版广电企业在未来五年提供人民币500亿元意向性表内外授信额度。

2017年也是民营书企资本运营活跃的一年，非上市公司的资本实力也在进一步加强，许多企业扩充IP库、进军影视开发的计划都获得了资本的支撑。北京磨铁图书有限公司完成3亿元左右的C轮融资，估值接近45亿元。在政策、资本和人才等多个优势要素的催化下，今日头条、爱奇艺、优酷等北京地区的互联网企业在风口起飞，成为继互联网巨头BAT之后的新秀。北京市积极组织企业申报中央文化产业发展专项资金，共有30余个项目获得近亿元资金扶持。

2. 数字出版和网络视听产业发展迅猛

2017年1月，中共中央办公厅、国务院办公厅针对移动互联网发展，下发了《关于促进移动互联网健康有序发展的意见》，意见中提出，互联网已和实体经济深度融合，未来要推动移动互联网创新发展，强化移动互联网驱动引领作用，繁荣发展网络文化。4月，文化部出台首个专门针对数字文化产业的文件——《关于推动数字文化产业创新发展的指导意见》。在文件中提出“互联网+文化”的新业态、新模式、新趋势等内容，具有产业风向标的作用。5 月，国家互联网信息办公室公布《互联网新闻信息服务管理规定》，进一步加强网络空间法治建设，促进互联网新闻信息服务健康有序发展。在政策的推动和保驾护航下，2017 年我国数字出版和网络视听业取得较快增长。

中国新闻出版研究院发布的《2017～2018 数字出版产业发展报告》显示，2017 年，我国数字出版产业继续保持 20% 以上的增长速度，整体收入达到 7071.93 亿元，较上年增长 23.6%。其中，传统板块——互联网期刊、电子书、数字报纸（不含手机报）收入分别为 20.1 亿元、54 亿元、8.6 亿元，占数字出版产业收入规模的 1.17%。新兴板块成为数字出版产业主力军，移动出版（包括移动阅读、移动音乐、移动游戏等）、在线教育、网络游戏、网络动漫收入分别达到 1796.3 亿元、1010 亿元、884.9 亿元、178.9 亿元，四项产业类别收入总数占数字出版整体收入规模的 54.7%。互联网广告收入达 2957 亿元，成为数字出版产业类别中最大的一块。此外，博客类应用收入为 77.13 亿元，在线音乐 85 亿元。国家版权局网络版权产业研究基地发布的《中国网络版权产业发展报告（2018）》显示，2017 年，我国网络版权产业的市场规模达到 6365 亿元，较上年增长 27.2%。其中，网络视频用户付费市场规模达 218 亿元，同比增长接近翻番。网络新闻资讯市场规模超过 305 亿元，同比增长超过 40%。网络直播用户规模达 4.22 亿人，较上年增加 7778 万人，产业市场规模接近 400 亿元。短视频产业用户规模达 4.1 亿人，同比增长 115%。

北京作为全国互联网发展的重地，数字内容产业规模在全国一直占有较大比例。2017 年北京市数字出版收入突破 1700 亿元，达 1718 亿元，接近全国的 1/4，较上年增长 18.86%，远远超过传统出版产业增长速度。其中，网络期刊收入 4 亿元，电子书收入 15 亿元，数字报纸收入 3 亿元，博客类应用收入 18 亿元，在线音乐收入 18 亿元，网络游戏产值达 627 亿元，在线教育收入 75 亿元，互联网广告收入 958 亿元。

不过，随着移动互联网的红利衰减，数字内容行业发展也面临挑战，提升品质成为未来持续增长的重要战略。技术的创新和产业生态的融合将会为文化内容和数字技术结合创造契机，内容、社交、AI 造就了信息流、音乐社交以及微信小程序等新内容生态的形成，而互联网作为基础设施在新闻、出版、广电和动漫等产业中产生了“化学反应”。2017 年 1 月，知乎宣布完成 D 轮 1 亿美元融资，推出“市场”独立入口，试水知识付费，举办超过 7000 场 Live，拥有超过 2000 名知识网红。5 月，儿童内容品牌“凯叔讲故事”北京凯声文化传媒有限责任公司，获得由新东方领投，挚信资本、浙数文化、艾瑞资本跟投的 B 轮融资，融资金额 9000 万元人民币，凯叔讲故事 APP 的日活达到 15 万，音频付费用户达到 22 万。12 月，喜马拉雅 FM 举办第二届“123 知识狂欢节”，内容消费高达 1.96 亿元。数字出版和网络视听领域不断出现新兴业态，引领整个行业进一步向专业化道路迈进。

人工智能技术、AR/VR 等新技术在新闻出版广电业有了新的应用。“AI + 媒体”“AI + 数字出版”等将前沿技术应用到了传统新闻出版广电业，形成更为智能化的业态，如媒体中出现的“人机协同”，把媒体人的专业优势和人工智能的高效结合在一起，改变新闻生产流程。在数字出版上，人工智能更是在加速进入出版、发行、印刷、数字阅读体验等领域。2017 年，湛庐文化和微软合作推出了人类历史上第一部 100% 由人工智能创作的诗集——《阳光失了玻璃窗》。这是由微软智能机器人小冰模拟人类学习，经过 6000 分钟、10000 次的迭代学习创作而来。VR（虚拟现实）作为新兴的媒介技术，与新闻出版业之间存有较大的结合空间，能够革新现有的知识传播方式。8 月，在北京国际图书博览会上，由中国新闻出版研究院与青岛出版集团共同建设的“VR 融合发展研究中心”正式成立，旨在通过专业研究与产业实践相结合的方式，推动我国“融出版”创新发展。

3. 产业融合向纵深发展

按照中央加深融合发展的指导意见，北京地区新闻出版广电单位 2017 年不断进行转型升级、融合发展，加大资金、人力、技术投入，加快融合发展步伐。为推进深度融合，主流媒体发力移动端，打造自有平台。以中央级媒体为例，新华社微信公众号在不到一年的时间里，订阅量从 10 万上涨到 1000 万。12 月，新华社发布人工智能平台“媒体大脑”，基于云计算、大数据、人工智能（AI）等技术，向海内外媒体提供2410（智能媒体生产平台）、采蜜、新闻分发、版权监测、人脸核查、用户画像、智能会话、语音合成等8个模块的服务，探索人工智能时代媒介形态和传播方式。《人民日报》2017年着手打造“中央厨房”、人民日报客户端、人民网等机制与终端，构建面向全国党媒的人才共享、内容共享、渠道共享、技术共享、盈利模式紧密协作的公共平台。在重大事件报道中，直播为电视媒体实现与受众的即时互动发挥了积极作用，移动直播的影响力和宣传效果稳步提升。中央电视台大型纪录片《还看今朝》播出期间，“央视新闻”新媒体发起系列移动直播十多场，总观看人数近2000万人，主持的微博话题阅读量超过2亿次。北京新媒体集团建设的新型主流媒体“北京时间”，开辟了唯一一个24小时不间断互联网新闻资讯直播频道，以独立IP形式打造24小时“时间新闻室”，首创陪伴式的新闻体验模式。

国家级出版融合发展实验室的建立是带动出版产业融合发展的重要抓手，2016年底国家新闻出版广电总局共批准建立20家出版融合发展重点实验室。2017年1月，以中国出版集团公司为依托单位的出版融合发展重点实验室举行挂牌仪式，成为首家挂牌运行的出版融合发展实验室。4月，国家新闻出版广电总局出版融合发展（人教社）重点实验室举行揭牌仪式。11月，国家新闻出版广电总局出版融合发展（中国建筑工业出版社）重点实验室暨“新闻出版业科技与标准重点实验室”举行揭牌仪式。实验室首批成果——“建筑施工专业知识资源库”和“建筑结构与岩土工程专业知识资源库”项目宣布上线。北京市完成媒体融合发展重点实验室申报、评审工作，北京日报报业集团等申报项目入选，成为国内新闻出版广电领域首个开展媒体融合发展重点实验室建设的政府机构。

2017年，北京市“三网融合”取得长足进步。通过实施“互联网+”、“宽带广电”战略和“广电+”行动计划，稳步推进广电、电信业务双向进入。积极推动信息网络基础设施互联互通和资源共享，并完成北京市IPTV集成播控平台建设。为推进下一代广播电视网络规模建设，首个“三网融合”功能民俗旅游村在昌平区建立。2017年，北京网络广播电视台

（BRTN）全球开播，北京人民广播电台自主研发的新广播管理运营平台荣获“2013 BIRTV 应用项目奖”，北京电视台新媒体演播室建成投入使用，体育频道实现高标清同播。2017 年三网融合业务承载能力大幅度提升，IPTV 达 170.5 万户，较上年增加 57.5 万户；高清交互数字电视 500.66 万户，较上年增加 17.66 万户；有线电视网络宽带 56.9 万户，较上年增加 6.3 万户。

（六）著作权登记增势迅猛，网络版权监管力度趋强

2017 年，国家版权局继续加强版权规范管理工作，制定行业发展规划。1 月，国家版权局公布《版权工作“十三五”规划》，为“十三五”时期版权工作进一步做好顶层设计。3 月，中国版权保护中心下发《关于停征软件著作权登记缴费有关事项的通告》，自 2017 年 4 月 1 日起停止征收软件著作权登记费。6 月，国家版权局下发《关于规范电子版作品登记证书的通知》，加强对作品登记的规范管理。

2017 年，我国著作权登记总量增长迅猛，全年登记总量达 274.7 万件，比上一年增长 36.86%。其中，作品登记 200.1 万件，年增长 25.15%；计算机软件著作权登记 74.53 万件，年增长 382.79%。全年全国共办理 299 件著作权质权登记，涉及金额达 29.74 亿元。全年北京市作品自愿登记 80.9 万件，年增长 17.25%，其中计算机软件著作权登记 12.5 万件，年增长 56.25%。

在 4 月召开的 2017 中国网络版权保护大会上，由人民日报社等 10 家主要中央新闻单位和新媒体网站联合发起的“中国新闻媒体版权保护联盟”宣告成立。同时，101 家传统媒体齐发声，表达捍卫版权的态度。11 月，由中国版权协会主办的第十届中国版权年会在北京举行，外文出版社和电影《战狼》《战狼 2》拍摄制作方——北京登峰国际文化传播有限公司，荣获 2017 中国版权年度特别贡献奖。

在版权行政执法方面，2017 年继续加强执法力度，同时重点强化网络版权领域监管，为党的十九大胜利召开创造了良好的网络版权环境。2017 年全国版权部门共查处 3100 余件侵权盗版案件，收缴 605 万件盗版品。在

"剑网 2017" 专项行动中，国家版权局联合国家网信办、工信部、公安部对网络版权、电子商务平台以及移动互联网应用程序（APP）重点关注，各级版权执法监管部门共巡查 63 万家（次）网站，关闭了侵权盗版网站 2554 个，删除了侵权盗版链接 71 万条，收缴了侵权盗版制品 276 万件，立案调查网络侵权案件 543 件，同时与公安部门合作，共查办刑事案件 57 件，涉案金额超过 1 亿元。国家新闻出版广电总局（国家版权局）推动网上书店实名制，要求网络交易平台严格落实证照审核制度，核实清理亚马逊、当当、京东等电商平台上的近 2000 家网上书店的审批、备案情况，关停淘宝网 2.1 万家无出版物经营许可证或利用虚假证照从事非法经营活动的网上书店，对出版物证照审核拦截率提高到 58.7%。

在开展专项整治的同时，专项行动不断创新网络监管方式，提升网络版权重点监管工作的覆盖面和影响力。国家版权局共抽查 16 家网站的 3480 部作品版权文件，责令下架 1128 部侵权作品，公布了 12 批 202 部重点作品版权保护预警名单，对央视 2017 年春晚及《战狼 2》《芳华》等国产优秀电影进行专项保护，下线盗版链接 24845 条。专项行动积极关注新兴领域版权问题，先后查处北京"橙子 VR" APP 案、广东"MTV235"案、内蒙古"浅谈影片"微信公众号案等一批通过新技术手段进行侵权的案件。

2017 年北京市在版权工作上有了新的突破，在北京市朝阳区设立"国家版权创新基地"的《建设国家版权创新基地论证报告》获得国家版权局同意批复。该基地定位为版权全产业生态基地，集版权政策落地、版权创新、版权展示、版权评估交易、版权监测维权、版权融资等于一体，这将为北京市新闻出版广电事业长远发展带来新的契机。12 月，国家版权局下发通知，对北京 2022 年冬奥会会徽和冬残奥会会徽版权实行专项保护工作。中国版权保护中心为冬奥组委颁发了"2022 年冬奥会会徽"和"2022 年冬残奥会会徽"的著作权"作品登记证书"。

2017 年，北京市深入各区城乡，举行世界知识版权日系列宣传活动，积极开展版权宣传教育，加大版权普法宣传。北京市制定《北京市国家机关使用正版软件管理办法》，做好版权著作权登记工作，加大版权行政调解力度，持续推进软件正版化工作，深入开展市属国有三级以上企业软件正版化工作，圆满完成市属国有企业正版化四年工作规划。北京市版权执法监管力度不断加大，跟踪监测作品传播和网络转载情况，加大新闻作品网络版权监测力度，规范新闻作品转载秩序。落实“金曲版权工程”，启动数字音乐版权保护计划，推出“数字音乐版权收入倍增计划”，建成中国音乐版权大数据平台，有力促进数字音乐产业健康有序发展。2017 年，北京市开展文化市场专项整治行动，共查处各类违法出版物 9661 件，清理政治有害视听节目 3.8 万条、淫秽低俗视频 23 万条，下线侵权链接 13.8 万条。

（七）对外交流合作范围扩大，国际传播能力持续增强

2017 年，北京市围绕中央加强周边国家外交以及推进“一带一路”建设的重大战略部署，借助国际大型书展、博览会等平台，全方位加强与国外机构的交流与合作，将“走出去”和“迎进来”结合起来，深入推进国际传播能力建设，讲好中国故事。

在出版方面，自 2016 年开始，北京市设立了提升北京市出版业国际传播力奖励扶持专项资金，并建设了全国首个提升出版业国际传播力项目库。2017 年，北京市继续对出版业企业“走出去”进行资金扶持，3 月发布《北京市新闻出版广电局关于启动2017 年北京市提升出版业国际传播力奖励扶持项目库申报工作的通知》，8 月发布《关于征集 2017 年北京市提升出版业国际传播力奖励扶持专项资金项目的通知》，北京地区各类新闻出版企业积极参与申报，最终有 85 家企业共申报 652 个项目，比上年（508 个）增长 28%，最终有 148 个项目入库。同时北京市还策划《这里是北京》《北京印象》等外宣产品，面向国际全面展示北京形象。

主题图书“走出去”成为 2007 年一大亮点。在第 23 届卡萨布兰卡国际书展上，人民出版社与人民天舟（北京）出版有限公司代表中国出版商参展，《习近平谈治国理政》多个外文版、《屠呦呦传》英阿文版等在内的一大批中国主题图书亮相。在第 30 届俄罗斯莫斯科国际书展上，展出了北

京大学出版社出版的《“一带一路”：从愿景到行动》《“一带一路”关键词》等主题图书。中国书刊发行业协会等单位承担的首届东南亚中国图书巡回展中，首次通过境外跨国巡回展的形式，在湄公河流域国家展出了5万余册中国图书，包括《十九大报告》、《习近平谈治国理政》第二卷等一批主题图书。在厄瓜多尔举办的第十届基多国际书展中，人民出版社和中国图书进出口（集团）总公司首次在海外集中展出党的十九大文件及学习辅导读物。“品读北京”已成为北京文化“走出去”品牌项目，2017年北京出版集团与澳洲中国书店、澳洲玛克威出版社联合主办的“品读北京——北京出版集团2017澳大利亚精品图书展”在悉尼成功举办，“非物质文化遗产丛书”“北京地方志·风物图志丛书”“北京名人故居系列”等300余种精品主题出版物亮相悉尼。

北京国际图书博览会是我国规模最大的国际书展。第二十四届北京国际图书博览会吸引了来自89个参展国家和地区的2500多家参展商，其中有28个“一带一路”沿线参展国家，展出全球最新出版物30多万种，举办出版文化活动近千场，吸引了千余名记者前来报道，参观者达到近30万人次。此次博览会期间共达成中外版权贸易协议5262项，比上一年增长了4.9%，其中，各类版权输出与合作出版协议达成3244项，比上一年增长了5.5%。引进协议达成2018项，比上一年增长了3.9%，引进输出比则是1∶1.61。在此期间，北京国际出版论坛以“‘一带一路’倡议与国际出版合作”为主题，进行了国际出版交流。在第四届中国学术出版“走出去”高端论坛上，56家中外学术出版机构还达成了《“一带一路”学术出版合作倡议》。

在影视剧方面，第七届北京国际电影节在北京取得圆满成功。电影节期间，吸引了来自50余个国家和地区、300余家中外电影机构的1.5万名中外嘉宾，100余万人次各界群众参与了此次活动。其间，445家境内外媒体、近1600名记者参与采访报道，在全市31家影院展映500部中外影片佳作1000余场次。电影市场签约重点项目56个，签约额达到174.58亿元，较上届提升6.9%；项目创投板块收到712个报名项目，较上届提高5.6%，均创历史新高。电影节主竞赛单元“天坛奖”共收到来自59个国家和地区的424部影片报名参评。

北京影视剧海外展播季已形成品牌效应，6月3日至10日在英、法两国成功举办“北京优秀影视剧海外展播季”，全市影视出版企业近20家30部影视作品参加了展播活动。9月下旬，为深化“中俄媒体交流年”和“中国与中东欧国家人文交流年”，成功举办了北京优秀影视剧俄罗斯、匈牙利展播季活动，由影视展映、电影文化讲座、中俄影视交流等三大主题活动组成。此外，2017年北京市还积极组织企业参加美国书展、法兰克福书展、博洛尼亚国际童书展、班芙国际媒体节、釜山电影节、戛纳电视节、美国广播电视展（NAB）、加拿大HOTDOCS国际纪录片节、英国谢菲尔德纪录片节、法国昂西动画节等国际节展活动，深入推进国际传播能力建设，讲好中国故事。

二　北京市新闻出版广电业发展趋势

（一）京津冀协同发展步伐加快，新闻出版产业区域一体化发展新格局有望形成

2017年，京津冀协同发展作为区域重要发展战略被写入《北京市“十三五”时期新闻出版业发展规划》（简称《规划》）。《规划》为京津冀三地在“十三五”时期协同发展确定了发展目标、战略任务以及重大工程项目，并围绕建立京津冀协同创新合作机制、推进资源整合、推动京津冀三地新闻出版产业协调发展提出了具体目标和措施。《规划》进一步明确了要以“北京·石家庄融合媒体产业园”为建设重点，以“京津冀新闻出版产业协同发展公共服务平台”为抓手，联合推出京津冀新闻出版系统功能区指南，明确各地的功能区、集聚区、产业园区的定位与发展。从中可以预测，近期京津冀地区将加快在新闻出版业的协同发展，京津冀新闻出版一体化发展新格局有望形成。

在宣传报道方面，2017 年 1 月，中央人民广播电台与国家发展和改革委员会地区经济司签订《京津冀协同发展宣传报道战略合作协议》，以新闻报道助力京津冀协同发展。5 月，北京、天津和河北三地广播电台签订“京津冀交通广播联盟战略合作协议”，合作机制进一步深化。北京交通广播《一起午餐吧》与天津交通广播《1068 派》、河北交通广播《992 乐行天下》联合推出特别栏目《京津冀生活圈》，《老年之友》栏目举办的第四届“银发达人”评选活动实现京津冀联动。特别是中国交通广播充分发挥覆盖京津冀的优势，打造京津冀三地信息传播平台。

根据北京市新闻出版广电局 2018 年重点工作任务，北京市将继续深化京津冀协同发展，从人才、资金、项目、企业、园区建设等方面加强交流和沟通，扩大各类合作领域，充分挖掘京津冀三地优势，推进产业链上下游和区域分工协作，在区域内因地制宜形成产业和资源的整合，谋划新平台新格局，更重要的是在新闻出版广电领域形成一体化文化消费市场。2018 年 5 月，由中国出版协会、廊坊市委宣传部、廊坊市文化广电新闻出版局共同主办，廊坊广播电视台、北京书友之家文化交流有限公司、廊坊国际展览集团有限公司共同承办的首届京津冀图书展览会暨全民阅读文化节召开。此次展览会以“璀璨读书廊　阅享京津冀”为主题，旨在加强京津冀在教育、科学、文学艺术、新闻出版、广播电视、卫生体育、图书馆、博物馆等各项文化事业上的综合发展，提升京津冀范围内群众的精神文化生活，推动京津冀新闻出版广电业发展。

雄安新区地处京津冀腹地，区位优势明显。2017 年 4 月 1 日，中共中央、国务院正式在此设立国家级新区，成为继深圳经济特区和上海浦东新区之后又一具有全国意义的新区，被中央定为“千年大计”。雄安新区的设立对疏解北京非首都功能、培育创新驱动发展新引擎、调整优化京津冀城市布局和空间结构等具有重要作用。2018 年 4 月，中共中央、国务院批复了《河北雄安新区规划纲要》，其中提出雄安新区要“加强同北京、天津、石家庄、保定等城市的融合发展，与北京中心城区、北京城市副中心合理分工，实现错位发展”，并提出要引入优质教育、医疗、文化等资源，提升公共服务水平。这一纲要对京津冀新闻出版一体化发展新格局的形成将起到重要的促进作用。

（二）内容为王时代来临，反映主旋律的现实主义题材作品将有更大市场空间

根据国家新闻出版署发布的《2017 年全国新闻出版业基本情况》，2017 年全国图书出版新版品种和印数首次出现“双降”，这与国家近几年提出的供给侧改革是分不开的，显示了行业正逐步由粗放式发展向降数量、提质量的发展道路转型。从影视市场上看，当下一些能够反映社会主旋律、突出时代特征的精品力作越来越受到市场的欢迎。从 2017 年的内容生产情况来看，《战狼 2》《羞羞的铁拳》《人民的名义》《白鹿原》《我的前半生》《欢乐颂 2》等现实主义题材作品强势回归，《国家宝藏》《朗读者》《中国诗词大会 2》《最强大脑 4》等一批科技文化类、具有正能量的节目成为年度现象级作品，实现了社会效益和经济效益的“双效合一”。2018 年主旋律电影《红海行动》也已取得超过 36 亿元票房的好成绩。现实主义题材剧强势回归，也反映出观众对艺术本体价值的理性回归。

在网络内容生产领域，在经历了渠道为王、流量为王、终端为王等潮流之后，内容为王的时代重新到来。IP 热整体有所降温，但对优秀 IP 内容的争夺愈演愈烈。分析其背后的动因，是经过前期的野蛮生长和残酷竞争之后，网络内容生产逐渐进入“精品化”“专业化”阶段。与此同时，在政策上，2017 年 6 月国家新闻出版广电总局下发了《网络文学出版服务单位社会效益评估试行办法》，通过出版质量、传播能力、内容创新、制度建设、社会和文化影响五项对网络文学出版服务单位的社会效益进行评估，用政策推动网上作品走内涵式发展道路。2017 年，代表传统文学的“茅盾文学新人奖”还首次增设了“网络文学新人奖”。在政策和市场的双向推动下，深具内涵的优秀作品频出，尤其是网络文学作品改编的优秀影视作品层出不穷。改编自潇湘冬儿小说《11 处特工皇妃》的《楚乔传》登陆荧屏，并一举夺得 2017 微博电视影响力盛典年度剧王、2017 美国亚洲影视联盟“金橡

树奖”优秀电视剧奖。据《2017年IP年度发展全景报告》统计，在播放量TOP50的榜单中，IP剧剧均贡献124.37亿流量，远高于原创剧的74.53亿；票房TOP50电影中，IP电影以44%的影片数量贡献了67%的票房。从中可以看出，人民群众对优质内容的需求明显越来越大。

2018年是改革开放40周年，也是新中国成立70周年、全面建成小康社会、中国共产党成立100周年以及北京冬奥会等的重要时间节点，这些为北京市创作精品佳作提供了契机。北京市新闻出版广电局2018年把加强现实题材创作、推出一批振奋人心的影视出版精品力作作为一项重要的任务加以推进，提出将会主动谋划、组织、推动、支持重点作品创作生产，推出一批“讴歌党、讴歌祖国、讴歌人民、讴歌英雄的精品佳作”。目前，北京市正在建设“2018～2022年北京影视出版重点项目种子库”，政府主动加强选题策划和剧本创作，重点做出一批反映时代精神的影视出版作品。同时，提出要以北京影视出版创作基金为抓手，加大对国家和北京市重大题材、重点项目的倾斜力度，向优质公司的重点作品和潜力公司的成长项目开通绿色快递通道并提供服务配套保障，为影视发展创造良好环境。在发行传播上，提出要将优质精品借助“一带一路”沿线国家“走出去”，利用北京国际图书博览会、北京国际电影节、北京电视节目交易会等平台以及美国书展、法兰克福书展、釜山电影节、戛纳电视节等国际节展活动，扩大市场和影响力。可以预测，未来一段时间，北京市很可能会产生更多现象级作品和精品力作，形成全国影视出版创作精品的北京方阵。

（三）数字技术成为产业发展、融合、转型的重要催化剂，数字内容产业成为行业发展新动能

人工智能、大数据、增强现实等新兴技术在新闻出版广电业中的应用应用越来越广泛，数字技术在推动产业发展、融合、转型升级中的催化剂作用越来越明显。2017年，国际台金曲调频广播和北京青年广播正式入驻微软小冰电台，第五代微软小冰将成为电台智能主持人。更多的媒体开始引入“AI+媒体”人机协同模式创作新闻稿，把媒体人的专业优势和人工智能结

合起来，以提高质量和时效性。央广新闻客户端实现对央广网全站稿件的标签化分析，对稿件中出现的地域关键词进行分析，从而推送到对应地方频道，强化传播的有效到达。中央电视台春节特别节目《中国声音中国年》与腾讯云合作，应用智能语音技术加入“喊红包”环节，6 个小时内参与总人次超过 1700 万，最高峰值达到每分钟近 16.2 万次互动。中央电视台与小米达成战略合作，共同打造 AI 音箱，让声音成为连接居家、娱乐等生活场景的智能入口。北京人民广播电台旗下公司北广声动传媒开发的一款智能语音导览产品“听会玩 TOUR WALKMAN”微信小程序，可以为“1039 俱乐部”的游客提供从资讯指南、在线购票到导听导览等全方位的独具声音魅力的智能服务。在新兴技术的广泛应用下，数字内容产业的发展速度远远超过传统板块，成为行业发展新动能。以数字出版为例，2017 年，全国数字出版产业总收入年增长达到 23.6%，其中北京市数字出版产值年增长 18.86%，而全国传统出版年增速仅为 4.5%。由此可见，数字内容产业已经成为产业发展的新动能。

在新兴技术迅猛发展并不断迭代的今天，新闻出版广电业的发展需要在技术的不断带动下实现新的跨越式发展。传统媒体和新兴媒体、传统出版和新兴出版、广播电视媒体与新兴媒体不断进行融合发展，寻找更多发展机会。2018 年北京市新闻出版广电局表示，将会打好政策组合拳，做好新闻出版广播影视产业规划和重点项目建设，推进技术创新、媒体融合、产业融合，建设以内容为核心、以版权为纽带、以科技为支撑的大文化生态体系，全面推进新闻出版广播影视产业转型升级，提升首都文化的吸引力、竞争力、影响力。

除以上发展趋势外，在行业基础设施建设方面，随着 2018 年《北京市关于支持实体书店发展的实施意见》政策的落地，北京市实体书店有望迎来井喷式发展。根据该意见，2018 年北京市将拿出 5000 万元资金扶持 150 家实体书店，到 2020 年，要完成以大型书店为骨干、以特色书店为依托、以社区书店为抓手的“一区一书城”的综合文化体验中心、重点街区标志性文化品牌和 15 分钟公共阅读服务体系的发展目标。

三　北京市新闻出版广电业发展问题与建议

（一）把握新时代的舆论传播规律，突出主旋律传播正能量

北京作为首都、首善之区，汇集了众多有国际影响力和国家影响力的中央、地方的新闻传播单位、企业，一举一动都关乎国家形象和舆论导向。尤其是在当今新媒体爆炸发展的时代，舆论安全、信息安全成为社会重要问题，网络舆情中存在着大量隐患，包括歪曲失真信息泛滥、网民群体暴力事件频发，以及国外敌对势力入侵、不法分子恶意操纵，意识形态面临前所未有的挑战。这些都对政府和媒体单位提出了新的挑战。因此，在当下正确把握新时代的舆论规律，突出主旋律，传播正能量，就成为行业媒体需要认真对待的重要课题。

建议一是要充分认识到北京市作为首都、全国政治中心和文化中心，有自己特殊的意识形态现实环境，因此在工作中要紧密结合北京市意识形态工作的特点有针对性开展。二是号召全行业深入学习贯彻党的十九大精神，用习近平新时代中国特色社会主义思想武装头脑，自觉抵御不良意识形态，突出对主旋律的宣传，传播社会正能量。三是科学把握互联网舆论传播规律，加以引导和综合运用，正确引导网络宣传工作，加强新媒体社会责任意识，加强舆情监测，在主流新媒体上加大社会主义核心价值观传播力度，弘扬正能量，将意识形态工作更上一个台阶。四是建议严格落实意识形态工作责任制，明确意识形态工作的各项规章和制度，开展日常监督工作和专项检查。

（二）加大对原创精品扶持力度，进一步提升内容质量

作为全国的文化中心，北京每年都会产生一批精品佳作，但这其中具有传承价值、能够逐鹿全球的精品力作仍属凤毛麟角。与此同时，近些年经过政府的持续引导，在内容生产上，社会效益和经济效益“双效合一”也已

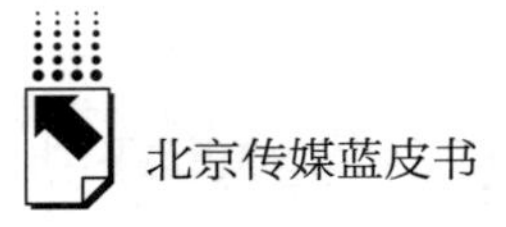

取得初步成效。但也仍有一些出版单位、企业一味追逐利益，生产一些粗制滥造、充满黄色暴力的文化垃圾，网络文学虽然已经开始呈现品质化创作趋势，但质量依然参差不齐。因此，如何进一步引导内容生产单位把社会效益放在首位，承担起应有的社会责任，仍是政府和行业需要重点着力的地方。

建议一是继续发挥各种奖项、基金的引领作用，加大对原创精品扶持力度。以北京影视出版创作基金为基础，以中国出版政府奖、国家出版基金、优秀古籍整理出版项目等为抓手，结合时代特点，鼓励作家和文艺工作者生产出更多好作品，不断满足人民的精神文化需求。二是全力做好精品创作提升工程。加大扶持主旋律作品的创作生产力度，特别是要围绕改革开放 40 周年、新中国成立 70 周年、建党 100 周年等重要时间节点，抓好重大题材的规划扶持工作。三是要围绕古都文化、红色文化、京味文化、创新文化，加强“一城三带”文化内涵挖掘和阐释，加大北京题材的创作引导，推出一批有筋骨、有道德、有温度的佳作。四是通过政策和资本双轮驱动，积极引导网络文学走精品化发展道路。通过年度优秀网络文学原创作品推介活动和茅盾文学奖“网络文学新人奖”奖项，选拔挖掘一批优秀网络文学作品，通过 IP 运作实现其社会效益和经济效益。五是创新管理、监督手段和方法，净化网络环境，提高网络视听节目质量。对播出机构和创作者有明确的要求和奖惩制度，强化平台和创作者的社会责任意识，推动网络剧、微电影、网络视听节目精品创作。

（三）加快推动新兴技术应用，实现产业深度融合发展

在产业发展、融合方面，北京新闻出版广电业的综合实力、影响力和竞争力同首都的要求还有着较大差距，还存有较大问题需要面对和解决。一是产业发展统筹不够，新兴企业借助互联网技术和资本，发展势头较好，形成了一些巨头、大鳄。市属传统单位发展缓慢，与巨头相比在市场份额、产品线、资金投入、平台、技术等方面有较大差距。二是传统媒体与新兴媒体融合发展滞后，媒体融合深度不够，主流媒体占领互联网这个宣传思想主阵地和舆论斗争主战场的能力亟待增强。虽然已有不少传统单

位正在尝试走融合发展道路，但受限于思想、体制、资本、人才等多种因素，多数仍未真正实现融合发展。三是缺乏引领全国行业技术发展的高端核心技术，科学规划和设计不足。在5G技术方面，根据《北京市大数据和云计算发展行动计划（2016～2020年）》，到2020年北京市将实现4G网络全覆盖，在北京城市副中心、2019北京世园会园区、北京新机场、2022年冬奥会场馆等率先开展5G网络商用示范，“智慧广电”的战略实施如何与5G相结合，仍未可知。

建议一是政府主管部门根据行业“十三五”时期发展规划，继续细化和深化政策及各项制度措施，结合北京市产业发展特点，加强顶层设计，加强园区、基地建设并积极带动企业发展，通过产业深度融合打造京津冀一体化产业圈，持续为产业发展保驾护航，促进产业发展实现质的飞越。二是引导企业加大技术研究投入力度，积极推动新兴技术应用。完善以云平台、大数据、互联网及物联网等技术为核心的广电融合媒体技术体系和标准体系，尽快形成和推动IPTV、OTT及移动视音频相关技术标准和服务标准出台。按照国家对下一代互联网的构架，以IPv6网络建设为突破口，构建融合媒体第三方大数据汇聚分析发布共享公共服务平台和IPv4/IPv6资源转化分发核心节点，进而形成全国互联互通的媒体内容交易交换分发服务中心，加快抢占融合媒体网络信息技术制高点。加大对4K超高清技术、影视特效、3D/4D影视制作、显示放映技术、移动多媒体广播（CMMB）、下一代广播电视网（NGB）等服务支撑技术的投入，促进行业不断实现数字化转型升级。尽快开展下一代地面数字电视和5G融合网络架构项目研究，以应对5G真正来临时对广电的深刻冲击。三是在媒体融合发展方面，建议北京市继续推进传统业态和新兴业态的融合发展，鼓励新媒体多元化发展，加快传统媒体与新媒体结合，打造优势新媒体集团，占领新兴舆论阵地，提升传统媒体竞争力和自信心。四是积极推进网络出版、手机出版等新业态发展，推动三网融合，推动歌华有线互联网广电方面的业务开展。积极推进台网联动，发挥北京网络广播电视台作用，提升广电媒体在新媒体领域的竞争力，最终构建起多元化的产业发展格局。

（四）构建新型的人力培养和保障机制，解决新兴领域复合型人才短缺问题

随着数字出版、网络视听等数字内容产业的快速发展，特别是进入2017年，大数据、人工智能、VR等技术的快速应用，内容领域竞争加剧等，对数字内容人才的培养提出了新的要求。以人工智能为例，据统计，截至2017年6月，全球人工智能企业总数达到2542家，其中美国占比42%，中国占比23%。人工智能产业规模持续高速增长，在各个行业深入渗透，专业人才缺失已成为限制人工智能技术快速发展的最大因素。既懂技术又懂行业的复合型人才短缺状况在全国普遍存在。北京是互联网企业聚集地，聚集了一批高端人才，但随着上海、广州、杭州、武汉、成都等地人才政策的陆续出台，北京人才流失的现象越来越严重，这显然不利于产业的长远发展。

建议一是建立新技术和高端人才重点培养机制，在大学开设新媒体、大数据、人工智能等面向未来发展的课程，从源头上培养从业人员的技术素养和创新理念。二是针对市属企业，根据融合发展的要求，侧重于新兴业态特点，细化任职资格条件，择优配好配强领导班子。三是建立新兴业态人才库，有步骤、有重点地强化与新兴业态相关的内容生产、技术实现和经营管理等各类人才增量的挖掘、储备和开发。有计划地加强传统业态与新兴业态从业人员之间的交流，为北京市培养和储备融合发展的领军人才。四是对新兴业态发展急需的管理、技术、经营人才，采取人才引进和内部培养结合的方式，争取政策资源和组织优势，增强人才吸引力，防止人才流失。

分 报 告

Sub Reports

B.2 2017年北京图书出版业发展报告

蓝皮书课题组

摘 要： 2017年，北京图书出版业积极进取，开拓创新，以主题出版、融合发展、“走出去”等为重要抓手，取得了一系列发展成果，尤其是在上市方面取得重大突破，在全国图书出版业中继续发挥了引领作用。但由于产业内外部环境的快速变化和在长期发展中积累下来的结构性矛盾，北京图书出版业也存在市属出版单位实力偏弱、融合发展平台化程度不高、纸价上涨带来成本上行压力等一系列问题。这些问题的解决，需要从深化改革、分类施策、跨界融合、加强协调统筹等各个方面共同努力。

关键词： 图书出版　主题出版　融合发展　“走出去”

2017 年是党的十九大的召开之年，我国图书出版业围绕党和国家的工作大局，不忘初心、牢记使命，以满足人民群众日益增长的对美好精神文化生活需求为己任，在主题出版、融合发展、“走出去”方面取得了丰硕成果，圆满完成三科统编教材的出版、发行工作，出版了一批社会效益和经济效益俱佳的图书，整个行业保持平稳向上，走势良好。

据北京开卷信息技术有限公司监测，2017 年，我国图书零售市场共实现销售码洋 803.2 亿元，同比增长 14.55%，增速比 2016 年提高 2.25 个百分点，反映了在全民阅读不断推进的情况下，图书市场欣欣向荣的发展局面。

北京作为全国图书出版业的首善之区，充分利用首都得天独厚的资源优势，在主题出版、融合发展、“走出去”方面均发挥了引领作用，在“五个一工程”奖、中国出版政府奖、中华优秀出版物奖三大国家级奖项的评选中收获颇丰。2017 年，中国科传、中国出版两家“国字头”出版单位先后登陆 A 股，民营图书出版机构新经典也成功实现 IPO，标志着北京图书出版业在利用资本市场方面的重大突破。

一　北京图书出版业的基本情况

2017 年，我国图书出版业保持稳健发展，并呈现新的发展特点。据国家新闻出版署统计，全国共有 585 家出版社，出版新书 25.51 万种，同比降低 2.8%；重印图书 25.74 万种，同比增长 8.4%。重印图书在品种上首次超过新版图书。全年合计出版图书 51.25 万种，总印数 92.44 亿册（张），总印张 808.04 亿印张，定价总金额 1731.25 亿元。与 2016 年相比，图书品种增长 2.52%，总印数增长 2.29%，总印张增长 3.97%，定价总金额增长 9.51%。

2017 年，北京市共有出版社 239 家，比 2016 年增加 1 家，占全国的 40.85%；出版图书 21.78 万种，同比增长 2.54%；总印数 26.74 亿册，同比下降 0.71%；出版图书品种、总印数分别占全国的 42.50%、28.93%，与2016年基本持平。

版权贸易是图书出版业国际交流与合作的重要形式。2017年，北京地区共引进图书版权9375项，同比下降6.19%；输出图书版权5554项，同比大增36.87%，一降一增，引进输出比进一步优化，由上年度的2.46:1，大幅下降至1.69:1。

从版权贸易的区域分布看，美国、英国、日本、法国、德国仍是北京地区引进图书版权的主要来源国。而我国台湾地区、美国、韩国、德国、英国则是北京地区图书版权输出的主要目的地。相较2016年，北京地区输出到美国、德国、英国等发达国家的版权数量明显增加，输出的区域结构进一步优化。

二　北京图书出版业发展的成绩与亮点

2017年，北京市新闻出版行政主管部门继续加大对图书出版业的支持力度，通过重点图书选题扶持项目、优秀长篇小说创作出版扶持项目，鼓励出版单位多出精品力作；通过确定首批20家媒体融合发展重点实验室，鼓励包括出版社在内的媒体单位转型升级、融合发展；通过设立“提升出版业国际传播力奖励扶持专项资金”，鼓励出版单位走出国门，传播中国声音，讲好中国故事。在良好的产业环境中，北京图书出版业积极进取，开拓创新，取得了一系列成绩，出现了很多亮点。

1. 主题出版成果丰硕，三大国家级奖项收获满满

2017年是党的十九大的召开之年，同时也是中国人民解放军建军90周年、香港回归20周年、“七七事变”爆发80周年，北京图书出版业以高度的使命感、责任感策划出版了一批主题鲜明、特色突出，教育性与可读性俱佳的图书，在主题出版中发挥了主力军的作用。

在中宣部、国家新闻出版广电总局确定的2017年主题出版重点选题中，图书类选题有77种，在京出版单位入选数量占比超六成。其中，人民出版社、学习出版社、党建读物出版社、解放军出版社等均有多个选题入选，涌

现了《习近平讲故事》《十八大以来治国理政新成就》《全面从严治党面对面——理论热点面对面·2017》《中国人民解放军简史》等一批精品力作，北京人民出版社的《中国军事战略思维论》也入选重点选题。

2017 年恰逢“五个一工程”奖、中国出版政府奖、中华优秀出版物奖三大国家级奖项同年颁奖，北京图书出版业表现出色。在第十四届“五个一工程”奖的评选中，由在京出版社出版的《习近平讲故事》《伟大也要有人懂：一起来读毛泽东》《抗日战争》等图书获奖；在第四届中国出版政府奖评选中，有 14 家在京图书出版社获得“先进出版单位奖”，57 种获奖图书中超过半数由在京出版社出版；在获得第六届中华优秀出版物奖的 100 种图书中，约三成由在京出版社出版。

2017 年，北京出版集团作为北京市属出版单位的主力，紧密围绕党的十八大以来首都发展的巨大成绩和北京作为首都新的城市功能定位，出版了《牢记嘱托砥砺奋进——党的十八大以来北京发展纪实》《把握城市功能定位促进首都持续健康发展》等优秀图书，在主题出版方面同样取得了显著的成绩。

此外，北京出版集团还连续五年共九种图书入选“中国好书”。2017 年，由北京出版社出版的《好诗不厌百回读》，北京十月文艺出版社出版的《中关村笔记》、《我们的老院》三种图书入选。

在京出版社在主题出版方面的丰硕成果，在国家级奖项和“中国好书”评选中的优异表现，充分体现了北京图书出版业高度的责任感和使命感，以及在全国图书出版业中的引领地位。

2. 资本经营取得重大突破，三家书业企业登陆 A 股

2017 年是出版业上市的“大年”，全年共有 6 家国有和民营书业企业成功在 A 股挂牌上市。除了主营数字阅读的掌阅科技，其他均以图书出版发行为主业。其中，有三家来自北京。1 月，中国科技出版传媒股份有限公司成功上市，成为中央在京出版单位的上市第一股；2 月，民营书业企业新经典文化股份有限公司在上交所挂牌，被誉为民营出版单位上市第一股；8 月，中国出版传媒股份有限公司成功完成 IPO。

自2007年北方联合出版传媒（集团）股份有限公司完成IPO，我国图书出版单位上市破冰开始，图书出版业的资本意识不断增强，到2017年之前，已有出版传媒、凤凰传媒、时代出版、新华文轩、长江传媒、新华传媒、皖新传媒、中南传媒、中文传媒等20余家各省市出版、发行集团完成股改上市，借助资本市场的力量推进兼并重组、转型创新和融合发展，整体实力不断增强，逐步成长为行业发展的重要力量。

北京作为全国出版中心，聚集了中央在京出版单位、军队出版社、大学出版社和市属出版单位。然而，由于种种原因，在京出版单位的资本化进程相对缓慢。在各省市出版、发行集团纷纷登陆资本市场的同时，在京出版单位却长期缺席。

2017年，中国科技出版传媒股份有限公司和中国出版传媒股份有限公司两支出版“国家队”的先后上市，不仅是在京出版单位资本化进程的重大突破，也是中国图书出版业体制改革不断深化的重要成果。新经典文化股份有限公司作为民营书业的代表性企业，策划了一批市场反响良好的畅销图书，其成功上市为民营书业登陆A股开了一个好头。在新经典文化股份有限公司上市七个月后，另一民营书业企业的龙头山东世纪天鸿文教科技股份有限公司也完成了IPO。

3. 融合发展走向深入，图书出版形式跨界创新

促进传统出版与新兴出版融合发展是图书出版业转型升级的重要方向和目标。2016年底，在国家新闻出版广电总局公布的20家出版融合发展重点实验室中，中国出版集团、中国科技出版传媒股份有限公司等七家在京出版单位榜上有名。2017年，北京市新闻出版广电局确定了20家媒体融合发展重点实验室，对包括出版社在内的媒体机构转型升级予以支持，社会科学文献出版社、知识产权出版社、清华大学出版社等5家出版单位入围。

在推动融合发展的实践中，中国出版集团、中国科技出版传媒股份有限公司作为图书出版业的“国家队”表现出色。中国出版集团旗下的漫像公司，可以帮助画家实现作品上传和在线销售，为用户提供高品质的数字漫像定制服务，签约画家达2000人，数字资源总库集聚量近20万种，在线运营

2.5万种；数字版权签约率达65%；中华书局推出的大型古籍数据库“中华经典古籍库”以“让书写在古籍里的文字活起来”，实现中华优秀传统文化创造性转化和创新性发展为目标，上线至今已收录10亿字，销售收入持续上升，2017年达到1500万元。

中国科技出版传媒股份有限公司充分利用自身在科技出版方面的优势，加快向知识服务商转型，其开发的“科学文库”收录了众多国内高端科学技术专著、“中科医库”是面向医学领域的综合性数据库平台，均已上线运营，并开始实现收益。

作为北京市属出版单位的主力军，北京出版集团在融合发展方面同样进行了大量探索，其创建的“京版云”在线教育平台能够提供教学课件、校园管理、家长督学、活动发布、数据记录等21项综合服务，注册用户已经超过一万人。

在加强数字化平台、数据库产品建设与开发的同时，在京出版单位还积极利用数字技术，丰富图书产品的形态，拓展新的增长点。2017年，人民出版社出版了《2017年全国两会记者会实录》《部长访谈录》《图解2017年全国两会》系列视频书，以文字、图片、视频相结合的形式丰富了图书的内容含量。

4. “走出去”持续推进，“一带一路”沿线成重点

持续不断的推进“走出去”，传播中国声音、讲好中国故事，是图书出版业的重要责任和使命。2017年，北京图书出版业继续加大国际交流与合作的力度，以“一带一路”沿线国家和地区为重点，在“走出去”方面成绩显著。

作为出版“走出去”的一项重要工作，截至2017年底，《习近平谈治国理政》第一卷累计出版24个语种27个版本，发行量超过660万册，并有16个国家的知名出版机构同中国外文局外文出版社签署了《习近平谈治国理政》第二卷国际合作翻译出版备忘录。

2017年，中国出版集团第五次荣获“中国图书对外推广计划”综合排名第一，在“走出去”方面继续发挥着模范和引领作用。在国家“丝路书

香”工程框架下，中国出版集团旗下的中译出版社于3月发布《国家“丝路书香”工程“外国人写作中国计划”第一期项目征集指引》，正式启动“外国人写作中国计划”，并于8月发布了第一批成果，评定出38部中国主题内容的图书，给予一定资助。三联书店出版的《中华文明的核心价值：国学流变与传统价值观》，实现了繁体中文、韩文、英文、俄文、希伯来文等多语种版权输出。

中国人民大学出版社在“走出去”方面有丰富的经验，2017年更进一步，将《中国特色社会主义理论读本》《中国特色社会主义理论体系形成与发展大事记》《中国特色社会主义理论体系探源：从邓小平理论到科学发展观》等七本有关中国特色和中国道路的图书版权输出到美国，实现了新的突破。同年8月，中国人民大学出版社还在北京发起成立了“一带一路”学术出版联盟。联盟以“传播优秀文化、弘扬丝路文明”为宗旨，积极促进成员间作者、翻译、营销、版权信息、教育培训等资源共享，吸引了包括中国、印度、埃及、哈萨克斯坦、吉尔吉斯斯坦在内的近30个国家近百家出版商、学术机构和专业团体加入联盟。

外语教学与研究出版社依托“中华思想文化术语传播工程”，出版了《中华思想文化术语》丛书，截至2017年底已经输出九个语种的版权，系首次面向世界发布有关中国政治、经济和文化等领域核心概念、关键词语的标准解释和译法。

北京出版集团继续推进其文化“走出去”品牌项目——品读北京，于2017年6月在悉尼举办“北京出版集团2017澳大利亚精品图书展”，精心挑选《中华文明探微》《中华民族奇幻故事》《北京古建文化丛书》《北京地方志·风物图志丛书》《四世同堂》《平凡的世界》等各门类精品图书300余种，并举办了一系列文化交流和赠书活动，向澳大利亚介绍中华文明和北京文化，取得了良好的反响。北京出版集团旗下的十月文学院，还在中国图书进出口（集团）总公司英国伦敦代表处、伦敦新华书店设立了“十月”图书专柜。

此外，中国社会科学出版社法国分社于2017年4月在法国波尔多政治学院挂牌；外语教学与研究出版社、中译出版社、中国大百科全书出版社、外文出版社、新世界出版社等，以“一带一路”沿线国家和地区为重点，与相关出版机构合作成立国际编辑部，丰富了“走出去”的内容和形式，成为2017年在京出版单位的一个亮点。

三　北京图书出版业发展中存在的问题

2017年，北京图书出版业整体保持持续、稳定发展，出版了一批社会效益与经济效益俱佳的精品图书，资本经营取得重大突破，融合发展走向深入，“走出去”持续推进，取得一系列成绩和亮点。与此同时，由于产业内外部环境的快速变化和在长期发展中积累下来的结构性矛盾，北京图书出版业也还面临很多深层次的问题和挑战。

1. 各类出版单位发展不均衡，市属出版单位与中央在京出版单位存在较大差距

北京地区拥有近240家出版社，在全国总量中的占比超过四成，拥有中国出版集团、中国教育出版集团、中国科技出版集团、中国工信出版集团等在全国具有较高影响力的大型出版集团，以及人民出版社、商务印书馆、中华书局、三联书店、科学出版社、人民教育出版社、人民邮电出版社等一批在全国具有较高知名度的品牌出版社，年图书出版品种、总印数、总印张、定价总金额等各项指标，在全国各省、自治区、直辖市中也优势明显。

在整体实力遥遥领先的同时，由于出版社数量众多，隶属关系多元，以及资源禀赋存在差异，北京地区出版社也存在发展不均衡、不充分的问题。其中，有一部分出版社充分利用自身的资源优势，通过内部机制改革，抓住市场机遇，逐步形成了自身的出版特色和核心竞争力，不断做大做强，成为市场的领跑者；还有一部分出版社坚持“专、精、特”的出版思路，深挖特定专业领域或细分市场，走出了一条“小而美”的发展道路。同时，也有一部分出版社由于缺乏清晰的出版定位，难以形成自身的核心竞争力，在日益激烈的市场竞争中，逐渐掉队。

从整体上看，中央在京出版单位构成了北京图书出版业的主力，无论是在主题出版、“走出去”，还是融合发展方面都发挥了引领作用。同时，北京还拥有北京大学出版社、清华大学出版社、中国人民大学出版社、北京师范大学出版社、外语教学与研究出版社等一批颇具实力的大学出版社。相对而言，由于历史形成的原因，北京市属出版单位数量较少，整体规模实力不仅无法与中央在京出版单位相比，与东部地区部分兄弟省份也存在一定差距。如何充分发挥首都的资源优势，提升市属出版单位的竞争力，是北京图书出版业面临的一个迫切问题。

2. 融合发展有待深入，缺少延展性强的平台化项目

推动传统出版与新兴出版融合发展是图书出版业创新发展的一项重要任务。近年来，北京图书出版业不断探索，勇于创新，在打通图书出版与影视、动漫、游戏、互联网之间的壁垒，进行跨界创新、跨界融合方面做了很多工作，初步形成了以电子书售卖、数据库售卖、图书内容 IP 衍生开发为主的新兴业务模式，涌现了以《新华字典》APP、社会科学文献出版社皮书数据库、人民卫生出版社医学数据库、《人民的名义》IP 一体化运营为代表的一批明星产品。

不过，从整体上看，北京图书出版业的融合发展还处在初级阶段，由于在机制、人才、资本、经验方面与互联网企业存在差距，大部分出版单位的融合发展探索普遍存在重内容、轻渠道，重产品、轻平台的问题。这导致在融合发展的过程中，出版单位的角色相对被动，多数时候都在充当内容和产品提供商，在与大型互联网平台和数字产品行销渠道的合作中缺少足够的话语权。同时，纸质图书是典型的 B2C 型产品，个人消费者是图书购买的主力。而由于缺少渠道和平台构建能力，出版社的大部分数字化产品以学校、图书馆、政府部门等 B 端客户为主，难以直接靠近 C 端消费者。

实际上，由于互联网的特性，新兴媒体相对传统媒体的主要优势就是基于流量获取的平台构建和渠道构建能力，平台型企业相对于内容生产型企业，在商业化方面也具有更多的延展可能。北京图书出版业要在融合发展方

面取得更大突破，需要在继续强化内容生产优势的同时，探索构建平台化产品和商业模式的可能。

3. 纸价上涨，印刷产能阶段性供给不足，出版单位面临成本上涨压力

自 2016 年 10 月开始，受环保治理停限产、纸浆及废纸价格走高等多种因素影响，连续多年低位持稳的纸张价格，突然大幅上涨。进入 2017 年，价格上涨由瓦楞纸、白卡纸等包装用纸，蔓延到双胶纸、铜版纸等出版常用纸种。据统计，双胶纸、铜版纸全年累计价格涨幅超过 30%，这给出版社带来了巨大的成本上涨压力。

与此同时，作为出版产业链的重要一环，出版物印刷企业在 2017 年面临前所未有的环保压力。尤其是作为打好大气污染攻坚战的重点区域，京津冀地区的治理措施更为严格。由于在生产过程中会产生一定的挥发性有机物排放，在雾霾橙色、红色预警期间，京津冀地区大部分出版物印刷企业都需要按要求进行停限产，这打乱了出版社正常的出版节奏。

尤其是环保治理与疏解首都非核心功能的叠加，导致很多北京出版物印刷企业加速外迁或就地关停，这在一定程度上减少了北京及周边地区出版物印刷产能的供给，进而带动印刷工价上浮，进一步加大了出版社的成本压力。在一定时间段内，北京图书出版业甚至遭遇了已经多年未见的“印书难”问题。

由于北京及周边地区产能供给不足，越来越多的在京出版单位开始与山东、天津，甚至更远地区的印刷企业寻求合作。这对出版社的印制业务管理能力，提出了更高的要求。

由于印刷企业外迁和关停压力依然存在，如何将北京及周边地区的出版物印刷产能保持在相对合理的水平上，保证产业链上下游的良性运作，已经成为北京图书出版业无法回避的问题。

四　加快北京图书出版业发展的建议

当前，移动互联网的快速发展和新媒体、知识付费产品的崛起，大大改

变了图书出版业发展的内外部产业环境。数字、网络技术作为一种颠覆性力量，在给图书出版业带来冲击与挑战的同时，也为图书出版业的产品开发与商业模式重构带来了全新的可能。

2017 年，北京图书出版业克服种种困难和挑战，取得了很多成绩和亮点。在新的产业形势下，要继续保持北京在全国图书出版业的引领作用，需要通过政策引导和分类指引，激发在京出版单位的发展活力和合作潜力，致力于产品和商业模式创新，并尽可能与有关部门协调沟通，为合法、合规的出版物印刷企业在京发展创造条件。

1. 继续强化政策支持，鼓励出版单位创新发展

近年来，北京市不断加大对图书出版业扶持的力度，出台了一系列政策鼓励广大作家多出精品力作，引导出版单位围绕主题出版、“走出去”、融合发展等重点工作，不断拓宽选题策划和企业发展思路，坚持转型升级、提质增效，取得了一系列的发展与突破。

尤其是自 2016 年开始，北京市新闻出版广电局会同财政局共同设立北京市提升出版业国际传播力奖励扶持专项资金，对在“走出去”工作中做出突出成绩的出版单位给予一定的资金奖励和扶持，有效发挥了财政资金的引领作用，调动了出版单位走向海外、宣传和推广中华文化的积极性。

在新的社会和产业形势下，建议北京市新闻出版行政主管部门，继续加大对图书出版业的支持力度，以“五个一工程”奖、中国出版政府奖、中华优秀出版物奖三大国家级奖项和国家出版基金、主题出版重点出版物选题、优秀古籍整理出版项目等为抓手，对获奖图书或入选选题、项目，给予表扬和奖励。同时，建议借鉴提升出版业国际传播力奖励扶持专项资金的成功经验，探索设立出版业融合发展奖励扶持专项资金的可行性，对在传统出版与新兴出版融合发展中表现优异的产品、项目和出版单位进行专项奖励，以更好调动出版单位创新发展的积极性。

2. 分类指引、重点突破，支持市属出版单位做大做强

在京出版单位数量众多，隶属关系多元，出版特色各异，各出版单位的选题策划、市场营销、经营管理、创新发展能力存在很大的差异的情况下，

简单划一的产业政策很难满足不同类型出版单位差异化的发展需求。

建议北京市新闻出版行政主管部门在引导出版单位自身提升市场洞察力、发展力的同时，根据隶属关系、专业特色的不同，制定更具针对性的产业引导政策，对在京出版单位进行指引，鼓励各种类型的出版单位充分发挥既有资源优势，走差异化发展路线。

比如，对经营状况良好、具备一定规模的大型出版集团，要鼓励其进一步规范运作，在条件许可的情况下，通过上市等资本运作增强发展后劲；对数量可观的专业出版单位，要引导其进一步厘清发展思路，在做深、做透、做足专业特色的同时，探索新形势下专业图书行销渠道的创新路径，减少实体书店店面升级、售书品种减少对专业出版的冲击。

在制定产业政策的过程中，要特别注重对市属出版单位的引导和支持，鼓励以北京出版集团为代表的市属出版单位，加强与在京中央出版单位、军队出版单位和大学出版单位的交流与合作，在加强资源整合的基础上，通过机制改革和管理创新，不断提升规模实力和可持续发展能力，尽可能缩小市属出版单位与在京中央出版单位，以及发达省份同行的发展差距。

3. 搭建平台，推动在京出版单位与互联网企业深层次的互动与合作

北京拥有全国数量最多的图书出版单位，也拥有一批在海内外具有广泛知名度和影响力的互联网企业，在促进传统出版与新兴出版融合发展方面，具有得天独厚的资源优势。

针对当前在京出版单位在融合发展中面临的人才短缺、资金不足、思维落后问题，建议在继续加大资金引导和项目扶持力度、搭建基础性第三方技术平台和服务体系的同时，鼓励出版单位加强与在京互联网企业之间深层次的互动与合作。

一方面，要继续发挥出版单位自身在内容生产方面的独特优势，以具备潜质的作品为基础形成完整的 IP 授权和衍生开发能力，打通图书出版与影视、动漫、游戏、在线教育之间的壁垒，真正实现跨界融合、共同发展，改变出版单位在融合发展中的被动角色。

另一方面，要鼓励出版单位发起或参与到大型互联网平台化项目的建设

中，改变出版单位在融合发展中普遍存在的重内容、轻渠道，重产品、轻平台的问题，让出版单位在基于互联网的内容分发渠道建设中，掌握一定的主动权。

在推动出版单位与互联网企业互动、合作的过程中，要正视双方在体制、机制方面存在的差距，为出版单位基于新项目的体制、机制创新提供政策空间。

4. 多管齐下，保证北京及周边地区出版物印刷产能保持在合理水平

加强生态环境保护已经成为我国一项重要国策。作为大气污染攻坚战的重点地区，在京出版物印刷企业有义务积极响应国家加强环保治理的要求和疏解首都非核心功能的要求。

与此同时，也应该认识到，作为全国的出版中心，北京聚集了全国40%的出版社，在北京及周边地区保持合理的出版物印刷产能，不仅是保证出版产业链良性运作的需要，也是培育和践行社会主义核心价值观、建设中国特色社会主义文化的要求。同时，避免出版物印刷超远距离发单和运输，也从整体上有利于生态环境保护。

因此，建议北京市新闻出版行政管理部门在引导出版物印刷企业加强环保治理、做到达标合规排放的基础上，积极与环保等有关部门沟通，科学估算在京出版单位对出版物印刷产能的需求，合理规划在京出版物印刷企业数量，避免出现“一刀切”式的印刷企业关停和外迁。同时，以推动京津冀一体化协同发展为契机，在北京周边地区规划建设环保设施配套完整、产能设计合理的出版物印刷产业园，以满足在京出版单位的图书印制需求。

B.3
2017年北京期刊业发展报告

蓝皮书课题组

摘　要： 2017年，北京期刊业克服诸多困难和挑战，努力探索融合发展、转型升级之道，部分期刊在商业模式创新方面取得一定突破，在专业、学术期刊出版方面亮点较多。但从整体上看，读者流失、广告下滑、人才流失、转型升级困难较大等问题仍困扰着期刊出版单位，缩版、延长出版周期成为期刊业的常态，部分期刊出现停刊。这些问题的解决既需要期刊出版单位自身的努力，也需要行政主管部门、主管主办单位的统筹、引导和支持。

关键词： 期刊业　融合发展　转型升级

近年来，随着基于移动互联网的新媒体的兴起，媒体生态环境发生了深刻变化。以新闻、资讯传播为主要功能的报纸、期刊，受到了巨大冲击，原本以发行和广告售卖为支撑的二次售卖商业模式难以为继，转型升级成为报纸、期刊出版单位的内在要求。

相对而言，期刊受到的冲击要小一些，但同样面临商业模式再造的挑战。北京是我国期刊出版的中心，拥有各类期刊3200多种，占全国期刊出版总量的三成以上。北京期刊出版遇到的挑战和转型升级问题是全国期刊出版的一个缩影。

一　北京期刊出版的基本情况

2017年，北京地区共出版期刊3242种，比2016年增加21种，同比增长 0.65%；总印数 8.6 亿册，比 2016 年减少 0.4 亿册，同比下降 4.44%。期刊出版品种小幅增加，而总印数呈现下滑态势，表明北京地区期刊的平均发行量有所减少。北京地区期刊出版品种约占全国的 32.00%，总印数约占 34.51%，是全国名副其实的期刊出版重镇。

二　北京期刊出版的亮点与转型探索

尽管面临很多现实的困难和巨大的挑战，北京期刊出版在 2017 年仍有很多亮点，部分期刊的转型、创新探索也取得了一定的成绩。

（一）在部分垂直细分领域，仍有期刊逆势创刊，缩短出版周期

在很多期刊由于经营压力陷入缩版、延长刊期，甚至停刊境地时，2017 年，北京期刊领域仍有部分新刊创刊。4 月，由中国志愿服务联合会主办的《中国志愿》创刊；6 月，由中国新闻社主办的《中国新闻周刊（俄文版）》在俄罗斯地区发行，由审计署主管、中国时代经济出版社主办的《审计观察》创刊；7 月，由中国总会计师协会、中国财经出版传媒集团经济科学出版社主办的《中国管理会计》创刊；9 月，由中国交通运输协会主办的《人民交通》创刊；12 月，由中国民间文艺家协会主办的《民艺》创刊。

这些新创刊的杂志大多面向特定行业或专业领域，由相关政府部门、行业协会主管、主办，主要目的是传播主管、主办部门的声音和相关行业、专业领域的信息，在人力、物力、财力方面有基本保障，无须背负过重的经营压力，因而能够逆势创刊，成为北京期刊出版的亮点。

2017 年，北京还有部分期刊缩短了刊期，加快出版频率。如《发现》由半月刊变更为旬刊，《社会治理》《世界社会主义研究》《遗产与保护研究》《世界睡眠医学杂志》《北京测绘》由双月刊变更为月刊，《设备管理与维修》由月刊变更为半月刊，《中国无机分析化学》由季刊变更为月刊，《公共管理与政策评论》由季刊变更为双月刊。这些期刊同样具有很强的行业性、专业性，以业内交流为主，受到新媒体的冲击相对较少，因而发展相对良好。

（二）学术期刊整体水平位居全国前列，表现优异

北京拥有大量高水平的科研院所、大专院校和高科技企业，智力资源密集，在学术期刊出版方面拥有得天独厚的资源优势，为促进专业交流和科研成果产业化做出了独特的贡献。

由科技部中国科技信息研究所发布的百种中国杰出学术期刊、中国精品科技期刊，是我国学术期刊领域的权威评价体系。在2017年底公布的2016年百种中国杰出学术期刊、第四届中国精品科技期刊评价结果中，北京期刊收获颇丰。

在2016年百种中国杰出学术期刊评价中，北京有《北京大学学报》《兵工学报》《测绘学报》《地理学报》《地球物理学报》《电子学报》《纺织学报》《工程力学》等70余种期刊入选，入选数量遥遥领先于其他省、自治区、直辖市。

第四届中国精品科技期刊共评定出300种期刊，北京有《北京林业大学学报》《大气科学》《航空学报》《药学学报》《中国内科》《中国针灸》等众多期刊入围，获评期刊数量同样居于各省、自治区、直辖市之首，领先优势明显。

（三）部分期刊转型升级、融合发展初见成效

虽然期刊转型升级、融合发展，面临诸多现实的问题，北京作为全国的期刊出版中心，还是有部分单位先行、先试，取得了一定成效。

《中国国家地理》杂志社是在京期刊出版单位转型升级、融合发展的样板。自1998年改刊后，《中国国家地理》杂志快速崛起，逐渐形成了以《中国国家地理》为核心，包括《博物》《中华遗产》在内的期刊群。自2008年开始，《中国国家地理》杂志社开始布局转型升级、融合发展，先后推出了包括“中国国家地理网”，各期刊官方微博、微信，中国国家地理APP在内的全媒体产品线。与部分期刊新媒体简单复制发布纸媒内容不同，《中国国家地理》杂志社系列新媒体注重与用户进行互动，结合线下活动，

扩大线上产品的影响力，取得了良好的效果，形成了全新的媒体矩阵和经营生态。

《三联生活周刊》近年来在融合发展方面大胆尝试，除了布局官方微博、微信、网站，还于2016年推出“松果”客户端，为用户提供各种线下艺术、展览、剧场活动资讯，以及沙龙、课堂、游学等各种线上和线下活动，主打面向中产阶层的生活方式。2017年，《三联生活周刊》又推出一款基于移动端的社交阅读和知识服务APP“中读”，提供在线杂志、专栏作家付费阅读服务，并开发了一系列知识付费课程，受到用户的欢迎，2018年2月的一次营销活动就带来数万的付费会员。

此外，旗下拥有众多期刊的北京卓众出版有限公司、《金属加工》杂志社、《党建》杂志社等在京期刊出版单位，在媒体融合发展方面也做出了一系列探索，受到业界的关注和好评。

（四）部分期刊在商业模式创新方面取得一定突破

在新媒体的冲击下，期刊以发行、广告收入为主的二次售卖商业模式越来越难以为继。部分期刊积极拓展新型商业模式，并取得一定突破。

首先，对部分专业技术性期刊而言，利用在特定领域长期的资源积淀，“媒体+活动+会展”的商业模式已经基本成形。如《传媒》杂志社主办“传媒创新年会”、《中国会展》杂志社主办“会展产业展洽会”、《中国造纸》杂志社承办“中国国际造纸科技展览会及会议”、《中国教育学刊》承办“国际智慧教育展览会”等。组织举办论坛、年会活动及专业性展览会，能够充分发挥期刊的资源优势，盈利模式清晰，已经成为部分期刊重要的业务板块和收入来源。

其次，部分期刊尝试通过提供咨询、培训、游学服务，为相关企业提供智力支持，拓展新的盈利点。如《现代家电》杂志社设有专门的咨询服务部，为家电企业提供专业信息咨询；《人民文学》杂志社举办文学创作培训班；印刷业专业媒体科印传媒组织了一系列欧美日主题游学活动等。

最后，打造复合型商业模式。北京出版集团主办的文学杂志《十月》，与北京十月文艺出版社联合成立了“十月文学院”，面向作家、学者、公众推出了“十月讲堂”“十月书坊”“十月展厅”“十月客厅”等一系列产品和服务，并在布拉格、加德满都、丽江等地挂牌成立了8处“十月作家居住地”，为作家的创作提供服务，形成了以文学创作、发布为核心的复合型商业模式。

此外，还有一些期刊利用自身的资源优势，探索“期刊+智库”“期刊+电商”等商业模式，也取得了一定的成效。

三 北京期刊业面临的问题与挑战

在新媒体的冲击下，北京期刊出版面临的问题是全方位、复合性的，主要体现在以下四个方面。

（一）读者流失，广告下滑，商业模式面临再造

除了部分专业学术类期刊，期刊出版的主流商业模式有两种：一是通过内容吸引读者，扩大发行量，获取发行收益；二是进行二次售卖，将读者的注意力转卖给广告主，获取广告收益。

近年来，我国期刊出版种数保持稳定，甚至略有增长，但总印数、总印张两项关键指标已经连续多年下滑，且降幅逐年扩大。据国家新闻出版署统计，2017年，我国出版期刊10130种，总印数24.92亿册，同比下滑7.59%；总印张136.66亿印张，同比下滑10.06%%。这表明，期刊的读者在流失。

北京作为期刊出版中心，拥有《求是》《半月谈》《时事报告》《青年文摘》《儿童文学》《三联生活周刊》《中国国家地理》等发行量大，在全国具有重要影响力的期刊。但在新的媒体生态环境中，大部分期刊同样面临订阅量减少、零售量滑坡、读者加速流失的问题。尤其是部分侧重新闻性信息的期刊，读者流失的问题更为严重，部分期刊发行量下滑过半。

读者的流失，不仅导致期刊出版单位的发行收入大幅减少，而且使基于

读者注意力的二次售卖商业模式出现动摇，广告收入持续下滑。广告监测机构“CTR 媒介智讯”的统计数据显示，在 2016 年大跌 30.5% 的情况下，2017 年期刊广告收入又下跌了 18.9%。

北京期刊出版单位的广告收入走势，与整个行业基本一致。这导致很多期刊面临巨大的经营困难和生存压力，急需进行商业模式的重建。

（二）缩版、改刊期成为常态，部分期刊停止出版

读者的流失，使部分期刊出版单位对自身工作的价值产生疑问；发行、广告收入的下滑，又减少了期刊出版单位的收入来源。加之从 2017 年开始，邮局邮发费用大幅上调，纸价、印刷工价大幅上涨，期刊出版单位为了减轻成本压力，纷纷采取各种措施。

一是缩版，即减少每期期刊的印张数。如原来每期为 6 个印张（16 开，96 面）的期刊，改为每期 5 个印张（16 开，80 面），以减少 1 个印张的纸张和印刷成本。这种情况，不管是在北京，还是在全国范围内都普遍存在。我国期刊总印张数下滑速度，高于总印数下滑速度也说明了这一点。

二是延长刊期，即减少全年期刊出版的总期数。这一做法在部分专业技术类期刊中较为普遍。2017 年，北京期刊申请延长刊期的情况有所增加。如《建筑砌块与砌块建筑》杂志由双月刊变更为季刊，《幼儿美术》《复印报刊资料（美学）》《运动 · 休闲》由月刊变更为双月刊，《旅游与摄影》由月刊变更为季刊，《辅导员》由旬刊变更为半月刊等。

三是停刊，即期刊出版单位完全停止期刊出版。这一做法多出现在部分市场化程度较高的期刊中。如时尚类刊物《伊周 FEMINA》自 2017 年起停刊、《悦己 SELF》自 2017 年 12 月号后停刊，专业知识性普及刊物《环球军事》自 2018 年起停刊。在我国，由于刊号资源仍具有一定的稀缺性，完全停刊的案例还不普遍，但毋庸讳言的是，很多期刊已经处在勉强维持的境地。

（三）规模、实力有限，人才不足，多数期刊转型升级困难

面对当前期刊出版市场面临的现实问题，期刊出版单位在转型升级、融

合发展方面进行了很多探索和尝试。其中，拥有很多大刊、名刊的北京，在期刊出版转型升级方面又走在全国的前列。

期刊出版单位的转型升级以多媒体融合发展、拓展信息传播渠道为首。目前，有相当比例的期刊出版单位已经开通官方微博和微信订阅号，部分期刊，如《半月谈》《三联生活周刊》《中华医学》《商业周刊（中文版）》等还上线了 APP 客户端、网站，形成了“两微一端一网”的新媒体布局。

然而，从整体上看，多数期刊的转型升级探索还面临很多现实的困难。由于人才不足，缺少新媒体运作经验，多数期刊出版单位的新媒体还停留在将纸媒内容简单复制发布的阶段，难以聚集足够的用户，进而形成成熟的商业模式。

尤其是有很多期刊出版单位规模、实力有限，全职工作人员不足十人，有的甚至只有一两个人，年度营收规模只有几十万元，很难推进大的转型升级规划，融合发展道路十分艰难。目前，在小微期刊出版单位中普遍存在的情况是，微信、微博新媒体要么没有，要么由期刊编辑兼职运营，多数都没有稳定的发布周期、内容风格，经营收益十分有限。

（四）流失严重，编辑、经营人才队伍不稳定

一方面是转型升级、融合发展急需人才，另一方面是期刊出版单位人才流失严重，编辑、经营人才队伍十分不稳定。

由于规模较小、实力有限，很多期刊出版单位都没有形成完善的内部管理、人才培养和成长体系，部分单位甚至不是独立法人，而是以编辑部的形式存在，机制落后，且论资排辈的现象较为严重。加之多数期刊出版单位的经营收入处于下滑通道，无力为员工提供有竞争力的薪酬，而新媒体、知识付费的兴起，为出版人才提供了新的就业和创业机会，期刊出版单位人才流失的问题日益严重，且率先出走的多数是期刊的核心编辑和经营人员。

期刊出版单位核心编辑、经营人员离职之后，主要有两个去向：一是加盟新媒体机构。相对于期刊出版单位，部分发展较好的新媒体在内部机制、薪酬水平、发展前景方面更具有吸引力。二是利用微信公众号及其他各种新

媒体平台，自主创业。相对于期刊，新媒体的进入门槛相对较低，传播速度更快，商业模式也更为立体，对具有丰富经验的期刊出版编辑，具有一定的吸引力。

2015 年，知名期刊出版人《三联生活周刊》副主编苗炜辞职创业，创办互联网视频公司，引起广泛关注。2018 年，时尚集团总裁、《时尚芭莎》总编辑苏芒辞职。2017 年，北京期刊出版领域没有知名媒体人离职，人才流失却是多数单位都在面临的普遍性问题。

四　对加快北京期刊出版转型发展的建议

面对移动互联网普及带来的媒体变局，北京期刊出版与全国其他地区一样，面临前所未有的冲击和挑战，部分期刊在转型升级、融合发展、创新商业模式方面做出了一些探索，取得了一些成绩。但从整体上看，大多数期刊由于各种各样的原因，转型发展难度很大，深陷经营困境。对加快北京期刊出版转型，建议如下。

（一）摸清情况，加强统筹，分类指导

北京期刊数量众多，隶属关系多元，各期刊出版单位发展情况差异较大，既有《半月谈》《三联生活周刊》《中国国家地理》等大刊、名刊，也有以“中华医学会期刊群”为代表的期刊集群，但占据主体地位的还是数量众多、格局分散、实力相对有限的单体期刊。

不同类型的期刊，在转型发展方面拥有的资源、面临的问题也不一样。相对而言，学术性期刊原本对发行、广告收入的依存度就相对较低，受到新媒体的冲击较小，在国家越来越重视科研工作的情况下发展前景相对明朗。专业技术性期刊，由于内容门槛较高，在转型发展方面也有一定的优势。而部分大众性、普及性的读物，受到新媒体的冲击最大，转型发展的需求也最为强烈。

建议由有关部门对北京期刊出版单位转型发展的现状进行摸底，在找准

症结的基础上加强统筹，针对不同类型期刊的实际情况，出台有针对性的指导措施。

（二）深化体制机制改革，推动在京期刊出版单位整合重组

格局分散、规模偏小、实力有限是北京期刊出版单位转型升级、融合发展推进迟缓的重要原因。当前，部分期刊受新媒体冲击，遭遇较大的经营压力。这既是挑战，也为推进期刊出版单位的整合重组带来了机会。

建议有关行业主管部门以非时政类期刊转企改制为契机，深化期刊管理体制改革，突破主管、主办单位的壁垒，扶持部分大刊、强刊，推进基于市场机制的期刊整合，形成具有较大规模、较强品牌和较大市场影响力的期刊出版集团。同时，扶持具有较强自主发展能力的专业期刊，强化专业特色，走“小而美”“专精特”的发展道路。

（三）树立样板，促进交流，推动融合发展

对多数期刊出版单位而言，转型升级、融合发展都是一项全新的工作，缺少可资借鉴的成熟经验。建议有关政府部门、行业协会、专业媒体，总结、梳理国内外期刊出版单位成功的转型经验，逐步建设经典案例库，为北京乃至全国期刊出版单位提供引导。

要注重发掘本土期刊出版单位转型升级、融合发展的样板，通过组织参观交流、论坛演讲、教育培训等多元化的形式，促进不同类型期刊出版单位之间的交流、合作。同时，还要推进期刊出版单位与数字出版公司、互联网公司之间的交流和业务对接，通过跨界互动，拓宽期刊出版单位的眼界，为期刊与新媒体的融合发展提供更多可能。

（四）设立产业引导资金，建立公共技术平台，为转型升级提供基础服务

相对于报社、出版社、电视台等媒体机构，多数期刊出版单位资金实力有限，仅凭自身资源很难达到转型升级的目标。

建议行业主管部门与发改、财政部门沟通，探讨设立期刊出版转型升级产业引导资金的可行性，加大对期刊出版单位融合发展的支持力度，鼓励期刊出版单位采用数字化编辑出版系统，提升自身的信息化、网络化水平，逐步形成多元媒介发布能力。同时，可支持第三方独立机构建设期刊公共技术服务平台，为中小期刊出版单位提供基本的数字化内容资源管理、生产和发布服务，满足其转型升级、融合发展中最基本的技术服务需求。

B.4
2017年北京报业发展报告

刘拥军 靳莉娜*

摘 要： 2017年，北京报业的发展状况与中国报业的发展状况相似，虽然报纸的印刷总量有回暖的趋势，但是仍然面临新媒体冲击，报纸接触率较低、新闻纸价格上涨、新闻报道重标题轻内容以及“两微一端”面临经营考验。为了应对新媒体持续对传统媒体的挑战，北京报业利用AI、融媒体平台等新的媒体技术丰富用户体验，推进报业发展。为进一步推动北京报业的创新发展，政府和报刊企业都应该采取积极的措施，从思想到行动进行经营创新。

关键词： 报纸 融合发展 媒体技术 经营创新

2017年，随着移动客户端和新兴媒体技术的繁荣发展，国内报刊企业虽仍然面临发展趋势总体下滑的局面，但是其发展状况于2018年得到了改善，报纸的印刷总量呈现回升的态势。2017年，党报在新媒体冲击和其他报类竞争压力下，以其特有的资源优势在报纸的“逆环境”中获得发展。像娱乐报、晚报等生活娱乐类报纸仍然面临生存的压力，但是它们顶着压力前行，探索新的发展。2017年，报业积极利用H5、AI、智能语音、融媒体平台等最新技术，进行受众互动、内容生产、资源共享等活动，推动报业发

* 刘拥军，编审，供职于中国印刷博物馆；靳莉娜，北京印刷学院传媒经济与管理专业硕士研究生。

展的“百花齐放”。

北京作为国内报业发展的“领头羊”，既拥有在国内外都具有重要影响力的党报，也有在各个领域、各个行业具有权威性的报纸。北京的报业发展与国内报业的发展态势基本保持一致，因此，北京报业面临与整个行业基本一致的挑战和机遇，而北京报业在创新升级、技术发展方面的研究则走在了报业市场的前列。

一　2017年北京报纸行业发展状况

（一）2017年北京报纸行业发展的基本情况

2017 年，北京地区共出版报纸 249 种，总印数 83.91 亿份，总印张 249.66 亿印张，定价总金额 96.76 亿元。自 2015 年以来，北京报业的营业收入就一直呈下滑的趋势，不少报刊开始降薪裁员缩减开支，有些报刊甚至停刊。2016 年北京报业的发展状况仍然延续 2015 年的状况，一直持续报纸减版、报纸发行量减少及刊期缩小状况，都市报模式也无法拯救报业发展低迷的状况。2017 年以来，由于各项新媒体技术的运用和新的党报市场，北京报业的发展状况有逐渐回缓的趋势。

2017 年与其他地区的报业发展状况相比，北京地区以其资源优势，领先其他地区。北京地区的报纸印刷量与 2016 年相比虽有所下降，但其印量仍位居全国第一。2017 年北京地区报业利用新媒体优势也先于其他地区，并且覆盖面较广，这使北京报业的发展状况处于全国报业发展状况的领先地位。

（二）2017年北京报纸行业的发展现状

由于互联网技术的迅猛发展，报纸作为传统媒体的代表受到了新媒体技术的冲击，并呈现快速衰落的趋势。尽管互联网的快速发展以不可阻挡的势头对传统报纸产生了巨大的冲击，但这不能代表报纸将被这一新技术所替代并从此消失。报纸也有其权威性、资源丰富等优势，维持报业在逆境中的发展。

随着新媒体技术的快速发展，报业为了迎合时代的发展，纷纷采用新的媒体技术获得新的发展，免于走向被淘汰的道路。传统报纸目前采取媒介融合的措施，利用更加先进的技术，在新媒体技术的冲击中稳定自己的市场，以求吸引更多的受众，为受众提供更好的服务，从而巩固自己的地位。

1. 媒体技术丰富用户互动体验

随着时代的发展，人们对于报纸的新闻报道不再是一味地接受，更多的是发表自己的意见和建议，因此为了增强受众的互动体验，部分报刊纷纷采取措施，利用新的媒体技术满足受众的需求，丰富用户的互动体验。例如，能够将互联网符号语义化，有利于人类和机器的阅读并获取信息，同时可以更好地协助各类媒体嵌入的 H5 技术，以及经常使用的智能语音技术。

2017 年，H5 技术渗透进许多现象级的传播产品。例如，《北京商报》利用 H5 进行品牌宣传，使用“动画 + 图文”的形式进行展示，每页通过图文展示，介绍《北京商报》成立 30 年来的优秀成果。北京日报新媒体、长安街知事连续推送了 4 项利用 H5 技术的产品，即《党代会掌上指南》《50 张图片穿越北京这五年》《您有一封来自北京市委的邀请函》《11 人亮相短视频讲述北京这五年》。这 4 个 H5 产品总阅读量突破 50000 +，受到了众多粉丝的喜爱。在 2017 年全国“两会”期间，为吸引更多用户关注“两会”的相关内容，《人民日报》利用 H5 出品了《全国两会喊你加入群聊》，以生活中群聊游戏的形式提升用户的参与感。《人民日报》在建军 90 周年的报道中，为完成与用户之间的分享和互动，利用 H5 技术与腾讯天天 P 图联合推出《快看呐！这是我的军装照》，这使人民日报客户端的浏览量超过十亿人次，独立访客超过 1.5 亿人次，打破多项传播纪录。

为实现与用户的互动。国内外多家主流媒体将智能语音互动应用于日常工作中。例如，2017 年，在春节期间，《人民日报》推出人工智能机器人“小融”与全国人民互动，一起在聊天中过年。在全国“两会”期间，《光明日报》推出融合语言识别、图片识别以及人脸识别等技术的“小明 AI 两会”，人工智能机器人“小明”可以根据历年来40多万篇的“两会”报道数据回答用户提出的关于“两会”的相关问题，以实现与用户之间的互动。国外媒体也着力研究智能语音互动的功能。

因此，报业还将继续利用新的媒体技术，在发挥其作用的同时，增强受众与报刊之间的互动，让受众参与进来，丰富受众的感官感受。

2. AI 参与媒体内容生产

AI 是研究、开发用于模拟、延伸和扩展人的智能的理论、方法、技术及应用系统的一门新的技术科学。AI 的运用涉及很多范围，例如，计算机科学、金融贸易、医药等。现如今 AI 也逐渐参与进媒体的内容生产，包括新闻写稿和内容审核等。

新华社早在两年前就推出了写稿机器人“快笔小新”。在里约奥运会期间，国内外也有很多写稿机器人发挥其作用。2017 年，写稿机器人更是被充分地运用在新闻实践中。2017 年 1 月，南方都市报社投入使用的写稿机器人“小南”，于春运期间写出第一篇共300多字的报道。8 月 8 日，中国地震台网中心的机器人，在四川九寨沟地震发生后运用地震数据管理与服务系统，先后完成数据抓取、数据加工、自动写稿、编辑签发的流程，仅用25秒便完成了第一条关于此次地震的速报，并在事故发生后 18 分钟发出，通过各种渠道进行传播，这使写稿机器人被大家所了解。

新闻报道最重要的一条属性就是真实性，目前报刊可以利用 AI 对新闻事实进行审核。2017 年，谷歌搜索和 Bing 搜索先后推广应用“事实核查”功能，通过算法对网站权威性进行判断。谷歌和 Jigsaw 利用人工智能技术共同推出恶意评论识别，自动发现新闻下方的恶意评论，《纽约时报》已进行对新闻事实识别系统的运用测试。同样地，今日头条为拦截恶意低俗的图片和“标题党”的内容，逐渐利用人工智能技术，与人工自行拦截相比，其对低俗内容的拦截率高达70%。

AI 参与进媒体的内容生产，使媒体的内容更加严谨真实，使新闻信息得到了更快速的传播，这样的结果使传统报纸与新媒体更加融合，利用新媒体技术的优势，顺应时代的变化成功转型并获得新的发展。

3. “公共平台”推动媒体间资源整合

有效的资源整合能够发挥报刊最大的优势，获取最高的利益。2017 年，国内一些传统媒体在加强自身平台建设基础上，开始尝试开发吸纳外部机构入驻的技术平台。《人民日报》联合新浪微博，在习近平总书记“党的新闻舆论工作座谈会”上发表重要讲话一周年纪念日，推出全国移动直播品牌，吸引百余家媒体机构入驻。作为公共平台的成员，可以共享免费的云存储和带宽，支持优质直播原创内容、全流程技术解决方案等。

新华社还推出“现场云”全国服务平台，包括中央媒体、地方媒体、地方党政机关在内的首批 102 家机构同步入驻。为增强新闻报道的即时性和全时性，记者可以用一部手机，利用“现场云”系统，实现现场素材的采集和即时的回传，便于后方编辑部即时地进行在线编辑和传播。北京日报报业集团推出基于大数据的云媒体服务平台，该平台的功能包括搭建采编协同平台、探寻新型互动广告业务、拓展社会公共信息服务。人民日报社为了打造面向全国党报的“公共厨房”，展开了“全国党媒公共平台”的建设，形成全国党媒技术共享、内容共享和渠道共享的公共平台。党的十九大召开前夕，平台投入运行，38 家党媒客户端签约入驻。

传统报刊根据平台里的共享资源，可以快速及时地发布新闻消息，大大减少收集信息的时间，有助于提升报刊的知名度。

4. 融媒体平台运用

2017 年，拓尔思创新性地推出 TRS 融媒体智能生产与传播服务平台，充分发挥大数据价值，为媒体融合转型提供一站式解决方案，从根本上提高媒体单位的号召力，实现发行量、阅读率、转载率的大幅度提升，为媒体用户带来巨大收益，并让其真正体会大数据应用所带来的媒体融合的巨大变化。融媒体的优势明显，北京也开始搭建融媒体平台以求获得新的发展。

2017 年 12 月，北京朝阳区融媒体中心已初步搭建完成，其开发的全媒体稿件编辑、融媒体指挥调度等 4 个系统平台开始正式运行，实现了选题汇聚、存储管理、平台发布、数据分析、舆情监测等功能。目前，朝阳区的融媒体平台由“一报、一台、一网、一端、两微”组成，实现多种媒体的实时宣传，即《朝阳报》、朝阳有线、朝阳新闻网、“北京朝阳”APP、“北京朝阳”政务微信公众号、“朝闻道”微信公众号6个区级媒体平台。北京地区的融媒体平台搭建工作正积极展开，预计2018年将搭建16个区级的融媒体中心，以求实现传统媒体到新媒体的优势互补，产生聚合共振效应。

二　2017年北京报纸行业的发展特点

2017年，报业的整体经营虽然仍然呈现下滑的趋势，但是该趋势已经开始逐渐回缓。在新媒体技术的影响下，北京报业不断开拓创新，适应行业发展趋势，广泛利用新的技术手段，以求壮大本行业，实现行业整体的稳步发展。

（一）印刷总量的回暖

2018年《印刷技术》6月《2018中国印刷业年度报告》专刊刊登了《2017年报业印刷发展评述——报纸印量下滑或将触底》的文章，文章提到，2017年全国报纸总印量为855亿印张，较2016年的958亿印张下降的幅度大约为10.75%；2016年新闻纸的使用量为215吨，2017年新闻纸的用量为192万吨，降幅为10.70%。从2012年开始，报纸的总印量已持续5年呈下降趋势，并且下降的幅度在逐渐增大。根据统计结果可知，2017年的报纸印量下降的幅度已有所减缓。2017年，虽然北京地区报纸的印量较2016年下降了3.07%，但是部分报纸的印量有了回升的趋势，例如，《人明日报》的印量较2016年上涨了2.73%、《北京日报》的印量较2016年增长了0.26%、《法制日报》的印量较2016年上升了8.42%等。

而这一现象对于报业的发展来说是良好的开端。我国经济的持续增长以及国家和政府的政策支持，使报业在饱受新媒体冲击的环境下能够“绝地求生”。根据党的十九大坚定推动社会主义文化繁荣兴盛的内容，要求坚定属于我们的文化自信。报纸作为文化传播的媒介，更应该建立自己的自信，贯彻落实党的十九大精神，提升报纸的印刷总量。另外，报纸仍然是受众获取信息的主要来源，部分受众仍然保持着阅读报纸的习惯，因为报纸在很长一段时间内是新闻报道权威性的存在，并且报纸本身的资源优势也为受众提供了更好的信息服务。以上种种因素都为报业的持续发展提供了条件。

（二）传统媒体广告收入回升

由于之前报业的发展一直呈现“断崖式”下降的趋势，广告商在报刊方面的投入量大大减少，而广告又是报刊经营的主要组成部分，这导致报刊营业收入的急速下降，报刊的发展也越来越举步维艰。然而，2017 年报刊的印刷总量呈现了逐渐回暖的趋势，并且中国广告市场增幅扩大至 4.3%，相比前两年，市场也表现出明显的回稳迹象。因此，这预示着北京报刊的收入也将逐渐增长，例如，《北京日报》2018 年的订阅价格由 2015 年的 360 元/年提升至 540 元/年，上涨幅度为 50%；《光明日报》2018 年订阅的价格为 360 元/年，在 2015 年时为 288 元/年，增长幅度为 25%。

广告对报刊的投入量较 2016 年来说也呈增长的趋势。报刊自身的内容资源、人才资源和社会资源都比较丰富，这些丰富的优势资源是广告商所不能放弃的。另外，报刊为了顺应时代的发展，纷纷采取媒介融合的方式应对新媒体盛行带来的影响。而媒介融合的方式也促使报刊扭转了报纸广告颓势发展的局面，因此，在媒体大融合的背景下，报刊的广告收入将会持续回升，并且报刊与新媒体的融合发展也是提升广告收入的不二良策。

（三）多元业务的拓展

当今社会，随着信息技术的进步、互联网技术的不断发展和其他新媒体技术的广泛使用，报业面临严重的生存危机。为了应对危机，报业在积极地探索新的发展方式，报纸与新媒体的融合发展是目前大部分报刊企业所采取的有效措施。报纸的积极转型，促使企业不再满足单一的业务结构，其业务结构呈现多元的拓展。

报纸多元业务的拓展并不是抛弃自己原有的业务，而是在主要业务上的拓展，是一种业务的叠加，帮助报纸在多项业务中获得收益。报业的主管部门于2008年全面启动了“全媒体数字采编发布系统工程”，建立包括文字、图片、视频等在内的全媒体数据库。例如，截至2017年1月，北京日报社的新媒体公众号总订阅量近千万人次，官方微博粉丝超过2400万人，还在各大平台发展大批新媒体产品，并积极推进基于大数据的云媒体服务平台建设。人民日报社的“中央厨房”模式改变传统报纸的策划、采访、编辑和发布流程，在空间上实现各团队在同一层面，在技术上实现资源共享和统筹。传统报纸的“两微一端”利用新媒体吸引受众对报纸的高度关注。

报纸的多元拓展是帮助报纸的传统功能由弱变强、推动报纸营业收入增长、促使报纸站到新台阶的成功良策。

（四）党报在报业发展逆境中增长

近几年来，党报的发展受到外部财政的支持、内部运营的创新、媒介融合的影响等，促使国家和相关企业投放的资源开始转移，由普通的大众报纸转向党报，从而促进了党报在下滑的趋势中获得增长。

党报的价格逐渐有上升的趋势，党报的发行价格也一路攀升，党报的发行逐渐成为党报盈利增长的手段之一。首先，党报的发行数量是定量的，从中央到地方的各级党委每年都会开展针对党报党刊的工作会议，并且积极落实党报党刊的订阅发行工作。各级党委都坚持“高度重视、积极落实、保障经费、整治秩序”的原则，维持党报党刊的发行量并要求有所提升，各级党委政府对党报党刊发行的重视程度促使党报的价格在报业逆境发展的环境中获得增长，开始上升。报纸的价格不再停滞不前，发行已经逐渐成为党报新的盈利增长点。其次，由于党报发行的数量增加，其广告营收获得了不少的增长，相关活动的举办也提升了党报的营业收入。例如，《人民日报》《求是》《北京日报》《半月谈》等都是北京地区发展较为良好的党报，其收入和盈利于2017年都有所增长。

三 2017年北京报纸行业面临的问题

随着新媒体技术的广泛利用，大众越来越依赖新媒体技术带来的新闻便利，从而减少了传统报纸的购买和阅读。大众利用新媒体可以自由地表达意见、提出自己的主张、及时地反馈意见等，这些特点都让其更受欢迎，新媒体的崛起轻易地对传统报纸的发展构成了威胁。

（一）报纸接触率低

导致报纸发行量减少和发行收入下降的主要原因是报纸的读者在逐渐减少，人们更偏向于使用更加直观、更加便利的新媒体去获取自己所需要的信息。因此，当受众的注意力被新的媒介形式抓住时，新的媒介将会吸引更多的受众、广告等，而属于报纸原有的读者、广告等都将发生转移。

新媒体的发展尤其是移动媒体的诞生，更加体现了新媒体技术的优势，报纸拥有的移动性强的优势也被其替代。各种便利的移动媒体代替了报纸可以随时随地阅读的优势，除了受众自己的移动媒介以外，很多公共区域也充分利用移动媒体吸引受众的注意力，这使报纸逐渐淡出人们的视线。

（二）新闻纸价格上涨

近几年来，造纸企业技术的创新推进、产出结构的变化以及市场初步垄断形势的出现，导致新闻纸的价格在低迷中逐渐上涨。从2016年开始，新闻纸的价格就出现了快速上涨的趋势。据统计，2016年11月至2017年2月，新闻纸的价格从每吨3800元涨到5300元，上涨幅度约为40%。2016年最低价格为每吨2000多元，而目前新闻纸的价格已经上涨到每吨5500元，其增长幅度为175%。

新闻纸作为报纸印刷最重要的原材料，其价格的上涨也会给报业带来不小的影响。导致新闻纸价格上涨的原因有：①新闻纸生产的原材料价格上涨，这就导致新闻纸的生产成本上升；②造纸厂商未响应国家环保政策，投入环境治理的资金增加，从而导致成本上升；③新闻纸生产的原材料主要来自美国的废纸，因此人民币的贬值也是导致新闻纸成本上升的原因之一；④随着新媒体的发展，传统纸媒的市场下滑，新闻纸的需求下降，新闻纸厂家为了减少损失，从而采取减产、退出市场等措施，最终导致新闻纸的价格上涨。

新闻纸价格的上涨是目前报纸企业所面临的严峻挑战之一，相关部门和报纸企业应采取积极的措施应对这一问题。

（三）新闻报道重标题轻内容

互联网的影响力广泛、信息众多，新闻报道标题是吸引受众的重要手段。因此，有时候新闻报道会选择一些夸张、歪曲事实的标题来抓住受众的眼球，这是一种将追求经济利益作为首要目的的行为，这样的行为将会降低报纸或者其他新闻媒体的公信力。该现象主要出现在依托互联网技术的新媒体中，而像报纸这样的传统纸媒考虑到自身的政治属性和权威性等特点，在新闻报道的标题选择上比较严肃和严谨。这样的结果就是，新媒体的新闻报道更受欢迎，而报纸的读者也会被夸张的标题吸引目光，从而减少对报纸的关注。

“标题党”这一类的新闻标题创作是为了以夸张、新颖的标题吸引受众的点击率和关注度，其主要目标是为了吸引人群而不是为了传播新闻信息。而报纸作为传播新闻信息的载体，无论在什么时代，都承担着正确传播新闻信息以及严谨发出新闻报道的责任，因此报纸应该充分发挥自己权威性的优势，抵挡新媒体背景下新闻报道“标题党”吸引眼球的冲击。

（四）“两微一端”面临经营考验

传统纸媒在新媒体繁荣发展的过程中，面临严峻的生存挑战，其中对报媒的威胁尤甚。传统报业的发展趋势一直呈下降的趋势，部分报刊都选择了休刊或者停刊，例如，《京华时报》于 2017 年 1 月 1 日起纸质版停刊。由于新媒体的盛行，受众改变了自己获取信息的渠道和方式，选择了更加便利的新媒体获取信息，这使传统报纸的广告收入在本行业的激烈竞争中逐渐减少，因此，大部分报刊选择利用微博、微信和客户端的“两微一端”形式，进行传统报纸与新媒体的融合，开辟传统报纸生存发展的新出路。例如，《人民日报》是利用“两微一端”形式后成为最具影响力和传播力的传统报刊，目前，人民日报客户端累计自主下载量突破1.6亿次，《人民日报》微信粉丝数突破900万，《人民日报》官方微博的粉丝量突破5871万。

然而，传统报纸的“两微一端”经营形式也存在一些问题，导致报纸读者流失，阻碍传统报纸在新媒体背景下的蓬勃发展。“两微一端”使传统报纸不再受到时间和空间的限制，可以随时随地发布新闻，但是有些报纸为了第一时间报道新闻，不核实新闻内容的真实性，发布虚假新闻，导致报纸的权威性和公信力都受到挑战。传统媒体在“两微一端”上有时会选择使用比较夸张、轻浮的网络语言迎合受众的偏好，但是这使报纸的新闻报道缺乏严谨性。传统报纸为利用高质量的内容吸引受众的注意力，试图将报纸自身存在的资源优势和影响力转向报纸的“两微一端”中，然后获得相应的广告收益，但是这使报纸“两微一端”过度商业化，丧失自身的独立性，引起受众的反感。

四 北京报纸行业发展的对策建议

为了应对目前报业所面临的困境，北京报业联合全国同行，在媒体融合、技术创新、经营创新、产品创新等方面采取积极的措施，在转型创新、融合发展方面获得了一定的发展。但是，这些创新改革和措施还没能触及报业发展面临的更深层的问题，也不能从根本上扭转报业面临的读者减少、收入下滑等多重困境的局面。然而，目前报业所面临的困难与媒介环境的变化和新媒体的崛起息息相关。虽然与后起的新媒体相比，报业在人才储备、采编经验、政策支持方面都具有得天独厚的优势，但是由于各种因素的限制，大多数报纸企业都没有充分利用自己的优势，未能在新的媒介环境中抓住发展的机遇。

针对当前北京报业实现可持续发展面临的深层次问题，特提出建议如下，以供参考。

（一）强化舆论引导，营造良好的舆论氛围

在未来的发展中，报业的发展应该按照北京市委市政府“两贯彻一落实”的要求，以及全国报刊管理工作会议、北京市宣传部长会议精神，配合北京市委宣传部，围绕党和国家以及北京市委市政府中心工作，发挥传统媒体主力军作用，占领主阵地，引领正确的舆论导向，营造良好的舆论氛围。

为规避“标题党”“三俗”等现象，相关部门应该加强意识形态工作，避免舆论偏离。建立健全意识形态工作责任制，建立台账、细化措施、分解任务、加强考核、积极履行领导小组办公室职责，实现意识形态工作责任的全覆盖。

要加强报刊出版舆情监测、审读和分析研判工作，强化报刊出版内容导向和质量管理，进一步探索新形势下新闻报刊管理创新模式，加强政务舆情的分析和管理。舆情监测重点突出专题、热点、问题舆情的分析，及时调整监测内容，突出重点，跟踪热点，把舆情监测做深做细。

只有做好舆情监测，加强意识形态建设，积极引导舆论走向，才能营造良好的舆论氛围，构建和谐社会。

（二）增强报刊的日常管理与服务工作

为了维护北京报业繁荣发展的良好秩序，北京报业应该增强首善意识和服务意识，管理与服务并重，做好北京地区中央和市属报业出版单位日常管理与服务工作。报业及新闻工作人员应该践行“三严三实”原则，既严以修身、严以用权、严以律己，又谋事要实、创业要实、做人要实，坚持“两贯彻一落实”，进一步增强自己的紧迫感、责任感。

报业作为党和政府的发言人，应该更加自觉地维护以习近平同志为核心的党中央的权威，更加积极地向党中央看齐，向党的理论、路线、方针和政

策看齐，以及向党中央决策部署看齐，把党的政治纪律和政治规矩挺在前面，认真践行党的宗旨，积极干事创业，增强服务大局履责担当的自觉性。

（三）推动党报发展，增强社会影响力

党报是我党宣传政党的纲领、路线和政策的工具，是主流价值观传播的主要途径。2017 年党报的逆势发展、党报价格的上涨，意味着党报传播价值的提升，受众不再只对娱乐性较强的都市报和娱乐报感兴趣，对国家主流意识形态的关注也逐渐提升。

为了推动党报的发展，党报也应该顺应时代变化，加速与新媒体的融合，坚持发展创新。要利用互联网快速互动传播优势，促进党报通过新媒体平台，实现与受众和用户的互动，从而提升党报的社会影响力。党的十九大报告指出，坚持在发展中保障和改善民生。目前，在行业剧烈的竞争中，以及新媒体崛起的冲击下，党报的发展必须要摆脱原有的固定思维，放下架子虚心学习。在做好政府和党的日常宣传工作的同时，还应扩展报道的视角，更多地关注基层社会，注重新闻报道的趣味性和亲民性；更多地关注民生，积极响应党的十九大精神，进一步扩大党报的影响力。

（四）提升报纸质量，满足受众需求

报纸有其特有的商品属性，为了满足读者受众的需求，报纸除了要提供大量的新闻以外还要注重其新闻报道的质量。报纸新闻报道的质量是报纸的灵魂，是提升报纸阅读量、权威性的基本方式。如果报纸的新闻报道只有数量没有质量，其最终结果将是读者受众的流失，从而阻碍报纸的发展。

目前，随着大众文化程度的提升，人们不再满足于依靠报纸获取基本信息，人们渴望发掘更深层次的东西，提升自己的文化修养。因此，报纸作为新闻报道权威性的代表，为了满足受众的这一需求，不应该只注重其发行的数量，而是应该注重质量，使其提供的内容拥有不可替代性，从而促进报业的健康发展。

B.5
2017年北京数字出版业发展报告

陈　敏*

摘　要： 2017年，北京数字出版业继续保持了良好的发展势头，政策利好频出，精品不断涌现，在线教育、IP运营、数字阅读、网络广告等诸多板块都交出了优异的成绩单。随着信息技术与内容产业的深度融合、政府产业扶持与内容监管力度的不断加大，北京数字出版业必将不断创新产品形态和运营模式，创造更好的市场表现，有力助推全民阅读，加速中国出版“走出去”。

关键词： 数字出版　IP运营　在线教育　全民阅读　知识服务

一　2017年北京数字出版业发展基本情况

2017年是“十三五”规划的第二年，北京的数字出版业继续快速稳定发展，保持着全国领先地位。目前北京拥有经国家新闻出版广电总局批准的网络出版单位350家。网络出版单位中，国有出版单位195家，民营出版单位155家；网络游戏出版单位83家，动漫出版单位35家。2017年北京数字出版业产值突破1700亿元，约占全国的1/4。其中网络期刊收入4亿元，占全国的20%；电子书收入15亿元，占全国的27.8%；数字报纸收入3亿元，约占全国的1/3；博客类应用收入18亿元，在线音乐收入18亿元，网

* 陈敏，北京市新媒体技师学院教师，副编审。

络游戏产值达到627亿元，在线教育收入75亿元，互联网广告收入958亿元，占全国的32.2%。

二　2017年北京数字出版业发展特点

2017年始，我国数字出版业的发展跨入了新的阶段。在政策的支持和技术的推动下，媒介融合更加深化，出版业的大框架逐步形成，传统出版和数字出版的分工合作以及角色定位愈加明晰。满足用户切实的阅读需求成为各出版机构发展的推动力，用户获取图书的方式更加便利，阅读体验越来越好。数字出版从内容、平台至渠道、技术等领域有了不同程度的创新。2017年北京数字出版业依旧保持着快速稳定的增长，总结其特点如下。

（一）突出精品导向，发挥首都优势，优秀数字出版物不断涌现

在北京市新闻出版广电局的积极引导下，各数字出版机构高度重视产品题材规划，着力提升产品质量，社会效益和经济效益并重，精品佳作不断涌现。在2017年举行的第四届中国出版政府奖的评选活动中，中华书局的《中华经典古籍库》、故宫出版社的《米芾书法全集》、人民教育电子音像出版社的《造物的智慧——中国传统器具原理与设计》三种电子出版产品和人民出版社的党员小书包APP、人大数媒科技（北京）有限公司的《“壹学者”学术生态系统》等四种网络出版物获奖，分别占全国获奖总数的75%和57%。此外，还有五洲传播出版社的《伟大胜利　历史贡献（多语种版）》，中国大百科全书电子音像出版社的《中国历史百科地图》、《数字化中药材标准》三种电子出版物产品以及人民教育出版社的《教师网络培训和服务平台》、人民卫生电子音像出版社的《人卫智网》等九个网络出版物产品获得提名奖。在中国出版协会主办的第六届中华优秀出版物奖图书奖评选活动中，学习出版社的《百年潮·中国梦》、北京智明星通科技有限公司的《列王的纷争》（*Clash of Kings*）等四家在京出版机构的音像电子游戏出版物产品获奖，占获奖总数的40%。此外，三辰影库音像出版社有限公司出版的《海滨消消乐》

等12款游戏入选国家新闻出版广电总局组织实施的2017年度“中国原创游戏精品出版工程”选题目录，占入选总数的41%。

（二）政策利好频出，在线教育持续发力

2017年初，国务院印发了《国家教育事业发展“十三五”规划》，规划明确提出“积极发展‘互联网+教育’”。李克强总理在政府工作报告中强调“扩大数字家庭、在线教育等信息消费，办好公平优质教育，发展人民满意的教育，以教育现代化支撑国家现代化”。一系列的政策利好消息，推动了在线教育持续快速发展。

中国互联网络信息中心发布的第41次《中国互联网络发展状况统计报告》显示，截至2017年12月，我国网民达7.72亿，其中在线教育用户规模超过1.55亿，网民使用率超过20%，较2016年底增加了12.7%，手机在线课程用户规模近1.2亿，同比增长21.3%。2017年我国在线教育市场规模已达到2000亿元，在线教育市场规模增长率为27.9%。艾媒咨询发布的《2017～2018中国K12在线教育行业研究报告》数据显示，2017年中国在线教育市场规模达2810亿元，预计2018年市场规模将突破3000亿元。

传统出版社在政策引导和项目推动下，发挥自身优势和特色，在学前教育、基础教育、高等教育以及职业教育等不同的层面，准确定位，形成了适合自身的发展路径。例如，人民教育出版社推出的“人教数字校园”“人教数字教材”等人教数字产品和服务已走进全国30个省份的学校课堂和家庭中，服务数千万中小学师生。2017年底，人教数字出版公司与腾讯达成合作，双方将在移动互联网与教育数字出版领域深度合作，首次合作将通过手机QQ以小学英语3～6年级8本课本为合作试点，共同推出全国首个可AR识别的课本。①

北京拥有得天独厚的教育资源，又是数字经济和互联网产业最为发达的

① 《腾讯QQ与人教数字合推全国AR课本 用QQ-AR扫描即实现多媒体教学》，http://news.163.com/17/1213/02/D5GIKRU200014AEE.html。

地区之一，在传统出版机构之外，传统培训机构的数字化产品和在线教育公司的表现更为抢眼。在北京商报社主办的2016~2017年在线教育品牌榜评选活动中，达内教育、跨考教育、新东方在线等6家在京在线教育机构荣获十大在线教育品牌奖。在猎豹智库发布的“2017中国在线教育APP排行榜”中，作业帮、小猿搜题、互动作业等7个北京在线教育企业运营的产品位列K12 APP排行榜前十。

在线教育之火爆，也充分体现在资本市场。截至2017年11月，K12领域有40家公司获得41起总金额60多亿元人民币的融资，包括红杉资本中国、经纬中国、IDG资本、真格基金、鼎晖投资、云锋基金、金沙江创投等在内的知名天使/VC/PE，新东方、学而思等产业方，互联网巨头百度、腾讯、阿里在内，有超70家机构投资方入局。[①] 例如，2017年5月，猿题库（猿辅导）获得华平资本和腾讯投资的1.2亿美元E轮融资；8月，VIPKID获得H Capital领投的1.5亿美元C轮融资，均入选美国著名创投研究机构CB Insights最新评选的全球科技创业公司“独角兽”榜单，猿辅导和VIPKID为北京本土企业，估值均超过10亿美元，成为行业的佼佼者。

（三）“网络文学+”持续发力，IP运营走向深入

截至2017年12月，我国网络文学用户达到3.78亿，占网民总体的48.9%，较2016年底增加4455万，手机网络文学用户3.44亿，较上一年底增加3975万，占手机网民的45.6%，[②] 数字阅读行业市场规模达到152亿元，增长26.7%。

2017年初以来，根据唐七公子同名小说改编的电视剧《三生三世十里桃花》登陆浙江卫视和东方卫视，一时间，“桃花热”刮遍全国。同期，由北京卫视和安徽卫视首播的《大唐荣耀》也迅速蹿红，该片改编自沧溟水的小说《大唐后妃传之珍珠传奇》。年中，改编自潇湘冬儿小说《11处特工

---

① 《2017年近200起融资，跑出3只独角兽，这个“不性感”的行业将迎来4000亿市场规模》，http://pe.pedaily.cn/201711/423261.shtml。

② 中国互联网络信息中心：《第41次〈中国互联网络发展状况统计报告〉》，2018。

皇妃》的《楚乔传》登陆荧屏，并一举夺得2017微博电视影响力盛典年度剧王、2017美国亚洲影视联盟“金橡树奖”优秀电视剧奖。此外，《河神》《无证之罪》《双世宠妃》《致我们单纯的小美好》都成就了高口碑高播放量的网剧。国家新闻出版广电总局监管中心发布的《2017网络原创节目发展分析报告（网络剧篇）》显示：2017年上线的206部网剧播放量总计833亿次。创下目前网剧历史最高纪录9.1分的《白夜追凶》，更是被媒体巨头Netflix买下海外发行权，成为现象级产品。《2017年IP年度发展全景报告》显示，播放量TOP50的榜单中，IP剧剧均贡献124.37亿流量，远高于原创剧的74.53亿；IP电影数据也相当亮眼，票房TOP50电影中，IP电影以44%的影片数量贡献了67%的票房。

网络文学作品改编的优秀影视作品层出不穷，背后的动因是网络文学的IP运营进入了“精品化”阶段，自带流量加持的超级IP也需要配合好剧本、好剧组、好演员、好演技，“品质”正逐渐成为新的网剧代名词。

与此同时，网文改编动漫的内容热度与往年相比有大幅提升，2016年网络文学改编动漫排名第一的作品播放量3.2亿次，而2017年网络文学改编动漫排名前四的作品播放量分别为14.2亿次、10.6亿次、4.2亿次、3.4亿次，[①] 均超过2016年排名第一的作品。

优质网络文学IP在影视、动漫领域大放异彩的同时，衍生的网络游戏也在快速发展。网游《九州天空城》创意源自唐缺的同名网络小说，2016年7月，同名页游与电视剧播放同步上线，同名手游在电视剧播出前两周提前上线测试，电视剧在腾讯视频点击量高达16亿次，并荣登2016中国泛娱乐指数盛典“中国网生内容榜—网络剧榜top10”，其手游产品在华为应用市场游戏中心发布的“2017华为年度游戏风云榜”上，位列年度十佳新锐网络游戏前十名。同样上榜的还有北京紫御科技有限公司（紫龙游戏）于2017年3月推出的《封神召唤师》，2017年4月，紫龙游戏与腾讯动漫正式

① 《2017年度中国数字阅读白皮书：市场规模达152亿，用户接近4亿》，http：//www.sohu.com/a/228207725_99957183。

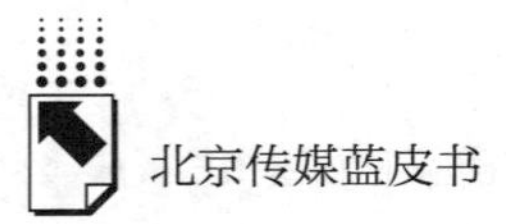

联手，《封神召唤师》与超人气国漫《狐妖小红娘》达成联动，广受玩家喜爱的动漫女主角“涂山苏苏”将被引入游戏中，这是网游与网络文学互动的又一次有益尝试。

为了强化网络文学在全国文化中心建设中的使命担当，引领网络文学的进一步繁荣，推动数字出版业发展，2017 年 8 月，由北京市委宣传部、北京市新闻出版广电局、中国音像与数字出版协会等单位主办的首届中国“网络文学 +”大会在北京亦创国际会展中心成功举行，“网络正能量 文学新高峰”成为本届大会主题，大会吸引了包括爱奇艺、纵横文学、中文在线、凤凰互娱、掌阅科技等 65 家业内知名企业参展，举办多场“IP 路演”“IP 推荐”“IP 交易”等活动，多部 IP 作品现场签约。《盛唐烟云》《追逐太阳的男人》《第三重人格》等 17 部作品入选北京市新闻出版广电局 2017 年向读者推荐的优秀网络文学原创作品。①

（四）数字阅读助推全民阅读，北京市综合阅读率居全国领先水平

2017 年，已经进入第十二个年头的“全民阅读”活动迎来了重大政策利好。3 月 5 日，李克强总理所做的政府工作报告中提出“大力推动全民阅读，加强科学普及”，“全民阅读”在政府工作报告中的表述，从过去三年的“倡导”升级为“大力推动”。3 月 20 日，国务院办公厅印发《国务院 2017 年立法工作计划》，将《全民阅读促进条例》列为“力争年内出台的项目”。3 月 31 日，国务院法制办公室向社会发布了《关于〈全民阅读促进条例（征求意见稿）〉公开征求意见的通知》，这意味着全民阅读立法正在“换挡提速”。2017 年 7 月以来，北京市新闻出版广电局也启动了北京市全民阅读立法的论证工作，地方立法呼之欲出。

北京作为全国文化中心，对外展示国家文明形象，对内增强文化自信，

---

① 《干货来了，中国“网络文学 +”大会发布会成功举办》，http：//book. sina. com. cn/news/whxw/2017 - 08 - 13/doc - ifyixtym2949156. shtml。

对全国文化建设起着引领示范作用。北京市近年来大力推动全民阅读，已经连续举办七届“书香中国·北京阅读季”活动，已经成为北京文化新名片。

北京市新闻出版广电局发布的《2016～2017年度北京市全民阅读综合评估报告》显示，北京市居民综合阅读率92.73%，高于全国平均水平12.69个百分点；纸质阅读率81.02%，高于全国平均水平58.80%；数字阅读率83.98%，高于全国平均水平68.20%。北京市居民人均纸书阅读量为10.97本，比全国人均纸书阅读量（全国为4.56本）高出6.41本。北京市居民日均阅读时长为65.09分钟，高于全国平均值46.2分钟，其中数字阅读日均时长高达44.02分钟，数字阅读日均时长约是纸质阅读日均时长的2倍。

在第四届中国数字阅读大会上，由中国音像与数字出版协会发布的《2017年度中国数字阅读白皮书》显示，2017年中国人均阅读图书数量大幅提升，其中电子书人均阅读量达到10.1本，在数字阅读用户中青年用户占比超七成，用户为电子书付费的意愿也在持续提升，有付费意愿的用户占比从2016年的60.3%提升至2017年的63.8%，愿意为单本电子书支付的平均金额从2016年的8.9元提升至2017年13.6元，我国数字阅读市场规模达到152亿元，同比增长26.7%。数字阅读的全民参与度稳步提升，71.3%的读者参与过全民阅读活动，数字阅读日渐成为提速全民阅读、助推经济发展的新动能。

（五）资本市场热度不减，数字出版上市企业表现抢眼

2017年，受新股审核进度逐步提速的利好，中国出版、中国科传、新经典、掌阅科技、山东出版、世纪天鸿6家出版企业在沪深两地上市，为历年最多。掌阅科技成为北京市推进全国文化中心建设领导小组第一次会议后首家上市的北京文创企业。中国出版、中国科传两支出版“国家队”的上市，将中国极具品牌影响的出版机构带入资本市场，成为2017年度出版业最重要的资本事件，至此，国内上市的出版发行企业达到21家。此外，腾讯控股的阅文集团，11月8日在港交所挂牌上市，成为国内市值最高的文化类公司。2017年境内上市出版发行类企业总营收首次突破千亿元，总利

润首次突破百亿元。①

2017 年上市的 7 家出版企业，有 4 家来自北京，分别是中国科传、新经典、中国出版和掌阅科技，加上 2015 年深交所上市的中文在线，北京的上市出版企业达到了 5 家，占全国的 23.8%，2017 年营业收入总计 100.37 亿元，利润总计 13.36 亿元，平均利润率高于国内上市出版企业平均水平 2 个百分点。北京的 5 家上市公司均涉及数字出版领域，且中文在线和掌阅科技均以数字出版为核心业务，其 2017 年利润增长率分别为 121.22% 和 60.22%，列全国前两位，体现了数字出版行业良好的发展势头。

除了在线教育以外，IP 运营、知识服务等领域也受到资本热捧。腾讯动漫上积累了 15.1 亿人气的漫画《血色苍穹》，于年中推出了同名三维动画，其运营方——中影年年（北京）文化传媒有限公司获梧桐树资本和辰韬资本领投的数千万 A 轮融资，估值达到 4 亿元。② 出品“画江湖”系列的北京若森数字科技股份有限公司，于 2017 年初完成了 B 轮融资，估值超过 20 亿元。③ 5 月下旬，百度文学宣布完成 8 亿元融资；7 月上旬，北京磨铁图书有限公司完成 3 亿元左右 C 轮融资，投后估值接近 45 亿元，两家公司都计划将资金主要用于培育 IP。2017 年 1 月，知乎宣布完成 D 轮 1 亿美元融资，投资方为今日资本，包括腾讯、搜狗等跟投，知乎估值接近 10 亿美元。5 月，儿童内容品牌“凯叔讲故事”所有者北京凯声文化传媒有限责任公司，获得由新东方领投，挚信资本、浙数文化、艾瑞资本跟投的 B 轮融资，融资金额 9000 万元人民币，凯叔讲故事 APP 的日活达到 15 万，音频付费用户达到 22 万。

资本市场的持续关注，为数字出版的快速、健康、可持续发展带来了无限的动力，也充分表明了数字出版领域巨大的市场潜力。

---

① 《21 家上市出版企业年报分析》，http://www.cbbr.com.cn/article/121612.html。

② 《2017 年动漫行业大批 IP 被引爆　资本圈注目国漫热潮》，http://finance.china.com.cn/stock/zxtc/20170728/4328663.shtml。

③ 《怀揣“画江湖”系列泛娱乐 IP，若森数字科技完成 B 轮融资》，http://www.lieyunwang.com/archives/272121。

（六）逆势而上，互联网广告保持快速增长

国家工商行政管理总局公布的最新数据显示：2017 年中国广告经营额为 6896.41 亿元，较上一年小幅增长了 6.28%。全年广告经营额占 GDP 的 0.84%，与同期 GDP 6.9% 的增长基本持平。电视台、广播电台、报社、期刊社等四大传统媒体广告营业额整体下滑，而互联网广告则以 2975.15 亿元的经营额，撑起了中国广告行业的半壁江山，增长速度达到了 29.06%。

展示、搜索广告目前仍是主流的互联网广告形式，并随着用户使用习惯的转变，已经完成移动端迁移。视频广告在 2017 年继续保持快速发展，尤其是作为 2017 年强势风口之一的短视频 APP，如快手、抖音、秒拍等，在活跃用户规模显著增长的同时占据了大量的碎片化时间，同时也赢得了大量广告主的青睐。又如近两年爆红的移动资讯类应用今日头条，拥有 2.4 亿活跃用户，2017 年广告收入达到了 150 亿元。

北京作为中国互联网产业最发达的城市，拥有数量众多的互联网“独角兽”企业，在 2018 年 1 月艾媒咨询发布的互联网企业市值排行中，总部位于北京的互联网公司在 TOP100 中占有 46 席，在 TOP10 中占有 6 席。无论是搜索行业的百度、搜狗，还是视频领域的优酷、爱奇艺，或是信息资讯领域的今日头条、微博，电商领域的京东、亚马逊，均是北京互联网企业的杰出代表，其庞大的用户群体为企业带来了大量的广告收入。

三　北京数字出版业面临的挑战

（一）出版社的数字出版业务盈利模式过于单一，研发投入机制有待调整

目前，传统出版社的数字出版业务主要以两类产品形态出现，一块是数字化图书资源的直接售卖，其主要形式以电子书的形式出现，或通过自营平台销售，或授权给第三方渠道商进行分销，并以分成形式获得收入；另一块

是将出版社积累的资源进行深加工，以 APP、数据库或者在线教育资源等形式进行售卖。此外，虽然也有部分出版社涉及了听书、网络游戏等产品形态，但并未形成规模市场。由于思维惯性和管理体制等问题，相较于电子书而言，多数出版社更加重视纸质图书的销售，往往是在纸书推出一段时间之后才上线电子书，电子书的推广活动形式和力度也无法与纸书同日而语，因此，电子书在总体营收中占比不高。

近年来，部分专业出版社、教育出版社，通过对资源的深度再加工，推出了一大批叫好又叫座的数据库和在线教育产品，其中很多都得到了国家新闻出版广电总局、财政部文资办以及各省份的文化或数字出版专项资助，少则数十万元，多则上千万元，各社的重大数字出版项目的成本投入问题因此得以解决。但是，从另一个角度来看，出版社作为市场的主体，不应当以政府的投入作为获取利润的主要依靠，而应该通过项目融资方式，筹集研发资金，加大研发投入，推出更多契合需求的产品。

（二）传统出版机构对于媒介融合的力度不够大，产品形态单一

从传统出版到数字出版，背后最重要的推手是数字技术的演进，因此，在数字出版产业的各板块中，市场份额最大的网络广告和网络游戏，以及持续高速增长的在线教育、网络文学、网络动漫等，往往都出自原生互联网企业之手，而非传统的出版企业。虽然从传统传媒领域涌现了大量的互联网创业精英，但是，受到思维惯性、企业属性、融资能力、人才储备、研发能力，尤其是体制机制等诸多条件的限制，传统出版企业在数字化的过程中，思路转变不够及时，对于媒介融合的趋势认识不够深入，对于知识服务的商业定位把握不够准确，因此，产品形态较为单一，仍然集中在相对较窄的几个细分市场领域，没能很好地发挥传统出版企业在数字出版行业的领军作用。

（三）数字出版企业社会责任有待加强

从互联网行业介入数字出版领域的部分企业，由于缺乏对知识产权的足

够重视、过度追求用户规模迅速扩张、企业经营中的道德意识淡漠，导致了很多有违社会公德，甚至违法案件的发生，产生了不良的社会影响。

例如，今日头条通过“二次跳转”技术，违规发布医疗、药品广告，甚至是虚假广告，专攻监管不够严格的二、三线城市，欺骗广大消费者，在2018年“3·15”晚会上被曝光。2017年，台州市公安局破获了一起特大网络赌博案件，一家四川的科技公司，打着正规业务的幌子，开发运营了新版捕鱼、玖发棋牌、大鱼棋牌等涉赌棋牌游戏平台，参赌人员遍布全国，每日非法获利高达300万元，涉案金额高达8.5亿元。在2018年网络文学专项整治行动中，包括起点中文网、17K小说网等知名网络文学网站在内的400多家境内外网站，都因不同程度地存在恶搞红色经典、抹黑革命英雄、解构歪曲历史的网络文学作品而被查处。

这些事件的出现，都清楚地说明，作为市场主体的数字出版企业，不能一味地追求经济效益而忽视社会效益，不能游走在法律边缘，甚至践踏法律的尊严，应当时刻牢记出版人的使命和初心，做有强烈社会责任感的出版企业。

四　北京数字出版业发展趋势

（一）IP价值全面孵化，IP经济保持高速发展

在国家利好政策的不断推动下，随着居民消费能力的提升、娱乐产业生态环境的逐步完善，IP经济在整个文化产业中，必将扮演越来越重要的角色。

据赛迪顾问预计，到2020年，我国IP经济规模将超过9000亿元，[①] 网络文学总体规模不大，但衍生丰富，网络游戏和动漫成为IP经济主要构成，网络IP剧会受到更多关注，IP衍生品市场存在巨大发展空间。北上广深等经济发达地区成为IP经济的主要聚集区，北京在围绕动漫构建IP影视产业

① 《2018中国IP经济发展及投资价值50强》，http://www.sohu.com/a/216800901_378413。

链方面优势进一步显现，上海凭借掌阅集团在网络文学界的领先地位，掌握大量IP上游资源，广东则依托游戏和游乐业巨头，IP变现能力进一步增强。在企业方面，包括BAT在内的互联网企业，以及光线传媒、中文在线、阅文集团等内容产业巨头，逐步形成集网络文学、动漫、影视、游戏、音乐及相关衍生品于一体的全产业链运作模式。

（二）从“知识付费”到“知识服务”，出版业即将迎来3.0时代

作为互联网上传媒、出版、教育融合形成的新物种，从2016年的启动到2017年的蓬勃发展，“知识付费”迅速成为互联网经济的热点之一。现在的互联网知识付费只是开端，“互联网+知识”可能融合传媒、出版、教育，形成融合线上线下的新业态。这个互联网技术驱动下知识的新产业与新经济可称为“知识服务”。

出版业最本质的功能就是面向大众提供知识服务。从以传统印刷方式交付的出版1.0，到以数字方式交付的出版2.0，再到以服务方式交付的出版3.0，[①] 正如国家新闻出版广电总局原副局长、中国出版协会常务副会长邬书林在“2018中国知识服务产业峰会”致辞中指出的，“从古到今，出版的载体形式进行了无数次变化，但是每一次它的核心都是借助于新技术把服务做得更周到、更有效，让阅读变得更加便捷和方便，让内容更加深化”。未来，知识将成为资讯、文娱和游戏之外，互联网数字内容的最新、最有活力的板块之一。以知识付费为开端，互联网与相关产业（传媒、出版、教育）的融合将持续深入，这将推动各产业转型升级为“以互联网为基础、以服务为业态”的知识服务产业。互联网推动的全面知识服务转型，可能在未来形成“互联网知识基础设施”，支撑各行各业的知识学习和知识应用，形成互联网知识经济，即通过互联网促成以知识为基础的经济与社会。[②]

---

① 《出版3.0与互联网数字内容的最新板块》，http：//www.bookdao.com/article/404843。

② 《〈2017中国知识服务产业报告〉：变革正在发生 我们正处在大变革的开端》，http：//www.bookdao.com/article/404845/。

（三）新技术与内容产业深度融合，助推行业加速发展

习近平总书记在十九大报告中指出，“推动互联网、大数据、人工智能与实体经济深度融合”，打造“数字中国、智慧社会”。数字出版产生和发展的过程，本身就是以IT技术的发展为原动力的，作为内容产业的重要组成部分，数字出版更加依赖互联网技术和产业的发展。因此，人工智能（AI）、区块链、增强现实（AR）、大数据、云计算等技术风口，皆有可能成为推动数字出版加速发展的重要推动力。

我国相继出台了《“互联网+”人工智能三年行动实施方案》《新一代人工智能发展规划》，在新闻出版领域，人工智能技术将重塑出版流程。同时，人工智能技术在增强用户交互体验、创造未来出版的新模式和新形态等方面也将提供多种可能。

目前，新闻出版业大数据应用工程建设已经启动，新闻出版业大数据中心、知识资源服务中心、出版发行数据服务中心正在紧锣密鼓筹建之中，国家层面正在努力推动传统出版业进入大数据时代。基于对资源数据、产品数据、市场数据、消费数据的大数据收集和加工，未来，大数据资源的巨大价值将会进一步体现，大数据在数字出版领域的应用场景将越来越丰富。

IDG资本全球董事长熊晓鸽在2018中国网络版权保护大会上谈起版权保护出路时表示：最好用的“武器”是区块链技术。区块链技术通过运用数据加密、时间戳、分布式共识和智能合约等手段，在节点无须信任的分布式系统中实现基于去中心化的协作，有助于版权方在确权、用权、维权方面提高效率、降低成本，同时也能够营造全民版权意识，方便司法举证，减少版权纠纷。

此外，随着技术的进步，增强现实（AR）和虚拟现实（VR），在数字出版领域中的应用场景也不断增加，进一步丰富产品形态。同时，优秀的内容也将持续拉动用户市场，在游戏、动漫、阅读和教育等多个领域全面发力。

（四）基于不同的资源积累和发展思路，传统出版社数字化转型道路选择趋于分化

2013 年以来，财政部通过国有资本预算和文化产业发展专项资金两个渠道，共支持新闻出版业数字化转型升级项目 301 个，总投入达 20.39 亿元。在政策强有力的支持下，各出版社推出了一批导向正确、内容精准、技术含量高、用户体验好、反响好的数字产品。①

通过对第四届中国出版政府奖（包括提名奖）获奖网络出版物进行分析后不难发现，商务印书馆出品的“商务印书馆精品工具书数据库”、人民教育出版社出品的“教师网络培训和服务平台”、人民卫生出版社出品的“人卫 3D 系统解剖学（教学版）”以及社会科学文献出版社出品的“一带一路”数据库等传统出版社的获奖产品，基本上是各个出版社在特定领域深耕多年所积淀的资源，在充分进行用户分析的基础上，通过“互联网 +”的技术手段，进行数字化开发再利用的成果，这是多数专业出版社在专业出版数字化领域的必经之路。未来，通过对资源的不断积累和挖掘，对新技术的不断应用，对市场和客户群体分析的不断深入，对产品形态的不断迭代，经营理念从知识传播转向知识服务，专业出版社的数字化转型道路必将不断得到延伸，从而迸发出更大的生机与活力。

与专业出版类似，教育出版社的数字化转型也多基于长期的资源积累和用户积累，需要通过互联网思维和手段，对产品进行深度改造，将资源优势转化为产品优势，进行差异化定位，从而打造与在线教育互联网企业所不同的核心竞争力，继而在相关领域取得较好的市场业绩。

在大众出版领域，出版社一方面应基于自身资源优势，开发数字产品，另一方面应着眼于 IP 领域，将优质图书产品进行 IP 孵化，通过 IP 运营延展产业链，最终实现内容价值的最大化。

---

① 《文博会：中国传统出版业数字化转型结出硕果》，http：//www.xinhuanet.com/fortune/2017－05/15/c_ 1120972874.htm。

五　北京数字出版业发展的对策建议

（一）以内容生产为核心，开创优秀作品迭出新局面

面对产品多、精品少、重经济效益、轻思想引领的局面，各数字出版企业尤其是国有数字出版企业，应紧密围绕首都“四个中心”战略定位，弘扬古都文化，突出红色主题，发挥文化资源优势，系统梳理运河文脉，重点推出一批传承、阐释运河文化，代表首都文化品牌的数字出版精品，通过创新产品开发，丰富产品形态，完善用户体验，强化品牌意识，打造优质数字出版品牌，进而将内容优势转变为发展优势。

（二）坚守社会责任，加强数字出版行业监管

出版企业不同于一般企业，其出版物产品具有明显的意识形态属性，因此数字出版企业必须始终将社会效益放在首位，按照“胸中有大义、心里有人民、肩头有责任、笔下有乾坤”的要求，努力承担起自己应有的社会责任。

党的十九大报告明确提出，加强互联网内容建设，建立网络综合治理体系，营造清朗的网络空间。数字出版具有内容与互联网技术深度融合的特点，因此网络游戏、网络广告和自媒体平台都成为数字出版领域的监管重点，尤其是作为政治中心、首善之区，北京更应该在行业监管方面走在全国前列，通过出台支持网络出版的产业政策和加强网络出版管理制度规定等政策手段，并充分运用技术手段，对产品内容进行规范，对知识产权进行保护，从而推动数字出版业健康、快速发展。

（三）积极参与社会公共文化服务体系建设，助推全民阅读持续深入

2015 年，中共中央办公厅、国务院办公厅印发的《关于加快构建现代公共文化服务体系的意见》中就提出“推进数字出版，构建数字出版物传

播平台”。因此，数字出版企业应当提高社会责任感和行业使命感，主动关注全民阅读，通过推出更加适合大众阅读的产品和服务，支持公共图书馆、农家书屋、社区书屋的建设，以限时免费、榜单推荐、冠名比赛、线下讲座等形式积极参与到各种阅读推广活动中来。各级政府机构，也应当主动作为、敢于担当，积极拓宽思路，主动顺应大众阅读方式的转变，采取项目支持、购买产品和服务等形式，将数字出版企业纳入助推全民阅读的主力军队伍中来，充分调动企业积极性，发挥数字阅读产品资源优势，进一步推动全民阅读活动走向深入。

（四）政策搭台，企业唱戏，加快数字出版“走出去”步伐

中国出版“走出去”，是企业的市场行为，更是事关“讲好中国故事，传播好中国声音”的政治任务。北京作为文化中心和国际交往中心，应该在推动数字出版“走出去”方面有更大的作为。在内容方面，要加大“走出去”精品补贴力度，支持企业瞄准国外需求，结合“一带一路”国家战略，研发、推出面向国际市场的优秀数字出版产品；继续发挥好网络文学、网络游戏等领域已经积累的口碑和影响力，不断推陈出新，将内容优势转化为市场优势；同时，也要围绕中央和北京市外事外交重大战略，建立“走出去”项目和品牌培育长效机制。在渠道方面，要积极引导国内数字出版企业开展与国外知名数字平台的合作，着力将有关“中国学术”、“中国主题”和“中国内容”的数字出版产品推向更广阔的市场；同时也要鼓励有实力的数字出版企业，通过自建平台、收购国外出版机构、跨界合作等方式打造“走出去”品牌。在平台搭建方面，要充分发挥首都在国际交往中的重要作用，利用领导人出访、孔子学院建设、参与或举办国际展览和会议的机会，不遗余力推广数字出版产品。

（五）以思想素质好、业务水平高为导向，着力加强数字出版人才培养

人才的建设与培养工作是提升数字出版产业发展水平的重要抓手，人才

水平的高低直接决定了产品水平的高低和市场认可的程度，进而决定了企业发展的未来。数字出版“内容+技术”的基本属性，决定了数字出版人才的培养既要重视产品的政治导向和内容质量，也要重视对于信息技术的综合运用能力。

数字出版人才培养需要产学研各方参与，更离不开行业主管部门的指导和支持。一方面要积极发挥中国传媒大学、北京印刷学院等开设数字出版专业的高等学校在数字出版人才培养方面的基础作用，源源不断为行业输送文化底蕴深厚、出版理论扎实、动手能力较强的复合型专业人才；另一方面要高度重视高层次、高技能人才特别是青年人才培养，深入推进行业领军人才工程、青年创新人才工程，充分利用数字出版千人培养计划，开展高层次人才培养。同时，也要进一步发挥北京市数字编辑职称评审工作对于优秀数字出版人才建设的推动作用，引导数字出版企业更加关注从业者政治素养和综合技能的培养。

（六）以资本为支撑，激发产业发展提升动力

资本是产业发展的重要支撑力量。数字出版企业需要具备良好的资本运营意识和资本对接能力。近年来，国家大力推进文化产业与金融领域的融合发展，文化产业特别是新兴文化产业一直备受资本市场青睐，多层次、多功能的文化资本市场正在逐渐形成。但整体来看，传统出版企业的资本运作经验普遍不足，资本运作水平有待提升，制约了其数字化转型的步伐。

下一步，政府要通过项目引导，充分发挥财政资金的导向和杠杆作用，提升财政资金的使用效率。国有数字出版企业也要进一步扩展资金的来源渠道，摆脱主要依靠财政资金投入进行产品开发的思路，采取多种融资手段，充分调动社会资本参与转型升级的积极性。同时，企业应当建立专业的资本运作部门和团队，搭建资本市场对接平台，有效地凝聚产业资源，实现资金的规范化管理，通过规范化管理，壮大发展实力。

B.6
2017年北京出版物印刷发展报告

蓝皮书课题组

摘　要： 2017年，国内外经济继续复苏。作为经济“晴雨表”的印刷行业发展速度逐渐恢复，出现回暖势头，与此同时，印刷行业的规模也在逐渐扩大。从出版物印刷领域的情况来看，图书、期刊、报纸三大出版领域走势继续分化。图书出版行业在经历了低水平增长之后也逐渐恢复了高速增长的态势，而期刊和报纸则依然在走下坡路，尤其是报纸印刷量下滑依然非常明显。北京出版物印刷业面临成本、环保、人才等多重压力。未来，在京津冀一体化的大环境下，环保责任须一直扛在肩上，清洁生产与绿色印刷将大范围普及，并加速创新融合发展，坚定不移地向着智能化与数字化的方向大踏步前进。

关键词： 出版物印刷　京津冀一体化　绿色印刷

2017年上半年，国家新闻出版广电总局发布《印刷业“十三五”时期发展规划》（简称《规划》）。《规划》总结了我国印刷行业“十二五”时期的主要成绩，如产业规模继续壮大、产业结构逐步优化、绿色印刷成效显著、内生动力得到增强、市场环境更加成熟等。与此同时，《规划》也提出了“十三五”期间印刷行业的主要目标，要贯彻“创新、协调、绿色、开放、共享”五大发展理念，推动我国印刷业加快“绿色化、数字化、智能化、融合化”发展，促进产业结构优化升级，提高规模化、集约化、专业化水平，实现由印刷大国向印刷强国的初步转变。

可见，“十三五”时期将是我国印刷业由规模速度型转向质量效益型的关键时期。北京出版物印刷业也将在这一时期面临新的挑战，并沿着《规划》指引的方向继续前进。

一 2017年北京出版物印刷业基本情况统计数据

从产业规模看，2017 年北京印刷企业共计 1468 家，同比上年减少 87 家。其中，出版物印刷企业占有最大比例，为 780 家（含专项及数字印刷），与上年持平。这 780 家出版物印刷企业完成主营业务收入 172.1 亿元，同比增长 10.11%；实现利润总额 11.45 亿元，同比增长 18.43%。出版物印刷企业职工 33317 人，比上年减少 1461 人。在从业人数有所减少的情况下，北京出版物印刷企业各项指标均呈现向好趋势。

2017 年，北京地区数字印刷企业上报 171 家，同比增加 58 家；销售收入 9.77 亿元，同比增长 41.80%；利润总额 2634.6 万元，同比增长 77.89%；人数 2627 人，同比增长 35.41%。在 171 家中有 126 家盈利，5 家持平，40 家亏损。

从企业投资情况看，2017 年，北京出版物印刷企业主要设备情况详见表 1。从中可见，北京地区印刷市场直接制版机、数字印刷机、精装生产线等数字化、高端印后加工设备依然呈现增长态势，在一定程度上反映了北京印刷市场转型升级的成效。

表 1 2017 年出版物印刷企业主要设备情况

单位：台，条

年份	2013	2014	2015	2016	2017
直接制版机	231	270	367	309	322
商业八色轮转机	45	61	50	47	49
报纸单幅四色轮转	32	39	39	39	33
报纸双幅四色轮转	36	40	38	40	35

续表

年份	2013	2014	2015	2016	2017
对开四色以上胶印机	625	622	616	613	593
数字印刷机	163	258	318	467	471
四色以上柔性版印刷机	14	32	26	28	29
四色以上凹版印刷机	4	4	4	3	3
无线胶订生产线	179	201	241	240	233
精装生产线	33	41	43	41	45

二　北京出版物印刷市场2017年关键词

（一）“十九大”

2017 年 10 月 18 ~24 日，中国共产党第十九次代表大会成功召开。会后，数千万本“十九大”文件及辅助读物印刷任务被分配到全国 67 家出版物印刷企业中，其中北京就有 16 家印刷企业参与了此次任务，占全部参与企业的 24%，可见，北京市出版物印刷企业是“十九大”读物印制工作的主力军。时间紧、任务重、要求高，而 10 月底的北京正值空气污染严重、环保部门频繁发布预警、印刷企业大多处于限产（停产）状态，为保障“十九大”读物的正常出版发行，相关政府部门紧急沟通，为承担“十九大”印制任务的印刷企业开绿灯，以保障正常印刷出版。北京新华、北京华联、北京尚唐等参与此项任务的 16 家北京出版物印刷企业以高度的政治责任感和饱满的热情全身心投入，争分夺秒，圆满地完成了此项任务。

（二）停产（限产）

2017 年，对于北京市印刷企业来说，是停产限产最多的一年，可谓“史上最严”。2017 年，北京市公布了第五次修订的《北京市空气重污染应急预案》，与前版相比，制造业企业停产限产的标准由橙色预警改为黄色预警。而随后公布的《北京市空气重污染应急工业分预案（2017 年修订）》

中，市级空气重污染应急企业名单相比2016年一次性增加了500余家，总数达到712家，其中印刷包装企业有约120家，多家书刊印刷企业在列。

由于2017年是落实国家“大气十条”的收官之年，京津冀治霾措施必须继续加码，才能达到目标。8月21日，环保部发布了《京津冀及周边地区2017～2018年秋冬大气污染综合治理攻坚行动方案》，京津冀“2+26”城市打响了环保硬仗。其中，北京市在10月底前完成了300家企业VOCs治理、淘汰工作，包括61家包装印刷企业。可以说，在空气重污染期间，印刷企业停产限产已成为常态，北京市发布的空气重污染应急工业分预案中，印刷企业被作为重要对象。2017年上半年，北京市发布的10起VOCs排放行业环境违法典型案例中，印刷企业占了3起。

根据北京市环保局的统计数据，2017年，北京市PM2.5年平均浓度为58微克/立方米，同比下降20.5%，重污染日比2016年减少16天。但因为停产（限产）的标准从红色预警改为黄色预警，同时停产（限产）企业数量增加，因此，停产（限产）对北京出版物印刷企业的正常生产还是产生了较大的影响。

（三）搬迁

从2014年起，搬迁几乎成为北京印刷企业不得不考虑的问题。《北京市工业污染行业、生产工艺调整退出及设备淘汰目录（2014年版）》涉及印刷包装行业4种生产工艺及多种设备。到2017年，环保要求加码，京津冀协同发展更加深入，印刷业面临产能疏解与异地搬迁的压力。虽然出版物印刷相对于包装印刷来说，对环境的污染程度要轻很多，在一些政策里也已经进行区别对待，但在北京市疏解非首都核心功能的历史背景下，搬迁仍然是许多出版物印刷企业需要考虑的问题。不少印刷企业未雨绸缪，已在天津、河北等地投资建厂，有的甚至已经搬迁完毕，如北京盛通印刷股份有限公司已经在河北、天津等地建厂，专业做数字印刷的北京京华虎彩印刷有限公司已于2016年搬迁至河北固安。河北、山东成为印刷包装业的转移选择，印刷业的空间布局正在发生调整。然而自2017年开始，北京的出版物印刷企业需要面对的一个新情况是：搬迁目的地如河北、天津等地的环保压力同样已经加码，搬迁的门槛也在升高，很多刚刚才开始考虑搬迁的企业不得不面对河北、天津等地的高门槛。

无疑，北京出版物印刷企业的外迁将对在京出版社产生明显的影响，印制管理难度增加，物流成本将明显提高。

（四）涨价

基于造纸原材料的供不应求、环保部门针对造纸行业实行更为严格的控制政策等诸多原因，从 2017 年第一季度开始，纸张进入疯狂的“涨价模式”，并且一发不可收拾，甚至出现一月连涨五次的情况。到年底，有些纸张的价格甚至已经出现了 100% 的增长。纸张是出版物印制最重要的原材料，也是出版物最主要的成本构成，出版物印制成本随纸张的涨价而不断增大。好在对出版物印刷企业来讲，很多出版社采取“来料加工”的方式，纸张一般由出版社采购。因此，在纸张价格的疯涨过程中，一些出版物印刷企业并未受到如包装印刷企业一样大的影响。

（五）“印书难”

环保重压、停产（限产）成常态、纸张涨价、外迁趋势以及北京市疏解非首都核心功能的一系列措施，将导致一批实力较弱的印刷企业关停退出，北京市出版物印刷市场产能降低。在这种情况下，2017 年北京出版物印刷市场一度出现了“印刷难”的现状。出版社反映印刷厂开始挑活、提价，要求缩短账期等。即便如此，有些活件还是不能保证正常工期，一旦污染程度加重，随时可能会停产（限产）。有媒体指出，“印书难”可能会成为未来一段时期北京出版业最头痛的话题之一。

三　北京出版物印刷市场呈现的热点与特色

（一）回暖与分化，短版业务增多

2017 年，出版物印刷市场总体回暖，而图书、期刊、报纸等三种主要的出版物走势依然分化。

根据中国报协印刷工作委员会的统计，2017 年度全国报纸总印量 855 亿印张，较 2016 年的 958 亿印张减少 103 亿印张，下降幅度为 10.75%。报纸印量自 2012 年进入下降周期之后，已经连续 6 年下降，2016 年甚至触底，下降超过 16%。当前全国报纸的总印量已经退回到 2000 年的水平。令人欣慰的是，相较于前几年 10% 的下滑幅度已经大幅收窄，尤其是在 2017 年新闻纸大幅涨价（涨幅超过 50%）的情况下，报纸印刷量下降幅度能够收窄实属不易。从北京地区的情况来看，2017 年报纸印刷量下降 3%，远低于全国平均水平，而印刷量则占到全国印刷量的 10%，可见，作为新闻出版业的核心地区，北京地区的报纸印刷依然是出版物印刷的一支重要力量。

与报纸不同，尽管图书出版也同样受到数字阅读的冲击，但相对来说，我国各地经济发展不平衡的特点决定了图书阅读水平的不平衡，这也正是图书出版行业亟待挖掘的巨大市场。随着人民收入和消费水平的提高，人民群众的精神文化需求增加，特别是少儿读物需求扩大，少儿图书出版已成为图书出版业细分市场里成长最快的一个领域。正因为如此，图书出版行业近年来尽管饱受冲击，却依然稳步发展，图书出版印刷量并未出现下滑，尤其是教材印刷一直有着稳定的需求，而少儿读物更是实现了一枝独秀般的快速增长。得益于此，图书印刷企业普遍反映图书印制需求增多，业务回暖。

而介于报纸与图书之间的期刊，其发展情况也展现了同样的特点，期刊印刷情况也是比报纸稍好而比图书要差。近几年出现了连续印刷量下滑的情况，但下滑的幅度相对较小。可见，印刷企业的出版物印刷市场回暖，多是指图书业务量的增加。

与此同时，短版化这一趋势在 2017 年也更加突出。当前，图书出版市场环境已经发生变化，而库存压力则越来越大，很多图书的出版需要先通过小批量的印刷试探市场。一方面是图书品种的增加，另一方面是图书印量的减少，图书短版化几乎已经成为图书出版的主要趋势。新的变化给出版物印刷企业提出了新的要求。

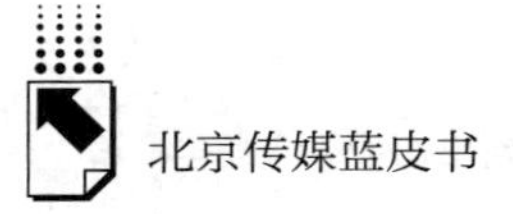

（二）加压与深入，绿色印刷进一步发展

2017 年，环保问题不断加压，绿色印刷持续深入推进。

如今，环保几乎成为印刷企业需要面对的头等大事。北京市各级环保部门加紧监督与检查，与此同时，还有环保部的巡视与督察。京津冀很多印刷企业均受到过相关处罚，而全年多次因大气污染造成停产（限产），使印刷企业更加不能忽视环保的重要性。可以说，在环保问题上，北京出版物印刷企业一直将其视为公司发展的重中之重。大力度对企业进行环保改造，是北京出版物印刷企业 2017 年的主要工作。

在清洁生产、绿色印刷方面，北京出版物印刷企业一直走在全国的前列。根据北京印刷协会的统计，北京市自 2013 年开展印刷业清洁生产审核以来，到 2017 年底，开展清洁生产审核的印刷企业共 57 家（北京市共有 246 家企业开展清洁生产审核），已通过评估 43 家，正在开展 14 家。通过清洁生产评估，企业累计年约节电 1298.04 万千瓦时、节水 31463 立方米、减排 VOCs 485.195 吨。

绿色印刷方面，截至 2017 年 11 月 8 日，全国共有绿色印刷认证企业 1246 家。中小学教科书已经连续 3 年实现绿色印刷全覆盖，采用绿色印刷的出版物涉及全国 45% 的出版单位。北京地区 60% 的出版单位共 138 家涉及绿色印刷，绿色印刷占总印数的 1/4。计算机直接制版技术（CTP）覆盖率达到 85% 以上。截至 2016 年 12 月中旬，北京地区累计有 178 家印刷企业通过了绿色印刷资质认证，遥遥领先于全国其他地区。北京绿色印刷工程——优秀青少年（婴幼儿）读物绿色印刷示范奖励项目自 2012 年启动以来，政府每年拿出 1000 万元资助国内出版单位和北京地区的绿色印刷企业。据统计，北京地区每年大约有 43 家绿色印刷企业获得该项目的资助。

正如国家新闻出版广电总局党组成员、副局长、国家版权局专职副局长周慧琳在“2017 年绿色印刷推进会”上所言，“印刷业已成为国家生态文明建设的重要参与者、贡献者甚至是引领者。随着绿色印刷的持续深入发展，它必将带动创意设计、出版发行、设备器材等相关行业同步追求和践行绿色发展理念”。

（三）数字与融合，按需印刷迅速发展

2017 年，数字与传统印刷融合发展，按需印刷的应用越来越普遍。

据国外调研机构的资料显示，2016 年全球印刷总量并没有发生大的变化，传统印刷的市场份额下降到 97.3%，预计到 2020 年，这一比例将下降至 96.5%。2016 年数字印刷对全球印刷市场的贡献率为 9%，预计到 2020 年将达到 17.6%。报告显示了数字印刷的发展趋势——逐渐与传统印刷融合并扩大市场占有率。我国的数字印刷同样呈现了这一特点，其印刷量及市场占有率正在逐渐变大。数字印刷正处于快速发展阶段，发展空间还很大。

从出版物印刷的角度来看，数字印刷技术的进步使按需印刷生产越来越便捷。按需印刷的意义不仅能解决出版社的库存问题，更是为出版业改造升级带来数字化的变革，还可以有效提升社会资源的利用效率，减少图书生产过程中所伴生的环境污染。可以说，按需出版符合出版业定制化、个性化发展方向，代表了出版业的前进方向与发展未来。而按需印刷这种方式对于出版社来讲也已经不再陌生，印量小的图书，出版社也多会选择通过按需印刷的方式来进行。如今，图书品类增加得非常快，但印刷越来越倾向于小批量多次印刷，这意味着未来按需印刷的需求非常大。

出版社多样化的需求促进了数字印刷与传统印刷的互为补充、融合发展。尤其是在出版社以及出版物印刷企业比较集中的北京市，这一特点表现得更加明显。出版物印刷企业必须适应并迎合出版特点的变化，才能留住出版客户。

（四）调整与升级，产业集约化程度增高

2017 年，在环保与外迁的重压下，北京出版物印刷整体产业结构不断调整，集约化程度提高，企业管理与运营水平也得到升级。

实际上，从 2010 年开始，市场便加速向规模以上重点印刷企业集中，

大型印刷企业优势越来越突出。国家印刷复制示范企业的加速发展与转型便印证了这一趋势。在北京地区，在加大环保治理力度和疏解非首都核心功能的双重压力下，产业结构调整的力度更大。而这一压力对内作用的结果便是企业管理与运营的升级，如北京盛通印刷有限公司作为我国第一家上市的出版物印刷企业，逐步由传统的加工企业“规模扩张”向产业链“深耕细作”转变。此外，很多印刷企业选择外迁河北、天津，这在一定范围内引发了印刷产能的区域重配，虽然这对在京出版单位的图书、期刊印刷造成了一定的影响，但从京津冀一体化的角度来看，新一轮的产能区域重配将带动周边印刷行业的发展，对环渤海印刷圈实力的提升将起到积极的促进作用。

总之，北京出版物印刷企业要适应当前的一系列要求，更好地服务首都核心功能，必须面对压力迎难而上，应用信息化时代带来的技术进步实现商业模式的创新和重构。正如北京印刷协会第八届会员大会确定的“高端引领、绿色发展、创新驱动、转型升级”的发展战略，从加快产业结构调整入手，引导企业尽快融入新经济时代，从低水平同质化竞争向质量型、差异化竞争转变，不断提高发展的质量，实现可持续的发展。

四 北京出版物印刷市场面临的问题

（一）成本问题

自 2016 年 10 月开始，连续多年持稳的印刷用纸价格突然大幅飙涨。进入 2017 年后，纸价走势虽然有所反复，但整体上仍呈现为失控飙涨，且涨价范围从初期领涨的原纸、瓦楞纸、卡纸等包装用纸，蔓延到新闻纸、双胶纸、铜版纸、复印纸等文化用纸。

纸价的过快上涨给印刷企业的正常经营带来了巨大压力，部分中小企业由于无法快速将成本上涨压力向下游客户转移，利润率大幅下降，甚至出现亏损。在纸价失控的同时，版材、油墨等印刷常用原辅材料的价格，也出现了不同程度的上涨。对于成本转移能力相对较弱的印刷企业来说，主要原辅材料价格的轮番、过快上涨，给其正常的生产经营活动带来了巨大的压力。部分中小企业由于无力承担原料价格上涨带来的成本压力，被淘汰出局。

除此之外，印刷企业的用工以及物流成本也在不断水涨船高。成本问题成为北京出版物印刷企业无法回避的重要问题。

（二）环保问题

2017 年，为了打好污染防治攻坚战，特别是打赢蓝天保卫战，我国环保治理力度继续增强，全国各地均经历了一轮空前严格的环保督察。印刷企业由于在生产过程中存在一定的 VOCs 排放，在环保督察和各地环保部门组织的日常执法行动中，成为监督检查的重点，很多企业由于环保治理不规范、不达标，被给予罚款、限产、停产，甚至关厂处罚。在北京，环保治理与疏解非首都核心功能相互叠加，给印刷企业带来了更大的压力。

现在，北京市对企业环保问题的检查，已经成为常态，并且监管非常严格。从 VOCs 检测排污费用到废气净化，再到燃气锅炉改造、纸毛回收系统，甚至减噪系统等，印刷企业需要投入资金引进或者改造现有设备，才能达到各项环保的要求。环保问题成为出版物印刷企业需要面对和解决的头等问题。

（三）人才问题

近年来，随着我国劳动年龄人口增长拐点的出现，印刷业作为传统实体经济行业，对各层次人才的吸引力都有所减弱，面临人才供给不足的问题。无论是基层操作工人还是中高端人才，都同样存在人才流失严重的问题。印刷企业由于劳动强度相对较大，薪酬竞争力不足，普遍面临招工难、留人难的问题。

人才供给不足的问题已困扰行业多年，2017 年这一问题依然严峻。中高端人才储备不足，低端人才招用困难，正成为困扰行业长期发展的瓶颈问题。面对一般工人和操作人员的招、用难题，近年来部分印刷企业试图通过引进自动化、智能化设备，并取得了一定成效。但从整体上看，由于缺少全盘规划和统一布局，多数印刷企业信息化基础薄弱，设备之间兼容性差，难以实现顺畅的数据和信息交换，离真正意义上的智能化和智慧工厂建设还有较大的差距。企业采用自动化、智能化的设备，建设智能工厂，确实可以减少人工，但从另一个层面来看，还需要更高层次的高端人才储备以适应企业的管理升级与技术升级。

五　北京出版物印刷行业发展面临的形势与对策

（一）京津冀协同发展，新型首都出版物印刷圈正在形成

北京是文化中心，是出版企业的聚集地，出版总量居全国之首。20 世纪末，由于北京出版物印刷企业在规模、技术装备、产品质量、出书周期等方面都难以适应出版业发展的需要，大量的高档出版物印刷业务流向南方市场，形成了“孔雀东南飞”的局面。北京出版物印刷的大市场，对从事印刷的企业家产生了强大的吸引力。之后，外资、合资、民营印刷企业纷纷在京投资建厂。经过多年的快速发展，北京地区高端印刷企业群早已形成，有效满足了北京地区强大的出版需求。

另外，目前京津冀地区已经成为中国北方规模较大的经济圈，其所体现出的活力折射出中国经济发展的巨大潜力，不仅为中国的经济发展做出巨大的贡献，也赢得了各界的瞩目。实现京津冀协同发展的战略，打造新型首都经济圈，是国家发展的需要。在京津冀协同发展思想的指导下，以北京印刷企业外迁为契机，印刷行业也将继续打造京津冀印刷圈，新型首都出版印刷圈正在形成。

（二）融合创新加速，增强出版物印刷企业活力

面对未来，出版物印刷企业应紧紧围绕北京“四个中心：政治中心、文化中心、国际交往中心、科技创新中心”功能定位导向，来设计好各项工作，自觉把服务与发展统一起来，推动印刷业向文化产业、创新产业方向发展，使产业发展与首都战略定位相适应、相一致、相协调。

首先是与文化创意的融合。出版物印刷本身便具有浓厚的文化属性，是文化产业的重要组成部分。面对这一不再高速增长的市场，很多印刷企业也开始将业务向文化创意领域倾斜。一方面，转变纯加工企业的定位；另一方面，很多企业主动出击，发展文化创意产业，寻求新的市场。如雅昌、圣彩虹等企业开拓具有更高附加值的艺术品复制领域，尤其是雅昌公司，以致力于服务中国文化与中国印刷的创新，为中国美术市场、文化市场及艺术市场提供高度专业化印刷服务为重点，推出了“传统印刷 + 现代 IT 技术 + 文化艺术”的商业模式，实现了文化创意产业新旧经济模式的有机结合。此外，如北京尚唐等企业设立童书公司，将童书制作作为企业的特色来发展，向儿童图书领域进军。

其次是与新技术和新材料的融合。如出版物与新技术 VR（虚拟现实）、AR（增强现实）等的结合，极大提升了出版物本身的附加值，北京华联印刷有限公司便已在此领域探索出一条新路，受到出版单位的欢迎；再如将高感光 UV 油墨应用到图书封面的印制当中，可瞬间实现干燥，立体感强、光泽度好、耐磨牢固，从而提升图书的精美度。

最后是融合加工创新，将印刷加工变成一种“手艺”，攻克各种高难度的图书工艺，让图书产品高度增值，让设计师的各种天马行空的创意和想法能够落地，给图书设计创造更大的想象空间。

此外，一些以期刊为主的书刊印刷企业运用长期印制期刊所积累的数字资源，开发了适合新媒体阅读的数字期刊和数字内容，拓展了企业的服务边界，也是一种融合创新。

（三）拥抱互联网，向智能化方向发展

《印刷业“十三五”时期发展规划》明确提出，要推动数字网络化发展，提升智能化水平。以互联网（云、网、端）体现的信息与网络技术已经成为助力印刷产业发展的基础设施。将会有更多的出版物印刷企业依靠自身或者外部合作的资源发展互联网相关业务，搭建或者应用于业务沟通甚至订单交易的平台，以适应“多品种、小批量、周期短”的市场变化，寻找

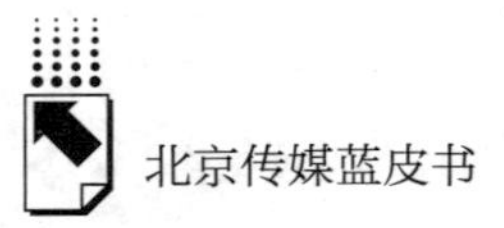

新的业务模式和服务模式。

正如该规划所指出的，数字网络技术的裂变式发展、新一代信息技术的广泛应用、“中国制造2025”的深入实施，推动传统印刷业向数字化、智能化方向发展，为新需求、新模式、新流程的创新提供了技术支撑。未来，物联网的介入，人、设备、物体将被网络紧紧连接。由互联网与物联网构成的产业网络神经中枢将使印刷产业进入智能化时代。大数据的挖掘、利用将为印刷产业的发展注入新动力。WiFi智能工厂的提出便是为书刊印刷企业向工业4.0进发奠定基础。

实际上，智能化的印厂主要实现的功能便是企业的智能化管理。当前，很多出版物印刷企业的管理依然使用的是粗放的手段，缺乏信息化管理手段和精益生产，技术管理、供应链管理、成本管理、质量管理和人员管理等需要加强。产业链上下游缺乏协调，政府部门也无法实现信息化监管。智能印厂将颠覆这一局面，企业管理将进入全面的信息化与智能化时代。

（四）普及数字印刷，与出版社共同发展按需印刷

数字印刷技术实现持续快速发展，尤其是国产设备发展提速，使数字印刷成为胶印的有效补充。而图书出版业态的逐渐变化，使出版社“去库存”压力也越来越大，短版化更是将进一步促进其对按需印刷业务的需求。当前很多出版社都对按需印刷表现出了前所未有的热情，有些出版社已经独立引进设备进行短版图书的生产印制。这就为出版社与印刷厂建立新型合作关系提供了前提。如人民邮电出版社引进了数码印刷设备，并与合作印刷企业一起发展按需印刷业务。

总之，对于一直走在全行业发展前列的北京出版物印刷企业来说，未来，在京津冀一体化的大环境下，环保责任须一直扛在肩上，清洁生产与绿色印刷将大范围普及。在供给侧结构改革的关键时期，应坚定不移地向着智能化与数字化的方向大踏步前进。

B.7

2017年北京出版物发行业发展报告

张　爽*

摘　要： 2017年北京出版物发行业呈现快速发展的局面，发展环境趋优，新店不断开设，24小时书店成亮点。转型升级加速，业态融合成主流。网络发行群雄逐鹿，线下体验店加速扩展。政策扶持持续发力，书店公益性属性不断强化。面对新的发展形势，要加强规划布局，构筑科学合理的出版物发行网络。加强中介服务，解放产业生产力、创新力。加快信息化、标准化建设，提高新技术应用能力。进一步加强政策扶持力度，推动北京出版物发行业发展。

关键词： 北京　出版物发行业　24小时书店

一　2017年北京出版物发行业发展基本情况

2017年，北京地区共有出版物发行网点数8922处，从业人员数70543人。北京新华书店系统及出版社自办发行单位出版物总购进数量1.37亿册（张、份、盒）、金额41.54亿元，总销售数量1.3亿册（张、份、盒）、金额38.91亿元，总库存数量0.89亿册（张、份、盒）、金额29.05亿元。

与全国相比较，2017年，北京地区出版物发行网点数占全国的5.48%，出版物总购进数量和金额分别占全国的0.65%和1.37%，出版物总销售数量和金额分别占全国的0.61%和1.32%。

---

* 张爽，北京众藏共阅文化传媒有限公司经理。

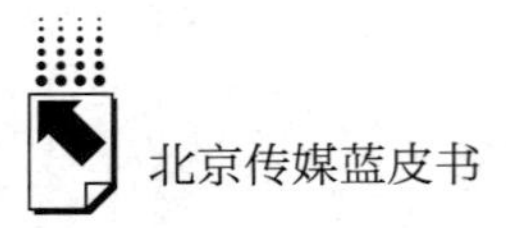

二　2017年北京出版物发行业发展特点

2017 年北京实体书店的发展是北京出版物发行业发展的最大亮点，新店不断开设，创新层出不穷，呈现十余年来少有的快速发展局面。

（一）发展环境趋优，新店不断开设

2014 年 2 月 26 日，习近平考察北京提出“四个中心”，即全国政治中心、文化中心、国际交往中心、科技创新中心。2017 年 2 月 23 日至 24 日，习近平再次来到北京考察工作时指出，城市规划在城市发展中起着重要引领作用。北京城市规划要深入思考“建设一个什么样的首都，怎样建设首都”这个问题。2017 年 5 月 17 日，《北京城市总体规划（2016 年～2030 年）》出炉，上报党中央、国务院审定。2017 年 9 月 29 日，《北京城市总体规划（2016 年～2030 年）》由中共北京市委、北京市人民政府发布实施。

在新定位的指引下，全国文化中心建设提上了重要议程。2017 年 8 月 17 日，北京市召开推进全国文化中心建设领导小组第一次会议，市委书记蔡奇出任北京市推进全国文化中心建设领导小组组长。

在推进全国文化中心建设进程中，实体书店迎来了重大发展机遇。北京市新华书店、民营书店，以及外地知名书店品牌，在北京重要的街区不断发力，开设新店。2017 年 1 月 7 日，北京新华书店建筑书店重装开业；1 月 18 日，新华无人智慧书店开业。11 月，PAGEONE 24 小时前门店开业、中国书店前门东大街店正式开业。12 月，新华书店城乡华懋店开业。

新开业的书店，既有国有新华书店、知名外地品牌，也有本地民营书店。新开书店，主要集中在城市中心区，且占据重要位置，正在重新定位北京文化地标。

（二）打造不夜文化城，24小时书店成亮点

2014 年 4 月 8 日，三联韬奋书店美术馆店开启了 24 小时营业模式，

“不眠”模式便在京城的书店圈里传播开来。2015 年 4 月，三联韬奋书店在海淀区五道口开设第二家 24 小时书店。2018 年 4 月 23 日，三联韬奋书店第四家 24 小时书店在三里屯正式开门迎客。

北京新华书店也发力 24 小时书店模式，打造北京不夜文化城。2017 年 10 月 1 日，北京花市新华书店开启 24 小时营业模式。12 月 8 日，北京新华书店香山 24 小时店正式开业。

24 小时书店为北京城市夜晚点亮一盏盏不眠之灯，照亮了文化之都的夜晚，成为北京一道靓丽的风景。

（三）转型升级加速，业态融合成主流

传统书店以卖书为主的经营模式正在悄然转型为业态融合的新模式。书店已经不再是单纯的以图书为主要经营品类的商业书店，而是正在转型为综合性的文化体验店、阅读空间等，围绕读书人，以读书人的综合文化需求为服务对象的文化空间。

以花市 24 小时书店为例。书店利用休闲空间，举办英语派对、新书沙龙、读书会等，夜间还放电影。三联韬奋书店三里屯分店营业面积近 700 平方米，图书品种 1.5 万种，同时还经营文创产品、咖啡等产品。北京纸老虎书店通过改造，增设了 3 个相对独立的阅读区域，还设有专门的儿童阅读区域。

书店的业态融合不仅有文创产品、咖啡等文化气息比较浓厚的产业品类，而且有家具、服装等文化气息不太直接，但设计个性、文化符号鲜明的其他产业品类。书店已经不仅是卖书的场合，还是以书为媒、营造文化氛围、嫁接多种业态的综合性文化空间。这也许是书店发展的主导趋势。

（四）网络发行群雄逐鹿，线下体验店加速扩展

2016 年，网络发行首次超过实体书店发行，成为最重要的发行渠道。2017 年，这一分化继续发展，但速度减弱。2017 年网络发行的最大变化是，在传统电商不断发展的同时，新华系电商逐渐成熟壮大，特别是博库网、文轩网在 2017 年迎来了转变的契机。北京新华发行集团的北新云网在新一轮

智慧书城建设、线上线下结合推广中也有不俗的表现。

在传统电商与新华系电商创新分割市场的同时，社群电商、微店平台异军突起。以大V店、罗辑思维等为主的社群电商、微店平台正在成为网络销售的重要业态。

传统电商特别是当当和京东加速线下扩张。截至2017年12月，京东之家展示店有100余家，线下合作门店有30余家。当当已在全国开业145家“O+O”实体书店。

（五）政策扶持持续发力，书店公益性属性不断强化

自2016年6月中宣部、国家新闻出版广电总局、财政部等11部门联合印发了《关于支持实体书店发展的指导意见》以来，实体书店的发展得到了各地政府的大力支持。北京市于2015年启动了实体书店扶持项目。2016年出台《北京市实体书店扶持资金管理办法（试行）》《北京市实体书店扶持项目管理规定（试行）》等文件，积极开展对实体书店的扶持。2017年扶持资金仍为1800万元，最终入围扶持的71家实体书店中，有9家综合类、28家专精特新类、20家区域类、14家农村郊区类。

与2016年相比，扶持导向更加突出。2016年入围扶持的70家实体书店中，专精特新类实体书店占23家，2017年专精特新类书店增加到28家。特色书店成为北京市政策扶持的重点。

三　北京出版物发行业面临的问题

2017年北京实体书店的发展可圈可点，但是就整个出版物发行业而言，尽管面临发展的重大机遇，但也存在一系列的问题。有些问题是历史性的，也有一些问题是新生的。

（一）结构布局仍不合理

近年来，北京出版物发行业保持了基本平稳的态势，初步形成了以国有

发行为主体、民营发行为重要补充的发行体系。但是，布局仍不合理，多种发行力量之间竞争加剧，缺乏资源整合能力。

第一，北京新华书店作为国有主渠道的作用发挥不足，批发中盘的作用主要限于本集团内部，行业作为有限。

第二，众多民营书店以及各类阅读空间虽然遍布京城各处，但缺乏联合机制，难以形成发展合力，迫切需要资源整合。

第三，网点建设主要集中在中心城区，各郊区包括城市副中心网点建设滞后，特别是远郊区发行网点更是寥寥可数，与全国文化中心建设的要求还有很大的差距。

（二）新技术虽有应用，但信息化、标准化水平滞后

书店一直被认为是单纯卖书的地方，传统业态虽在不断转型，但大多数书店仍然游离于新技术之外，信息化、标准化水平滞后。靠经验经营的局面没有根本改变，大数据、云平台等新技术难以广泛应用。

近年来，一些线上平台大力推进线下体验店建设，但缺乏有力引导，处于野蛮尝试阶段。且由于线下平台信息化、标准化水平低，线上线下融合有难度。

（三）人才队伍建设遇到瓶颈，人才流失严重

行业要发展，人才是根本。面对新的发展要求，出版物发行业面临人才严重不足的尴尬局面。一方面，难以找到和留住新人；另一方面，一些专业人才不断流失。

四　北京出版物发行业发展的对策建议

北京出版物发行业尽管面临一系列问题，但是整体而言，处于重大发展机遇期。要抓住机遇，深化改革，克服困难，实现特殊时期的快速发展。

（一）加强规划布局，构筑科学合理的出版物发行网络

要从服务于北京全国文化中心建设的角度，重新审视北京出版物发行业的布局，科学规划，有力引导，建设与全国文化中心建设相适应的发行网络。规划布局北京出版物发行网络要注意以下几点。

第一，要站在全国文化中心建设的高度，坚持高标准、高质量。北京出版物发行业不仅代表北京，而且代表首都，代表中国出版物发行业。规划布局既要考虑目前存在的问题，更要着眼于未来的发展愿景，要成为中国出版物发行业的标杆，发挥重要的示范作用。

第二，要处理好中央出版物发行单位与北京市出版物发行单位之间的关系。北京出版物发行业与各地出版物发行业的区别之一就是拥有一大批优秀的中央出版物发行单位。要合理布局中央出版物发行单位与北京市属出版物发行单位的关系。要勇于创新，善于改革，坚持属地管理原则，统筹布局各类出版物发行资源，发挥整体优势。

第三，坚持以人民为中心的原则，加强网点建设。出版物发行业带有鲜明的公共服务属性，要充分发挥公益性职能，坚持以人民为中心，服务最广大的人民群众，特别是针对重点区域、特殊人群做好布局规划。

（二）加强中介服务，解放产业生产力、创新力

由于历史的原因，出版物发行企业小、散、弱现象严重，中介服务不到位。特别是实体书店，由于小、散、弱，在与网络书店的竞争中不堪一击。建议成立北京实体书店联盟，整合实体书店资源，服务实体书店发展。

第一，联盟应在政府指导下，由社会力量运作。联盟不是政府机构，也不是一个事业单位，应该是政府指导下的市场化中介组织。

第二，联盟不是行政命令式的，而是由实体书店自愿参与。在充分尊重实体书店意愿的前提下，通过联盟的服务，争取书店的参与。

第三，联盟的基本职能是服务实体书店，特别是众多中小书店和阅读空

间，增强实体书店的议价权，整合社店关系、店店关系，实现资源共享，统一信息、统一进货、统一人才培训。要加快北京出版物发行业的信息化、标准化建设，加快新技术应用，推动北京出版物发行业转型升级。

（三）加快信息化、标准化建设，提高新技术应用能力

“新零售”成为近年来的热词，出版物发行业特别是零售书店也在努力尝试新技术的应用。2018 年 4 月 11 日，北京市首批 24 小时智能书店在石景山区八角南路社区投入使用。该智能书店兼具借阅与售书功能，读者每次能免费借阅最多 2 本书，免费借阅期限 15 天。读者用手机扫描书柜上的二维码下载 APP，用身份证注册后即可免费借书或者优惠购书。

北京新华书店作为国有大型书店，多年来一直坚持创新，加快新技术的应用。2018 年 6 月北京图书大厦推出新华阅读空间——图书自动售卖机，读者可以通过触摸屏对书籍封面、目录内容进行简单预览挑选，只需轻松扫码选择支付方式即可购买到自己心仪的图书。

（四）加快新技术应用，推进业态创新

北京是全国出版中心，是全国出版物发行中心，同时也应该是出版物发行业新技术应用和业态创新的中心。但就近年来的情况看，北京出版物发行业的新技术应用主要表现为传统电商及社会力量的创新。国有出版物发行企业尽管也做了很多努力，但效果不明显，示范作用不够突出。要实施重大工程，策划重点项目，转变传统观念，深化改革，切实形成有利于新技术应用、业态创新的体制机制，积极有效地盘整资源，打通与传统电商、社群电商、微平台等网络资源的对接通路，积极参与新业态创新进程。

（五）加强人才队伍建设，推动出版物发行业可持续发展

人才是第一资源，要实现北京出版物发行业的可持续发展，必须加强人才队伍建设。

第一，充分调动政府、行业组织、学校、企业等各个方面的积极性，大

力开展有针对性的培训工作，提高从业者素质。建议政府设立专项培训资金，通过政府购买服务的方式，撬动出版物发行专业人才培训市场。

第二，出版物发行企业要高度重视人才工作，大力开展内部培训。要设立培训专项经费，通过与学校合作，开展符合本企业实际的培训工作。

第三，要加强人才交流，在不同所有制企业之间、不同类型的出版物发行企业之间、同类型出版物发行企业之间，开展广泛的行业交流活动，促进出版物发行人才队伍素质提高。

（六）加大对实体书店扶持力度，建设北京文化新地标

2018 年 7 月 17 日，北京市人民政府印发了《北京市关于支持实体书店发展的实施意见》，北京将采取多项有力措施，大力推动实体书店建设发展。

到 2020 年，北京市将以大型书店为骨干，打造一区一书城的综合文化体验中心；形成一批重点街区文化地标和标志性文化品牌；构建 15 分钟公共阅读服务体系；鼓励国有和社会资本与社区图书馆开展合作，利用现有资源创建新型阅读空间，支持益民书屋转型升级；支持在商业中心、旅游景区、交通枢纽、人口密集社区、新建居民区等区域建设特色书店或社区书店；鼓励在繁华街道等重点区域的明显位置引入具有影响力的特色书店，让实体书店“露出来、亮起来”。

《北京市关于支持实体书店发展的实施意见》的发布，为北京实体书店的发展乃至整个北京出版物发行业的发展创造了良好的政策环境，必将极大地增强信心，有力推进北京出版物发行业的转型升级和创新发展。

要抓住政策机遇，像支持菜店发展那样支持书店发展。强化书店的公共文化职能，倡导总编辑制，加强书店与各类阅读活动的融合，服务于北京文化建设，有效满足北京市民不断增强的文化需求。同时，要集中力量，加大对特色书店的扶持，建设北京文化新地标。

B.8
2017年北京广播行业发展报告

孟 伟 李秀丽 宋 青*

摘 要： 2017年，从全国范围来看，广播较电视、报纸和杂志的负增长情况，仍逆势增长22%。北京地区广播媒体在全国范围内处于引领地位，2017年其广告花费增幅加大，广告资源量的降幅明显收窄，收听市场继续攀升，听众结构得到进一步优化且体现出对广播一定的强依赖趋势。北京地区广播行业在重大新闻宣传报道中，强化广播内容创新，凸显声音主流媒体的传播优势；加强应急广播体系建设，服务民生，促进京津冀地区的协同发展。同时，站位首都的视野，在文化传播与国际传播中继续发力，发挥广播声音媒体优势。从整体来看，北京地区广播媒体融合走向纵深，技术因素贡献率提高；广播新闻时政传播语态的转型仍需继续加强，应进一步提升技术创新的内容转化率，注重广播媒体的到达率和实际的传播效果。

关键词： 新广播 声音媒体 媒体融合 舆论引导

一 北京地区广播媒体发展概况

2017年全国广播广告花费仍呈增长状态，刊例花费增长6.9%，较上年

* 孟伟，中国传媒大学传播研究院教授、博士生导师；李秀丽、宋青，分别为中国传媒大学2016级、2017级广播新闻方向博士研究生。

增幅进一步加大，而广播广告资源量的降幅也在明显收窄。[①] 其中刊例收入最多的频率依然是交通类、音乐类、综合类、新闻类。2017 年交通类和音乐类频率的广告刊例花费分别增长 14.4% 和 15.5%；新闻类频率从 2016 年的下降逆转为 2017 年略有增长；而综合类频率则一改 2016 年的增长势头，广告刊例花费下降 6.9%。北京地区广播媒体作为全国广播媒体的一部分，因其身处首都政治、文化中心的重要位置，在其发展上呈现一些突出的特色。

（一）北京地区广播传播概况

1. 传统广播覆盖

北京地区广播有国家级电台中央人民广播电台、中国国际广播电台两家，市级电台北京人民广播电台和 9 家区级广播电视台。中央人民广播电台共有中国之声、经济之声、音乐之声、老年之声、中国交通广播、中华之声、香港之声等 17 套广播频率，全天累计播音 354.5 小时，另有 4 套数字广播节目；2 套数字电视频道《央广购物》和《央广健康》，以广播为依托融合多媒体发展。中国国际广播电台开办 5 套对内外宣频率：环球资讯广播、轻松调频广播（EASY FM）、欧美流行音乐广播（劲曲广播）、英语环球广播、外语教学广播等，分别在北京、上海、广州等大中城市播出。国际台多个新媒体平台用户量过亿，海外影响力日渐提升。北京人民广播电台开办有新闻广播、城市广播、故事广播、体育广播、音乐广播、交通广播、文艺广播、外语广播、青年广播、动听调频等 10 套开路广播及 15 套有线调频广播、13 套数字音频广播、2 个数据服务频道。每天播音 364 小时，总发射功率 212.5 千瓦。2017 年北京人民广播电台共开办 209 档节目，其中新节目 30 档；全台十个专业频率播出时长 74573 小时，其中现场直播 138 场次。北京 16

---

① 《2018 中国媒体市场趋势：广告企稳回升，头部化格局显现》，央视市场研究，http://www.ctrchina.cn/insightView.asp?id=2238，2018 年 5 月 4 日。

个行政区中有9个区开办广播电台，分别为房山人民广播电台、通州人民广播电台（现称北京城市副中心调频广播）、顺义人民广播电台、昌平人民广播电台、大兴人民广播电台、怀柔人民广播电台、平谷人民广播电台、延庆人民广播电台和密云人民广播电台,[①] 9个区县台都是单频率，隶属于各区广播电视中心。

2017年，北京人民广播电台皂君庙调频发射机房改造工程完工，新闻、城市、体育广播的覆盖效果大幅提升。通州新闻广播调频100.6补点覆盖系统建设完成。位于通州区潞城的北京人民广播电台驻北京城市副中心记者站正式启用。

2. 广播覆盖新理念

2017年北京地区广播媒体更加注重人群覆盖、频率建设、应急覆盖等，如采取无线调频广播、无线中波调幅广播、无线数字音频广播DAB、卫星广播DVB－S、有线调频广播、有线数字广播DVB－C、互联网广播等多种方式播出节目。在房山、密云、平谷、延庆、怀柔等多山地区，传统无线调频、调幅广播利用广播电视中心发射塔和其他转播塔实施多点发射转播。2017年北京地区广播高度重视“村村响”有线广播的发展，以确保农村地区广播信号的有效覆盖。

除了传统的调频覆盖以外，中央人民广播电台不断探索新广播覆盖理念，提出要形成传统频率覆盖区域，新媒体覆盖到人的信号覆盖体系。以收音机覆盖老年人群，车载音频覆盖中年人群，移动终端覆盖青年人群，诵读工程覆盖少年儿童，打造不同载体覆盖不同人群的覆盖体系，最终实现“中央领导能听到，老年受众能留住，青年听众能增长，少年儿童有印象”的目标。[②]

3. 新频率打造新广播倡导融媒体呈现

2017年1月，中央人民广播电台在中国高速公路交通广播基础上升级

① 数据由北京市新闻出版广电局宣传管理处提供。

② 阎晓明：《启航新时代　实现新突破——在中央人民广播电台2018年工作会议上的讲话》，《中国广播》2018年第3期。

改造的中国交通广播开播，成为第一个国家级交通广播，依靠高速公路网络实现覆盖，作为交通信息化和国家应急体系的一部分，加强应急广播联动机制。2017 年 7 月，中央人民广播电台都市之声改版的经典音乐广播开播，以直播卫星和新媒体等多种手段覆盖全国。

2017 年，北京人民广播电台将旗下中波频率加码升级，增加调频波段，开播青年、外语、故事三个调频广播。其中青年广播打造国内首个可视化播出平台，同时成立北京人民广播电台高校广播联盟。据了解，青年广播直播间包括 7 个镜头的多视角拍摄，可以实现高清 LED 屏幕对视频、图片、直播画面和现场的 Live 秀表演、弹幕互动切换等。

4. 京津冀联手直击黑广播背后的利益链条

黑广播现象，是广播播出环境净化的一个障碍。一般其通过伪装在城市居民区多个据点发射传输节目，内容多为民营医疗机构的性病治疗节目和推销保健品的热线节目，涉及金额巨大，严重影响广播的声誉与发展，干扰正常的经济秩序和社会生活。2017 年，工信部、中国民用航空局、军队无线电管理部门和北京市公安局刑侦总队、无线电管理局、新闻出版广电局等单位，继续加大力度，与天津、河北联合开展一系列专项行动打击黑广播，对黑广播背后成熟的利益链展开打击，包括生产、销售、购买、使用黑广播设备的人和企业，以及利用黑广播发布虚假信息的厂家等。

（二）2017年北京地区广播收听市场攀升、竞争激烈

2017 年整个北京广播市场，整体收听率攀升至 3. 894%，较 2016 年上涨 0. 186 个百分点，涨幅超过 5%。[①] 其中北京人民广播电台收听率为 2. 65%，较 2016 年增长 5. 49%；中央人民广播电台的收听率为 0. 987，较 2016 年增长 2. 17%；中国国际广播电台的收听率最低，为 0. 25%，但增幅高达 11. 11%（见表 1）。

① 中国广视索福瑞媒介研究北京地区广播收听数据。

表 1　2016 年、2017 北京广播市场主要电台收听数据表现

项目	频道	2016 年	2017 年	2017 年较 2016 年差值	2017 年较 2016 年涨跌幅(%)
收听率(%)	北京人民广播电台	2. 512	2. 65	0. 138	5. 49
	中央人民广播电台	0. 966	0. 987	0. 021	2. 17
	中国国际广播电台	0. 225	0. 25	0. 025	11. 11
市场份额(%)	北京人民广播电台	67. 738	68. 057	0. 319	0. 47
	中央人民广播电台	26. 06	25. 358	-0. 702	-2. 69
	中国国际广播电台	6. 065	6. 411	0. 346	5. 70
人均收听时长(听众)(分钟)	北京人民广播电台	73. 1	66. 5	-6. 6	-9. 03
	中央人民广播电台	59. 7	55. 4	-4. 3	-7. 20
	中国国际广播电台	49. 5	53. 2	3. 7	7. 47

资料来源：中国广视索福瑞媒介研究。

在所占市场份额方面，北京人民广播电台达到 68. 057%，与 2016 年相比上涨 0. 47%；中央人民广播电台同比下滑 2. 69%，达到 25. 358%；中国国际广播电台市场份额同比上升 5. 7%，在三个大台中上升幅度最大，市场份额达到 6. 411%（见图 1）。

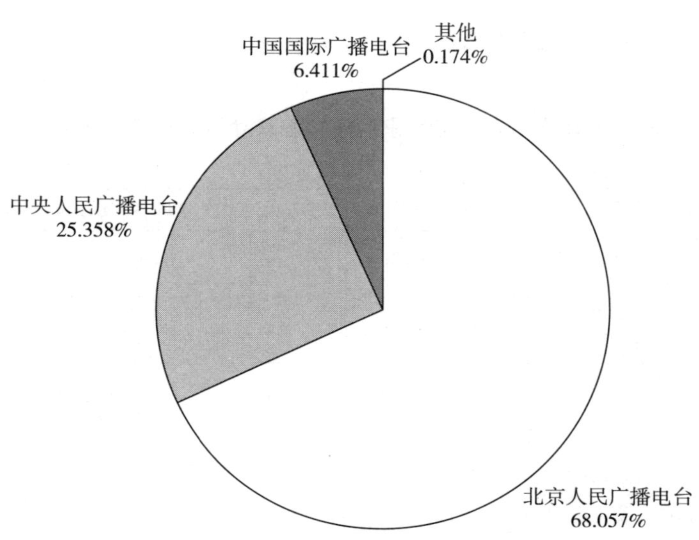

图 1　2017 年北京广播市场主要电台平均市场份额

资料来源：中国广视索福瑞媒介研究。

2017 年，北京交通广播占据北京广播市场份额首位，市场份额达 31.96%，较 2016 年上涨 2.643 个百分点。北京文艺广播依然稳居市场份额排名第 2 位，市场份额下降 1.914 个百分点，降至 14.414%。中国之声市场份额同比上涨 2.835 个百分点，达到 10.321%，涨幅高达 38%，市场份额排名超越北京新闻广播，从第 4 位攀升至第 3 位。值得注意的是，北京文艺广播份额明显下降和中国之声份额迅猛上涨的双向作用，使第 3 位的中国之声与第 2 位的北京文艺广播的市场份额差距从 2016 年的 8.842 个百分点缩小至 4.093 个百分点。2017 年北京新闻广播虽然跌出前三，退至第 4 位，但市场份额提升了 0.416 个百分点，涨幅为 5%，份额达 9.13%。北京音乐广播 2017 年份额同比稳中略升，至 6.458%，排名不变，仍列第 5 位。

2017 年音乐之声市场份额下降了 1.504 个百分点，至 4.456%，下降幅度超过 25%，仍列第 6 位；环球资讯广播市场份额上涨 0.702 个百分点，排名上升 1 位，至第 7 位；中国交通广播市场份额下降 1.384 个百分点，排名下降 1 位，列第 8 位；文艺之声市场份额上升 0.623 个百分点，排名上升 1 位，至第 9 位；经济之声市场份额下降 0.521 个百分点，至 2.844%，排名下降 1 位，列第 10 位（见表 2）。

表 2　2016 年、2017 年北京广播市场 22 个频率市场份额变化

单位：%

频道	2017 年	2016 年	差值	2017 年排名	2016 年排名	排名变化
北京人民广播电台交通广播（FM103.9/CFM95.6）	31.96	29.317	2.643	1	1	→
北京人民广播电台文艺广播（FM87.6/CFM93.8）	14.414	16.328	-1.914	2	2	→
中央人民广播电台第一套节目中国之声	10.321	7.486	2.835	3	4	↑
北京人民广播电台新闻广播（FM100.6/AM828/CFM90.4）	9.13	8.714	0.416	4	3	↓
北京人民广播电台音乐广播（FM97.4/CFM94.6）	6.458	6.425	0.033	5	5	→
中央人民广播电台第三套节目音乐之声	4.456	5.96	-1.504	6	6	→

续表

频道	2017 年	2016 年	差值	2017 年排名	2016 年排名	排名变化
中国国际广播电台环球资讯广播(FM90.5/AM900)	4.36	3.658	0.702	7	8	↑
中央人民广播电台中国交通广播	3.209	4.593	-1.384	8	7	↓
中央人民广播电台第九套节目文艺之声	2.846	2.223	0.623	9	10	↑
中央人民广播电台第二套节目经济之声	2.844	3.365	-0.521	10	9	↓
中国国际广播电台劲曲调频(CRI HIT FM)	1.766	1.626	0.14	11	13	↑
北京人民广播电台体育广播(FM102.5)	1.412	2.052	-0.64	12	11	↓
中央人民广播电台经典音乐广播	1.238	1.746	-0.508	13	12	↓
北京人民广播电台动听调频(Metro Radio Fm94.5)	1.108	1.539	-0.431	14	14	→
北京城市广播(FM107.3/AM1026/CFM91.9)	1.054	0.846	0.208	15	15	→
北京人民广播电台故事广播(AM603/FM95.4/CFM89.1)	0.532	0.416	0.116	16	17	↑
北京人民广播电台外语广播(AM774/FM92.3/CFM97.8)	0.289	0.394	-0.105	17	18	↑
中国国际广播电台轻松调频(CRI EASY FM)	0.285	0.782	-0.497	18	16	↓
中央人民广播电台娱乐广播	0.221	0.377	-0.156	19	19	→
中央人民广播电台中国乡村之声	0.16	0.227	-0.067	20	20	→
北京人民广播电台青年广播(AM927/FM98.2/CFM92.7)	0.062	0.178	-0.116	21	21	→
中央人民广播电台第十套节目老年之声	0.061	0.082	-0.021	22	22	→

资料来源：中国广视索福瑞媒介研究。

（三）北京地区广播收听趋势变数增加

1. 北京地区广播收听数据稳中有降

北京地区居民整体消费能力日益提高。2017 年北京常住人口 2170 万，居民人均消费支出 37000 余元。[①] 北京地区上下班通勤距离和时长均排在全国首位，平均单程通勤距离 17.4 公里，平均单程通勤时间 52.9 分钟。[②] 此外，北京广播市场收听习惯良好，2017 年北京广播周到达率为 37%，位居全国第二。以上都是北京地区广播媒体发展形势较好的重要原因。

2017 年，北京地区平均每天收听广播的人数达到 428.9 万人，比 2016 年增加了 42.3 万人，涨幅为 10.94%。在人均收听时长方面，2017 年听众平均每天收听广播时长为 75.8 分钟，比 2016 年减少 7.4 分钟。听众忠实度从 2016 年的 3.7 上升至 3.9，涨幅达 5.41%。[③] 在重要报道时期通过广播获取信息的比例高，党的十九大期间，全国范围内选择通过广播直播收听的听众比例达到 58%，高于通过全媒体途径收听/观看“讲话”直播的受众比例。其中中国之声在十九大期间的全国平均收听率达到了 0.28%，上升指数接近 1.20（涨幅接近 20%），在北京等地区的收听率上升指数达到 1.59。[④]

2. 北京地区听众广播依赖性增强、高峰时段优势明显

从全年的收听行为来看，与 2016 年相比，单个听众全年收听广播的天数更多，意味着对广播这一媒介的使用依赖性增强；从每日收听行为来看，听众收听的段数更多，平均每段收听时长更短，收听行为趋于碎片化（见表 3）。[⑤]

---

① 资料来源：国家统计局，智研咨询整理，2018 年 4 月 1 日。

② 李媛：《北京：上班族平均通勤距离 17.4 公里，花 52.9 分钟》，凤凰网，http://news.ifeng.com/a/20180201/55667148_0.shtml。

③ 内容来自北京人民广播电台资料。

④ 胡洋：《广播大数据启示录——“十九大”的声音传播力量》，赛立信媒介研究广播资讯网，http://www.bpes.com.cn/zh-CN/displaynews.php?id=4331。

⑤ 张晶晶：《一线城市广播收听市场总体概况》，收视中国微信公众号，2017 年 11 月 15 日。

表 3　2016 年、2017 年北京地区广播全天收听表现

单位	2016 年	2017 年	2017 年比 2016 年差值	2017 年比 2016 年涨跌幅(%)
平均到达率(千人)	3866	4289	423	10.94
到达率(千人)	6027	5780	-247	-4.10
人均收听时长(分钟)	83.2	75.8	-7.4	-8.89
忠实度	3.7	3.9	0.2	5.41
人均收听段数	3	5	2	66.67
平均每段收听时长(分钟)	27.9	14.8	-13.1	-46.95

资料来源：中国广视索福瑞媒介研究。

2017 年北京广播市场全天收听依然保持早、晚两个高峰的走势。早高峰 06：00 ~ 08：30 时段，2017 年较 2016 年收听率上涨明显，各时段均有 1% 的净值增长；晚间 19：30 ~ 24：00 时段收听率略微上涨，其他各个时段收听率普遍同比持平或有小幅下降，较为平稳（见图 2）。①

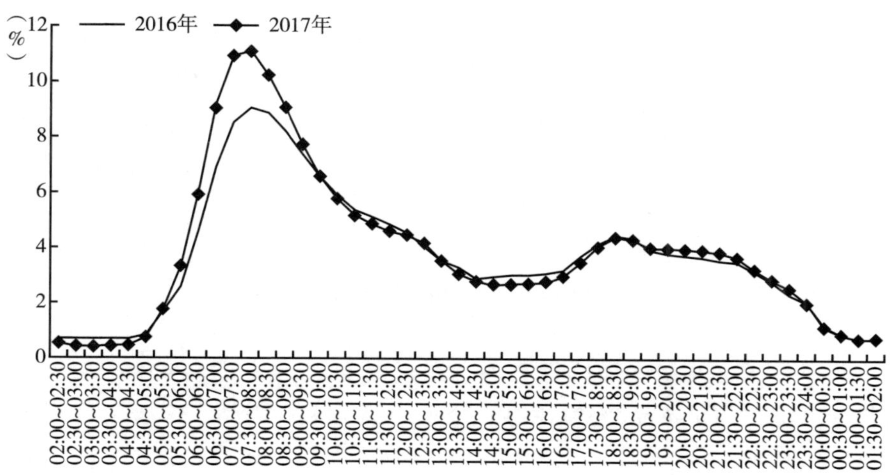

图 2　2016 年、2017 年北京地区广播全天收听率对比

资料来源：中国广视索福瑞媒介研究。

① 内容来自北京人民广播电台资料。

2017 年 4 ~8 月的统计数据显示，北京地区听众在家和车上收听优势凸显，每天人均收听时长为 20 分钟，占收听总量的 35%，车上收听次之，占收听总量的 33%。在工作/学习场所收听量处于中等偏上水平。[①]

3. 北京地区广播听众结构的优化

北京地区广播听众性别、年龄构成趋于均衡。北京人民广播电台 2017 年男女听众比例分别是 54.8%、45.2%，同比更趋均衡，男性听众比例相对 2016 年有所降低，女性听众比例相对有所上升。目前北京人民广播电台听众男女比例是三大台中[②]最为均衡的，其他两台男女比例均在 6∶4 左右。[③]就年龄而言，31 ~50 岁听众数量有所上升，60 岁以上的听众数量增加明显，21 ~30 岁、51 ~60 岁的听众数量均有所下降，20 岁以下的基本持平，老龄化为广播带来的机遇初步显现，有望成为未来大的增长点。不同收入层次的听众变化较小，听众收入结构基本稳定，其中个人月收入 5001 ~8000 元、收入 10000 元以上的中高收入群体占比各上升 1.2 个、0.7 个百分点，分别达到 18.6%、3.6%。[④]

在职业构成方面，公务员和白领阶层听众比例上升明显，这是北京广播的主力听众人群，2017 年达到 48.7%，同比上升 14.9%，工人、个体和自由职业听众比例分别达到 6.6%、6.4%，比较 2016 年分别下降 4.1 个、6.9 个百分点，其他各职业类别构成稳定，广播听众精英化趋势明显（见图 3）。

（四）2017年北京地区广播营收上扬利好

2017 年北京地区广播广告总体花费（刊例价）上涨 5.6%，大部分广告投放品类，如化妆品/浴室用品、个人用品、工业用品、家居用品、家电用品、酒精类、清洁用品、农业用品、食品、药品、衣着、娱乐及休闲等均

① 张晶晶：《一线城市广播收听市场总体概况》，收视中国微信公众号，2017 年 11 月 15 日。

② 北京地区三大主要广播电台指中央人民广播电台、中国国际广播电台和北京人民广播电台。

③ 内容来自北京人民广播电台资料。

④ 内容来自北京人民广播电台资料。

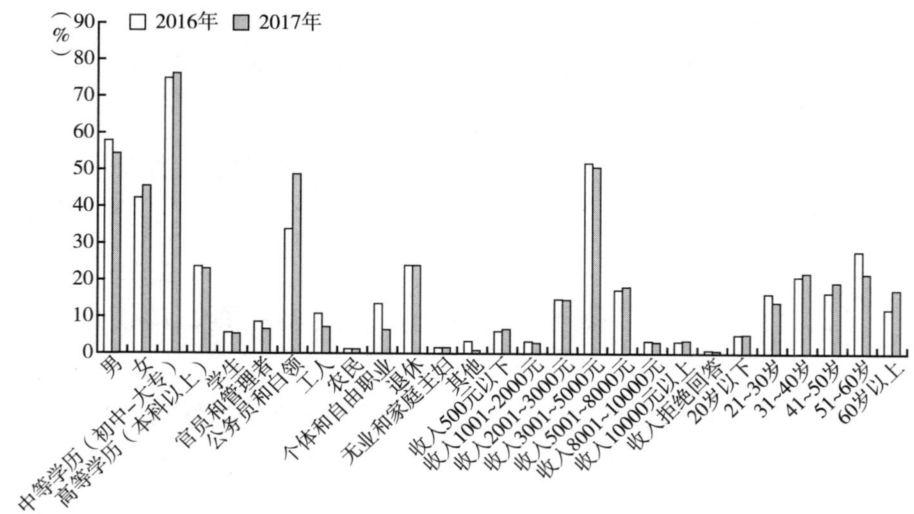

图3　2016 年、2017 年北京地区听众构成变化

资料来源：中国广视索福瑞媒介研究。

有上涨，[①] 其中清洁用品上涨 204.46%，衣着类上涨 179.37%，处于领涨地位，下降幅度较大的是杂类、饮料类、房地产类。

截至 2017 年底，中央人民广播电台老客户队伍稳定、新客户增长迅速，其中与中央人民广播电台合作 5 年以上的客户占到总客户量的 36%，新客户占比达到 30%。[②] 代理形式多样，主要有核心代理、项目代理、社会代理、区域代理、行业代理、频率总代理等。发起并组织了 2017 年中国品牌集结行动，市场影响力走强，中央人民广播电台广文艺之声实现了超过 20% 的增幅。北京人民广播电台广告和产业收入超额完成预算，其中广播公司总资产达 7.2 亿元，全台总资产达到 28 亿元，在策略上抓大不放小、保存量抢增量，创新专题广告营销模式。北京的交通和音乐类频率广告投放量占当地市场硬广告投放总量（已有广告监测）的 35.7%，广告收入（按刊

① 梁帆：《2017 年城市广播广告市场洞察》，电台工厂微信公众号，2018 年 3 月 27 日。

② 王跃进：《揭秘央广的广告经：如何实现 2016 收入和 2017 预售均逆势上扬?》，国家广电智库微信公众号，2017 年 6 月 16 日。

例价）占到42.63%。[①] 较为显著的是城市广播，实收款增长209%，服务专业化程度高。其中天猫在北京人民广播电台上半年投放广告量就达到了2016年全年的投放量。比亚迪与北京交通广播“1039探路车”合作，进行整体营销。区县广播由于覆盖区域及人员等因素，在市场创收方面均远远落后于中央人民广播电台和北京人民广播电台。

二　北京地区广播强调内容创新，凸显主流媒体价值

内容质量是媒体发展的根本。2017年北京地区新闻广播紧密围绕党的十九大盛会宣传报道展开各项工作，宣传阐释习近平新时代中国特色社会主义思想，宣传全党全国人民在新时代的新气象新作为。坚持正确政治方向、舆论导向和价值取向，牢固树立“四个意识”，自觉肩负“48字”职责使命，全面落实意识形态责任制。在新闻广播的传播方式、时代高度和对广播媒介本体的坚守与创新方面实现突破。创新广播媒体时政报道的形态和语态。

（一）广播创新领袖思想、党建论述等新的宣传篇章

2017年北京地区各级广播机构突出宣传习近平总书记作为党中央核心和全党核心的地位。使用创新手法展示习近平总书记大国领袖的风采、风范，确保习近平新时代中国特色社会主义思想和风采“天天见、天天新、天天深”。同时，科学把握传播的“时度效”火候，以润物无声、久久为功的新闻宣传方式，多媒体手段创新广播媒体的时政报道形式。

2017年央广中国之声微信公众号推出习近平主席“原声”系列报道60余条，通过微博同步推广，阅读量达1400万。中国之声专门建立“习近平多媒体资料库”，收录习近平十八大以来的讲话内容原声、文字，利用大数据进行整理分析。2017年正值建党96周年之际，中国之声特别策划《听总书记讲“党课”》，系统梳理十八大以来习近平总书记党建思想研究成果。

---

① 梁帆：《2017年城市广播广告市场洞察》，电台工厂微信公众号，2018年3月27日。

中央人民广播电台是第一个系统梳理总书记有关党建论述的中央媒体。报道采用总书记珍贵讲话原声“授课”和中共中央党校教授“课后辅导”相结合形式，对“党课”内容进行提炼总结；央广网重点建设新闻专栏《习声回响》，通过图解、动图和音视频、H5 等交互方式，对金砖国家厦门会晤、“726”重要讲话以及十九大开幕式给予报道，获得网友好评。

“两会”期间，中国国际广播电台新闻中心推出“春风习习”系列融媒体报道。推出《“听民声 为民谋”习近平代表的“两会”关切》等三篇 H5 产品，在环球资讯“两微一端”的浏览量均超 10 万。北京人民广播电台新闻广播、交通广播、体育广播联合推出《习近平总书记视察北京讲话三周年专题报道——春天的交响》节目，包括 18 集专题报道、4 期访谈、两期互动话题。通过录音、访谈、互动话题和新媒体推广等新形式，反映三年来北京城市建设、疏解非首都功能、京津冀协同发展等方面的变化。上述广播内容在“北京时间”新媒体平台的专区点击量达 2600 余万次。

（二）发挥广播在重大主题宣传中的媒体特色，形成报道矩阵

北京地区广播宣传全面突出新时代中国特色社会主义思想和党的十九大精神主线，圆满完成各项报道任务。中央人民广播电台充分发挥广播特色，运用“讲”“说”“论”三种通俗易懂方式，全面、深入、准确、生动地宣传报道党的十九大精神。推出特别策划《听，习总书记的话》，全景式回顾习近平总书记重要论述。推出的特别节目《央广公开课》，第一次将党课搬进直播间，节目音频被中组部选作“学习贯彻党的十九大精神”专题班必修课内容。开设《一日一课》专栏，结合习近平总书记十九大报告原声逐条解读。集中开展“新时代新气象新作为”大型主题采访活动，开设《十九大代表在基层》等专栏。推出《十九大时光》专栏、系列节目《为了总书记的嘱托》，体现国家电台的政治站位和权威作用。

2017 年，北京人民广播电台开展重大宣传报道 58 次，开设专栏 100 多个。包括《喜迎十九大》《十九大时光》《学习宣传贯彻十九大》《新时代新气象新作为》《砥砺奋进的五年》《北京城市副中心建设进行时》《大道

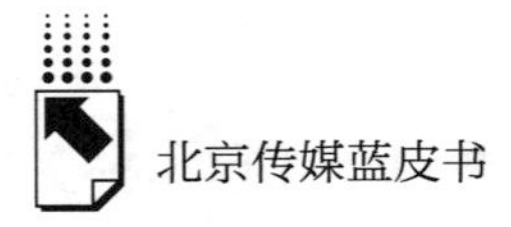

之行》，以及大型系列访谈《人民之托》、大型人物访谈《中关村故事》；在建军90周年、香港回归20周年、全民族抗战80周年等重大节点，还推出《光辉的旗帜》《你是这样的人》《军旗正红》《二十年、二十人》等大型专题报道，发稿2000余篇。

（三）广播体验式报道的探索：从宏观抽象叙事向微观具体叙事转换

如何让听众切实感知和接受“习近平新时代中国特色社会主义思想”概念，不仅需要传播技术形态跟上时代的步伐，更需要深层次传播理念和传播语态的转变。2017年11月，北京人民广播电台台长赵卫东在西城区胡同街道等地实地采访，了解党的十九大之后本市各区各部门在改善民生方面的实践；总编辑王秋带在房山区窦店村深入基层，走访了解新农村建设情况。

广播记者的实地体验式探访，也不再仅仅停留在“我在现场”式的田野观察层面，而是真正和被采访对象一起体验生活、融入其中。记者不仅是记录报道者，更是参与者、实践者。2017年1月20日至25日，央广中国之声《温暖回家路》奔赴多地火车站、汽车站，连续推出18场站前直播，以便捷的信息、权威的解答，陪伴旅客回家路；五一劳动节期间，北京人民广播电台新闻广播推出《我们和劳动者在一起》专题报道，记者通过实地体验报道，采访包括120急救员、12345热线接线员、拆违城管队员、开新能源车的环卫工人以及高楼塔吊工人，展现不同行业劳动者的工作状态与“酸甜苦辣”。系列报道打破传统的“串词+同期”的形式，将记者和劳动者的对话呈现在同期声之中，更加生动地讲述劳动者的故事。

（四）北京地区广播在文化传播与国际传播中重点发力

1. 声音媒体彰显舆论引导力

随着互联网媒体的高速发展，对于传统主流媒体而言，何以自处？广播媒体的坚守和踏实做出了有力的回应。对于新闻媒体而言，其舆论公信力和引导力体现在对新闻观点的处理上。一家媒体是否可以形成自己的观点，传播自己的声音，从而针砭时弊、拨云见日，是其媒介传播力和影响力的基石。中央人民广播电台的《央广时评》《理上网来》等品牌评论、理论专栏，侧重对热点新闻事件主动发声。2017 年下半年，在《央广时评》专栏基础上，围绕习近平总书记系列重要讲话、重要活动和党的十九大等主题邀约“专家谈”与“大家谈”评论文章。2017 年全年，央广网评论频道共刊发原创评论 700 余篇，理论频道刊发原创理论文章 100 余篇。推出“共享单车”系列报道，提出对互联网时代浮躁心态的批判和理性思考；①《爱评论：十八大以来经济发展对话录》由经济之声评论员与中共中央党校教授对话，深度解读习总书记关于经济问题的重要讲话对十八大以来经济发展所起到的引领作用；北京人民广播电台则围绕党的十九大宣传、结合两贯彻一落实、疏解非首都功能、北京城市副中心建设、京津冀协同发展等主题，开设了多个围绕北京地区新闻热点进行专题报道的新闻专栏。

2. 专业化声音媒体属性开发，创新文化传播方式

2017 年，中央人民广播电台《致我们正在消逝的文化印记》在此前方言季、匠人季、地名季、戏曲季、职业季、生态季、文物季取得成功的基础上，再度推出《中华美食》《中国功夫》等特别策划，以声音纪录片的形式，记录和思考时代与文化的变迁。中央人民广播电台以全媒体形式推出《那年我高考》，掀起一场全民的集体记忆和对改革开放、国家命运与个人命运关系的深刻思考；推出《先生》第二季，表达对民族精神、知识分子形象、家国情怀的倡导和理解。中央人民广播电台有序推进“中小学语文课文示范诵读库”建设。中国之声推出新媒体栏目《那些年，我们一起读过的课文》，由著名播音员、主持人和特邀表演艺术家诵读经典文章，让那些曾经陪伴一代代国人成长的精美课文，以有声版、可互动的新媒体形式传播，单篇阅读（听）量均在 3 万人次以上。②

---

① 阎晓明：《启航新时代　实现新突破——在中央人民广播电台 2018 年工作会议上的讲话》，《中国广播》2018 年第 3 期。

② 刘晓萍：《深度的拓展与类型的延伸：FM3.0 时代的广播综艺节目》，《中国广播》2018 年第 2 期。

截至2017年4月，北京人民广播电台大型文化报道《非遗时光》已播出70余期。该报道通过对北京市国家级非物质文化遗产项目和传承人进行抢救性专访，以音响素材、辅助音乐和音效等叠加配合，真实系统地记录国家级传承人口述史、传统技艺流程、代表剧目节目和仪式规程等。

北京人民广播电台推出历时四个月的“不止于声——北京电台2017声音推广季”。该活动主打品牌传播，通过线上广播节目与线下多场主题系列活动，多维展现北京人民广播电台的声音品牌优势。该活动有130多位主持人参与献声，并通过网络平台展示，邀请听众“我为声音点赞”互动。

推广季期间，电台主持人倾情诵读的作品在北京文艺广播《诵读小站》陆续展示播出。同时推出一档全新广播真人秀节目《话筒开了》，结合“我为声音点赞”投票，遴选60位主持人参与到节目中来，通过音乐、戏曲、舞台剧等方式延展电台声音功能，让声音真正走近听众。[①]

3. 以广播声音传播的高渗透力，争取国际传播话语权

随着全球化趋势日益加强，目前的北京广播不仅立足于本地传播，还有国际传播的能力与愿望。开门开放办广播、携手协同谋发展，与全世界形成广泛连接与互动成为北京地区广播宣传和事业发展的更高目标。

2017年北京三大广播电台重点聚焦“一带一路”国际合作高峰论坛宣传，通过多视角、多维度、多层面报道全方位立体呈现“一带一路”的重大影响。中央人民广播电台把握国际社会“华语热”现象，明确华人社会、学习华语人群为对象，以少数民族语言人群为目标的外宣方略，打造广播周边传播。正式加入欧广联，签署全球华语广播网协作协议，扩大民族语言节目落地；[②] 中国国际广播电台自主开发建设的China News、China Radio、China TV三个多语种聚合型移动客户端上线并参与重大主题宣传报道，向全世界传递中国声音；北京人民广播电台与俄罗斯卫星通讯社和欧洲华语广

---

① 《北京电台声音推广季收官庆典“北京好声音”揭晓》，https：//item. btime. com/507uu81j5mj8vep6dq7a7ih66sb。

② 阎晓明：《启航新时代　实现新突破——在中央人民广播电台2018年工作会议上的讲话》，《中国广播》2018年第3期。

播电台签署合作协议，将海外合作电台拓展到16家。北京非物质文化遗产英文专题《非遗时光》实现海外落地播出。近百集大型报道“国企故事”同时在16家海外电台播出。构建全球话语共同体、文化共同体和命运共同体离不开声音媒体的渗透与联合力量。

（五）广播服务大众，促进应急体系建设，促进京津冀协同发展

1. 加强应急广播体系建设

北京地区继续加强应急广播体系建设。2017年1月1日，中央人民广播电台与交通运输部共建的中国交通广播开播，成为国家级应急广播平台。8月，北京交通广播被授予“北京应急广播”称号，北京应急广播应急信息采集群、京津冀应急广播联盟同时成立，京津冀三地共同签署《京津冀应急广播联盟战略合作协议》，建立应急联动机制并开展演练活动。

除及时发布路况信息、交通管制信息之外，中国交通广播推出《警官说道》、北京交通广播携手市政府服务热线推出新栏目《12345，我们在行动》，与市交通委合作在《一路畅通》节目推出《治堵大家谈》专栏，倡导文明出行、疏解交通拥堵。

2. 多种形式服务社会民生

随着城市化进程的加快及非首都功能疏解力度的加大，北京市人口结构更加复杂，城乡居民和外来工作者的生活方式发生了很大变化，由此带来更加多样的需求。北京地区广播进一步优化对象性频率乡村之声、老年之声，及时解读政策、提供致富信息、普及科技养生知识。

北京人民广播电台除专门的教学广播提供空中课堂教学节目外，以《教育面对面》为依托提供教育信息、教育咨询服务考生与家长，重点打造2017中考季、2017高考季节目和线下活动。《听听糖耳朵》亲子节目以讲故事为核心组建的乐童工作室，走进北京儿童医院提供服务。中国国际广播电台、北京外语广播则利用自身的外语优势在外语教学、汉语推广方面具有较好表现。北京人民广播电台节目制作中心与市科协合作举办多场首都科学讲堂活动。

区县广播在城乡管理，特别是服务三农上独具优势，如密云台开办的《三农有约》栏目包括“农经资讯”“农经试点”“农经观象台”“美丽乡村”四个板块；房山台在《汇生活》栏目中开设“科技时间”“种子站”“种植中心”等板块，大量报道休闲农业的发展，推介休闲农业服务产品。[①] 平谷台的《平安平谷》系统传播消防安全知识，在建设平安城乡上有突出贡献。

在投诉维权方面，中央人民广播电台经济之声的《天天315》继续关注社会经济生活各领域中影响重大的质量问题，尤其是电商、食品安全、交通、房产、金融、污染、劳务等，充分发挥国家级广播媒体的舆论监督职能。北京人民广播电台的《警法时空》、《警法在线》，延庆台的《工商进万家》、《大东说消费》，密云台的《工会在身边》等与本土管理职能部门合作密切，能够快速解决实际问题，及时化解矛盾，有助于构建和谐社会。

3. 促进京津冀协同发展

2017 年 1 月，中央人民广播电台与国家发展和改革委员会地区经济司签订《京津冀协同发展宣传报道战略合作协议》，以新闻报道助力京津冀协同发展。5 月，北京人民广播电台、天津人民广播电台和河北人民广播电台签订《京津冀交通广播联盟战略合作协议》，合作机制进一步深化。北京交通广播《一起午餐吧》与天津交通广播《1068 派》、河北交通广播《992 乐行天下》联合推出特别栏目《京津冀生活圈》，《老年之友》栏目举办的第四届“银发达人”评选活动实现京津冀联动，特别是中国交通广播充分发挥覆盖京津冀的优势，打造京津冀三地信息传播平台。

三　北京地区广播媒体融合走向纵深

党中央提出媒体融合要求三年多来，我国媒体融合步伐不断提速。媒体

---

① 李静、李秀丽：《北京区级广播的现状分析与优化路径——基于对北京市辖区中 9 家广播电台的调研》，《中国广播》2017 年第 11 期。

深度融合背景下，再去区分传统媒体与新媒体已经没有意义，2017 年的媒体都必须运用最新的互联网传播形态。[①]

（一）聚合型“中央厨房”VS 内控型“中央厨房”

2017 年，中央人民广播电台继续在“以广播云平台为支撑”上发力，基本完成中国广播云平台项目一期建设，建成云平台北京数据中心、云采编系统、云媒资系统、云发布系统，对“中国广播”客户端、“央广新闻”客户端进行迭代升级。通过中国广播云平台项目支持，建设移动互联网（车载）集成播控平台，汇聚 400 余套直播频率节目及超过百万时长版权音频节目。策划完成 30 余个大型融媒体宣传报道、300 余场全媒体直播。

如果说中央人民广播电台是通过聚合其他广播机构内容生产资源，打造聚合声音平台的聚合型“中央厨房”的话，那么北京人民广播电台中央厨房则可视为具有地方媒体特色的“融媒小厨”，主要建设电台内控型融合制播体系：2017 年北京人民广播电台制播云平台“讯听云采编”正式上线，新闻广播、体育广播、交通广播及外语广播的采编平台同步切换到“讯听云采编”，实现全网全终端全媒体移动采编审、资源云存储、内容生产管理功能。

（二）广播渠道拓展，深化对接互联网

中央人民广播电台 15 个频率、中国国际广播电台 5 个频率、北京人民广播电台 6 个频率入围全国广播频率网络传播百强榜。[②] 2017 年，中央人民广播电台新浪法人微博粉丝达 300 余万，中国之声新浪官方微博粉丝达 2000 余万，中国之声微信公众号粉丝达 90 余万。中国国际广播电台多语种

---

① 陈力丹：《“提高新闻舆论传播力、引导力、影响力、公信力”——学习十九大报告关于新闻舆论工作的论述》，《新闻爱好者》2018 年第 3 期。

② 赵光霞、宋心蕊：《2017 广播频率网络传播百强榜发布：交通频率为百强主力　自建客户端不断发力》，人民网传媒频道，http：//media. people. com. cn/n1/2018/0404/c14677 - 29906769. html，2018 年 5 月 6 日。

媒体用户总量达3.3亿，全球受众反馈总量达9000余万，移动客户端下载量超过2600万，境外社交媒体账号集群粉丝量达6000余万。①

中央人民广播电台与百度云达成战略合作，布局视讯产业新领域，与百度CarLife达成战略合作局车联网。推出“下文”APP打造互动“聊天新闻”。中国国际广播电台国际在线与优酷公司合作在网络视频节目方面开展深度合作。2017年北京人民广播电台七档节目开始入驻“北京时间”网站24小时直播流，实现广播可视化和原创内容音视频直播。城市广播《健康加油站》《教育面对面》实现广播音频、网络视频、微信传播同步，并在今日头条、一点资讯、网易、腾讯开通自媒体号，搭建起线上线下服务体系。北京人民广播电台还先后与“一直播”和“一点资讯”合作，打造移动直播和智能新闻资讯跨界平台。北京人民广播电台首批16个微信公众号入驻一点号后，已初步搭建成形北京人民广播电台官方矩阵“不止于声”。此外，还开发了微信小程序“建外14号”，实现16路广播的音频直播功能和精品节目的点播功能，成为全国首个广播在线直播微信小程序。

（三）从知识付费到知识免费，广播打造北京“阅读之都”

国家新闻出版广电总局《关于开展2017年全民阅读工作的通知》要求着力完善基础阅读设施，建立实用便利的全民阅读基础设施体系。② 截至2017年底，由中央人民广播电台娱乐广播有声阅读频率提供并在“中国广播”客户端上线的有声书有231部，共10115集。2017年有声书的访问量占“中国广播”客户端全部流量的一半以上，居第一位。③

2017年也是北京市委宣传部、市新闻出版广电局打造“北京阅读季”的第七个年头。北京文艺广播以“北京阅读季”为契机推出融媒体“诵读小站”，开播半年分享精彩音频800多段。“诵读小站”坐落在西单图书大

① 《数读中国国际广播电台的2017》，国际在线，http：//www.cri.com.cn/2018-01-02/1c5b7e66-7408-260e-2c64-6467b36aaae9.html，2018年1月2日。

② 孟伟：《竞合、智媒：2017新广播新征程》，《中国广播电视学刊》2018年第3期。

③ 傅淳：《中央人民广播电台在有声阅读领域的探索与实践》，《中国广播》2018年第4期。

厦、海淀三联韬奋24小时书店等地。京城百姓可以在这些“诵读小站”通过专业的录音设备，录制自己心仪的文学作品，“诵读小站”收集到的音频资料，经过北京人民广播电台专业人员的精心编辑，在北京文艺广播从9点到22点中的六个整点时段播出。①

北京人民广播电台旗下的悦库时光文化传媒在“第十二届中国国际文化创意产业博览会”推出《白鹿原》《汉武大帝》等多部有声书获好评；此外，公司与北京故事广播联合打造《北京话》有声书。《北京话》是京味作家刘一达40多年搜集北京话的积累，旨在探源北京话起源和北京人、北京城文化特点。4月24日起，《北京话》在北京故事广播播出，并在喜马拉雅FM、懒人听书同步上线。

12月2日，“首届全媒体有声读物互联网应用高峰论坛”在北京举行。论坛由北京人民广播电台、中国传媒大学、阅文集团—懒人听书共同主办，北京故事广播承办。论坛发布了“有声读物播读评价体系建立”“有声读物付费发展趋势报告”“透过产业及用户需求洞见声音价值”三个报告。

（四）重提广播媒资管理

2017年4月，中央人民广播电台成功注册首批声音商标。正式上线中央人民广播电台无形资产管理平台，同时推出“央广无形资产”微信服务号，顺利推进产业数据库项目建设。数字版权综合管理系统运行维护各项工作平稳有序，在广播行业率先实现播出节目文稿基本入库。

版权方面，北京人民广播电台申请“2017年北京电台音频版权采购项目”，举办“首届图书音频版权采购招标会”，购置上百部作品的音频改编权或广播播出权，储备优质资源。加快推进“北京电台音频资料数字化抢救及编目项目”，对20万小时历史内容进行数字化抢救。通过购

① 《北京文艺广播“诵读小站”炫彩亮相》，北京广播网，http://www.rbc.cn/bjradio/tj/2017-04/26/cms572608article.shtml，2017年4月26日。

买与抢救，加速音频版权产业布局；建立专题素材库，助力完成百期精品节目的制作。

（五）广播技术试水人工智能，为智能家居提供解决方案

2017 年，中央人民广播电台春节特别节目《中国声音中国年》与腾讯云合作，应用智能语音技术加入“喊红包”环节，6 个小时内参与总人次超过 1700 万，峰值达到每分钟近 16.2 万次互动。每秒处理语音时长峰值超过9000s；[①] 中央人民广播电台与小米达成战略合作共同打造 AI 音箱，让声音成为连接居家、娱乐等生活场景的智能入口；中国国际广播电台金曲调频广播和北京青年广播则正式入驻微软小冰电台，第五代微软小冰将成为电台智能主持人。

由北京人民广播电台旗下公司北广声动传媒多年开发的微信小程序“听会玩 TOUR WALKMAN”是一款智能语音导览产品，可以为“1039 俱乐部”的游客提供从资讯指南、在线购票到导听导览等全方位的独具声音魅力的智能服务；央广新闻客户端上线地方新闻板块，通过对地理位置信息的判定，为用户推荐本地新闻。央广新闻客户端实现对央广网全站稿件的标签化分析，对稿件中出现的地域关键词进行分析，从而推送到对应地方频道，强化传播的有效到达。

四　问题与对策

（一）找准融合发展中的广播坐标

虽然近年来北京地区广播听众规模稳定，但所面临的可持续发展问题也不容忽视：近年来北京地区广播受众接触时长明显减少，广播收听总量持续

---

① 《腾讯云全力支持央广“喊红包”互联网 + 广播探寻新路径》，http://news.xinhuanet.com/itown/2017 -02/09/c_ 136044091.htm，2017 年 2 月 9 日。

下降。黑广播等现象屡禁不绝，严重影响广播收听覆盖效果。广播盈利依然以广告营收为主，亟待引入知识付费、产业链经营等模式丰富现有广播产业结构。尤其是在媒介融合大背景下，广播存量优势较难向互联网转化。

在北京地区，互联网为广播与电视的融合发展提供了融合介质与基础条件，中央与地方的广播、电视组织机构融合成为发展趋势。怎样在不动摇广播媒体的存量根基的情况下，拓展互联网音频增量市场？怎样在媒介融合大背景下，避免广播业务与功能的弱化，找准广播的定位与坐标，都是广播人亟待思考的议题。

（二）广播新闻时政传播语态转变空间较大

在所有新闻议题中，政治类信息具有特殊性，在传播中往往出现新闻价值与传播效果的“二律悖反”的困境。[①] 2017 年北京地区广播新闻宣传创新政治传播语态，在积极参与塑造新时代“声音里的中国”形象工程的同时，关注基层一线体验报道，取得了一定的成绩，体现了广播宣传新的阶段性成果。电台正从“我要传播什么新闻”到“怎样传播新闻”，这些转变背后反映的是北京地区广播媒体政务传播视野的进步，也是国家治理能力现代化的缩影。目前来看，这个转变的空间还可以加大。

（三）关注技术创新与传播效果的正向互动

信息技术的迅猛发展，使我国媒体业态和传播生态发生了深刻的变化。随着 5G、IPv6、区块链、量子通信等新技术的应用，融合改变的不只是媒介生态，更深刻改变着人们的思维方式和生活方式。党的十九大报告提出“高度重视传播手段建设和创新，提高新闻舆论传播力、引导力、影响力、公信力”。2017 年，北京地区广播高度重视技术创新，融媒化、社交化成为内容传播的标配。可视化广播、弹幕、直播纷沓尝试。对于广播媒体而言，应时刻自问，创新的传播效果如何？媒介并不因为它的质料和形式而成为媒介，媒

---

① 周勇：《十九大“党代表通道”：政治传播的语态创新》，《新闻与传播》2018 年第 4 期。

介是在与公众的信息和意义勾连中才成其为媒介。[1] 2017 年世界广播日的主题是“广播是你”，广播如何以其独有的魅力参与到我们生活的各个场景，成为我与你、现实与未来的纽带，这个进程对于广播人而言，路途尚远。

（四）广播未来发展的关键在于解放媒介生产力，留住人才

媒体融合的代价，不是对声音媒体独特传播属性的忽视。广播媒体生产力的解放，意味着广播制作、播出等生产流程要与当前的互联网内容生产节奏匹配，强化广播内容与特定受众之间的对应性研究，革新广播人才管理、人才激励、人才培养模式等。在广播媒体已有的成绩和历史性积淀基础上，鼓舞广播队伍的士气，找到广播声音媒体的社会站位和市场站位，以声音媒体为出发点，促进媒体融合的进程，真正提升传统主流媒体的传播力和影响力。

---

① 胡翼青：《显现的实体抑或意义的空间：反思传播学的媒介观》，《国际新闻界》2018 年第 4 期。

B.9

2017年北京电视行业发展报告

曾祥敏 姜宇佳*

摘 要： 作为媒体传播中心和影视制作重要基地，北京对全国广电业有着极强的影响力和辐射力。2017 年，北京市电视行业全面深化改革，加快转型升级，在内容制作与播出、融合发展、技术创新、产业升级等方面取得了一定进展。本报告以北京地区电视行业为研究对象，同时观照全国同行业整体发展情况，对 2017 年度北京电视行业发展展开多维度的重点分析，梳理行业面临的问题与挑战，并提出可能的解决对策。

关键词： 电视行业 收视率 文化类节目 现实题材剧 媒体融合

一 行业发展概况

北京是全国重要的媒体传播中心和影视制作基地，汇聚了众多影响力广泛的广播电视媒体。北京市共有 1 座中央级电视台（中央电视台）、1 座省级以上（含省级）电视台（北京电视台）、10 座区级广播电视台和 50 个有线广播电视站。截至 2017 年底，北京市共有广播电视节目制作持证机构 7479 家，信息网络传播视听节目许可证持证机构 124 家，网络出版服务许可证持证机构 350 家。2017 年，北京市播出公共电视节目 56 套，播出时长

* 曾祥敏，中国传媒大学新闻传播学部电视学院教授、博士生导师；姜宇佳，中国传媒大学新闻传播学部电视学院 2016 级广播电视学博士生。

37.78 万小时；生产电视剧 75 部 3210 集，动画片 22 部 680 集 6321 分钟，纪录片 2.24 万小时；生产电影 350 部。

（一）制作发行

2017 年，全国电视节目制作时间 365.18 万小时，比 2016 年（350.72 万小时）增加 14.46 万小时，同比增长 4.12%。其中，新闻资讯类电视节目制作时间 108.51 万小时，同比增长 9.62%；专题服务类电视节目制作时间 90.90 万小时，同比增长 1.02%；综艺益智类电视节目制作时间 47.43 万小时，同比下降 2.02%；影视剧类电视节目制作时间 15.31 万小时，同比增长 28.55%；广告类电视节目制作时间 53.49 万小时，同比增长 10.61%。[①] 其中，仅综艺益智类电视节目制作时长同比下降，这与国家新闻出版广电总局对此类节目的严加调控有一定关系。

2017 年，电视剧保持减产趋势，发行量继续下降，创历史新低。2017 年全国生产完成并获得“国产电视剧发行许可证”的电视剧共有 314 部 13470 集，相较 2016 年，总部数和集数均有所下降，且创十年来新低。与十年前的 2007 年相比，2017 年电视剧发行量减少超过四成。这与电视剧行业提高供给质量的改革不无关系，电视剧的产量进一步趋于稳定，市场回归理性，生产门槛和观众需求进一步提高。

从题材上看，现实题材剧目在 2017 年全国生产完成并获得发行许可证的电视剧中占据主导地位，以 190 部 7597 集分别占总部数、集数的 60.51%、56.40%；历史题材剧目紧随其后，为 118 部 5663 集，分别占总部数、集数的 37.58%、42.04%；重大题材剧目共计 6 部 210 集，分别占总部数、集数的 1.91%、1.56%。[②] 相较于 2016 年的发行情况，现实题材剧目在总部数中的占比有所提升，历史题材剧目在总部数中的占比下降。具体如表 1 所示。

---

① 《2017 年全国广播电视行业统计公报》，国家新闻出版广电总局，http://www.gapp.gov.cn/sapprft/contents/6588/379318.shtml。

② 《国家新闻出版广电总局关于 2017 第四季度暨全年全国国产电视剧发行许可情况的通告》，国家新闻出版广电总局，http://www.sapprft.gov.cn/sapprft/contents/6588/363385.shtml。

表 1　2017 年全国获准发行国产电视剧题材统计

题材分类	部数(部)	占比(%)	集数(集)	占比(%)
当代	174	55.41	6914	51.33
当代军旅	9	2.87	327	2.43
当代都市	112	35.67	4764	35.37
当代农村	14	4.46	415	3.08
当代青少	12	3.82	393	2.92
当代涉案	14	4.46	531	3.94
当代科幻	2	0.64	41	0.30
当代其他	11	3.50	443	3.29
现代	16	5.10	683	5.07
现代军旅	2	0.64	77	0.57
现代都市	7	2.23	300	2.23
现代农村	3	0.96	134	0.99
现代青少	1	0.32	32	0.24
现代其他	3	0.96	140	1.04
近代	80	25.48	3660	27.17
近代革命	35	11.15	1499	11.13
近代传奇	32	10.19	1483	11.01
近代都市	3	0.96	229	1.70
近代传记	1	0.32	42	0.31
近代其他	9	2.87	407	3.02
古代	38	12.10	2003	14.87
古代传奇	22	7.01	1146	8.51
古代传记	1	0.32	30	0.22
古代神话	6	1.91	314	2.33
古代武打	2	0.64	86	0.64
古代其他	7	2.23	427	3.17
重大	6	1.91	210	1.56
重大革命	5	1.59	170	1.26
重大历史	1	0.32	40	0.30
总　计	314	100	13470	100

（二）收视市场

2017 年，受互联网媒体加速分流影响，电视收视总量继续下滑，媒体竞争进一步加剧。广视—索福瑞收视数据显示，2017 年电视观众人均每天电视收看时长为 139 分钟，同比下滑 13 分钟，下降幅度相比于历史同期更为明显。而收视时长的减少，主要缘于观众规模的下滑。2017 年电视观众的日均到达率下降至 55.7%，较 2016 年同期下降了 4.8 个百分点，降幅是近年来最大的一次，但相比网络视频，电视媒体仍拥有最大规模的观众量。①

各级频道竞争格局未发生明显变化，中央电视台、省级卫视和地面频道各占 30% 左右的市场份额，央视的市场份额趋于平稳，以 30% 的份额居于领先位置，而省级卫视、省市地面频道份额分别以 28.7%、19.2% 成为第二、三大频道组，市级频道、其他频道分别收获 7.4%、14.7% 的份额。② 省级卫视的收视竞争分化进一步加剧，市场份额向头部卫视集中，排名靠后的卫视市场份额与头部卫视的差距继续拉大，省级卫视整体的市场份额有所下滑。而省级地面频道、市级频道都呈现竞争力不足、市场份额下降的态势。

从节目类型上看，电视剧、综艺节目和新闻节目，作为拉动收视的“三驾马车”，依然占据收视主导地位，2017 年三大类型节目收视量占总收视量的 56.8%，与往年基本一致。其中，电视剧仍是收视比重最高的节目类型，收视比重继续增长，由 2016 年同期的 29.6% 提升至 30.9%；新闻/

① 《2017 年全国电视收视市场回顾》（上），收视中国微信公众号，https：//mp. weixin. qq. com/s? src = 11×tamp = 1533270290&ver = 1037&signature = qtDrghOZoh – i96LMjfSZ24sdklhKQ3Rcrw73X6mu2YLT3bF91OXxlSnm3 * 4q40TA7uN2Ln6oVvWER * 37l76MBN7aNI7EjTMiwvUWDBUUrJFtvr8TpYz9ZUEYiBm3FjQS&new = 1。

② 《2017 年全国电视收视市场回顾》（上），收视中国微信公众号，https：//mp. weixin. qq. com/s? src = 11×tamp = 1533270290&ver = 1037&signature = qtDrghOZoh – i96LMjfSZ24sdklhKQ3Rcrw73X6mu2YLT3bF91OXxlSnm3 * 4q40TA7uN2Ln6oVvWER * 37l76MBN7aNI7EjTMiwvUWDBUUrJFtvr8TpYz9ZUEYiBm3FjQS&new = 1。

时事类节目收视比重保持平稳，由 13.8% 提升到 13.9%；而综艺类节目收视比重则有明显下降，由 2016 年同期的 13.7% 降至 2017 年的 12%；此外，专题、青少、电影等节目类型的收视比重同比有所增长。[①]

北京卫视是北京电视台旗下的综合卫星频道。2017 年全年，北京卫视在全国 35 城市网省级卫视全天排名第四位，收视率 0.22%，市场份额 2.17%，仅次于湖南卫视、东方卫视、浙江卫视。2017 年，北京卫视品质剧场收视上涨明显，列省级卫视第三位。

另外，北京卡酷少儿频道在全国 35 城市网省级卫视中排名第十位，收视率 0.11%，市场份额 1.05%；在北京地区排名第 15 位，收视率 0.10%，市场份额 0.90%。

（三）广告经营

2017 年，全国广播电视广告收入持续保持增长，达到 1651.24 亿元，收入构成持续调整，电视广告收入继续下降。其中，电视广告收入 968.34 亿元，比 2016 年（1004.87 亿元）减少 36.53 亿元，同比下降 3.64%。[②]

根据央视市场研究数据，电视广告刊例收入由 2016 年下降 3.7% 逆转为 2017 年增长 1.7%，其中，中央级频道广告收入增幅最大，高达 31.8%。电视广告时长则有所下滑，同比减少了4.5%。[③] 各级频道中，中央级、省会城市台广告刊例收入同比增长，省级卫视、省级地面台、其他频道同比下跌，广告时长上，与 2016 年一样，仅中央级频道保持上升态势（见图 1 和图 2）。

---

① 《2017 年全国电视收视市场回顾》（下），收视中国微信公众号，https：//mp. weixin. qq. com/s? src = 11×tamp = 1533271225&ver = 1037&signature = qtDrghOZoh - i96LMjfSZ24sdklhKQ3Rcrw73X6mu2YIeSpzulRQazV3QOWA - * 6Ku1yT4twDyTjyCbA7BonbQz - 0N4We4BkYS8BCm - ozUWbkG - YZ7sMbOP9yVnhBB5mNG&new = 1。

② 《2017 年全国广播电视行业统计公报》，国家新闻出版广电总局，http：//www. gapp. gov. cn/sapprft/contents/6588/379318. shtml。

③ 《2018 年中国媒体市场趋势：广告企稳回升，头部化格局显现》，http：//www. ctrchina. cn/insightView. asp? id = 2238。

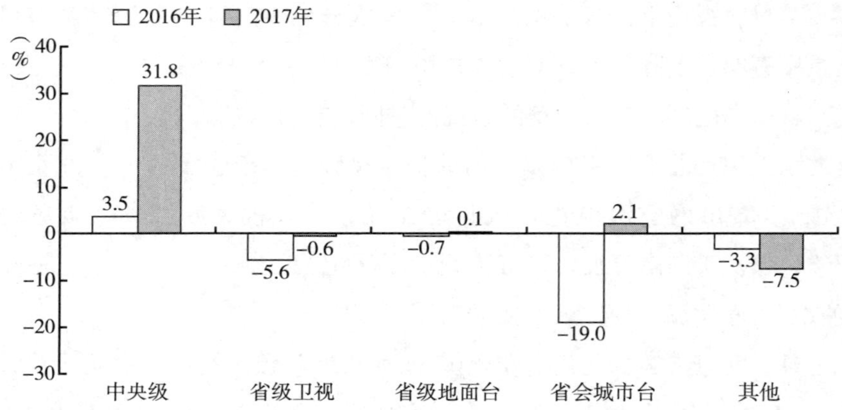

图1　2016～2017年电视台各级频道广告刊例收入增幅

资料来源：央视市场研究股份有限公司。

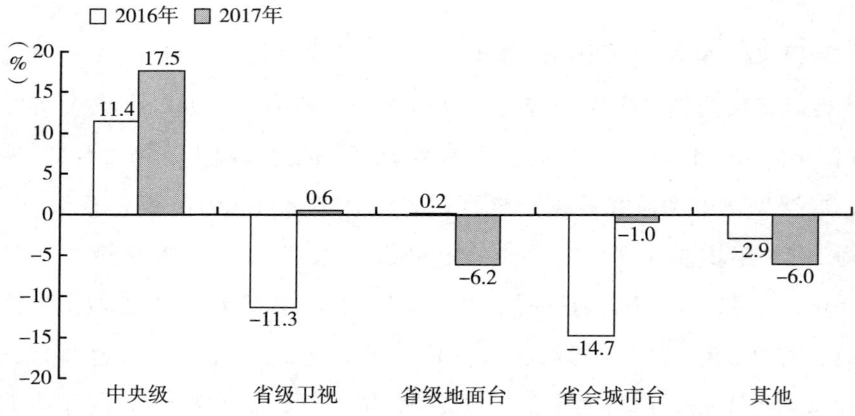

图2　2016～2017年电视台各级频道广告时长变化

资料来源：央视市场研究股份有限公司。

中央电视台实现广告刊例收入和广告时长的双重增长，与其推出“国家品牌计划”新产品有一定关系，加入“国家品牌计划”的品牌对央视刊例收入贡献大幅提升，2017年在央视刊例收入中的占比达到26.8%，较2016年高出近17个百分点。省级卫视在广告刊例收入和广告时长上虽然仍呈下降之势，但降幅有所收窄，广告经营情况明显好转。

2017 年北京电视台广告收入 27.6913 亿元，北京卫视广告收入 21.4856 亿元，占全台广告收入的 77.59%，成为省级卫视中为数不多广告收入逆势上扬的平台。

二 年度事件

（一）重要政策

1. 鼓励文化科技类、“星素结合”型节目创作，明星类真人秀受限

2017 年 8 月，国家新闻出版广电总局发布了《关于把电视上星综合频道办成讲导向、有文化的传播平台的通知》（简称《通知》），针对如何高标准地办好电视上星综合频道，打造讲导向、有文化的传播平台，提出七项要求，涉及强化电视上星综合频道的公益和文化属性，综艺娱乐、真人秀等节目管理调控，重点时期黄金时段电视剧播出管理，主持人和嘉宾管理等多项内容。覆盖面之广、影响之深远，是近两年国家新闻出版广电总局颁布的政策中少见的。

《通知》中的多项规定，对电视上星综合频道的发展产生重大影响，《通知》的颁布，也成为 2017 年电视行业的里程碑式事件。《通知》指出，要进一步强化电视上星综合频道公益属性和文化属性，鼓励电视上星综合频道在黄金时段增加公益、文化、科技、经济类节目的播出数量和频次，新政助推了 2017 年站上风口的文化、科技类节目的进一步繁荣发展。下半年，各电视上星综合频道在文化类、科技类、公益类节目制作和播出上的热情不减，《国家宝藏》《机智过人》《儿行千里》《我是未来》《国学小名士》等有思想深度、精神高度、文化厚度的节目不断涌现。

综艺娱乐、真人秀等节目继续受到管理调控，其中“要坚决抵制追星炒星，影视明星参与综艺娱乐、真人秀等节目要严格控制播出量和播出时段，总局鼓励制作播出星素结合的综艺娱乐和真人秀节目”的规定，给活跃于市场的明星类真人秀节目带来沉重打击，明星类真人秀在黄金时段播出

的概率大大降低，星素结合类节目成为各电视频道积极探索的方向，这对于避免电视节目过度娱乐化、过度商业化等不良倾向产生了积极的影响。创意来源上，原创节目受到鼓励，模式引进再被严格限制，“鼓励制作播出具有中华文化特色的自主原创节目，原则上黄金时段不再播出引进境外模式的节目”的新规颁布后，引进境外模式的节目已基本不见踪影。

电视剧方面，《通知》对重点时期黄金时段电视剧播出管理工作进行了部署。针对迎接党的十九大胜利召开、庆祝建军90周年和香港回归20周年等重点宣传期的电视剧播出，国家新闻出版广电总局电视剧司先后下发了《关于做好2017年重要宣传期优秀电视剧展播工作的通知》《关于下发2017年重要宣传期第二批推荐播出参考剧目的通知》，遴选出2批共72部推荐播出参考剧目，加强播出和编排的宏观调控，确保重要宣传期的电视剧如期安全播出。同时，国家新闻出版广电总局强调，要按照重要宣传期时间节点倒排编播计划，原则上不得编排播出娱乐性较强、题材内容较敏感的电视剧，确保与整体宣传氛围相协调。

此外，《通知》还对加强主持人和嘉宾管理提出要求。“不得违规设置‘嘉宾主持’，要严格嘉宾遴选、优化嘉宾配置”，“努力提高普通群众在节目中的比重，让基层群众成为节目的嘉宾、主角”等规定，对电视节目的主持人和嘉宾设置产生重要影响，各电视上星综合频道节目在主持人设置和嘉宾邀请上更为谨慎、规范，文化学者、艺术家、普通群众在电视节目中的比重明显提高，《我们来了》《梦想的声音》《天籁之战》《青春旅社》《生活相对论》等节目严格落实新规，将素人和明星置于同等位置，探索“星素结合”的新模式。

2. “电视剧十四条”整治演员天价片酬、打击收视率造假

2017年9月4日，国家新闻出版广电总局、国家发改委、财政部、商务部、人力资源和社会保障部等五部门联合下发了《关于支持电视剧繁荣发展若干政策的通知》，这是指导电视剧行业繁荣发展、推动行业良性运转的关键性文件。

该通知分为十四条，包括：加强电视剧创作规划；加强电视剧剧本扶

持；建立和完善科学合理的电视剧投入、分配机制；完善电视剧播出结构；规范电视剧收视调查和管理；统筹电视剧、网络剧管理；支持优秀电视剧“走出去”；加强电视剧人才培养；保障电视剧从业人员社会保障权益；明确新的文艺群体职称评审渠道；加强电视剧宣传评介；完善支持电视剧发展的财政投入机制；引导规范社会资本支持电视剧繁荣发展；加强组织领导。

这一文件涉及了从电视剧创作规划到播出结构、收视调查，从人才培养到优秀电视剧“走出去”的电视剧产业链条中的各个环节。其中，关于电视剧投入、分配机制，收视率调查和管理的政策内容，直接触及演员高片酬、收视率造假这两大困扰行业多时的“毒瘤”。

《关于支持电视剧繁荣发展若干政策的通知》指出，行业组织出台电视剧成本配置比例指导意见，引导制作企业合理安排电视剧投入成本结构，优化片酬分配机制。严禁播出机构以明星为唯一议价标准。《关于支持电视剧繁荣发展若干政策的通知》下发后不久，2017 年 9 月 22 日，中国广播电影电视社会组织联合会电视制片委员会、中国广播电影电视社会组织联合会演员委员会、中国电视剧制作产业协会、中国网络视听节目服务协会联合发布了《关于电视剧网络剧制作成本配置比例的意见》，对《关于支持电视剧繁荣发展若干政策的通知》进一步落实。《关于电视剧网络剧制作成本配置比例的意见》对会员单位及影视制作机构创作的电视剧演员片酬比例做出明确限定：全部演员的总片酬不超过制作总成本的 40%，其中，主要演员片酬不超过总片酬的 70%，其他演员片酬不低于总片酬的 30%。将演员片酬比例限定在合理的制作成本范围内的规定，对电视剧行业不合理高片酬的遏制起到了积极推动作用。

《关于支持电视剧繁荣发展若干政策的通知》还对电视剧播出结构、电视剧及网络剧统筹管理等进行了明确，继续强调对电视剧、网络剧实行同一标准管理，并明确提出，对重点网络剧创作规划实行备案管理，规范网上播出影视剧行为，未取得新闻出版广电部门颁发许可证的影视剧一律不得上网播放。这些政策细则都成为电视剧行业规范化发展的重要依据和保障，对电视剧产业链上各个环节都起到强有力的规范和引导作用。

3. 国家新闻出版广电总局印发《新闻出版广播影视“十三五”发展规划》

中共中央办公厅、国务院办公厅2017年5月7日印发的《国家“十三五”时期文化发展改革规划纲要》中首次将“广电网络资源整合”列入骨干文化企业培育工程，首次将“电影繁荣发展”和“广播电视繁荣发展”列入重大文化产业工程，广播影视产业在国家文化发展战略中的重要地位愈加凸显。

9月20日，国家新闻出版广电总局印发了《新闻出版广播影视“十三五”发展规划》，明确了到2020年争取实现的目标、主要任务及保障措施。11项主要任务包括加强主流媒体建设，提高舆论引导能力；弘扬社会主义核心价值观，提高内容生产和创新能力；深化一体发展，推动媒体融合取得新突破等。

（二）热点节目

1.《朗读者》

《朗读者》是中央电视台于2017年初推出的一档现象级节目，被评价为2017年电视综艺节目中的“清流之作”。将朗读者的个人成长、情感体验、背景故事与经典文学篇章相结合，以朗读的方式传递真实的情感，是节目创新所在。朗读和访谈，构成了《朗读者》两大基本环节，节目的魅力不仅体现在朗读上，更在于朗读者分享的个人故事，故事蕴含的丰沛情感和深刻内涵，是节目更打动观众、感染观众的地方，也是朗读环节文学力量爆发的源泉。《朗读者》是著名主持人董卿首次担任制作人的节目，嘉宾选择上不拘泥于名人，更具戏剧性的素人故事作为名人故事的补充，带来了意外的惊喜和感动，更能体现节目的人文情怀。节目实现了思想性、艺术性和观赏性的有机统一，并获得了收视与口碑的双丰收，一举斩获第23届上海电视节白玉兰奖最佳季播电视节目等重磅奖项。

2.《非凡匠心》

《非凡匠心》第一季是北京卫视于2017年1月15日首播的全国首档两

代巨匠文化体验真人秀。节目以非物质文化遗产为切入口，以探寻匠心为主题，由张国立作为匠心引领者，每期邀请两位明星好友一起寻访中国瑰宝级文化与技艺，策动新生代匠人和非遗传人之间的民族技艺传承与创新交融，在带领观众了解中国传统工艺、重新认知中华传统文化的厚重魅力的同时，也将“择一事，终一生”的工匠精神表现得淋漓尽致、使其深植人心。《非凡匠心》是北京卫视用年轻化语态和表现手段进行传统文化的真人秀表达的又一力作，在市场表现和观众口碑上取得了硕果，CSM35 城市组平均收视率达 1.00%，播出期间，稳居央卫视同时段收视前三，豆瓣评分更是高达 8.9 分。《非凡匠心》还被国家新闻出版广电总局选为“2017 年度广播电视创新创优节目”。

三　行业发展趋势

（一）文化、科技类节目强势崛起，“慢综艺”成创作风向

综艺节目，是各个电视平台提升品牌影响力、拉动收视和流量的利器，在过去一年里仍是央卫视各频道的内容布局重点。尤其是周末季播节目，成为电视频道竞争的焦点。2017 年，全国电视综艺节目和北京地区电视综艺节目制作都保持稳步增长的发展态势，以中央电视台为首的各级电视台继续深耕综艺节目题材、形态、表现手法的创新，推出了一系列具有一定开创性的节目。

2017 年，电视综艺节目创作最显著的特征之一就是文化、科技类节目崛起，成为电视荧屏的重要力量。从央卫视的播出内容来看，各上星频道不再是娱乐类节目大行其道，文化、科技、公益节目缺位的传统景象。2017 年伊始，电视荧屏就掀起了一股文化类节目的热潮，以中央电视台《中国诗词大会 2》、《朗读者》，黑龙江卫视《见字如面》为代表的文化类节目，在收视率、社会影响力等方面实现了这一品类的新突破。此后，央卫视都在这一领域展开积极探索，推出了《国家宝藏》《儿行千里》《汉语桥》《诗

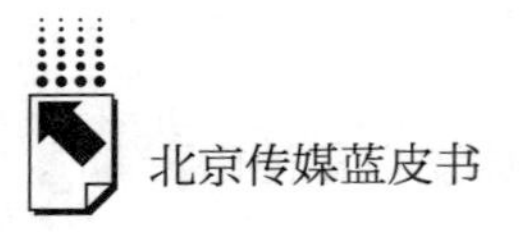

书中华》《喝彩中华》《汉字风云会》《非凡匠心》《国学小名士》《阅读·阅美》《耳畔中国》等近50档电视文化类节目（见表2）。

表2　2017年电视文化类节目梳理（部分）

节目名	播出平台	题材类型
《中国诗词大会2》	中央电视台	文化益智类节目
《朗读者》	中央电视台	文化情感类节目
《国家宝藏》	中央电视台	文博探索节目
《中国民歌大会2》	中央电视台	民歌竞技类节目
《汉语桥》	湖南卫视	世界大学生中文比赛
《儿行千里》	湖南卫视	家风类节目
《百心百匠》	湖南卫视	公益文化纪录片
《诗书中华》	东方卫视	文化益智类节目
《喝彩中华》	东方卫视	戏曲文化类节目
《唱响中华》	东方卫视	音乐文化节目
《汉字风云会》	浙江卫视	汉字文化节目
《向上吧！诗词》	浙江卫视	文化传承竞技类节目
《中华好故事》	浙江卫视	人文综艺类节目
《非凡匠心》	北京卫视	两代匠心文化体验类节目
《念念不忘》	北京卫视	文化传承类节目
《国学小名士》	山东卫视	国学益智竞赛节目
《阅读·阅美》	江苏卫视	文化情感特色节目
《耳畔中国》	安徽卫视	中国风音乐竞唱节目
《少年国学派》	安徽卫视	国学文化竞技类节目
《好大一个家》	新疆卫视	传承中华优秀传统文化节目

挖掘利用中华优秀传统文化、革命文化和社会先进文化资源，结合新的时代特点和表现形式的文化类节目层出不穷，且在题材和表现形式上皆有一定拓展。题材不仅涵盖了诗词、文字、音乐、历史、鉴宝、国学等经典领域，还开辟了文学、朗读、书信、文物、家风、礼仪、传统技艺等新领域，表现形式也不局限于演播室内竞技、谈话类节目，一些文化类节目创新性地将文化题材与户外真人秀、脱口秀、情景剧等形式相结合，令观众耳目一新。

与文化类节目一同兴起的还有科技类节目。曾经处于边缘位置的科技类节目，在过去一年里得到较大力度的开发，中央电视台及湖南、江苏等一线卫视等均在这一品类的创新上投入大量精力，科技类节目在数量和创新性上迎来爆发。

《机智过人》《未来架构师》《极客出发 2》《最强大脑 4》《我是未来》等流行电视制作手段结合前沿科学技术的节目涌现，其中新节目更占据不小分量。这些节目中不乏人工智能科技挑战、科技演讲、户外科技对决真人秀等创新形态，实验、竞技、游戏、答题、情景剧等多样化元素，以及人工智能、VR、AR 等新兴技术被广泛融入科技类节目创作中（见表 3）。在政策和市场的双重推动下，科技类节目在 2017 年全面回暖，且火热之势延续到了 2018 年，机器人竞技、科技与魔术等元素混搭的新节目将陆续登陆 2018 年电视荧屏。

表 3　2017 年电视科技类节目梳理（部分）

节目名	播出平台	题材类型
《机智过人》	中央电视台	人工智能科学挑战类节目
《加油！向未来 2》	中央电视台	大型科学实验节目
《未来架构师》	中央电视台	大型探索互动演讲节目
《极客出发 2》	中央电视台	户外科技对决真人秀节目
《最强大脑 4》	江苏卫视	大型科学竞技真人秀节目
《我是未来》	湖南卫视	顶尖科技秀节目
《机会来了 2》	北京卫视	生活服务类科技真人秀节目
《极客智造》	深圳卫视	科普类喜剧节目
《奇幻科学城》	辽宁卫视	演播室亲子科普节目
《天才想得到 4》	湖北卫视	脑力开发节目

中央电视台是这一股“文化热”和“科技热”的引领者，央视推出的文化类节目和科技类节目，无论是在数量、品质上，还是在影响力、美誉度上都遥遥领先。从年初的《中国诗词大会》第二季、《朗读者》，到年末的《国家宝藏》《机智过人》，央视通过多档现象级节目的制作和播出，在文化类和科技类节目的创新表达上做出了有益示范。2017 年，中央电视台在坚持高品位高格调的同时，创新艺术手法，提升节目价值内涵和艺术魅力，引领正向趣味能量，成为各上星综合频道的标杆。这一系列“叫好又叫座”

的节目，充分体现了央视的文化担当、文化自觉。

北京卫视也是积极推进文化类和科技类节目创作、弘扬社会主流价值的代表性平台。2017 年，北京卫视继续在传统文化题材真人秀的创作上有力探索，推出了文化体验类节目《非凡匠心》，这档致敬工匠精神的节目，获得了国家新闻出版广电总局的高度评价，并被列入“2017 年度广播电视创新创优节目”名单；科技类节目创作方面，北京卫视继续打造了生活服务类科技真人秀《机会来了》第二季，创造性地让科技与弱势群体产生关联，以更接地气的切入点和表现形式，充分诠释了“科技是温暖的”和“科技改变生活”的命题。

除了文化、科技两大类型节目趋热外，2017 年，音乐类、喜剧类、户外竞技、婚恋交友类、美食类、旅行类等传统强势品类保持着稳步发展的态势，而一些深入垂直细分领域、兼顾专业化与大众化表达的综艺节目，也在央卫视的纷纷试水下取得一定突破。例如，与之前火爆一时的户外游戏、竞技类真人秀相对应的“慢综艺”，在过去一年里蓬勃发展，成为户外真人秀中的一个重要分支。湖南卫视《向往的生活》《中餐厅》《亲爱的·客栈》组成的“慢综艺三部曲”，以及第四季度四大卫视集体布局的民宿类“慢综艺”《亲爱的·客栈》《青春旅社》《三个院子》《漂亮的房子》最具代表性。

这类“慢综艺”多与生活体验、经营有关，不设过多任务和环节，侧重于对日常生活本身面貌的忠实记录，节奏相对舒缓，其精髓在于返璞归真、化繁为简。从引领“慢综艺”风潮的《向往的生活》，到年末爆发的民宿“慢综艺”，无论是守拙归园田，还是开餐厅、开客栈，这些广受关注和好评的“慢综艺”的成功，都在于通过展示“慢下来”的美好，回应了现代都市人对慢生活的渴求，切中了人们找寻心灵乌托邦、寻求慰藉的时代脉搏。

（二）现实题材剧全面复苏，“剧王”“爆款话题剧”诞生

2017 年，电视剧行业惊喜与收获颇多，不仅诞生了刷新省级卫视十年收视纪录的“现象级剧王”《人民的名义》，还有《我的前半生》《鸡毛飞上天》《白鹿原》《情感四合院》《于成龙》等众多收视与口碑兼收的品质

佳作。现实题材剧强势回归，全面取代古装 IP 剧成为荧屏“新宠”，是过去一年电视剧行业发展的最大亮点，这样的现象也反映出观众对艺术本体价值的理性回归。

综观广视—索福瑞 52 城市网 2017 年电视剧收视排行榜，现实题材剧在排名前 30 的剧目中占据半壁江山（见表 4）。《因为遇见你》《我的前半生》《欢乐颂 2》《生逢灿烂的日子》《急诊科医生》等高收视剧，都为反映当代都市生活、直击社会热点与痛点、引发观众热议的现实题材作品。第 31 届电视剧“飞天奖”共评选出优秀电视剧大奖 16 部，其中现实题材剧包揽 6 席，获得提名的现实题材剧占到了所有提名作品的 40%。

表 4　2017 年黄金时段电视剧收视排名（广视—索福瑞 52 城市网，4 +）

排序	剧名	频道	收视率(%)	市场份额(%)
1	《人民的名义》	湖南卫视	3.661	11.533
2	《那年花开月正圆》	上海东方卫视	2.564	8.567
3	《因为遇见你》	湖南卫视	1.930	5.878
4	《我的前半生》	上海东方卫视	1.876	6.455
5	《那年花开月正圆》	江苏卫视	1.756	5.880
6	《欢乐颂 2》	浙江卫视	1.614	5.468
7	《欢乐颂 2》	上海东方卫视	1.584	5.364
8	《于成龙》	中央电视台综合频道	1.459	4.284
9	《东风破》	中央电视台综合频道	1.325	4.423
10	《人间至味是清欢》	湖南卫视	1.315	4.449
11	《孤芳不自赏》	湖南卫视	1.314	3.863
12	《生逢灿烂的日子》	北京卫视	1.312	4.319
13	《三生三世十里桃花》	上海东方卫视	1.288	3.693
14	《急诊科医生》	上海东方卫视	1.248	4.147
15	《我的前半生》	北京卫视	1.248	4.287
16	《我的 1997》	中央电视台综合频道	1.245	4.238
17	《生逢灿烂的日子》	上海东方卫视	1.238	4.078
18	《守护丽人》	上海东方卫视	1.229	3.541
19	《青年霍元甲之冲出江湖》	中央电视台电视剧频道	1.201	3.404
20	《我们的少年时代》	湖南卫视	1.179	4.003
21	《爱来的刚好》	江苏卫视	1.167	3.350

续表

排序	剧名	频道	收视率(%)	市场份额(%)
22	《枪口》	中央电视台电视剧频道	1.137	3.765
23	《亲爱的她们》	湖南卫视	1.098	3.804
24	《擒狼》	中央电视台电视剧频道	1.086	3.780
25	《守护者浮出水面》	上海东方卫视	1.066	3.585
26	《飞哥战队》	中央电视台电视剧频道	1.065	3.601
27	《国民大生活》	上海东方卫视	1.064	3.531
28	《我的继父是偶像》	中央电视台电视剧频道	1.050	3.494
29	《夏至未至》	湖南卫视	1.050	3.663
30	《我们的爱》	江苏卫视	1.050	3.545

现实题材剧在作品数量、收视率、话题度等方面都呈现强劲的上涨势头，题材的广度、内容的深度也明显提升。2017 年涌现的现实主义电视剧视角更加多元，人物关系、情节设置更加新颖。多部质量上乘的行业剧在行业领域的拓展、专业性的强化等方面实现了新突破，不仅有表现医疗行业生态的《外科风云》、《急诊科医生》，聚焦律师行业的《继承人》，还有以高端猎头这样的新兴行业为故事背景的《猎场》等，登陆 2017 年电视荧屏。

根植于现实土壤、紧扣时代脉搏的现实主义剧，在话题引导、价值引领上具有天然优势。2017 年众多深耕社会现实问题的现实题材剧，成功掀起了话题热潮，引发了热烈的社会反响，如《我的前半生》充分反映当下都市爱情、婚姻、家庭、职场的不同侧面，探讨女性成长的命题，《亲爱的她们》关注中老年人的生活现状以及与子女的代际沟通，《我的！体育老师》则聚焦 90 后与 70 后的代际婚姻生活。聚焦热点话题、深挖代际关系、反映观念迭代的现实主义剧，展现了空前强大的收视号召力和舆论引导力，这是此类剧集全面回暖的重要标志。

而与之形成鲜明对比的是，玄幻、仙侠、架空演绎的古装剧明显遇冷，这些剧集不仅在央卫视频道的黄金时段中难见踪影，更不具备匹敌现实主义剧大众范围内的关注度和影响力，收视排名前 30 的榜单中，仅有《孤芳不自赏》《三生三世十里桃花》等少数几部古装剧入围，“IP + 流量明星”的模式逐渐失灵。而古装剧创作正在转向历史正剧，2017 年取得不俗反响的《那年花开月正圆》《大军师司马懿之军师联盟》等古装剧，便多为叙述宏大史实、弘扬历史精神的历史正剧，实际上，这些剧也是历史题材与现实主义创作手法结合的成果。

在电视剧收视市场中，中央电视台所占的收视份额稳中略升，主旋律电视剧是中央电视台较为重要的作品类型，同时，反映时代变迁、具有历史底蕴、表现军事斗争的题材，都是中央电视台电视剧的首选，占据较高播出比例。表现于成龙为民造福、锄奸惩恶的为官之旅的历史剧《于成龙》，是中央电视台 2017 年全年收视表现最佳的电视剧，该剧还摘得了第 31 届电视剧“飞天奖”重大革命历史题材优秀电视剧大奖。此外，中央电视台综合频道、电视剧频道还播出了《我的 1997》《东风破》《青年霍元甲之冲出江湖》《枪口》《擒狼》等精品电视剧。

省级卫视电视剧的播出方面，已进入强势卫视垄断优质资源，其余卫视靠二、三轮“艰难维生”的两极分化局面。五大一线卫视在晚间黄金档剧场几乎实现了全首轮播出，并与央视一同包揽了收视前 30 的所有席位。湖南卫视继续推行独播战略，《人民的名义》《因为遇见你》《人间至味是清欢》三部独播剧跻身收视前十，上海东方卫视与江苏、北京、浙江等平台联播的电视剧收视表现抢眼，同样有三部大剧位列前十。

北京卫视 2017 年电视剧播出情况同样亮眼，平均收视位列省级卫视第三，多部大剧更夺下收视冠军。《我的前半生》《急诊科医生》《外科风云》《情满四合院》《生逢灿烂的日子》《风筝》等一系列品质剧的播出，为北京卫视晚间乃至全天赢得高收视立下汗马功劳。

品质剧场，一直是北京卫视的传统优势项目。2017 年，北京卫视又在头部话题大剧、现实主义精品剧、创新题材剧集的挑选与布局上全面发力，形成了特色鲜明的剧场定位，进一步稳固了省级卫视领先的市场地位。北京卫视在选剧和购剧上的水准一直以来都为行业称道，“快准狠稳”被看作其选剧的特征所在，2017 年回暖的现实题材，是北京卫视长期深耕的重要品类，北京卫视品质剧场已成为现实题材精品发掘和传播的重镇。这一年里，北京卫视在现实主义剧领域取得的成绩颇为显眼，黄金档播出的15部电视剧中，有10部为现实题材，《情满四合院》《急诊科医生》《生逢灿烂的日子》等反映行业现状、记录时代变迁、折射社会百态的电视剧，与北京卫视品质剧场的定位契合，成为2017年“叫好又叫座”电视剧的典型代表。

（三）探索融媒体产品创新，发力直播与短视频

2017年，媒体融合进入向纵深推进的关键时期。电视媒体加速融合步伐，继续推进内部体制机制改革，积极采用新兴技术，加大传播平台搭建力度，深化推出了一批“现象级”融媒体产品。

微视频的布局，是过去一年里各电视媒体发力的重点。基于新闻策划和内容生产优势，同时转变话语方式、强化视觉创意和交互体验，2017年电视媒体推出的一系列微视频既有厚重内涵和人文关怀，又展现出人格化形象、进行个性化表达，从而聚拢了大量用户，获得了较好的传播效果和口碑。由中央电视台制作的时政微视频《初心》，用习近平总书记本人在资料片中的自述和历史见证者的回忆，打破画外音解说的传统样式，通过大量细节展示大情怀，多维度勾勒习近平总书记的“初心”。

全国“两会”、建军90周年、党的十九大等重大宣传节点，是融媒体产品井喷、刷屏的时期，成为各大媒体开展新闻报道融合创新实践的角力场和试验田。中央电视台在可视化产品上发力，推出的《颤抖吧电信诈骗犯！这位代表放出个大招》等微视频报道产品引发病毒式传播。“北京时间”也策划了数据可视化新闻、海内外内容云聚合、H5页面新闻等众多融媒体产品，生产出了短视频《超燃！这一刻，只想说“我爱你，中国!”》、“图说”新闻等用创新手段传播重大事件、取得不俗传播效果的新闻产品。

随着移动直播市场火热，电视媒体也加入直播“混战”，打造直播平台，为移动直播市场注入新能量。2017年2月19日，在习近平总书记党的新闻舆论工作座谈会上的讲话发表一周年之际，央视新闻移动网上线，基于央视全新开发的新闻云生产平台，实现电视与新媒体一体化生产、通稿媒资

共享、多平台分发。央视还打出了一个全新的概念“正直播”，即在以往移动直播基础上，进一步实现多屏联动、互动分享、社交化的功能。此外，在重大事件报道中，直播为电视媒体实现与受众的即时互动发挥了积极作用，移动直播的影响力和宣传效果稳步提升。如大型纪录片《还看今朝》播出期间，“央视新闻”新媒体发起系列移动直播十多场，总观看人数近2000万，主持的微博话题阅读量超过2亿次。①

北京新媒体集团建设的新型主流媒体“北京时间”，在新闻短视频、全景直播领域形成了独特的内容风格，走出了一条特色发展道路。“北京时间”开辟了唯一一个24小时不间断的互联网新闻资讯直播频道，以独立IP形式打造24小时“时间新闻室”，首创陪伴式的新闻体验模式。而在重大事件报道中，“北京时间”启用全景直播，并不断打破直播场次和直播时长的纪录。例如，“‘一带一路’高峰论坛”报道期间，“北京时间”推出了中欧班列100小时慢直播，专业团队沿着与古丝绸之路重合的中欧班列线路一路西行，探访“新丝路”，激发了网友的“穿越”热情。“北京时间”对台网跨平台融合的探索，对全景直播、短视频报道方式的拓展，不断突破业界想象。

（四）积极牵手互联网平台，达成“台网联盟”战略合作

在媒介融合和“互联网+”的大背景下，电视媒体集体寻求转型，在坚守自身内容生产优势的基础上，在内容运营、广告营销等方面全面拥抱互联网，探索台网联动的多元玩法和更为广阔的价值空间，成为电视媒体融合发展的必经之路。2017年，电视媒体与互联网企业的互动愈加频繁和深入，探索媒体资源的全面整合，实现产业链的深度变革。

北京卫视、深圳卫视先后与阿里巴巴达成“台网联盟”战略合作，将台网之间的跨屏联动推向常态。其中，北京卫视与阿里巴巴达成全频道互动合作，北京卫视开放了除新闻节目以外的所有市场化内容产品，以前所未有

① 吕岩梅：《2017年新闻宣传：主题主线突出　气势恢宏创新出彩》，国家广电智库微信公众号。

的多重资源融合深度，前所未有的全频道开放互动力度，前所未有的线上、线下互动玩法创新，将台网联动推向极致。深圳卫视则将电视媒体的内容创作优势，与阿里巴巴的互动能力、数据技术、电商生态系统有效整合，使其产生新的化学反应，双方共同打造了第一档电视直播的产品发布会节目《超级发布会》，通过提供全新的场景营销服务、为品牌定制与节目内容强关联的互动形式，为品牌赋能，同时也为受众提供全新的互动体验。此外，北京卫视、浙江卫视、深圳卫视还与阿里巴巴联合打造了“天猫双 11 狂欢夜”，首次实现三台联动直播，继续探索“电视 + 电商”的场景化营销、线上线下互动玩法的创新。2017 年“双 11 晚会”再度取得了不错的营销效果，“双 11”交易数额再创新高，10 秒成交破 16 亿元，3 分 01 秒破 100 亿元，6 分 05 秒成交额超 200 亿元，9 小时成交额破 1000 亿元。

对于电视媒体而言，与互联网电商平台的深度融合，更新了观众的观看体验。边看边聊、边看边玩、边看边买、边看边拿的四维体验，在一定程度上改变了客厅收视和消费文化。电视媒体借此提升了在观众群体中的认知度和观众黏性、互动性，并具备了将观众沉淀为可运营的粉丝、将粉丝转化为产生购买行为的有效用户的可能。广告品牌则通过品效合一的营销模式，有机聚合了电视和电商两个渠道的价值和能量，获得品牌口碑上涨和流量销量增长的爆点。这实现了电视媒体、互联网电商平台、广告品牌与观众的四方共赢。

（五）省级卫视马太效应加剧，北京卫视稳居一线阵营

2017 年，央视、省级卫视和地面频道仍保持三足鼎立的竞争格局，各占 1/3 的市场份额，而频道竞争进一步加剧，尤其是省级卫视的竞争日趋白热化，马太效应持续加剧，二、三线卫视与一线卫视之间的差距继续拉大，这一点无论是从收视率，还是从广告收入来说，都得到直观体现。

从收视率的表现来看，省级卫视形成了明显的梯队和层次，以广视—索福瑞 52 城市网收视数据为例，湖南卫视、东方卫视、浙江卫视、江苏卫视和北京卫视五大卫视 2017 年全天平均收视均在 0.2% 以上，稳居省级卫视的第一阵营，山东卫视、湖南金鹰卡通卫视、安徽卫视、天津卫视、北京少

儿卡酷卫视列第六至十位，收视率处于0.1%～0.135%的区间内，其他卫视平均收视则在0.1%以下。晚间节目、电视剧领域，更呈现一线卫视“垄断”的局面，2017年收视位列前30名的综艺节目和电视剧，无一例外出自五大卫视，电视强势内容资源几乎均由一线卫视制作或采购。

省级卫视的马太效应在广告创收方面也体现得颇为明显。一线卫视一档品牌节目的创收便突破十亿元，而弱势卫视全年的广告收入不过数亿元，还不及一线卫视一档季播节目的广告创收。尤其是在电视广告整体遭遇严峻挑战的局势下，二、三线卫视的广告收入下滑，对频道发展的影响更大，甚至多家弱势卫视的经营遭遇了严峻的挑战，生存状况不容乐观，两极分化的趋势在省级卫视领域体现得愈加明显。

在近两年的卫视格局竞争中，北京卫视的崛起成为一大亮点。在连续多年跻身第一阵营后，2017年，北京卫视收视成绩和广告创收情况趋于稳定，继续与湖南卫视、东方卫视、浙江卫视、江苏卫视形成相对牢固的“五虎争雄”头部卫视格局。2017年，北京卫视收视率表现十分亮眼，单日平均收视全年共有166天位列省级卫视前三，其中43天摘得收视桂冠，更一度包揽单月CSM 35城全天、白天、晚间全时段收视第一。广告经营方面，在广告市场整体呈现颓势的环境下，北京卫视2017年的广告创收可圈可点，上半年广告收入达15亿元，比上年同期增加了6亿元，成为上半年广告收入增长最快的省级卫视。① 全年广告营收达到10亿元的增幅，位居省级卫视第一。根据央视市场研究数据，北京卫视1～9月17：00～24：00时段广告满档率位列省级卫视第二，新增合作品牌达到181个。② 北京卫视在收视

① 江来：《广告收入逆势上扬？揭“唱衰论”之下卫视真实经营现状》，https：//mp.weixin.qq.com/s？src=11×tamp=1533272528&ver=1037&signature=Sed00JGe5PkVwHGiDF6NmW7ObdNiJX9t0X5gJ6ej2VgEVtJDWGfi9Uyut6lnH7nb4s-3m2vlYAtGrP*qVHkrK2twr*89uWit1zVAJVi2-gvt*a7aafg8OS5-TZbmxyqm&new=1。

② 江来：《年末卫视江湖洗牌，北京卫视夺收视冠军、价值升级成就“首都聚首席”现象》，https：//mp.weixin.qq.com/s？src=11×tamp=1533272633&ver=1037&signature=Sed00JGe5PkVwHGiDF6NmW7ObdNiJX9t0X5gJ6ej2VjtSFtXkH9W97X8UkI*4qf8H1Pf7NBrfxjZLfBdDS63-tZVVIbhi8Y5jwc5*i5kn2uM。

率和广告创收方面的逆袭上扬，有赖于大型季播综艺节目、周间常规节目、电视剧等品质内容的全面发力。《跨界歌王》《跨界喜剧人》《跨界冰雪王》等组成的“跨界系列”，《非凡匠心》《音乐大师课》《念念不忘》《但愿人长久》《我是演说家》等体现文化内涵和人文关怀的创新节目，《养生堂》《我是大医生》《生命缘》《暖暖的新家》等垂直题材节目，共同形成了北京卫视周末与周间节目的强大矩阵，再加上高收视大剧频出的品质剧场，一系列竞争力不俗的优质内容的制作和播出，奠定了北京卫视一线卫视的地位。

四 存在的问题与发展对策

（一）媒体融合成绩背后有隐忧，一体化深度融合有待探索

经过多年的探索，媒体融合已跨过“你是你、我是我”“你中有我、我中有你”的阶段，向“你就是我、我就是你”的一体化深度融合迈进。2017 年，全国各级电视媒体加快融合步伐，继续探索融合发展路径，在实践中取得了一定的成果。

不过，包括北京在内的全国大多数电视媒体，在融合进程中仍表现出融合发展程度不均、供给侧结构性矛盾突出、体制机制改革不力、互联网思维缺失、融媒体产品创新不足、引导力与影响力偏弱、内容和技术“两张皮”、人才流失严重、商业模式单一等诸多问题。

例如，近两年，新媒体领域风头正劲的直播、短视频，对于正积极探索融合转型的传统媒体来说，不失为一个好机会，传统媒体充分发挥其内容生产优势，或能在这场新战役中“弯道超车”。当前，众多电视媒体抓住了市场风口，进军移动直播、短视频领域，但入局方式多停留于与行业头部直播、短视频平台在内容分发和运营上合作的原始模式，个别媒体集全台之力，布局新平台和渠道，打造了一些突破传统形态和传播模式的新型融媒产品，但目前来看，在市场表现和创新性上，仍与行业领先的市场化平台存在

一定距离。无论是依托其他强势平台，还是自建平台，要想在新媒体产品的生产和传播中实现重大突破，传统电视媒体还应积极摸索互联网时代新媒体传播规律，着力强化用户本位意识、尽快建立场景思维，瞄准移动端和社交媒体发力，才有望抓住融合转型的突破口，在新媒体领域的新一轮硝烟暗战中有所收获。

媒体融合已进入加速期，互联网对传统电视媒体的冲击愈来愈大，传统媒体的转型难度也在逐渐加大。电视媒体必须坚持内容为王、推动内容创新和技术创新，同时深化内部改革、创新体制机制建设、重构采编发流程、寻求平台化发展、推进“广电 +”产业升级，才能尽快实现从相“加”迈向相“融”的目标。

（二）电视节目陷同质化怪圈，“伪原创”“伪星素结合”待破除

2017 年，电视节目创作处于平稳发展期，在题材开拓、品质提升等方面取得长足进步，但也暴露了诸多问题，电视综艺市场表面的繁荣难掩危机。从收视表现来看，2017 年电视综艺市场出现萎缩。2017 年所有调查城市观众全年人均收看综艺节目总收视时长为 5384 分钟，较 2016 年下降超过 23%。2017 年中央级和省级上星频道综艺节目收视比重从 2016 年的 33.0% 减少至 2017 年的 28.2%，其中省级上星频道的综艺节目播出比重和收视比重同比降幅更大。①

根据广视—索福瑞 52 城市网收视数据，2017 年，卫视综艺节目收视整体缩水，仅有两档节目收视率突破 2%，收视率在 1% 以上的节目由 2016 年的 48 档减至 31 档，降幅达 35%。已经播出多季的老牌节目呈现疲态，收视有所下滑，但仍然是各电视频道的收视主力，《奔跑吧》《中国新歌声》《欢乐喜剧人》《王牌对王牌》《跨界歌王》《最强大脑》《歌手》等“综 N 代”节目占据全年收视前十的大多数席位；新节目的收视爆发力多显不足，全年收视率排名前十的综艺节目中，仅有《向往的生活》《高能少年团》两

---

① 《2017 年全国综艺节目收视分析》（上），收视中国微信公众号。

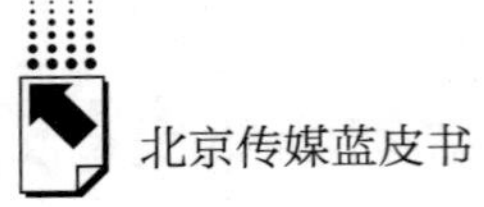

档为全新节目。从市场表现不难看出，电视综艺节目市场在2017年仍存在较为突出的创新不足问题，“综N代”寡头垄断，新节目突围的压力和难度很大。

题材上，2017年综艺节目题材虽得到了有力拓展，泛娱乐化倾向得到遏制，文化、科技、公益等节目品类呈现抬头之势，但跟风、扎堆现象依旧较为严重，电视综艺节目的多样性仍显不够。例如，年初文化类节目爆发后，众多频道都纷纷上马内容和形式相似的同类节目，聚焦诗词、阅读、国学等题材的文化类节目一拥而上，且切入点和表现形态都未能实现太大突破。再如，“慢综艺”引起较大反响后，效仿者众多，各平台都希望瓜分这一大蛋糕，第四季度卫视荧屏更形成了四档同题材“慢综艺”正面对垒的诡异景象，原本应百花齐放的电视荧屏却陷入同质化的泥淖，也在很大程度上消耗了观众对这一类型电视节目的观看热情，加快收视疲劳的到来。

近两年，针对电视节目创新、上星综合频道节目管理，国家新闻出版广电总局陆续颁布了一系列新政，这些政策的出台，对于电视行业规范化发展，起到了积极作用。不过，行业内仍存在政策落实不到位的现象，一些播出平台和制作方以“打擦边球”的方式，规避政策管控风险。2017年，“限模令”效应持续发酵，国家新闻出版广电总局关于模式引进的规定继续收紧，因此，过去一年里，各平台推出的全新节目几乎全部为原创模式。虽然一些优质原创节目获得了国内外电视行业的一致认可，甚至有望输出国外，但仍有一些“伪原创节目”夹杂其中，对境外模式节目的借鉴和抄袭程度颇高，备受诟病，而更多原创节目模式，离可流通的全球成熟节目模式仍有着较远距离。

“星素结合”，是国家新闻出版广电总局所鼓励的创作方向。强监管之下，明星真人秀基本退出了上星综合频道的黄金档。但是，“星素结合”型综艺节目的创作规律和技巧仍处于摸索之中，如何恰到好处地让明星与素人嘉宾共同成为节目主角，并碰撞出全新火花，成为主创团队面临的一大考验。若处理不当，则会不伦不类。而若只是为了“星素结合”而“星素结合”、未能找到恰当的方式使星素有机结合，更会使节目效果大打折扣。

2017 年的电视节目，在“星素结合”的理念和方式上都表现得不够成熟。

2017 年电视节目生产和播出中所暴露出的这些问题，或是长期困扰中国电视行业发展的难题，或是全新市场与政策环境下磨合过程中的阵痛。其彻底解决，需要播出平台和内容创作者提高对政策的重视和认识，不断提升原创能力，开拓创新思维，优化内容创新体系，建立健全人才培养和内容开发机制，如尝试样片制度，为新创意和新产品提供试错平台，强化与观众的互动，才有望破解电视综艺节目的创新难题，打造出更多具有大情怀、正能量的精品节目。

（三）电视剧品质有待进一步提升，多方协同方能铲除行业“毒瘤”

电视剧创作和播出，在 2017 年取得了不少可喜成绩，“去产能行动”仍在继续，作品质量有所提升，供给侧改革初见成效。《人民的名义》《鸡毛飞上天》等一大批叫好又叫座的电视剧涌现，现实主义题材和创作手法回归，低品质的古装剧退烧。

不过，电视剧整体品质仍有着广阔的提升空间，有“高原”缺“高峰”、美誉度不高，仍然是电视剧行业的整体特征。中宣部副部长、国家广播电视总局局长、党组书记聂辰席在全国电视剧创作规划会议上总结了当下我国电视剧的“浮躁之风”：革命历史题材解构革命历史、虚无英雄先烈，过度游戏化、过度娱乐化；现实题材打着现实题材旗号，实际上远离生活，反映现实不实、表达情感不真、挖掘生活不深；历史题材陷入历史虚无主义、随意戏说曲解历史、贬损亵渎经典传统，玄幻、仙侠、架空演绎的古装剧胡编乱造、放大文化糟粕，甚至违背基本伦理道德，违背基本的历史逻辑、生活逻辑和艺术逻辑。这些备受诟病的创作问题影响了中国电视剧的整体形象和健康发展。

此外，电视剧的注水现象日益严重。以古装大剧为代表，多部大制作电视剧集数都突破了 60 集，甚至七八十集的长篇剧也屡见不鲜。在制作成本攀升的情况下，制作方纷纷拉长电视剧集数，以获得更高的经济收益，快速收回成本；电视台为了最大化利用热播剧的收视和广告拉动效应，也会延长热播剧的播放周期。电视剧越拍越长、剧情拖沓问题的产生，是资本裹挟下多方利益驱动的结果。另外，抄袭模仿、千篇一律也是困扰行业高质量发展的症结，在制作和播出环节，演员天价片酬和收视率造假成为制约行业健康发展的“毒瘤”，这些问题在主管部门的规范引导下得到一定程度的缓解，但未能得到彻底解决。

电视剧品质和创新性的全面提升、风清气正的市场环境的营造，需要从主管部门到制作和播出主体的共同努力。针对高质量发展这个根本要求，行业必须继续深化供给侧结构性改革，把提升质量品质放在第一位，优化产业结构，把社会效益放在首位、社会效益和经济效益相统一，立足“高原”攀“高峰”。而对于电视剧发展过程中的积弊，主管部门已经采取举措加强规范引导，推动建立省级卫视协作机制和违规惩戒机制，优化影视制作成本比例，促进演员的片酬更加合理，同时严厉打击收视率造假行为、完善行业自律机制、创新收视调查技术，规范收视率的管理和使用。在政府规范引导、行业自律有效执行、各方协同综合治理之下，这些扰乱市场秩序的行为或将得到遏制，电视剧行业才能不断向前向好发展。

B.10
2017年北京电影行业发展报告

周建新　刘中汉　韩雨珊　李俏楚*

摘　要： 2017年，对于中国电影和北京电影而言是十分重要的一年。国家《电影产业促进法》等相关法规正式实施，为电影行业发展提供了法律依据和制度保障。社会效益、社会责任继续作为北京电影事业发展的重要任务和内容受到各方的重视和关注，电影公益放映的方式、手段、形式、内容等方面的创新，有力地保障了北京电影公共文化服务的能力和水准。电影创作精品佳作不断、电影市场快速发展，资本、科技、互联网等多市场要素多元交织，共同促进了北京电影市场的繁荣。网络大电影持续发力，为电影行业发展注入了新的活力但发展速度趋缓。丰富多样的电影节展活动既树立了北京的城市文化品牌和国际形象，也为中国电影的国内外交流提供了平台。

关键词： 电影政策　电影公益放映　电影市场　电影节展　网络大电影

2017年欣逢党的十九大胜利召开，北京电影在这样一个大的发展机遇下，认真落实习近平总书记在文艺工作座谈会上的重要讲话，深入贯彻党的十九大会议的讲话精神，始终坚持以人民为中心的创作导向，坚守弘扬优秀传统

* 周建新，中国传媒大学科学研究处副处长；刘中汉，北京市新闻出版广电局电影管理处主任科员；韩雨珊、李俏楚，中国传媒大学艺术学部学生。北京市新闻出版广电局电影管理处对本文的写作有较大贡献。

文化、革命文化、社会主义文化的立场，围绕“全国文化中心”的城市文化发展定位，讲好“中国故事”“北京故事”，把社会效益放在首位，以满足广大人民群众美满幸福生活需求作为出发点和落脚点，重视顶层设计、规划指导，强化法治意识，改革创新驱动，继续保持良好的发展势头。本报告以北京电影产业和电影事业为两大主线，重点聚焦国家电影政策、电影创作生产、电影市场、公益电影放映、电影节展与评价、网络大电影等工作，并在分析案例、总结问题的基础上，提出相应的解决思路与对策。

一　电影行业整体情况及数据分析

2017 年，国家新闻出版广电总局称之为“电影市场规范年”，与有“寒冬拐点”“理性调整”之称的 2016 年相比，中国电影整体上处于健康、理性、稳定的发展状态。全国电影总体情况表现在以下几个方面。第一，票房收入增长力度较大，全国电影总票房 559.11 亿元，同比增长 13.45%；与全球票房 5% 的增长率、北美票房下降 2% 的情形相比，我国电影市场可以称为全球电影市场中重要的增长极。其中，国产电影票房为 301.04 亿元，占票房总额的 53.84%，国产片的总体份额与 2016 年相比有所下降，与进口片所占份额差距缩小。第二，电影供需矛盾依旧突出，全年共生产电影 970 部，其中故事影片 798 部、科教电影 68 部、纪录电影 44 部、动画电影 32 部、特种影片 28 部；而最终能在院线上映的只有 420 部，仍未达到总体产量的一半，电影的产能依然过剩，供给侧改革依然是个难题。第三，观影人次与影院建设规模仍居全球首位，中国成为最有潜力的票仓，城市观影人次再次提升，达到 16.2 亿人次，同比增长 18.08%；全国新增银幕 9597 块，银幕总数已达到 50776 块。第四，电影的社会效益进一步强调，电影公共服务能力在不断提高，电影公共服务手段和渠道在丰富，电影公益放映的市场化探索在展开，有力促进电影多元化发展。公益电影放映活动得到有效开展，电影进乡村、进社区、进校园、进工地、进福利院所等活动积极开展。第五，网络大电影的监管力度进一步加大，减缓了发展步伐，迈向精品塑造

的品质化道路，全年总产量 1973 部，较 2016 年下降 220 部，上线量 1321 部，同比减少 25.79%。[①]

在全国电影市场和电影事业发展的宏观形势下，北京作为全国电影重镇，依然扮演着重要角色，取得了重要成绩。2017 年，北京市共有备案立项电影 2529 部，占全国备案总量的 49%。全市新建影院 26 家，已达 215 家；新增银幕 211 块，已达 1420 块；观影人次 7636.31 万人次，同比增长 11.1%；人均观影 3.51 场次，同比增长 11%；放映场次 273.71 万场，同比增长 19.8%。电影票房收入 33.95 亿元，同比增长 12.1%，但是略低于上海市（见表 1）。电影公益放映 17.1184 万余场，观影人次 774.73 万余人。2017 年，北京制作生产票房过亿影片 14 部，国产票房前 10 名中有北京出品制作的影片 4 部，全国 6 部票房过 10 亿元的国产影片中，冠亚军《战狼 2》《羞羞的铁拳》均为北京出品制作，二者累计票房 78.95 亿元，占 6 部国产影片总票房的 58.7%，占全国国产影片总票房的 26.23%。[②]

表 1　2017 年全国部分省级区域电影票房排名

单位：亿元

序号	地区	票房	序号	地区	票房
1	广东	79.96	4	上海	35.02
2	江苏	52.03	5	北京	33.95
3	浙江	43.96			

二　北京电影相关政策执行及公共服务发展情况

2017 年，北京电影严格遵照国家和北京市相关政策，着眼于北京市电

① 相关数据来源于国家新闻出版广电总局电影局统计数据、北京市统计局数据、《中国影视产业发展报告（2017）》相关报告、《中国电影报道》相关数据、中国票房、1905 电影网、新传智库等。

② http://zfxxgk.beijing.gov.cn/110090/tjsj53/2018-01/16/content_36896ad9a5dc4ec49f685f71f8aaa194.shtml.

影行业发展实际和广大观众的消费需求，无论是在政策实施与监管上还是在电影公共服务与公映电影放映上，都做出了大量有益的探索和富有成效的成绩。

（一）相关法规颁布实施，行业管理进一步规范化

2017 年 3 月 1 日，《电影产业促进法》正式实施。该法律作为中国电影行业中的法律，在简化电影审批流程、规范电影市场秩序、提升电影质量等方面予以明确的法律规定，其主要内容包括：电影创作与摄制、发行与放映、产业支持和保障、法律责任主体。2017 年 6 月，《网络视听节目内容审核通则》正式发布，对网络大电影的创作生产、版权保护、票房（点击量）监管提出了明确的法规要求，有效遏制了网络大电影鱼龙混杂、质量低下、票房（点击量）注水的现象。2017 年国家还取消了《摄制电影许可证》和《摄制电影许可证（单片）》，不再单独发放《电影技术合格证》，启动了《电影管理条例》等配套法规规章制修订工作，发布了《国家新闻出版广电总局关于规范点播影院、点播院线经营管理工作的通知》《点播影院、点播院线管理暂行规定（征求意见稿）》等政策，通过互联网进行实时点播、轮播、下载播放的方式逐渐得到认可，点播影院不仅获得了“合法地位”，也在工商性质上有了归宿。2017 年 11 月 27 日，北京市修订了《北京市多厅影院建设补贴管理办法》，下发《关于 2016 年北京市奖励放映国产影片成绩突出影院的通知》，对 2016 年放映国产影片成绩突出的影院给予奖励，此通知加强了对影院的奖励力度，有效激励影院积极放映国产影片，在一定程度上推动了北京电影产业的快速发展。与此同时，电影系统采取多项措施，加大惩治力度，规范市场秩序，打击票房注水、透露瞒报、盗播盗映等违法行为。

（二）坚持公共服务和社会效益为先，保障市民基本文化权益

党的十九大报告明确指出要完善公共文化服务体系，深入实施文化惠民工程，丰富群众性文化活动。作为我国公共文化服务的重要内容和社会主义

文化优越性的重要体现，电影公益放映是我国电影事业的核心部分。2017年《电影产业促进法》和《公共文化服务保障法》两部法律正式实施，为电影公益放映提供了强有力的政策保障。新时期党和国家关于公共文化服务，关于电影的一系列新定位、新判断、新愿景和新使命为北京电影公益放映活动指明了前进的方向，是推动我国社会主义电影放映事业，推动北京市精神文明建设，构建全面的电影放映新业态的行动指南。截至 2017 年底，全国农村电影市场已建立数字电影院线 319 条、数字电影版权方 305 家、地面卫星接收中心站 219 个，实际运营的放映设备 46428 套。2017 年，全国农村电影市场订购影片达 1124. 9032 万场，较 2016 年同期增加 129. 3603 万场，涨幅为 13%。2017 年，北京电影公益放映活动有序稳步进行，多项指标保持均衡增长。首先，积极贯彻落实党的十九大精神，开展“小康中国富美乡村”主题放映等一系列活动，保障农村、社区、民工等广大人民群众的基本文化权益，提高公共文化服务的内容、水平和效率。其次，公益电影固定放映场所建设进一步得到了提升，北京已基本实现室内放映。北京市目前共建设乡镇商业影院 39 家，开设二级市场影院 40 余家，在社区、中心村开设歌华数字电视影院样板间 12 家。再次，提高公益电影放映水准，如在门头沟试行 2K 电影乡村流动放映，在通州区试点 7 套农村智能电影院点播系统市场化运行，为农村电影放映市场化改革摸索了经验。[①] 最后，还鼓励教育、军营等行政部门履行公共文化服务，将服务的半径进一步缩小，将服务的内容如影片的题材、类型进一步丰富，提高观众选片的自主权、主动性和积极性，如相关部门要求每学期向中小学生推荐国产优秀故事片，并积极做好学校的爱国主义教育影片的放映工作，大力弘扬民族精神和时代精神。

三　北京电影内容创作及市场发展情况

2017 年，无论是在电影创作上还是在电影市场发展上，北京都取得了

① 电影数字节目管理中心：《2017 年农村电影市场点评》。

新的成绩，一些工匠式的佳作不仅赢得了市场的欢迎还赢得了口碑和社会影响力。电影市场继续在资本、科技、互联网以及海外等领域赢得空间和机会。

（一）内容创作抓质量重品质，强调工匠精神和口碑影响力

在电影的创意策划、创作生产、宣传发行等方面，北京电影在全国尽管一直牢牢占据着领先地位，但是并没有因为数量大而放弃质量追求，创作高品质的、具有匠心精神和诚意之作的影片始终是政府、企业和创作主体的一致共识和共同追求。主要表现在以下几方面。

1. 强化价值导向引导，顺应首都“建设全国文化中心”的发展定位

影片创作主动承担弘扬社会主义核心价值观的功能与使命，注重社会主义主流价值观的弘扬和引导，讲述好故事，塑造典型人物，传递正能量，切实践行优秀传统文化、革命文化、社会主义文化、京味文化的继承和发扬工作。2017 年正值建军 90 周年，相应军事题材影片层出不穷并取得了可观的成绩，出现了《战狼 2》《建军大业》等高质量影片，其思想性、艺术性和观赏性很好地实现了有机的统一。在第十四届“五个一工程”奖评选中，《战狼 2》等 3 部影片以及北京市重点扶持的《百团大战》获奖，占获奖影片数的 36.4%。

2. 国产重点影片发挥出色，巩固了国产影片的市场地位

2017 年，全国 6 部票房过 10 亿元的国产影片中，冠亚军《战狼 2》《羞羞的铁拳》均为北京创作生产的作品，贡献票房 78.95 亿元，占 6 部国产影片总票房的 58.7%，占全国国产影片总票房的 26.23%，为拉动全国票房和观众增长及国产影片占比发挥了决定性作用。2017 年，国产票房前 10 名中有 4 部北京出品制作的影片（《战狼 2》《羞羞的铁拳》《三生三世十里桃花》《英伦对决》），这些“北京出品”的影片在市场、行业影响力和观众口碑等多个层面都有优异表现，尤其是《战狼 2》，创造了主旋律电影新模式，刷新了中国电影多项纪录，如“中国电影单日票房纪录”“内地提前场最高票房纪录”“2017 年度票房冠军”“华语影史票房冠军”“华语影史

最快‘破十’纪录”“华语影史单日票房新纪录”“首部在北美暑期档登顶全球周票房榜的中国电影”等。①

3. 重点影视企业高产高能，树立内容制作的行业标杆

中国电影股份有限公司全年出品并上映电影共12部，包括《功夫瑜伽》《建军大业》《西游·伏妖篇》等电影，总票房超过40亿元。值得关注的是，华谊影业、博纳影业、万达影视、光线影业、乐视影业五大民营影视公司继续表现强劲，但五大民营影视公司市场年度表现差距较大。万达领跑五大民营影视公司，共参与制作和发行电影《战狼2》《西游·伏妖篇》《太空旅客》等16部，积累票房49.17亿元。华谊影业参与制作与发行电影《西游·伏妖篇》《芳华》《绝世高手》等7部影片，积累票房33.6亿元。博纳影业参与制作与发行《明月几时有》《建军大业》《追龙》等6部影片，积累票房19.6亿元。光线影业参与制作并发行《秘果》《大护法》《三生三世十里桃花》等4部影片，积累票房10.3亿元。乐视影业参与制作与发行《吃吃的爱》《冈仁波齐》《奇门遁甲》等8部影片，积累票房8.2亿元。

（二）多管齐下、多措并举，全力助推北京电影市场做大做强

电影作为一种工业，其发展繁荣始终离不开资本的助推，离不开技术的革新，离不开传播渠道的丰富，离不开全球市场的拓展。2017年，北京电影在资本市场、技术市场、互联网市场、海外市场上有上佳的表现，为壮大北京电影的整体实力奠定了坚实基础，主要表现在以下几方面。

1. 电影资本市场的表现情况

近些年，随着电影市场需求的快速增长，国内外、业内外的各种资本纷纷流入电影市场，一方面为电影的大制作、大产量、大发展、大繁荣提供了支撑；另一方面也带来了诸如片面追求演员大卡司、大场面、高特效，恶意炒作、虚假宣传，偷票房等不正当或不法行为。2017年作为《电影产业促

① 《〈战狼2〉破多项票房纪录》，《山西经济日报》2017年8月9日。

进法》实施的元年，政府的监管也愈加严格，为电影行业的健康发展提供了有力的保证，电影资本市场也逐渐回归理性。在资本市场与政府的牵制下，不少影视公司开始通过被上市公司并购、重组或借壳曲线上市或转战香港、美国等境外资本市场等多种融资方式与资本配合，实现自身影视公司与非影视公司之间的转变，如中南文化、文投控股和鹿港文化从制造业通过并购影视文化公司、投资成立子文化公司跨界转型到影视业；完美世界从游戏进入电影业转型"游戏 + 影视"，收购了今典院线和嘉行传媒 10% 的股份，并在网生内容领域投资新片场。① 这些影视公司利用资本撬动中国电影市场的红利，在促进电影产业发展的同时力图分得快速发展过程中的一杯羹。

2. 电影科技市场表现情况

电影发展与科技进步密切相关，从放映技术到传播技术，从拍摄技术到录音音响技术，从动画技术到后期特效技术，电影相关科技行业的技术变革总能推动电影制作、传播和宣发的变化。2017 年国内电影在特效的研发与使用上有了进一步突破，如《战狼 2》和《妖猫传》通过实景与特效结合的制作方法，使画面达到了可与好莱坞相媲美的程度。《战狼 2》的水下拍摄通过"实拍 + 特效"相互结合的方法将观众的视听感受推到一个新的高度。《妖猫传》则是在实拍背景同时交叉使用绿布，使《妖猫传》中的特效技术完全从初级炫技蜕变成服务于影片的"假戏真做"。2017 年 3 月，中影光峰激光放映解原方案在美国 Cinema Con 上亮相，"中国制造"的 ALPD 激光技术正式走向海外，它不仅推动着国内影院市场的激光"革命"，同时也推动我国电影行业进一步走出国门，走向国际市场。2017 年 12 月，香港首家 CGS 4K 激光中国巨幕影厅在百老汇数码港戏院内诞生，激光放映技术的探索也受到多方关注。② 2017 年，人工智能技术引爆各个行业，对电影行业的渗透也不例外，但 AR、VR 的关注度不像过去那样火爆，其技术的实践应用发展进入了一个瓶颈期，但据《2016 ~ 2021 年中国虚拟现实行业市场

---

① 尹鸿、孙俨斌：《2017 年中国电影产业备忘》，《电影艺术》2018 年第 2 期。

② 杜思梦：《中国电影技术稳步前行：引领放映"革命"》，《中国电影报》2018 年 1 月 5 日。

前瞻与投资规划深度分析报告》分析，VR 与影视的结合发展依旧有很大的发展空间。

3. “互联网 + 电影”市场表现情况

随着互联网、移动互联网的快速发展，互联网思维、互联网观念对电影行业的影响也日益深入，包括对电影创作理念的影响，如网络大电影的出现，也包括对电影传播技术的影响，如“点播影院”“智慧影院”“家庭影院”“移动影院”等相关概念的出现及其实践探索成为业界和学界关注的重点，因为国家相关政府管理部门还没有就此有明确的表态和定调，本文暂时不做重点提及。另一个影响就是电影宣发和销售，尤其是网络在线票务。2017 年，电影在线票务售票份额已经高达 80%，改变了传统的电影票务消费方式和销售模式。值得关注的是，2017 年在线售票出票率增长缓慢，新用户的增量空间已经接近天花板，吸纳新用户的成本也随之升高，因此各大在线票务平台选择了合并重组的发展思路。2016 年，微影时代、猫眼、淘票票和百度糯米四大行业巨头稳居前四，到 2017 年初，百度实现了战略调整，放弃了其旗下的百度糯米，与此同时，淘票票奋力实现反超，猫眼与微影时代整合形成了以猫眼为主体的新公司“猫眼微影”，实现合并的猫眼微影占比超过 50%，和占比超过 30% 的淘票票正式形成两分天下的市场格局，网络票务系统成功打通了影院与用户与互联网之间的连接。

4. 电影海外市场拓展情况

北京电影顺应首都国际交往中心的城市定位要求，进一步整合国际国内资源，逐步实现“请进来”和“走出去”相结合，在实现国内电影市场健康持续快速发展的同时，继续努力向国际电影市场进军，为提升我国影视文化软实力做出贡献。2017 年，北京电影在“走出去”方面的成绩主要表现在项目投资、联合拍摄、技术引进、人才交流、企业并购等多方面。如新丽传媒和新浪影业与日本合拍的《妖猫传》将中日电影合作推向了又一个高潮，日本票房累计达 5.23 亿日元，观影人次更是超过 43 万，创下近十年华语片在日本电影市场的票房新高。电影《妖猫传》使中国电影“走出去”获得了新的成功与赞誉，也成功地向国际展示了以盛唐为代表的中国文化。

此外中美、中韩、中日合拍的或者有中国资本、中国元素注入的影片还有《星际特工：千星之城》《英伦对决》等。

此外，在电影节展的举办上，以北京国际电影节为龙头，搭建平台，扩大电影交流推广。2017 年，北京电影通过对外合作交流和属地电影节进一步提高北京电影的品牌力和影响力，从而强化北京的文化软实力和国际知名度。一是以北京国际电影节为龙头，加强对北京大学生电影节、青少年公益电影节、青年电影展、北京体育电影周等电影节展的服务和指导，精选展映影片 200 余部，做好宣传和放映工作。北京国际电影节作为北京建设国际文化之都的新地标和国际文化交流的新平台，继续发挥着其影响力和传播力，在影片展映、人才交流、企业洽谈等方面再创佳绩。二是做好在北京属地举办的国家（地区）电影展映活动的审批和监管，审查影片百余部，展映影片百余部，加强了国内外电影业界的沟通与互动。2017 年，我国与希腊、罗马、印度、俄罗斯、巴西、西班牙等 20 个国家签订电影合作协议，在国内举办的大型中外电影节、电影展超 20 个。[①] 北京参与了相关工作并做好具体的对接与服务工作。三是组织北京电影代表团参加国外电影交易市场推介活动，举办国产影片、北京主题日、电影研讨会、洽谈交易、北京国际电影节宣传等活动，继续为北京电影“走出去”搭建平台。2017 年 6 月，中影集团在哈萨克斯坦举行了“哈萨克斯坦中国电影展”，并于 9 月在非洲举办“非洲中国电影展”，进一步推动中国电影“走出去”，促进了中国与其他各国的文化与技术交流。四是在北京市政府代表团的领导下与塞尔维亚文化和媒体部等政府部门就电影合作交流进行了深入广泛洽谈，举办了电影展览和电影展映活动，签署了政府间合作的《电影合作谅解备忘录》。

四　网络大电影发展情况

2017 年，网络大电影一个明显的变化就是不再一味地追求数量的大，

---

① 尹鸿；孙俨斌：《2017 年中国电影产业备忘》，《电影艺术》2018 年第 2 期。

而是追求内涵式发展，加快精品化的步伐。互联网的高速发展给网络大电影带来了前所未有的机遇和挑战。发展初期，网络大电影大量涌现，但作品质量参差不齐，引发了从业者的思考并促使他们采取改进措施。在经历了2016的“野蛮生长期”后，爱奇艺、腾讯视频、优酷等主流网络视频平台出台了一系列举措扶持网络大电影的发展并重新规范了上线的质量。据爱奇艺数据统计，2017年网络大电影上线1973部，较2016年下降220部，其中，爱奇艺2017年拒绝上线的影片占提交影片数量的20%。2017年在规范上线电影质量的同时也对各平台的数据统计进行了规范处理，网络大电影在各大网络视频平台点击量为79.46亿次，较2016年下降62.13%，平均每部点击量为402.74万次，较2016年下降57.91%，[①] 有效遏制了网络大电影的恶意“刷量”、注水票房的行为。

五　电影行业发展存在的问题及其对策思考

党的十九大报告指出，中国特色社会主义进入新时代，中国社会的主要矛盾是“人民日益增长的美好生活需要和不平衡不充分的发展之间的矛盾”。这对中国电影、北京电影来讲同样提出了新的要求。近年来，电影产量、影院数、银幕数、观影人次、票房收入等相关数据都显示中国电影进入持续稳定增长阶段。究其原因，离不开国家政策的支持，离不开国民生活水平的提高尤其是文化消费需求的增加和多元。随着电影产业化改革的深入，与电影相关的法律法规不断完善，电影创作类型的多元化，电影科技发展的快速升级，电影创作团队的成长，我们对中国电影、北京电影未来发展充满信心。但在欣喜于电影成绩取得的同时，也不能忽略电影行业发展中的不平衡、不充分的问题，也不能忽略电影发展环境变化、观影人群变化、电影美学变化带来的新矛盾、新要求和新趋势。

得益于经济社会的快速发展，我国电影行业也是日新月异，无论是在经

① 彭侃：《2017年网络大电影产业发展报告》，爱奇艺。

济结构、生活方式还是在文化消费等多个层面都扮演着越来越重要的角色。其一，国家需求和国家意志在电影中的体现与表达越来越重要。公共文化服务作为政府的职能在新时期越发显得重要，对内不仅是满足人民群众幸福美满生活的需求，也是国家政权优越性的重要体现，还是传递国家和民族世界观、文化观、价值观的需要。从国家政府机构改革、国家电影局的成立就可以充分证明其重要性。但是，坦率地讲，无论是电影的公共服务职能体现还是电影的社会责任意识的体现，距离党和国家、广大人民群众的要求都还有差距，如何把握这些新要求，是未来很长一段时间里中国电影面临的难题。其二，电影产业快速发展，但不能盲目追求产量、盲目追求经济效益、盲目跟进模仿抄袭不注重原创，必须关注到电影市场还有很大的发展空间，但是必须“生财有道”“发展有方”，中国电影观众的年平均观影次数仍旧少于欧美国家和一些亚洲国家，过去几年，片方多用票补的方法吸引观众，2017年春节档的“票补战”尤为激烈，制片方用于票补的资金增加，相应的用于制作宣发的资金就会减少，因此会对电影制作发行造成影响。以“工匠精神”打磨作品仍然要贯穿于日后的工作当中。2017 年的电影仍然存在仓促量产、佳片难觅的情况，年初电影市场表现情况不容乐观，虽然票房喜人但口碑低走，参照全年电影票房收入来看，票房成就主要依赖口碑佳片，少数电影拥有极高票房，但大多数电影收入惨淡，由此看来，我国电影市场还不够成熟，电影质量仍有待提高。其三，随着电影观众越来越低龄化，80后、85 后、90 后越来越成为电影观赏的主力，他们的审美水平、社会认知、文化修养对于电影质量的要求、对于电影类型的丰富、对于电影语言的创新、对于电影价值观的传递都有了新的变化，这些变化直接影响了电影创作的走向，但是很显然，很多影片对此估计不足、预判不足、研究不足，导致一些影片往往预期与实际效果有天壤之别。其四，电影产业的全球化趋势不可阻挡，导致电影资本和人才的全球流动、电影创作观念的全球碰撞与交流、电影传播的壁垒和疆界的消失和淡化，这些都为当前电影行业发展提出了新的要求，北京电影的竞争已经不只是国内的竞争，也不只是面对国内的观众，让更多的企业、更多的作品、更多的人才走出国门、走向世界是北京电影当仁不让的职责所在。这些问题既是区域个别面对的问题又是整个电影行业的共性问题，因此，北京作为我国电影重镇，要正视这些需求和变化、重视并处理好这些问题，时不我待。

（一）继续唱响主旋律、讲好中国故事

过去一年，北京电影在唱响主旋律、弘扬正能量、讲好中国故事、弘扬社会主义核心价值观方面创作成效明显，体现在优秀的作品上、稳健的市场上以及一大批正在茁壮成长的新导演、新编剧、新演员、新制片人和新技术专家身上。在未来，政府相关部门应该下更大力气，把握好电影创作导向，贯彻十九大精神，坚持为人民创作的导向，坚持“创造性转化、创新性发展”。把握住意识形态的领导权，在电影创作中发挥社会主义核心价值观对国民精神文化的引领作用，坚持社会主义效益优先，将国民的精神文化需求放在首位。抓好题材、好项目，在立项备案、影片审查、资金扶持方面给予关注和扶持；在电影备案和审查阶段确保作品思想内容健康向上，确保高质量创作，促进质量与数量的平衡发展。对于电影制片方来说，要坚定文化自信，重视现实题材的创作，注意将社会主义核心价值观渗透在创作的各方面，并以国民能够接受的方式展现出来，贯通好主流话语与观众取向，将社会主义主旋律与新时代元素有机结合，以中国式的英雄形象、英雄行为激发观众观影热情。注重电影创作的艺术性、思想性和观赏性，丰富电影内涵，真正提升影片的创作质量。

（二）加强政策监管，维护电影市场秩序

2017 年全国电影市场虽然回归理性，但在这背后还存在着一些隐忧。首先，在票房监管方面，尽管《电影产业促进法》明令禁止票房造假行为，但仍有一些影院以身试法，2017 年，中国电影发行放映协会共通报四批涉及偷瞒票房、锁座等违规行为的影院，[①] 这些违规行为多少年来屡禁不止，

---

① 中国电影发行放映协会官网，http://www.chinafilm.org.cn/Item/list.asp?id=1713。

对于北京电影来说，发挥政府机构的管理职能，仍要加强对相应市场的监管与引导，贯彻落实《电影产业促进法》，积极配合相关部门工作，依法惩治违规行为。自互联网购票成为主流，2017 年淘票票与微影时代合并以后，在线票务平台呈现“双寡头”垄断状况，在如今泛娱乐化的情形下，票务平台不仅是简单的在线购票渠道，还渗透进电影产业链条中的出品发行的诸多方面，若其涉及的领域包含发行与放映环节，就容易造成票房注水、排片不公等情况，扰乱电影市场秩序，此时保持这一垄断行业健康发展，避免不公平竞争情况的产生，有赖于政策对电子票务系统的监控与其本身的自律。其次，在资本监管方面，中国电影发展势头迅猛，在国际化的竞争当中，需要大批电影大制作的出现，这样的大制作离不开资本的支持。但当非专业性资本的介入，过度干预创作，就会成为电影质量提升的阻力。在这种情况下，相关部门必须加强监管，促进电影行业产业化体系的完善，对资本运作过程中存在的恶性竞争行为及时制止并处罚，规范市场秩序。

（三）植根首都大地，回应观众需求

随着年轻一代电影消费群体物质条件的改善和社会地位的提高，电影观赏已经成为当今社会文化消费的一种时尚和潮流。这点在政治、经济、文化较为发达的北京地区尤为明显，对北京而言，电影产业不仅有自身的产业规模和经济价值，同时也带动着诸如餐饮、旅游、商业、零售等第三产业的发展。首都文化是北京的城市之魂，“包括源远流长的古都文化、丰富厚重的红色文化、特色鲜明的京味文化和蓬勃兴起的创新文化”。[①] 电影作为大众文化，需要充分吸收首都文化的营养之源，并化为创作的灵感和基础。电影和其他文艺作品一样具有教化的功能，加之传播途径之广、影响范围之深远，对广大观众的影响不容小觑；但反过来，作为一种商业行为，电影观众在电影产业发展中扮演的角色和地位也十分重要。随着互联网的发展、青年

---

① 蔡奇：《做好首都文化这篇大文章　建设中国特色社会主义先进文化之都》，《北京日报》2017 年 8 月 19 日。

文化的崛起，观众对电影创作生产、宣传发行和观赏消费都有着决定性的影响。因此，北京电影创作应该扎根于中华文化，植根于现实生活，积极参与到广大观众的现实世界和现实生活中，不回避矛盾，积极解决社会矛盾，以此来丰富观众的精神生活。因此，要完善电影的评价体系，提高观众艺术素养。正确的电影评论有助于提高观众选择电影的能力，[①] 电影评论的发展不只依赖于评论人才的专业素养，还有赖于政府的支持和观众自身的评价，要创作出更多无愧于时代、无愧于社会、无愧于人民的精品力作，以丰富人民群众对美好生活的向往和追求。

① 尹鸿：《走向品质之路：2017 年国产电影创作备忘》，《当代电影》2018 年 3 月 2 日。

B.11
2017年北京视听新媒体行业发展报告

陈鹏　赵蓓*

摘　要： 作为政治、文化之都，北京市孕育了规模最为庞大的视听新媒体机构。独特的区位优势、资源优势使北京市汇聚了数千家网络机构和百余家网络视听机构，吸引了大批资本、人才和技术，也因此成为全国的信息中枢和视听新媒体发展最为活跃的地区。数据显示，截至2017年底，注册地在北京的信息网络传播视听节目持证机构185家，其中北京市辖信息网络传播视听节目持证机构124家，占全国的21.16%。作为一种新的媒体形态，视听新媒体以视听内容为核心，借助互联网等各种新的技术手段和传播平台，吸引了大量受众，对传统媒体造成了强烈冲击。本报告针对2017年北京市视听新媒体行业发展情况，从基本情况、重要事件、发展趋势、存在问题、发展对策五个角度进行梳理分析。

关键词： 视听新媒体　新技术　媒体融合　互联网

一　北京视听新媒体行业基本情况

作为中国的首都，北京兼具政治、文化中心的角色，依托北京独特优势

---

* 陈鹏，南开大学传播学系主任，兼任北京文化发展中心智库专家、法制网舆情监测中心特邀研究员、CC－Smart 新传智库研究顾问、“网络视听蓝皮书”主编、“影视蓝皮书”执行主编等；赵蓓，北京师范大学新闻传播学院博士研究生。

而落地生根的视听新媒体机构，在全国视听新媒体行业占据着举足轻重的地位。一方面，依托北京的文化、科技和人才资源，不断壮大自己，另一方面，又利用自己的网络媒体影响力去反哺整座城市。这种相辅相成的关系，使北京市汇聚了数千家网络视听机构，吸引了大批资本、人才和技术，也因此成为全国的网络信息中枢和视听新媒体发展最为活跃的地区。从 1996 年至今，中国的网络视听媒体发展已经有 20 余年时间，网络视听行业爆发式发展则主要体现在最近 5 年，形成了网络剧、网络电影、网络综艺节目等新兴业态。在经历了一轮又一轮跌宕起伏的行业调整和洗牌过程后，目前，网络视听机构的寡头发展态势已初步形成。数据显示，截至 2017 年底，注册地在北京的信息网络传播视听节目持证机构 185 家，[①] 其中北京市辖信息网络传播视听节目持证机构 124 家，占全国的 21.16%。

作为一种新的媒体形态，视听新媒体以视听内容为核心，借助互联网等各种新的技术手段和传播平台，对传统媒体造成了强烈冲击。作为三网融合的一种特殊产物，视听新媒体的产业形态已经逐步走向成熟，内容提供商、集成播控平台、网络服务商等的发展，使各种相关市场主体都争相进入视听新媒体市场。而如今视听新媒体凭借它丰富的表现形式、海量的内容资源、多样化的互动功能获得了大批受众青睐。根据庞井君等学者的划分，视听新媒体可以分为互联网视听节目服务、IPTV、手机电视、互联网电视、移动多媒体广播电视、公共视听载体、移动互联网音视频七大类。[②] “网络视听蓝皮书”则将网络剧、网络电影、网络综艺节目、网络直播、网络短视频、网络音频等作为网络视听内容的主体。[③] 本文结合北京市内的主要视听新媒体业务形态，将北京视听新媒体机构划分为四大类。

（一）IPTV

IPTV（Internet Protocol Television），即互联网协议电视，广义上是指以

① 《互联网视听节目服务持证机构名单（截止 2017 年 12 月 31 日）》，国家新闻出版广电总局网站，http：//www. sapprft. gov. cn/sapprft/govpublic/6955/362247. shtml。

② 庞井君：《中国视听新媒体发展报告（2013）》，社会科学文献出版社，2013。

③ 陈鹏：《中国互联网视听行业发展报告（2018）》，社会科学文献出版社，2018。

宽带网络为介质，采用流媒体技术，通过宽带中的互联网协议向用户发送多媒体节目的一种服务。

2012 年 7 月 6 日，中国网络电视台、北京电视台、北京联通在北京正式签署 IPTV 业务合作协议，按照国家三网融合和 IPTV 建设和管理的相关政策要求正式展开。2013 年 2 月，北京联通“沃·家庭 TV 版”业务正式运行。北京 IPTV 业务作为北京地区加速三网融合发展的切入点，成功地跨出了第一步。2016 年 4 月，北京新媒体集团成立，集中发力 IPTV。该集团与北京电信进行了 IPTV 对接测试，推出了国内首创、行业领先的 UIOS 电视交互操作系统，构架了传统电视大屏通向互联网的桥梁。与此同时，北京新媒体（集团）有限公司、爱上电视传媒有限公司、中国电信北京公司共同签署合作协议，协议表明，三方在北京三网融合 IPTV 项目上进行全方位深度合作，共建包括“内容、渠道、平台、服务”在内的互联网生态系统，合力打造互联网化的家庭智能交互全媒体平台。

据统计，2017 年底，北京 IPTV 用户总量达 170.5 万左右。2018 年 1 月，京津冀三地 IPTV 集成播控平台互联互通项目正式签约，这是中国 IPTV 发展历程中首次地方多区域合作的联合体，而此次跨区域联合的发展将推动北京 IPTV 驶入快车道。北京广播电视台也获得资质，成为全国 16 家互联网电视内容服务机构之一，[①] 拓展了在 IPTV 和网络视听领域的空间。

（二）手机广播电视

手机广播电视，即将手机终端与广播和电视内容相结合的一种视听新媒体形态。我国手机电视内容服务、内容集成运营、内容分发等业务的开展都需要得到国家广播影视管理部门的批准。有关研究成果显示，包括中央电视台、中央人民广播电台、中国国际广播电台在内的 6 家机构获得了开办手机电视集成播控平台的牌照；24 家机构获批成为手机电视内容服务平台，其

---

① 《互联网电视持证机构名单（截止 2018 年 3 月 9 日）》，国家新闻出版广电总局网站，http：//www.sapprft.gov.cn/sapprft/govpublic/6955/373346.shtml。

中包括广播电视台、报社、通讯社、传媒集团、网站等各类机构；中国移动、中国电信、中国联通三大移动运营商获批开办手机电视分发业务。①

在北京属地注册的手机电视，主要有中央电视台的央视影音客户端、CCTV 微视、央视新闻客户端及中央人民广播电台的央广手机电视等。2017 年 8 月 4 日，一直播与北京人民广播电台宣布，双方达成深度合作，这使北京人民广播电台在媒体融合的道路上又往前迈进了一步，加速了媒体融合进程。

（三）互联网电视

互联网电视在国外被称作 OTT TV（Over The Top Television），OTT 的内涵是“运营在互联网上”的服务，打破物理网络的限制，实现内容的跨载体、多终端（电视、机顶盒、电脑、手机、平板电脑等）同步运营。

根据我国的具体情况，互联网电视的定义也有自身的特殊性，我国的互联网电视是指以公共互联网作为传输介质，以绑定了特定编号的电视一体机为输出终端，并由经国家广电行政部门批准的集成播控平台向全国范围内的用户提供音视频等多媒体内容及其他相关增值服务的业务。② 互联网电视与 IPTV 最大的不同就体现在突破了网络传输限制，在开放性和终端灵活性上超越 IPTV。

互联网电视主要包括传统电视厂商出品的互联网电视，如海信、创维、TCL、长虹等，同时，一些新兴的互联网机构也开始入局互联网电视，如乐视超级电视、小米电视和暴风 TV 等。在京注册互联网电视主要以新兴的互联网机构为主，如小米、乐视等。除此之外，互联网电视还会与一些视频平台合作，推出视频平台 OTT 端，如爱奇艺的奇艺果、优酷的酷喵影视等。

从 2013 年乐视推出互联网电视开始，小米、暴风、微鲸、PPTV 等多个从互联网领域切入电视的创业企业，逐渐形成互联网电视阵营，快速崛起，仅用短短几年时间，就拿下整个电视行业 20% 以上的市场份额，随后，传统电视企业也都纷纷推出了自己的互联网品牌，如海尔的 mooka、创维的酷

① 陈露颖：《我国视听新媒体行业发展研究》，北京印刷学院硕士学位论文，2014。

② 庞井君：《中国视听新媒体发展报告（2013）》，社会科学文献出版社，2013。

开、TCL 的雷鸟、康佳的 KKTV、长虹的 CHiQ、海信的 VIDAA 等，具备互联网功能的电视已经占到市场份额的 85% 以上，再加上电视盒子用户，缔造了上亿互联网电视用户。不可逆转的趋势是电视的互联网化，未来所谓传统阵营与互联网阵营的界线也将日趋模糊。

（四）网络视听新媒体

网络视听新媒体指的是提供视听服务的互联网企业，这些视听服务主要包括：网络视频、网络直播、网络音频等。《中国互联网视听行业发展报告（2018）》显示，“2017 年，中国网络视听行业持续高速发展，网络视频用户规模达 5.65 亿，网络音频用户规模超过 2.2 亿，网络视听市场市场需求日益旺盛，市场规模日益扩大，产业链格局逐渐形成”。

在京注册的网络视频平台主要包括：爱奇艺、优酷、搜狐视频和乐视视频等，根据中国网络视听节目服务协会综合统计，爱奇艺、优酷与腾讯视频的整体用户规模居行业前列，处于市场第一梯队。三家视频网站的日活人数占全网 77%，使用时长占 76%。在短视频行业，快手以绝对的优势领先其他客户端，2017 年底，今日头条旗下的抖音客户端呈现爆发式增长，与西瓜视频、火山小视频形成短视频矩阵，与对手竞争。紧随其后还有秒拍、美拍、梨视频等在京注册的企业。除此之外，北京新媒体集团推出的“北京时间”、新京报媒体集团推出的“我们”等都引起了广大受众的关注，影响力不断提升。网络直播近年来发展迅猛，截至 2017 年底，网络直播平台服务已经超过 500 家，在京注册的直播平台主要有映客、花椒、一直播、来疯等。《2017 直播行业半年报》① 显示，映客、花椒、一直播的流水合计排名前三。网络音频平台则包括喜马拉雅 FM、蜻蜓 FM 和荔枝 FM 等，在 2017 年拥有较高的搜索关注度，用户量较大。而属于北京的网络音频平台有凤凰 FM、优听 Radio、听听 FM 等。

---

① 王小红：《2017 直播行业半年报：映客流水破 20 亿，行业融资超 70 亿，监管下顽强前行》，http：//36kr. com/p/5084028. html。

二　北京视听新媒体行业重要事件

（一）新的《网络视听节目内容审核通则》发布

2017 年 6 月 30 日，中国网络视听节目服务协会发布了《网络视听节目内容审核通则》（以下简称《通则》），对网络剧、网络电影、微电影、影视类动画片、纪录片等网络视听节目的内容质量提出了明确要求，今后，网络视听节目将会有更细致、更严格的管理依据，质量低劣、格调庸俗、制作粗糙的网络视听节目内容将会受到严格管控。中国网络视听节目服务协会是一级行业协会，现有会员单位 672 家，包括中央人民广播电台、中央电视台等广电播出机构，新华网、中国网等国家级媒体网站，腾讯、优酷、爱奇艺等互联网企业，涵盖了网络视听行业全产业链，对中国互联网视听行业的影响极大。因此，《通则》虽不是国家新闻出版广电总局下发的行政命令，但行业协会根据国家新闻出版广电总局的相关政策出台的行业指导方案对于视音频网站自我管理、内容审核以及行业制片机构的制作方向都具有重要的指导意义和导向意义。

《通则》对网络视听节目的内容把关和审核规范提出了具体细致的要求。《通则》提出两个审核原则：先审后播原则、审核到位原则。文件的重头戏，是节目内容的审核标准，包含网络视听节目八项禁止内容，十项需剪辑、删除的内容，以及专业类网络视听节目应有的导向要求和额外的禁止内容，如网络视听节目“脱离国情，缺乏基本的现实生活依据，宣扬奢华生活等”，“对历史尤其是革命历史进行过度娱乐和游戏式表现”，专业类网络视听节目“不得追星逐利、媚俗捧场，杜绝展示明星炫富享乐、炒作节目片酬成本。不得借真人秀节目炒作包装明星子女”等。

《通则》对网络视听节目的要求规范愈发严格，几乎和电视台播出的要求一致。其实，早在国家新闻出版广电总局的《关于进一步加强网络视听节目创作播出管理的通知》文件中就已经强调“网络视听节目要坚持与广播电视节目同一标准、同一尺度，把好政治关、价值关、审美关，实行统筹管理”。《通则》的出台是落实国家新闻出版广电总局要求的体现，与此同时，明确、规范的审核标准也是实现网台内容融合、优化市场产品供给与竞争的基础。

（二）爱奇艺联合猫眼公布网大分账票房排行

2017 年 9 月 6 日，爱奇艺网络大电影（下文简称“网大”）日票房分账正式接入猫眼专业版 APP。继电影票房统计、网台剧收视和点击统计之后，网大分账首次有了自己明确的每日数据统计。这也打破了原来网大只有月度，甚至年度数据的历史，让网大制片方能够更清楚地知道自己作品的情况，避免了平台和制片方信息不对称等情况的出现。

网大从 2014 年诞生到现在，虽然持续快速发展，但是一直没有停止过争议，特别是表现在数据方面，很多从业者都会对分账票房产生怀疑。爱奇艺联合猫眼公布网大分账票房排行的行为，使网大市场透明化又迈出了重要的一步——日分账票房更新促进了市场公平交易。每天上午 11 点猫眼专业版 APP 会更新前一日在爱奇艺分账票房进入 TOP10 的影片列表。与电影票房不同的是，猫眼专业版 APP 网大分账票房直接显示的就是分给网大片方的分账数据，让片方对每日收入一目了然。这一举动不仅显示了爱奇艺推动网大透明化发展的决心，也体现了猫眼专业版 APP 在影视行业数据基础设施建设上的努力。

透明公开的数据是行业发展的重要一步，也是具有里程碑意义的一步，但这仅是第一步。改革后的系统公布的数据还只有前十名，并不是所有影片的数据都可看可查，不能直接地反映出网大的转化率问题，这些问题同样是长久困扰着网大从业者的核心问题。

（三）Netflix 购买《白夜追凶》

2017 年 11 月 30 日，在成都举行的第五届网络视听大会上，阿里巴巴文化娱乐集团轮值总裁兼大优酷事业群总裁杨伟东透露，优酷自制剧《白夜追凶》的海外发行权已被 Netflix 买下，未来《白夜追凶》将通过 Netflix

在全球190多个国家和地区播出，成为首部正式在海外大范围播出的国产网络剧集。

《白夜追凶》作为优酷自制的超级剧集，一上线就获得较好口碑，豆瓣评分超过9.0分，以超过40亿的播放量收官。而在2017年11月29日，艺恩网公布的年度网络剧价值榜TOP10中，《白夜追凶》赫然在首。

上一次登陆Netflix的国产剧还是2011年出品的宫廷剧《甄嬛传》。但最终的结果是时长76集的《甄嬛传》被剪成6集在Netflix上线，评分只有2.6分（满分5分）。《甄嬛传》之外，不是没有其他剧输出海外。这些剧有两个鲜明特质，第一，大多是古装题材，比如《步步惊心》在韩国播出，《大秦帝国》在日本播出。第二，这些剧集所辐射到的基本还是文化相近的亚洲国家，再远也就是非洲、欧美国家里华人较聚集的区域。

视频网站需要依靠头部剧集来拉动会员付费，因此很多网剧在题材拓展和节奏设置上都更向美剧靠拢。比如《河神》《白夜追凶》《无证之罪》，题材都是悬疑侦探剧，没有流量明星，都由更年轻新锐的制作团队操盘，最终都取得了比较优异的成绩。

但Netflix选中《白夜追凶》在剧集质量之外，或许还有其他考虑。从2014年开始就有新闻称Netflix将落地中国。但因为政策等种种原因，Netflix至今未能如愿，最终等来的进展也只是2017年4月，其宣布与爱奇艺达成在剧集、动漫、纪录片、真人秀等领域的内容授权合作。Netflix要想打入中国市场，就只能先从内容上的合作开始，在它想进入中国的同时，也开辟了将中国的好剧输入美国市场的路径。

（四）2017年度北京优秀网络视听作品展播

为加大优秀网络视听作品宣传推广，满足网民对优秀网络视听文化产品的需求，北京市新闻出版广电局组织优酷、爱奇艺、搜狐视频、乐视视频等12家重点持证网站开展了2017年北京市优秀网络视听节目展播活动。展播专题于2017年12月25日上线。截至2018年2月1日，展播专题总访问量突破7000万，展播作品获得了广大网民的认可和喜爱。

据报道，2017 年度优秀网络视听节目征集评选活动共征集作品 196 部，评选出优秀作品 46 部，包括《法医秦明》、《特种兵王 2　使命抉择》、《最美中国》（第一季）、《了不起的匠人》（第二季）等优秀作品。

北京影视出版创作基金奖励项目网络视听节目
征集评选优秀作品名单（部分）

一　优秀网络剧（1 部）

《法医秦明》　搜狐视频

二　优秀网络电影（9 部）

1.《特种兵王 2 使命抉择》　爱奇艺

2.《老九门之二月花开》　爱奇艺

3.《屋顶上的猫》　优酷网

三　优秀网络纪录片（10 部）

1.《最美中国》（第一季）　优酷网

2.《了不起的匠人》（第二季）　优酷网

3.《双城记》　优酷网

四　优秀网络动画（7 部）

1.《西游记的故事》　酷米网

2.《乐可音乐 +》　乐视网

3.《无敌小鹿儿歌篇》　爱奇艺

五　优秀网络视听综艺节目（9 个）

1.《奇葩说》第四季第九期　爱奇艺

2.《读书人》第一季第一期　优酷网

3.《了不起的孩子》第二季第三期　爱奇艺

（五）爱奇艺会员突破5000万

截至 2017 年 12 月 31 日，爱奇艺的付费会员数为 5080 万。2017 年第四季度，爱奇艺新增会员规模达810万，季度增幅18.97%。而根据Netflix财报，其第四季度共新增830万流媒体用户，创历史新高。由此可见，爱奇艺会员规模季度增长已和北美最大的视频平台会员规模季度增长基本持平。爱奇艺2017年的营收规模为173.8亿元，截至2017年12月31日，付费会员业务给爱奇艺带来的收入为65.36亿元人民币，在整体收入结构中占37.6%。

2011年，爱奇艺已经开始对视频会员服务进行尝试和摸索。七年间，爱奇艺敏锐抓住了从电影、纪录片到大剧、演唱会直播等会员内容扩张需求，以及从视频观看到电影票、阅读、社交、电商等跨领域会员服务需求的交叠，快速实现会员内容类型开拓、编播模式创新、服务领域延展，开创了行业内多个第一。经过这几年的培养，许多用户已经养成了为版权付费的习惯。

付费模式即将成为拉动文娱产业升级的第一生产力，越来越多的用户付费能够给视频企业带来更多的收入。视频网站的运营需要投入大量的成本，这些成本包括内容制作成本、带宽成本以及版权采购成本，而视频网站仅依靠广告收入已经无法支撑它们的运营成本，这就需要不断探索挖掘新的商业变现模式。会员付费模式无疑为视频网站找到了一条全新的盈利模式，并能够给平台带去更多的增值收入。

三　北京视听新媒体行业发展趋势

（一）构建“大视听”新媒体，媒体融合进一步加深

当下，随着新媒体技术继续优化发展，媒体格局总体呈现多种媒体深度融合的“大视听”发展趋势。[①] 新的媒体发展观念应该是打破既有的媒体隔离，构建一种全新的视听媒体。今天，不管是中央级媒体还是省级媒体都在

① 高宪春：《构建“大视听”新媒体——论媒体融合背景下广电媒体发展着力点》，《电视研究》2017年第11期。

努力寻求与新媒体融合，这种融合不是简单的相加，而应是一种“1 + 1 = 3”的效果。新媒体融合的建设应该是以互联网为基本驱动的新视听媒体。技术层面的发展不断推动着媒介终端的变化，人工智能、大数据、VR 技术在 2017 年的快速发展，为视听信息的指数式增长和新媒体技术的发展提供了可能。短视频、VR、直播等智能方式构建了用户沉浸式的视听传播环境，改变了单一的传播模式。

以中央级媒体为例，《人民日报》在 2017 年初，提出打造一个行业融合的全新平台，通过连接《人民日报》“中央厨房”、人民日报客户端、人民网等机制与终端，构建面向全国党媒的人才共享、内容共享、渠道共享、技术共享、盈利模式紧密协作的公共平台。围绕“中央厨房”，利用新技术，实现信息的快速挖掘、编辑和传递，中央级媒体的融合趋势将进一步加深。

北京市在媒体融合的道路上也走在了其他省市的前列，以新京报媒体集团为例，早在 2014 年，时任新京报社长的戴自更便向社会各界表明了新京报将革故鼎新、完成全媒体转型华丽“蜕”变的决心。在 GMIC 北京 2017 大会上，戴自更发表主题演讲，他认为：“视频是新闻的终极表达，这是传统媒体转型的最后机会。”而新京报也在实践中不断践行着向全媒体转型的理念：2015 年采用 3D 技术制作“动视频”，2016 年成立“我们视频”企鹅号专注移动视频和直播，2017 年发力直播和短视频。在“两会”报道中，新京报独家专访多名“两会”代表委员，视频部门与文字部门配合联动，除在每日微信矩阵推送深度解渴的一手资讯外，也在页面同步推送短视频，新京报网、新京报客户端、微信矩阵和腾讯新闻客户端同时发力，尽可能发挥小屏移动视频轻便快捷的优势。在融合发展的进程中，新京报不断建设专业架构，在融合式报道中，向纵深方向迈进，实现了传播效果的最大化。

（二）网络自制内容进入全面精品化时代

伴随新技术的发展，中国的网络视听媒体也迎来了新的发展机遇，中国互联网络信息中心（CNNIC）第 41 次《中国互联网络发展状况统计报告》

显示：截至 2017 年 12 月，我国网民规模达 7.72 亿，全年共计新增网民 4074 万人。其中网络视频用户 5.79 亿，网民使用率 75%。[①] 用户规模的增加，带来了市场对于网络视听内容的需求的增长，从全国来看，2017 年，中国的网络视听内容呈现了井喷式发展，质量和数量都有较大幅提升，市场规模扩大，各行各业涌现占据优势地位的领跑者，马太效应愈加明显，头部资源整合市场能力进一步得到提高。截至 2017 年 10 月 31 日，在国家新闻出版广电总局备案的节目中，网络剧 555 部、网络电影 5620 部、网络动画片 659 部、专业类节目 2725 部。其中 12 家综合性视频网站自制剧集 209 部、网络大电影 658 部、动漫 57 部、综艺 319 部。[②] 网络视频节目领域形成了腾讯视频、爱奇艺、优酷、搜狐视频、乐视视频、芒果 TV 等平台引领市场的竞争格局。

就网络剧而言，2017 年，网络剧市场进一步成熟，虽然数量较前两年有所减少，但播放量猛增，类型、题材更加丰富。更重要的是，品质提升非常显著。随着《河神》《白夜追凶》《无证之罪》《大军师司马懿之军师联盟》《双世宠妃》热播，网络剧也成了全民讨论的热门话题，这必将加速助推网络剧产业向付费时代更深入的领域前行。随着行业生产链的整合完善、运作模式的加速升级，各大视频网站已经逐渐进化为集投资融资、内容生产、整合营销、播出发行、衍生开发于一体的网剧开发者。[③] 网络剧由数量增长转为质量增长。截至 2017 年底，腾讯视频、爱奇艺、优酷依托强大的资本支持，在数量和播放量上强势领跑各大视频网站（见图 1）。

网络大电影方面，爱奇艺作为“网大”概念的首创者以及市场领航者，在网大领域占据最大的市场份额，2017 年，全网上线网络大电影近 1900 部（2016 年为 2463 部），爱奇艺上线 1321 部（2016 年为 1780 部），占比

---

① 中国互联网络信息中心（CNNIC）：《第 41 次〈中国互联网络发展状况统计报告〉》，http：//www.cnnic.net.cn/hlwfzyj/hlwxzbg/hlwtjbg/201803/t20180305_ 70249.htm。

② 《2017 中国网络视听研究发展报告》，http：//www.199it.com/archives/663363.html。

③ 庞井君：《中国视听新媒体发展报告（2013）》，社会科学文献出版社，2013。

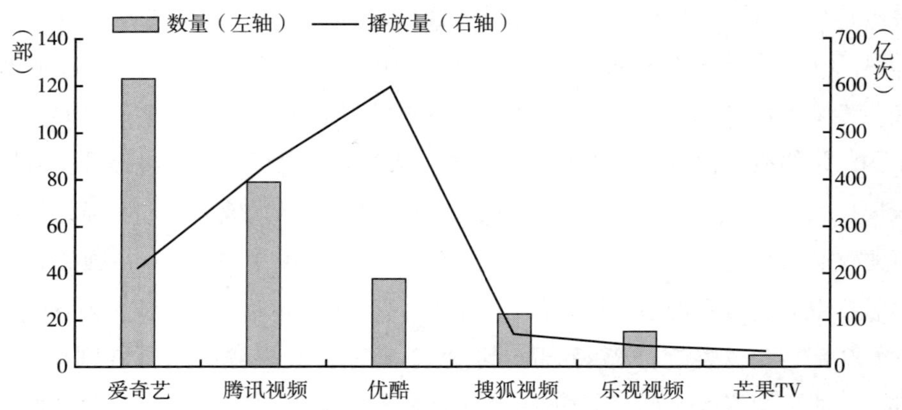

图 1　2016～2017 年各平台新播剧数量及播放量统计

资料来源：新传智库。

69.82%，较上年有所下降，但总分账规模增幅仍达54%（见图2）。在网络播放量上，2017 年网络大电影累计播放量达 76.75 亿次，其中爱奇艺累计播放量达43.5 亿次，占比 56.7%，达到全平台播放量的一半以上；腾讯视频播放量达 19.17 亿次，占比 25.0%；优酷次之，播放量达 9.5 亿次，占比12.4%，处于第二梯队；搜狐视频略高于乐视视频，两者分别为 2.45 亿次和 1.62 亿次，而 PPTV 则没有过亿（见图 3）。

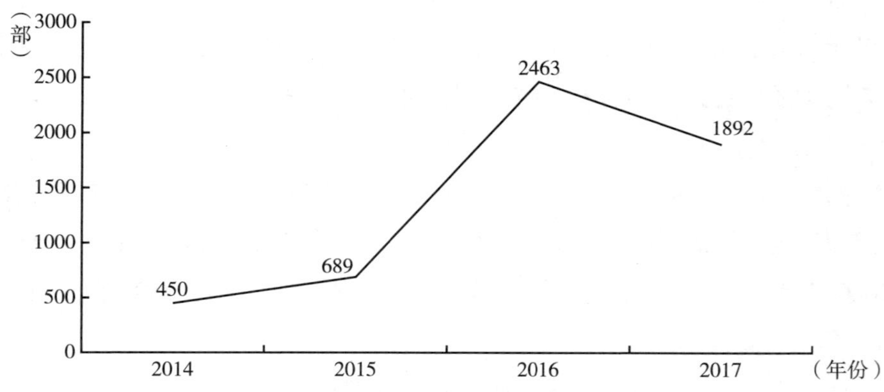

图 2　2014～2017 年全网新增网络大电影数量

资料来源：《2017 年网络大电影行业发展报告》。

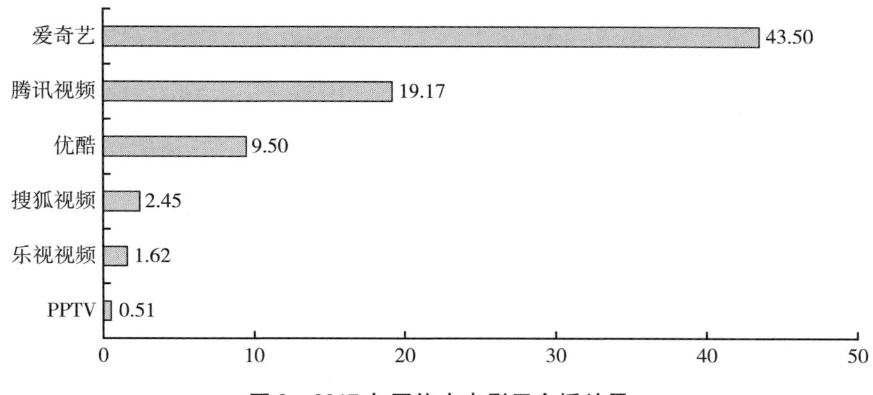

图 3 2017 年网络大电影平台播放量

资料来源：娱影网大系统。

在网综方面，根据《中国互联网视听行业发展报告（2018）》的数据，2016～2017 年全网共上线 125 部网络综艺节目，播放总量达 461.74 亿次。截至 2017 年 8 月 31 日，共有 14 部综艺的播放量超过 10 亿次。从平台播放量分布看，14 部综艺节目中，有 6 部综艺在芒果 TV 播出，播放量达 110.65 亿次，占比 23.96%；有 5 部综艺在优酷播出，其中 3 部自制，2 部为芒果 TV 自制，播放量达 59.07 亿次，占比 12.79%；而腾讯视频以 3 部综艺、53.05 亿次的播放量紧随其后，占比 11.49%；爱奇艺则仅有 1 部综艺《中国有嘻哈》跻身第四位，播放量达 24.28 亿次，成为 2017 年话题之作，占比 5.26%；乐视视频虽然屡遭风波，但仍以 16.76 亿次（占比 3.62%）的播放量跻身 10 亿网综俱乐部，在网络综艺流行榜上占据一席之位；搜狐视频则在网络综艺领域逐渐掉队，并没有出现流行网综（见表 4）。

（三）人工智能技术对视听新媒体的影响加深

人工智能技术是基于大数据、算法和云计算三项技术基础，开发用于模拟、延伸和扩展人的智能的理论和方法的新技术，是制造智能机器、可学习计算程序和需要人类智慧解决问题的科学和工程。近两年，人工智能正走出计算机行业成为整个社会的一个热点，具有大数据资源的互联网是人工智能应用的热门领域。新技术给新闻出版广电业带来了新的发展机遇和新的发展

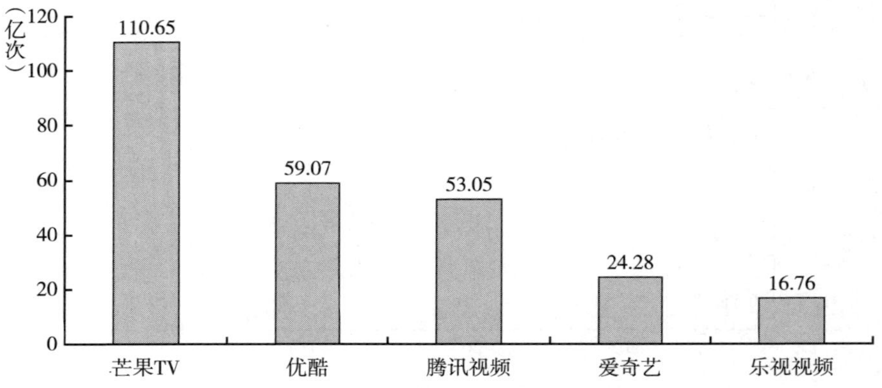

图 4　2016～2017 年头部网络综艺播放量分布（按平台）

资料来源：新传智库。

方向，推动内容生产与传播方式不断变革。

目前，人工智能在视听新媒体行业的应用主要集中于智能化的个性推荐，基于互联网用户行为数据，利用计算机算法，深度挖掘用户信息。以今日头条为例，它旗下的抖音客户端就是基于大数据推荐的一款短视频 APP。利用用户的社交网络数据，抖音为用户推荐他们可能感兴趣的内容，并记录用户的点赞、停留时长数据，为下一次精准推荐做准备。其实不仅是今日头条，现如今大部分视听新媒体应用都已经开始利用人工智能技术为自己服务，BAT 均成立了自己的 AI 实验室，个性化的内容推荐，智能化的语音识别、产品交互、机器学习，这些新的技术正在不知不觉改变互联网版图，未来视听新媒体的发展空间将进一步扩大。

（四）用户付费习惯已经养成

2015 年 6 月，爱奇艺带头进入视频付费领域，探索月度、季度和年度收费模式，2015 年底，会员突破千万。2016 年，腾讯视频、搜狐视频、优酷快速跟进，进入会员付费的爆发期，统计数据显示，截至 2017 年底，仅腾讯视频和爱奇艺两家视频网站的会员就已经突破 1 亿，视频付费市场正在向更为稳定、健康的方向发展。根据中国网络视听节目服务协会网络视频用户调研，2017 年国内用户付费比例相比 2016 年增长 7.4 个百分点，且预计未来仍将保持较高速度的增长（见图 5）。

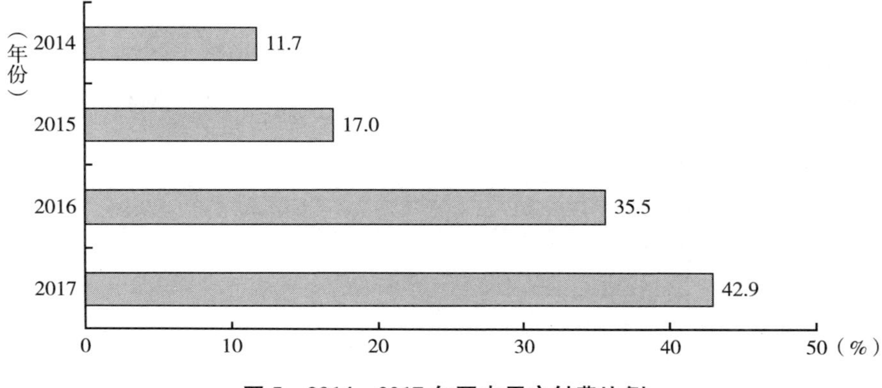

图 5　2014 ~ 2017 年国内用户付费比例

从视频付费用户结构来看，年轻用户有较强的付费意愿，30 岁以下用户占比 67%，北京、上海、深圳、广州等一线城市由于消费能力较强，更容易为内容付费，在整体城市结构中占比 23.9%。而从付费会员满意度来看，超过一半的用户对付费业务满意，占比高达 56%（见图 6）。

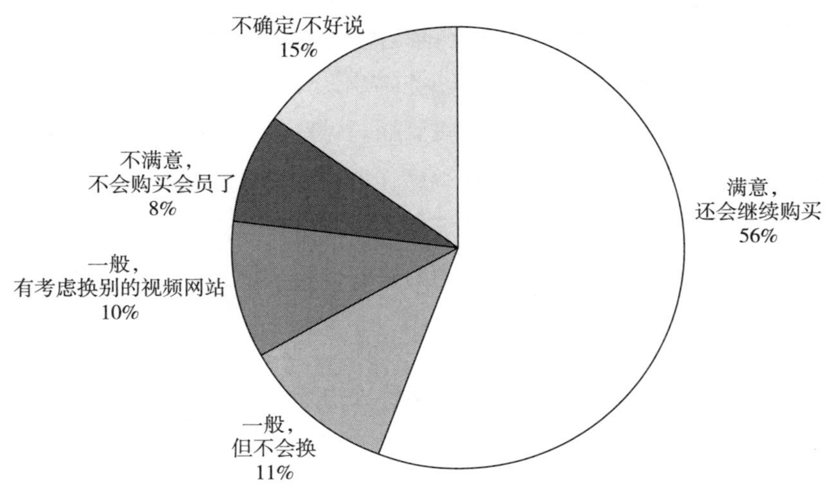

图 6　付费会员满意度

资料来源：中国网络视听节目服务协会。

付费用户愿意为之付费的内容主要是“想看的内容必须付费才能看”，占比达 70.1%。调查发现，影院热映新片是用户最愿意付费的内容，58.6% 的用户愿意为之付费。此外，用户对网络电影或微电影、电视台热播剧的付费意愿也相对较高，为其付费的比例均高于 30%。网站自制综艺、付费知识视频课程和体育节目的用户付费率均未超过 20%（见图 7）。

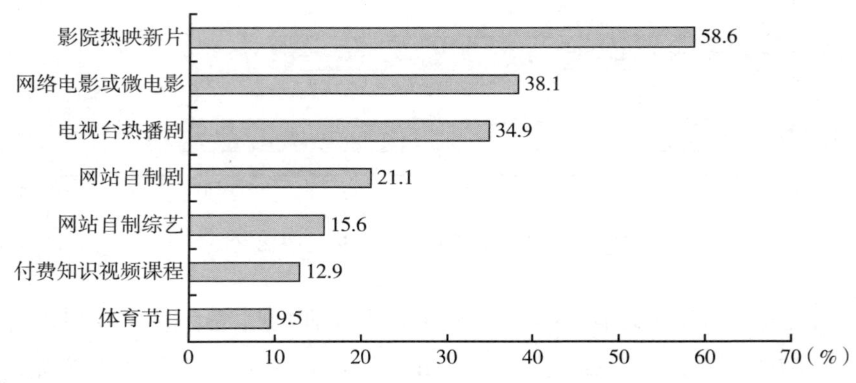

图 7　付费用户愿意为之付费的内容

资料来源：中国网络视听节目服务协会。

2017 年，网络剧、网大、网络综艺在质量上都有飞速提升，在一定程度上加大了用户付费的意愿，2017 年付费用户比例达 42.9%，但并不能就此认为付费市场未来的发展将是一帆风顺。付费作为网络视频网站的重要营收手段，在未来行业的发展中占据举足轻重的地位。北京市作为我国的互联网企业集聚地，汇聚了众多视听新媒体平台，各种各样的媒体环境和来自各地的人才资源，使北京在接受新事物的程度上要高于其他地区，付费会员使用习惯也符合这一趋势。

（五）合纵创新，北京 IPTV 构建全新业务形态

首都功能定位、城市副中心建设、京津冀协同发展等大的背景形势，对北京市视听新媒体产业布局产生深远影响。随着党的十九大的召开，习近平新时代中国特色社会主义思想和十九大精神在北京新闻出版广播影视

领域落地生根，成为指引未来发展的思想基础。在今后一段时期，十九大精神的落实、全国文化中心建设、城市副中心建设、京津冀协同发展、雄安新区建设等大的形势，必将给北京新闻出版广电业和网络视听行业在人才、资源、产业链、市场空间等方面带来深度变革。新兴技术的广泛应用将继续推进行业的创新、发展与融合。北京积极推动北京国家数字出版基地建设，支持北京新媒体集团发展，同时加快线上线下一体化发行体系，有序开展 IPTV、互联网电视等新业务，推进三网融合新业态。未来，随着网络基础设施和组织架构的优化，“北京 IPTV”将被打造成一个互联网化的产品，提供视频通话、远程教育、家庭医疗、家庭安防、智能家居、4K 超清等全新的业务形态，构筑家庭智慧生态系统，实现电视大屏转型的目标。

四　北京视听新媒体行业存在的问题

（一）新媒介环境下视听新媒体人才短缺

随着网络电视、手机电视、移动多媒体电视等新媒体的高速发展，各种各样的视听新媒体机构涌现，网络视听新媒体人才的需求呈现井喷状态，中国新媒体人才缺口巨大。特别是进入 2017 年，大数据、人工智能和 VR 技术的发展以及在新媒体领域的应用，内容领域竞争加剧等，对视听新媒体人才的培养提出了新的要求。

截至 2017 年 6 月，全球人工智能企业总数达到 2542 家，其中美国占据 42%，中国占据 23%。人工智能产业规模持续高速增长，专业人才缺失已成为限制人工智能技术快速发展的最大因素。互联网行业是一个比较依赖技术驱动的行业，新媒体的发展壮大同样离不开新技术驱动。而人工智能技术在各个行业的渗透，同样需要既懂技术又懂新媒体传播和市场的复合型人才。这种复合型人才的短缺不仅是北京一地的问题，在整个行业都存在这样的问题，而北京由于是互联网企业的聚集地，在人才的吸引程度上有一定优势，但上海、广州、杭州、武汉、成都、西安、天津等地也都出台了相关领域的人才政策，各地企业从北京挖掘人才的现象开始出现。

（二）行业内资源分布不均，两极分化现象严重

在政治、资本和人才的多重加持之下，北京地区的今日头条、爱奇艺、优酷等企业发展迅猛，成为行业的主导者。在繁荣的背后，行业内资源分布不均，导致企业朝两极化方向发展。如今，互联网大部分企业都已经被 BAT 收入麾下，视听新媒体行业也不可避免地被几家大的互联网企业垄断。一些初创企业如果想要发展，必须寻求细分受众市场，但最后可能都要面临被 BAT 投资或收购的命运。以网络视频为例，爱奇艺、优酷和腾讯视频分别依靠百度、阿里和腾讯的资本优势，获得了强大的资本支持，强势领跑其他视频网站，差距也开始逐渐拉大。而像 BILIBILI 等视频网站能够发展起来，很大一部分原因在于它本质上其实更像是一个社区，用户黏性较高，属于细分受众市场。

2016～2017 年腾讯视频和爱奇艺进一步利用内容版权优势吸引用户，拉动付费会员数量持续上涨，二者形成胶着竞争状态，优酷下半年发力明显，三家视频网站的整体用户规模居行业前列，处于市场第一梯队。芒果 TV、乐视视频、搜狐视频、暴风影音、bilibili 等视频网站的整体用户规模相对于第一梯队呈“数量级”差距，处于网络视频行业第二梯队。酷 6 网、风行网、56 网等视频网站用户规模较以上呈“几何级”差距，处于第三梯队。第一梯队与第二、第三梯队两极分化现象严重。未来第二梯队和第三梯队如果想要挤进第一梯队，面临的是高额的版权费用，这对于没有资本支持的视频网站来说是不可能实现的。

（三）视听内容爆发式增长背后的信息安全隐患

大数据时代，是让个人隐私无处遁形的时代。每个人，都近乎透明地暴露在大数据系统的监管之中。只要在某个大数据系统中稍加检索，就会查找到有关一个人的各项信息、资料和数据。网络视听新媒体的发展、用户规模的增加、新技术的应用，说明越来越多的用户数据被暴露在了互联网信息的

海洋之中。北京作为全国的政治文化中心，个人信息安全的重要性不言而喻。

网络视频客户端利用各自的社交账号登录，会记录用户的网络行为、收看习惯、消费习惯；网络音频记录用户“跑着”或“走着”的时间；短视频将用户的兴趣爱好，所看、所想收入囊中，网络直播更是无时无刻不在记录着用户的生活；这些数据汇聚在一起形成了关于用户的较为完整的画像。这些信息如果不能很好地保存和监管，将会对我们的生活产生重大的影响，信息安全问题绝不是小问题，必须引起足够的重视。未来，如何监管企业，如何保存和利用这些信息将成为重要课题。

（四）北京市属广电媒体深度融合、持续发力面临挑战

北京广播电视台目前拥有包括北京人民广播电台、北京电视台、歌华有线、移动电视、城市电视和地铁电视公司、鼎视传媒和数字电视公司等机构，以及北京中广传播公司等多家涉及视听新媒体业务的直属企事业单位。① 传统媒体发展新媒体面临来自商业及同类传统媒体的双重压力，平台、流量、技术、资本、体制等都受到相关影响。

自2014年推动“两微一端”建设以来，北京市属媒体在传统媒体与新媒体融合方面取得了一定的成效。各媒体的网站、微博、微信、手机客户端等新媒体成为新闻信息的重要发布渠道，具备一定的影响力。2017年，在北京市“两会”的报道中，市属媒体新媒体发挥重要作用。各媒体充分利用网站、微博、微信、新闻客户端等40余个新媒体终端平台，通过文字、图片、录播视频、直播视频进行报道，总点击量超过千万次。新媒体移动平台、全景虚拟演播室、人工智能机器人等新技术设备相继应用。各大媒体以H5策划、VR新闻、直播间等形式图文并茂进行报道，梳理“两会”关键词，“全移动化”特征愈发凸显。千龙网在2017年市“两会”期间进行17场“两会”网络直播，并将直播横向扩展到多个移动终端，在手机千龙网、客户端“京城

---

① 北京市新闻出版研究中心：《北京新闻出版广电发展报告（2015～2016）》，社会科学文献出版社，2016。

发行”、官方微博“千龙网·中国首都网”、网络互动平台“京华社区”等实现“百花齐放”式的直播技术创新，助力传播效果最大化。[①] 在党的十九大报道中，“北京时间”创造性地将适合碎片化传播的短视频以矩阵化方式配合，形成流动的整体感。“北京时间”探索策划的15个多样态、多主题的短视频系列既有微电影叙事式、精品纪录片式的，也有记者手记式、人物内心独白式的，还有新闻现场纪录片式、“场景+群像心语”式的，各类短视频多重呼应，形成了全方位报道党的十九大的短视频矩阵。北京人民广播电台“听听FM”APP下载安装总量达1000万，日活跃用户数达9万。

这些亮眼的表现是北京市属媒体在媒体融合过程中努力的结晶，在取得一定成绩的同时，也都面临不同程度的问题，后续可持续发展也面临一定挑战。后劲不足的问题主要体现在以下两点：一是“新媒体优先”的原则和行动方案尚未确立，虽然部分媒体在微观操作层面确立了新媒体工作路径，但在顶层设计和政策集成上，尚没有完全确立新媒体优先原则和激励措施，用人导向、考评导向不够精细也缺乏统筹；[②] 二是盈利模式仍在探索中，尚没有出现持续高额回报的新媒体实体。就目前北京市属媒体的新媒体发展来看，很多下属新媒体机构还没有探索出符合自身特色的良性盈利模式，各个子机构之间虽然形成了宣传矩阵，但没能在盈利模式方面形成有机对接。

五　优化视听新媒体行业发展的对策

（一）构建新型的人才培养和保障机制

要建立新技术和高端人才重点培养机制，在大学开设新媒体、大数据、人工智能等面向未来发展的课程，从源头上培养媒体从业人员的技术素养和创新理念。针对市属媒体企业，还需要根据融合发展的要求，侧重于新兴媒

① 何慧媛：《2017地方两会新媒体报道创新观察》，《中国记者》2017年第3期。

② 李蕾：《媒体融合：探索与思考——以北京市属媒体的媒介融合实践为例》，《媒体融合》2018年第3期。

体特点，细化任职资格条件，择优配好配强新兴媒体领导班子。有计划地加强传统媒体与新兴媒体的人员交流，为北京市属媒体培养和储备融合发展的领军人才。

复合型媒体人才的培养和保障不是一朝一夕的事情，它需要有一套完整的人才开发与引进计划。今天，视听新媒体发展日新月异，改进人才结构，建立新媒体人才库成为当务之急。在巩固现有传统媒体人才存量的同时，需要有步骤、有重点地强化与新兴媒体业态相关的内容生产、技术实现和经营管理等各类人才增量的挖掘、储备和开发，逐步实现传统媒体人才技能结构从以采编和传统广告经营为主向兼具一流新闻素养和现代信息传播技能的转换。在全市范围内对新媒体人才进行统筹，建立新媒体人才库，根据全市媒体融合发展工作需要，统一调配使用。对新兴媒体发展急需的管理、技术、经营人才，采取人才引进和内部培养结合的方式，争取政策资源和组织优势，增强人才吸引力，防止人才流失。

（二）调整视听新媒体资源结构

随着视听产业的迅速发展，与此前的媒体竞争格局不同的是，新媒体呈现明显的马太效应，强者越强，头部资源整合市场能力进一步提高。从北京市属企业来看，可根据北京市自己的发展特点，有侧重地扶持本地初创视听新媒体企业，在官方媒体之外，形成新的视听新媒体势力，为北京市民服务，创建美好生活。

针对北京市属媒体深度融合，更需要强化顶层设计和配套支持。目前各个媒体呈现各自为战、单个发展的单兵作战状态，大局意识和整体配合“作战”能力不足。根据目前这种情况，以某一集团为龙头带动、各媒体各具特色、板块轮动为特征的新媒体格局，是比较适合北京市属媒体下一步媒体融合发展行动的路径。① 有学者认为，从与旧有媒体结构的关系看，国内

① 李蕾：《媒体融合：探索与思考——以北京市属媒体的媒介融合实践为例》，《媒体融合》2018 年第 3 期。

主流媒体改革的主要模式大致可分为两种：一是以北京、湖北等地为代表的新媒体资源聚合模式，即以新媒体业务为基础，组建新（融）媒体集团，实现新媒体资源的集聚效应，集中发力，从而带动传统媒体业态转型；二是以上海为代表的资源整体重组模式，即整体架构大调整，对全部相关资源进行整合，实现资源的进一步高效配置。这种全面的结构性改革无疑难度巨大，但从长远来看，能够促进媒体内部及外部生态的新发展。北京还开辟了广电官媒与互联网公司合资运作的模式，在运营模式上进行了探索。未来还需要在合作中深入消化互联网公司的运营理念，运用互联网思维提升运营效率和市场开拓质量，锻炼与培养一流人才。

（三）注意保护隐私加强信息安全监管

北京市政府应出台相关规定，规范视听新媒体企业行为，加强对视听新媒体企业的公众信息安全监管，设立专门的信息用户隐私与网络信息安全管理机构，有针对性地解决网络信息安全问题，使该行业朝着透明、健康的方向发展。

视听新媒体企业在经营过程中，应遵守行业自律，注意保护用户隐私，特别是在采用新技术的同时，注意保存数据和合理利用数据。大数据时代，海量信息为我们了解用户提供了条件，同时，特别需要注意的就是对用户隐私的保护。作为个人在使用视听新媒体的过程中，切忌毫无保留地泄露自己的信息，适度合理地利用新媒体。

B.12

2017年北京广播影视技术发展与应用报告

张 博 林卫国*

摘 要： 北京作为中国首都，是全国政治中心、文化中心、国际交流中心、科技创新中心，汇集了多家实力雄厚的广播影视单位，特别是具有较强创新能力的广播影视技术和设备制造企业。2017年北京众多广电科技企业在超高清、云计算、大数据、多屏融合与智能终端、智能家庭教育与娱乐、虚拟现实与增强现实（VR/AR）等科技领域均取得了不小的技术创新成果。本报告系统梳理了2017年北京广播影视技术与应用的概况，结合国家政策及行业相关市场发展特点，回顾了2017年北京市广电科技领域的大事，预测了未来几年的发展趋势，并指出存在的问题及应对方法。

关键词： 北京 广播影视技术 广电科技

2017年9月，《新闻出版广播影视"十三五"发展规划》由国家新闻出版广电总局印发，明确了到2020年争取实现的目标、主要任务及保障措施。其中包括大幅提升舆论传播力、引导力、影响力、公信力；全面升级公共文化服务；显著增强其对经济的拉动作用；全面推进"智慧广电"战略

* 张博，中国传媒大学信息与通信工程学院讲师、博士，研究领域为网络多媒体和大数据技术；林卫国，中国传媒大学研究生院副院长、博士、教授，研究领域为数字版权管理和大数据技术。

和新闻出版数字化转型升级行动；显著提高保障国家文化安全的能力；使中国声音传播出去，使中国形象提升上去，更加凸显产品服务“走出去”的成效和作用。要实现以上目标离不开广播影视技术的快速发展和深度融合。面对新时代、新形势、新任务、新需求，广播影视科技发展需准确把握新变化、新特点、新趋势，以国家科技发展重点方向和广电“十三五”发展规划中心任务为指引，紧密围绕“智慧广电”战略，加强自主创新，引领广电行业科技进步。同时，北京作为中国首都，汇集了众多优秀的广播影视机构和企业，特别是具有较强创新能力的广播影视技术和设备制造企业。在广电新时代的背景下，2017 年北京众多广电科技企业在超高清、云计算、大数据、多屏融合与智能终端、智能家庭教育与娱乐、虚拟现实与增强现实（VR/AR）等科技领域取得的技术创新成果影响和辐射了整个广播影视行业，未来这些新技术将进一步与广播影视领域深度融合，不断推动广播影视从数字化向信息化、定制化创新转变，向“智能”“智慧”升级。这些也预示着北京广播影视技术与应用将跨入新的发展时期。

一　2017年北京市广播影视技术与应用的发展情况

2017 年，国家新闻出版广电总局局长聂辰席指出，要将“智慧广电”战略纳入深化新闻出版广播影视供给侧结构性改革的总体安排中。“智慧广电”是广播影视技术发展的必然趋势，同时也顺应了社会发展的必然趋势。当前，信息技术越来越深地融入社会生活的各个方面，这促使广播影视成为未来社会生活的重要枢纽，其已从信息的生产者、传播者逐步转型升级为新生活方式的倡导者、组织者以及提供者。“智慧广电”的概念基于智能化的下一代广电网络（NGB），融合云计算、大数据、物联网、人工智能（AI）、虚拟现实（VR）、增强现实（AR）和移动互联等先进技术，促进信息科技与社会生活深入融合，实现信息传递、管控及其服务的智能化、安全化，进一步推动信息社会进入更高阶段，最终与智慧城市、智慧社区、智慧家庭、智慧健康、智慧教育等融为一体。“智慧广电战略”也被评选为 2017 年度中国广播电视行业十大科技关键词的首个关键词，而其余九个科技关键词分别是：有线电视互联互通平台、大数据应用、融合媒体云平台、十九大安全播出、网络安全、4K超高清规范与试点、人工智能、全国应急广播总体规划和IP化。下面我们结合这十大科技关键词来回顾2017年北京市广播影视技术与应用的总体发展情况。

首先，“智慧广电”战略的实施，进一步促进了北京市广电领域全面实施媒体融合发展战略。北京的各级广电媒体，在2017年进一步推进理念观念、体制机制、管理方式创新，为打造新型主流媒体而努力。在这个过程中，媒体“中央厨房”的建设优化，进一步形成了贯通全媒体的采、编、播、存、管、用平台，这为推进北京广播电视媒体资产管理共享交换平台良性运行，实现多方资源的共享和开发，形成多样传播形态、多元传播渠道、多种平台终端的新型立体传播模式提供了一个良好的范本。其中，《人民日报》“中央厨房”被中央领导称赞为媒体融合的“样板间”，其以内容的生产传播为主线，打造媒体融合发展的业务平台、技术平台和空间平台。其次，“智慧广电”战略促进了北京市进一步实施“广电+”行动和“宽带广电”战略，这些都进一步推动了广播电视从技术、内容到业务、形态、功能等各方面的转型升级。比如，北京歌华有线已加速从有线网络运营商向综合信息服务商转型，积极构建“内容+平台+渠道+终端”的完整产业链，已初步形成“广电+”生态，其坚持“以网络为基础，平台为核心，应用为抓手”的服务智慧城市建设的核心发展思路，以行业应用智能平台为载体，与合作伙伴共建行业新生态。目前已涵盖市、区、街道、社区、家庭等多个层次，覆盖政务、教育、医疗、环保、交通等多个领域。这一过程伴随着各个领域的强强联合，2017年11月，歌华有线同华为签署协议，双方在智慧城市、云计算、大数据、资源共享、基础网络、创新领域、物联网等领域进行合作。同时，这一过程也进一步推进了广播电视受众向用户转变、节目向服务和产品转变、渠道向平台转变、业态向生态转变，加快将传统主流媒体的传播力、影响力、公信力和舆论引导力覆盖到移动端、网络端，占领舆论主阵地，掌握融合发展的主动权、主导权。最后，“智慧广电”战略促进了北京市新兴媒体的全面发展。2017 年，互联网等新兴媒体进一步发挥移动、社交、互动等传播专长，将新兴媒体领域的创新成果与传统广播影视深度融合，积极探索业态创新。比如，北京广播影视“十三五”规划提到的两个典型广电新媒体融合项目，分别是 BTV“大媒体”项目和“听听”广播新媒体项目等。BTV“大媒体”项目以现有的新媒体平台为基础，以“一云、多屏、多桥”的运营机制统合传统媒体与新兴媒体发展。聚合一切媒体、媒介和展示载体，用后台来自不同源、基于云的海量云媒体库，实现优势海量内容聚合，在前端利用全媒体多载体进行个性化、专业化、精准化的有效投放，用“大媒体”系列品牌吸引用户、聚合用户。“听听”广播新媒体项目建设完善的广播云采编系统，以“听听 FM”“听听 Radio”等产品为基础，融合多媒体渠道，利用新技术新手段，加强产品研发和应用，构建“听听”广播新媒体品牌矩阵，为广播带来新活力。发挥广播优势，面向移动互联网用户提供差异化、精准化的新媒体服务。做好用户大数据挖掘，提供精准服务，增强用户黏性。

2017 年，北京广播影视领域紧紧围绕北京市全国科技创新中心建设的大局，强化对广播影视高新技术自主创新的激励和创新成果的应用转化，进一步发挥科技创新对广播影视发展的支撑引领作用，促进广播影视与科技融合，让广播影视科技创新成为创新驱动战略和首都经济增长的强大引擎。这里涉及的三个科技关键词分别是“融合媒体云平台”“有线电视互联互通平台”“大数据应用”等。具体表现在以下几方面。

（一）大幅增强广电融合媒体制播和服务能力

进一步加快广播电视全媒体数字化网络化制播技术、全台网技术与云计算、大数据、物联网等新技术的融合创新，整合技术资源，积极推进广播电视台全媒体内容制作和媒体资源管理一体化，推进智能异构、开放透明、绿色安全的广播电视全台网建设。适应融合媒体的多屏联动和协同特点，加快推动广电融合媒体制播云与广电融合媒体服务云的协同联动融合创新，积极构建广电媒体云。

（二）进一步推进宽带广电建设

加速建设有线网络光纤化基础设施，统一筹划光纤入户及同轴电缆入户，全面提升有线宽带速度，建设全业务资质、全网络覆盖、全终端服务、全媒体内容的首都宽带广电平台，提升业务承载能力，巩固全国高清交互数字电视用户规模领先优势，进一步丰富基于宽带广电网的多屏互动业务和功能。以 TVOS 为支撑，推动广电终端融合发展和终端标准化智能化建设，大力拓展智慧城市、智慧社区、智慧家庭等综合信息服务，为首都文化产业、现代服务业发展提供融合服务支撑。依托三网融合业务经营许可与下一代广播电视网（NGB）融合业务平台实验室建设优势，抓紧突破关键技术、创新融合业务。加速三网融合全业务布局与结构优化，促进围绕 NGB 宽带接入技术的产业链发展，建设全业务融合平台。比如，北京广播影视“十三五”规划提到的两个典型广电网络升级工程，分别是首都“宽带广电”工程和首都“智慧广电”工程。首都“宽带广电”工程的目标是完成全市有线网宽带双向升级改造，基本实现下一代广电网，有线宽带全面普及，城市和农村宽带接入能力大幅提升。广泛布局广电网络 WiFi 热点，实现广电互联网接入服务的移动化、泛在化，实现北京广电宽带从有线向无线延伸，由室内向户外延伸，更好地提供移动音视频服务，牢牢把握广播电视节目传输的主导地位。为全市众多视听企业提供优质优惠的广电宽带专线接入服务，解决通信运营商宽带接入与维护费用高对视听新媒体产业发展的掣肘。首都“智慧广电”工程则以歌华云平台为业务支撑和基本运营模式，积极实现广电智能终端的数字家庭多媒体网络、物联网、数据网关和路由等多种功能，提升有线网络支撑智慧家庭、智慧社区、智慧城市建设的业务能力，聚合跨平台、跨网络、跨终端的丰富应用，发挥有线网络用户规模大、宽带安全性高等优势，结合大样本数据分析，加强针对不同对象的服务的有机整合、整体协同，创新服务方式、优化使用体验，提供更优质的智能化社会信息服务，将音视频业务优势拓展到信息服务领域，打造“广电 +”产业生态。

（三）加强电影科技创新应用

加强电影高新技术的创新与应用研究，进一步提升影院建设水平，加大3D、巨幕影厅的建设力度。提升电影制作生产、加工存储、发行放映、市场监管以及与相关产业的融合发展等方面的科技水平，进一步推动电影全流程的现代化、智能化发展。推动公益电影放映交易服务平台、卫星传输分发系统、放映设备和用户终端设备等的技术升级，提高公益放映服务能力和质量水平。

“十九大安全播出”和“网络安全”两个科技关键词主要体现在：全国广电系统以高度的政治责任感和历史使命感圆满地完成了十九大安全播出保障任务。广电系统要始终坚持把安全播出和网络安全作为生命线，在制度层面不断加强建设，使安全播出保障体系不断得到完善。安全播出是全国广电系统的生命线，需要与科技创新和科技进步同步支撑和引领广播影视的新发展。2017 年以《网络安全法》实施为标志，国家相关部门密集发布了网络安全事件应急预案、互联网新闻信息服务管理规定、IPv6 规模部署行动计划等多项规定。中国网络安全进入了新时代。传统广电正在和互联网深度融合，但网络安全的基础设施、能力和观念都相对薄弱，必须尽快全面提升，北京广电系统也在此方面着重发力。北京广播影视“十三五”规划中强调加快建设“五位一体”和新型融合监管体系，实现“技术监测、节目监管、视听新媒体监管、安全播出、信息安全”五位一体，适应媒体融合发展趋势，建成传统媒体与新兴媒体一体化监测监管体系，全面提高综合安全保障能力，建立集安全播出、监测监管、指挥调度于一体的统一监管平台，确保广播电视安全播出和网络信息安全。加强对技术创新和网络分享模式创新的适应能力，运用云计算、大数据技术，加强面向不同终端的音视频节目监管，重点是网络视听节目的监测监管，保障三网融合环境下内容源的安全可控，营造健康良好的发展环境。提高及时应对各类突发事件和自然灾害的能力，确保播出安全。建立信息安全重大事件、突发事件的预警和处置机制。促进广告融合管理，健全广告一体化监管系统。规范视听新媒体的广告活动，提高监管的针对性和有效性，大力整顿虚假违法广告。提高农村电影服务和城市电影服务技术和质量监测能力，通过有效监管规范电影市场秩序。

2017 年中国广播电视行业另外两个科技关键词是“4K 超高清规范与试点”和“人工智能”。2017 年国家新闻出版广电总局发布了规范发展 4K 超高清的通知和节目制作交换、HDR、伴音等基础标准。中央电视台、北京电视台积极开展探索，在内容建设、技术支撑、运行管理、措施保障等多个方面开展实践。北京的超高清电视将以 2022 年冬奥会的高清转播为契机，与智慧广电网络、智能电视终端一体化同步建设，积极稳步发展。2017 年国务院印发《新一代人工智能发展规划》，党的十九大报告也明确要求推动互联网、大数据、人工智能等新兴技术与实体经济的深度融合。人工智能发展上升到国家战略层面，已应用到广电的新闻撰写、主持人、节目主题和演员选择、内容价值预测、节目推荐、定向广告等方方面面。人工智能正在重构包括广电行业在内的所有行业，北京广电应把握住大好机遇。

2017 年中国广播电视行业最后两个科技关键词是“全国应急广播总体规划”和“IP 化”，具体体现如下。2017 年国家新闻出版广电总局发布了全国应急广播总体规划，明确要基于广播电视传输覆盖网，按照中央、省、市、县四级分级建设的原则，构建我国应急广播体系，提出了应急广播的建设目标和主要任务。北京市对此积极响应，在 2017 年 5 月 26 日下午举行的北京 2017 年防灾减灾主题宣传活动中，北京交通广播首次以“北京应急广播”的名义加入全市应急体系中，与北京应急体系中 16 家应急专项指挥部一道，向市民介绍了北京应急体系的建设情况，并对应急知识等科普内容做了展示。当前，4K/8K 技术以及媒体融合的发展所需的带宽已经远远超过传统 SDI（数字串行借口）的传输带宽，采用快速发展的 IP 技术是媒体融合和 4K/8K 生产制作的必然趋势。北京一些相关企业和科研院所已有较为成熟的音视频制播全 IP 化技术。中国传媒大学颜金尧教授牵头的《基于 SDN 交换机的视频净切换系统及其测量方法》项目研发了 IP 视频净切换系统，该系统解决了制播全 IP 化的核心技术难题，研发的 IP 视频净切换设备和端到端网络系统为自主创新。该项目已经通过了中国广播电影电视社会组织联合会在北京组织的鉴定，鉴定结论认为达到国际领先水平。该项目已被评为 2017 年度广播影视科技创新奖（高新技术研究与开发奖）一等奖。

二　2017年北京市广播影视科技领域发展大事记回顾

2017 年 3 月 21 日，第三届中国广电云计算大会在北京广电国际酒店举办。本次大会的主题为“广电云服务能力的再提升”。本次大会以专业的视角，就国内外及行业内外云计算技术的发展现状与趋势等进行了研讨，共同规划了广电云计算的发展路径，探索云计算对于促进广电互联互通、形成规模效应、降低运营成本、提高竞争能力等方面的可能性。

2017 年 3 月 23 ~ 25 日，第 23 届中国国际广播电视信息网络展览会（CCBN 2017）于北京中国国际展览中心隆重举行。“视界融合，智享未来”作为 CCBN 2017 的主题，旨在反映广电领域传统媒体与新媒体的深度融合，诠释全媒体聚合、泛在化网络、智能化传播等广电变革战略转型思维。CCBN 2017 的主题内涵丰富，揭示了未来广播电视技术发展方向，包括：依托云计算、大数据、4K 超高清核心技术着力打造融媒体制播服务云平台，进一步推进广播电视传统媒体和新兴媒体在内容创新、渠道拓展、平台运营、流程再造、组织重构、安全保障等各个环节的协同演进和一体化发展；利用有线、卫星、无线等广播电视网络，推进建设广播电视网络协同传播平台，利用电信网、互联网、移动互联网等网络资源，强化构建泛在、互动、智能、安全的视听节目传播覆盖体系；通过“智慧新视听”理念的实现，为用户提供超高清、多屏互动、虚拟现实（VR）、增强现实（AR）、全景视频、沉浸式观看电视等全新的视听体验；运用人工智能、认知计算等新技术，全面提升用户的广播电视交互体验以及与真实世界的连接体验，实现未来视听视界与真实世界的高度融合。

2017 年 5 月 25 ~ 26 日，北京国际电视技术研讨会在北京天泰宾馆举行，此次研讨会聚焦媒体融合这一重大主题和迫切任务，分析、探讨、交流和谋划推进媒体深度融合的创新路径与技术策略，为全力实施传统媒体转型升级与战略创新、开创和拓展面向新型主流媒体建设提供了重要的沟通平台，创造了重要的合作机遇。

2017 年 8 月 23 ~ 26 日，以“融合媒体智慧广电”为主题的 BIRTV 2017 展在北京国际展览中心开幕，展出规模超过 5 万平方米。超过 500 家的广播影视生产厂家及运营机构汇聚在一起，集中展示了广电领域近一年来的最新发展成果。融媒体、4K 超高清、网络全 IP 化制播、中国数字电影和 VR 是本届展会的最大热点、看点。其中备受关注的当属由中国电影科学技术研究所展示的新一代智能点播影院，在展览中中国电影科学技术研究所特别设计了一个小型点播影院体验厅，吸引了大量关注。新一代智能点播影院技术体系由中国电影科学技术研究所与深圳定军山科技有限公司联合研制，拥有自主知识产权，包括体系架构、技术标准、运营服务管理、终端设备、放映模式、版权保护机制等，新一代智能点播影院技术体系适合点播影院、农村、校园、宾馆、礼堂等各种商用和家用应用场所。运营服务管理包含授权认证中心、商业运营平台、计费结算系统等基础平台，终端设备包含数字智能点播放映一体机、5.1 还音系统、银幕等系统设备，新一代智能点播影院的片源存储在云端，用户和观众可以通过平板电脑、手机客户端进行点播放映。数字智能点播放映一体机的光源可选配激光光源和传统氙灯，并可根据放映场所具体情况，灵活选择 100 ~ 300 寸不同尺寸的银幕，针对家庭用户还设计了超短焦数字智能点播放映一体机，支持最短约 0.5 米的放映距离。新一代智能点播影院技术体系架构按照 DCI 技术规范，通过“点播影院认证授权中心”对放映设备和放映行为进行严格的播控认证。数字智能点播放映一体机将版权保护核心模块嵌入智能终端底层，并利用互联网实现了授权认证中心与智能终端的实时交互，授权认证中心通过授权密钥对点播行为进行按次计费，从放映模式上解决了传统影院放映和售票不同步的问题，从而既传承了电影版权保护和分账模式的优点，又开拓了放映新模式。新一代智能点播影院不仅扩展了电影放映渠道，而且更加贴合观众日益增长的个性化观影需求，同时内容付费的模式又与现有互联网放映以广告收入为主的模式有所区别，通过具有电影行业特色的版权保护技术，进一步激发了优质内容的创作活力，新技术的发展及应用为创新放映模式提供了示范，必定是未来的发展趋势。

2017 年 9 月，国家新闻出版广电总局印发《新闻出版广播影视“十三五”发展规划》，明确了到 2020 年争取实现的目标、主要任务及保障措施。期中包括大幅提升舆论传播力、引导力、影响力、公信力；全面升级公共文化服务；显著增强其对经济的拉动作用；全面推进“智慧广电”战略和新闻出版数字化转型升级行动；显著提高保障国家文化安全的能力；使中国声音传播出去，使中国形象提升上去，更加凸显产品服务“走出去”的成效和作用。规划在科技创新方面，在推动媒体融合技术发展方面，在广电网络提升等方面均明确了详细的目标和任务，为未来 3 年广电科技的发展指明了方向。

2017 年 9 月，《全国应急广播体系建设总体规划》由国家新闻出版广电总局发布，明确了全国应急广播体系建设的五大主要任务，包括建立健全各级应急广播技术体系、标准体系、管理体系、运行体系和保障体系。全国应急广播技术系统分为国家、省、市、县四级，而应急广播平台、广播电视频率频道播出系统、应急广播传输覆盖网、接收终端和效果监测评估系统五部分内容又构成各级系统，北京广电系统对此积极应对。

2017 年 10 月 12 日，国家新闻出版广电总局电影技术质量检测所、美国电影协会联合举办了“电影版权保护暨影院反盗录技术研讨会”，会上强调数字水印检测系统与技术在反盗版工作中的重要作用，并号召建立“一站式”的影院反盗录版权保护服务体系和长效机制。数字水印技术是指在数字电影的拷贝母版中嵌入肉眼无法识别的数字水印，一旦盗版片源被发现，通过数字水印检测系统，一小时内就可以精确定位盗录发生的场次、影厅、放映服务器，为片方、发行方、反盗版机构和院线检测盗版来源提供了宝贵的信息源和司法佐证。

2017 年 10 月 18 ~ 24 日，中国共产党第十九次全国代表大会在北京召开。在党的十九大期间，全国新闻出版广电系统圆满完成党的十九大直播转播等一系列安全播出保障工作，北京广电在其中的作用更是凸显。

2017 年 11 月，国家新闻出版广电总局发布《国家新闻出版广电总局关于规范和促进 4K 超高清电视发展的通知》，通知中明确指出，各个视频供应商不得在未经批准的情况下，擅自违规开展 4K 视频业务，开展 4K 超高清电视频道试点和视频点播业务要按程序报批，要将 4K 超高清电视纳入广播电视监管体系，确保导向安全、播出安全。要进一步严格审批管理，未经批准，任何单位不得擅自在有线电视、地面电视系统、IPTV 以及互联网电视中，违规开办 4K 超高清电视频道和视频点播等服务。同时，这也标志着 4K 超高清电视进入了发展的新时代。

2017 年 11 月，国家新闻出版广电总局发布智能电视操作系统 TVOS 3.0 版本。TVOS 系统是国家新闻出版广电总局主推的为智能终端提供支持的操作系统，是建设智慧广电的创新之路。相较于 TVOS 2.0 版本，TVOS 3.0 主要新增功能有：在基础功能方面，升级了内核；媒体引擎支持 4K P60 直播、点播和多路播放；新增了应用管理、电源管理、设备管理、权限管理、应急广播等组件；对应用框架接口、组件接口、HAL 接口的代码实现进行了优化，并对相关接口进行了扩展；增加了对 IPv6 的支持，实现了对 IPv4/IPv6 双协议栈支持；人机交互，增加智能语音引擎和键值定义规范化，以及与智能音箱实现智能互联；条件接收，融合 CA，同时支持 DCAS 和传统 CA；数字版权管理，增加了对组播场景支持，补充了 Web 应用框架接口；安全支付，支持多种支付方式，支持支付宝、微信；动态调整系统工作频率，并将暂不需要的工作区域掉电，实现绿色节能。

2017 年 11 月，《推进互联网协议第六版（IPv6）规模部署行动计划》印发，其中对广电运营商明确提出了相关要求。重点任务包括实现骨干网互联互通；升级改造广电网络；升级改造内容分发网络和云服务平台；省级以上新闻及广播电视媒体网站 IPv6 改造。在 IPv6 面前，大家都处在同一起跑线，对于广电运营商而言也迎来“弯道超车”的历史机遇。北京广电必须把握住这次重要机遇。

以上大事贯穿了2017年北京市广播电影电视科技领域的发展脉搏，可以看到当前广电行业以“智慧广电”为导向，以媒体和技术的深入融合为途径，多种新技术的出现和发展将颠覆广电行业的发展，使广电行业发展的不确定性和挑战性大大提升。

三　北京广播影视技术与应用发展存在的问题

2017年北京广播影视技术取得了显著成绩，但整体发展状况与首都在全国的重要地位还不匹配，与承担的职责和使命还不相适应，一些问题亟须改进。具体问题如下。

（1）北京广播影视综合实力、影响力和竞争力同首都的要求还有着较大差距，缺乏引领全国广播影视技术发展的具有代表性的高端核心技术。比如，4K超高清电视的试播与普及，北京已失去领头羊的地位。

（2）传统媒体与新兴媒体融合发展滞后，即媒体融合深度还不够，新型主流媒体和新型媒体集团建设亟待加速；主流媒体占领互联网这个宣传思想主阵地和舆论斗争主战场的能力亟待增强。

（3）对未来新技术的把握和应用还不到位，缺乏一个详细的规划和实施纲要。比如，在应对5G方面，广电领域还需加快速度。2018年，北京将启动5G试点工作，5G时代即将到来。根据《北京市大数据和云计算发展行动计划（2016～2020年）》，到2020年北京市将实现4G网络全覆盖，其中率先开展5G网络商用示范的区域包括北京城市副中心、2019北京世园会园区、北京新机场、2022年冬奥会场馆等。作为“智慧城市”建设的重要方面，“智慧广电”的战略实施离不开广电与5G的结合。当前，北京市广播影视技术领域还未深入开展相关技术研究，在各种新技术瞬息万变的时代，这一点需重点关注。

（4）在信息安全领域，缺乏适应融合媒体发展需要的云平台安全保护技术体系。

（5）在广电技术版权保护以及促进应急广播体系发展方面还不完善，数字版权保护及保密技术创新研究还远远不够。

四　北京广播影视技术与应用的发展趋势

毫无疑问，当前阶段，“智慧广电”引领着广电科技的大方向，会进一步促进广电网络参与智慧社会的建设，同时，这有利于广电网络自身的市场化进程和健康快速发展。上面提到的2017年度中国广播电视行业十大科技关键词也是完全以“智慧广电”为中心。

下面我们通过跟踪北京市广电科技行业的几个领头羊公司的战略发展方向窥探分析广播影视技术的发展趋势。

2017年，歌华视联网依托丰富的机房资源、接入网络资源和客户资源，以视联动力的统一视讯平台为基础，以行业的大视频及公众视频通信为突破，构建首都大视频通信服务的应用智能平台，为北京市政企事业单位提供高品质视频通信及增值业务。2017年相关业务已接入市公安局、市交通委等8家政府单位，并与首都综治办完成协议续签，接下来将全面推进面向行业、公众领域的视频通信服务。

另外，为实现连接的无处不在，除了家庭宽带，歌华有线积极涉足无线接入市场，即“无线北京”项目。截至2017年9月底，歌华有线完成全市1015个公共场所，共计8873个AP的开通工作，未来将持续大力拓展业务覆盖范围，目标是以信息化推动城市网格管理走向精细化。

在物联网领域，2017年，歌华有线已陆续在通州等区开展电梯监控业务试点。为解决电梯运行中的数据实时监测问题，歌华有线通过光纤、双向网、WiFi等多种方式，将电梯的运行数据传输至电梯运行安全监测物联网应用平台。未来，歌华有线还将积极推进和加深与自来水集团合作的远传抄表试点项目。

歌华有线在2017年的上述工作，基本体现了“智慧城市”与“智慧社区”对广电科技的要求。“智慧广电”的建设为歌华有线展现了前所未

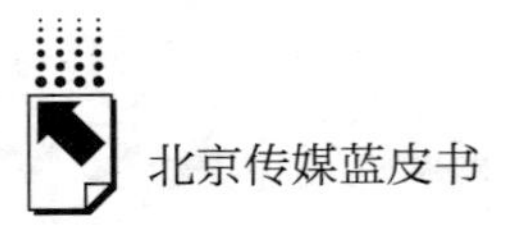

有的发展机遇，为其提供了更广阔的发展空间，也释放了行业的发展活力。

2017 年，久其数字传播公司重点利用大数据技术为《人民日报》“中央厨房”建设用户行为分析与推荐平台（UAR），此平台为一个专为媒体行业提供 SaaS 化媒体运营与个性化精准服务的平台，该平台支持网站、APP、微博、微信等类型的媒体便捷接入。众所周知，大数据技术颠覆了传统信息的获取与传播途径，刺激着传统媒体与新媒体的融合，久其数字传播公司在精准定位受众、实时掌握舆情、大数据分析等新技术的把握上适应了融媒体时代的服务理念，同时也契合了“智慧”的精粹。

2017 年，鉴于大数据对广电发展的重要意义，国网公司联合包括歌华有线、东方有线、山东广电、华数传媒、新疆广电和天威视讯等 12 家广电有线省网公司积极组建广电大数据产业实体公司。组建广电大数据产业实体公司，对中国广电行业数据进行全方位的采集、深度挖掘与业务开发，建立科学、客观、统一的广播电视内容评价体系，推动广电大数据技术、产品、服务的广泛应用具有重要意义。将为各省广电网络公司制定发展战略提供科学的依据，通过大数据运营推动相关业务规模化、精细化发展，为广大有线电视用户提供更加贴心、个性化的服务，进而实现行业利益的最大化，助力中国文化产业大发展大繁荣。

2017 年广电与 VR 的联系也愈加紧密，在当前 4K 超高清普及的关键时期，VR 是很好的突破口。目前互联网受带宽限制尚且不能全面应用 VR 技术，而广电网络在 VR 方面有网络技术上的优势，是“弯道超车”的机遇。北京意景技术有限公司已经把 VR 直播的链路打通，接下来将在广电网络上打通并进行试播，在内容上进行发力，已经拍摄编辑的 VR 成片内容近 50 个小时，具有实际的带头意义。

今后北京市的广播影视科技发展依然要在融合媒体环境下进一步推动并扩大广播电视台用户互动技术的应用和业务发展，进一步完善融合媒体技术体系，把握好“智慧”的内涵，这对促进广电行业融合媒体技术发展、建设“智慧广电”网络、建立新型融合媒体、加强媒体服务属性、推动广播电视台节目营销模式创新、增强节目交互性与用户黏度、提高融合媒体运营水平等方面有重要意义。

五 广电科技未来发展的几点建议与对策

在高端核心技术方面，要着力突破引领全国的“智能媒体”技术，大力推广4K/8K超高清视听技术。关于这一点，北京需要根据《新闻出版广播影视“十三五”发展规划》中制定的超高清电视发展总体目标和时间计划，开展超高清视频参数、编码技术、节目制播相关接口标准、传输体系等研究，在中央电视台和北京电视台等开展4K超高清电视试播，为我国超高清电视产业的发展做出表率。

进一步出台措施促进融媒体技术的快速发展，使传统媒体与新兴媒体深度融合。这个时候需要完善以云平台、大数据、互联网及物联网等技术为核心的广电融合媒体技术体系和标准体系，尽快形成和推动IPTV、OTT及移动视音频相关技术标准和服务标准出台。按照国家对下一代互联网的构架，以IPv6网络建设为突破口，构建融合媒体第三方大数据汇聚分析发布共享公共服务平台和IPv4/IPv6资源转化分发核心节点，进而形成全国互联互通的媒体内容交易交换分发服务中心，加快抢占融合媒体网络信息技术制高点。

面对5G时代的到来，北京广电需尽快开展下一代地面数字电视和5G融合网络架构项目研究，推动融合网络架构纳入5G标准，重点开展5G时代广播电视业务需求研究、广播电视总体架构研究、广播电视关键支撑技术研究及应用示范、模数过渡期及全数字化时代频率规划方案研究及制定、广播电视智能终端研究等，以应对5G真正来临时对广电的深刻冲击。

在信息安全领域，北京应尽快开展基于典型云计算架构的融合媒体安全防护体系研究。针对“互联网+”环境与媒体融合网络环境中，视听媒体在采集、制作、交换与传输分发等环节的安全问题，研究安全播出总体机制。

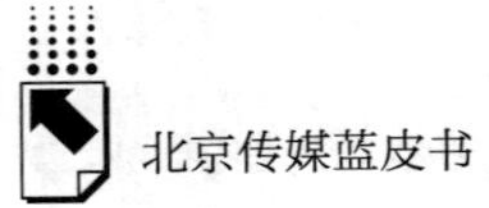

为加强版权保护以及促进应急广播体系的完善，需开展数字版权保护、应急广播方面国家商用密码应用技术创新研究，研究国产密码算法在广播影视各业务系统、应用系统中的应用，发挥密码在信息安全保障体系中的基础和核心作用；需建设包括智能电视终端安全认证管理平台在内的广播影视国产密码管理技术支撑平台。

北京应抓住京津冀一体化协同发展和雄安新区建设契机，以 2022 年冬季奥运会为抓手，在京津冀地区，构建天地一体、协同覆盖的广播电视传播体系，全方位提升广播电视传播能力和服务能力，形成随时随地享受广播电视服务的智能安全高效的协同覆盖网络。

专题报告

Theme Reports

B.13

我国近十年（2008～2017）少儿类畅销书生产机制研究

蔡翔　董琦*

摘　要： 近年来我国少儿类图书市场一直是增速最快的细分类市场之一。根据开卷公司近十年（2008～2017）年度销量前十的少儿类畅销书数据，对上榜图书的共性和特点分析后发现，这些上榜少儿类畅销书的选题策划，多以少儿文学体裁的作品为主，注重作家品牌、图书品牌、出版社品牌。在生产制作环节，出版企业既注重装帧设计，又注重成本控制。到了网络时代的市场营销，它们是线上线下一起发力。研究还发现，随着互联网的发展，网络购书对传统书店的冲击逐渐加大。

* 蔡翔，中国传媒大学编辑出版研究中心主任、教授、博士生导师；董琦，《中国出版传媒商报》记者，中国传媒大学编辑出版学硕士。

目前我国少儿类畅销书的类型都比较单一，出版企业要注意丰富这类图书的品种；要加强对少儿类图书内容的把控；要调整运营思路，避免价格战；同时要增强国内少儿类图书的原创能力。

关键词： 少儿类畅销书　选题策划　生产制作　市场营销

一　近十年少儿类畅销书出版的特点

我们以开卷公司每年公布的畅销书排行榜为依据，对 2008～2017 年少儿类图书排行榜的榜单进行统计，对每年畅销书排行榜上的前十名进行赋值，第一名赋值 10 分，第二名赋值 9 分，第十名赋值 1 分，以此类推。根据图书十年累计得分进行排序，形成十年来的少儿类图书畅销总榜。然后以总榜为基础，对上榜图书的作者、出版社、定价结合图书的实际进行具体的分值分析，得出这十年间少儿类畅销书作者、出版社、定价等基本项发展的特点，并预测未来发展的趋势。

1. 哪些书上榜

2008～2017 年，少儿类图书畅销排行榜年度销量前十名的 100 本书，刨去重复上榜的图书共有 63 本上榜。其中《窗边的小豆豆》《狼王梦》《草房子》成为上榜次数最多的三本书籍，上榜次数分别为 10 次、8 次和 7 次，分值分别为 88 分、45 分和 34 分。其中《窗边的小豆豆》每年都会上榜，且销量都居于前三名。这显示了少儿类畅销书中老牌畅销书的地位十分稳定（见表 1）。

"笑猫日记""查理九世"和"淘气包马小跳"成为最受少儿读者欢迎的系列图书，占据了最近十年少儿畅销书的半壁江山。其中"笑猫日记"系列图书上榜 20 次，"查理九世"系列图书上榜 18 次，所得分值分别为 122 分和 107 分。

表1　2008 ~2017 年少儿类图书年度畅销前十书目概况

单位：分，次

序号	书名	分值	上榜次数
1	《窗边的小豆豆》	88	10
2	《狼王梦》	45	8
3	《草房子》	34	7
4	《夏洛的网》	25	6
5	《墨多多谜境冒险系列——查理九世(25):稻草人之乡》	15	2
6	《笑猫日记——小白的选择》	13	2
7	《淘气包马小跳系列——侦探小组在行动》	13	2
8	《哈利·波特与死亡圣器》	12	2
9	《墨多多谜境冒险系列——查理九世(20):黑雾侏罗纪》	12	2
10	《墨多多谜境冒险系列——查理九世(17):外星怪客》	12	2
11	《墨多多谜境冒险系列——查理九世(26):雪山巨魔》	10	1
12	《墨多多谜境冒险系列——查理九世(24):末日浮空城》	10	1
13	《墨多多谜境冒险系列——查理九世(23):香巴拉,世界的尽头》	10	2
14	《墨多多谜境冒险系列——查理九世(21):沙海谜国》	10	1
15	《笑猫日记——转动时光的伞》	9	1
16	《笑猫日记——小猫出生在秘密山洞》	9	3
17	《笑猫日记——绿狗山庄》	9	1
18	《笑猫日记——孩子们的秘密乐园》	9	1
19	《笑猫日记——从外星球来的孩子》	9	1
20	《淘气包马小跳系列——小英雄和芭蕾公主》	9	1
21	《赛尔号精灵集合大图鉴(2010 年官方第 1 版)》	9	1
22	《墨多多谜境冒险系列——查理九世(18):地狱温泉的诅咒》	9	1
23	《阳光姐姐小书房——巧克力味的暑假》	8	1
24	《笑猫日记——云朵上的学校》	8	1
25	《笑猫日记——一头灵魂出窍的猪》	8	1
26	《墨多多谜境冒险系列——查理九世(22):所罗门王的魔戒》	8	1
27	《笑猫日记——永远的西瓜小丑》	7	1

续表

序号	书名	分值	上榜次数
28	《笑猫日记——樱桃沟的春天》	7	1
29	《笑猫日记——寻找黑骑士》	7	1
30	《笑猫日记——蓝色兔耳朵草》	7	1
31	《赛尔号精灵集合大图鉴(2)》	7	1
32	《阳光姐姐小书房——生命流泪的样子》	6	1
33	《笑猫日记——樱花巷的秘密》	6	1
34	《喜羊羊与灰太狼——虎虎生威(电影连环画)》	6	1
35	《笑猫日记——球球老老鼠》	5	1
36	《超级成长版冒险小虎队——会流泪的骷髅》	5	1
37	《墨多多谜境冒险系列——查理九世(19):厄运水晶头骨》	5	1
38	《猜猜我有多爱你》	5	1
39	《阳光姐姐小书房——没有秘密长不大》	4	1
40	《笑猫日记——会唱歌的猫》	4	1
41	《小王子》	4	1
42	《喜羊羊与灰太狼——开心闯龙年(电影连环画)》	4	1
43	《淘气包马小跳系列——孔雀屎咖啡(典藏版)》	4	1
44	《神奇宝贝角色解密大图鉴》	4	1
45	《女孩子必读的 100 个公主故事》	4	1
46	《植物大战僵尸武器秘密故事(1)》	3	1
47	《笑猫日记——那个黑色的下午》	3	1
48	《喜羊羊与灰太狼(3)——兔年顶呱呱(电影连环画)(全真剧照抓帧)》	3	1
49	《淘气包马小跳系列(典藏版)——白雪公主小剧团》	3	1
50	《没头脑和不高兴(注音版)》	3	1
51	《墨多多谜境冒险系列——查理九世(13):鬼公主的嫁衣》	3	1
52	《植物大战僵尸武器秘密故事(2)》	2	1
53	《长袜子皮皮》	2	1
54	《笑猫日记——青蛙合唱团》	2	1
55	《洛克王国宠物大图鉴(2)》	2	1
56	《墨多多谜境冒险系列——查理九世(1):黑贝街的亡灵》	2	2
57	《不可思议事件簿(1)——午夜游乐园》	2	1

续表

序号	书名	分值	上榜次数
58	《杨红樱校园小说系列——女生日记(新版)》	1	1
59	《阳光姐姐小书房——六(四)班的追星族》	1	1
60	《小猪唏哩呼噜(上)》	1	1
61	《超级成长版冒险小虎队——被诅咒的海底城堡》	1	1
62	《墨多多谜境冒险系列——查理九世(9):羽蛇神的黄金眼》	1	1
63	《不可思议事件簿(2)——古堡迷踪》	1	1

上榜图书中，除去《喜羊羊与灰太狼——开心闯龙年（电影连环画)》《喜羊羊与灰太狼——虎虎生威（电影连环画)》《喜羊羊与灰太狼（3）——兔年顶呱呱（电影连环画)（全真剧照抓帧)》《神奇宝贝角色解密大图鉴》《赛尔号精灵集合大图鉴（2010 年官方第 1 版)》《赛尔号精灵集合大图鉴（2)》《洛克王国宠物大图鉴（2)》7 本畅销书，绝大多数图书都属于儿童文学类书籍，畅销书品种结构明显较为单一，而且这具备差异化的 7 本畅销书均是热播动漫作品在图书领域的延伸。

上榜图书中有十本引进版图书：《夏洛的网》《哈利·波特与死亡圣器》《长袜子皮皮》《窗边的小豆豆》《女孩子必读的 100 个公主故事》《神奇宝贝角色解密大图鉴》《猜猜我有多爱你》《小王子》《超级成长版冒险小虎队——会流泪的骷髅》《超级成长版冒险小虎队——被诅咒的海底城堡》。

2. 哪些作者上榜

少儿类畅销书的作者群体十分集中。2008～2017 年，少儿类图书畅销排行榜年度销量前十作者排行榜中，仅有 22 位作家上榜，其中 11 位作家只上榜一次。杨红樱、雷欧幻像、黑柳彻子、沈石溪和曹文轩是作家排行中的前五名，且上榜次数均超过五次。其中，前两名杨红樱和雷欧幻像的上榜次数总和高达 46 次，占据上榜图书的近 50%，总分值高达 262 分。三位作者黑彻柳子、沈石溪和曹文轩的上榜次数为 10 次、8 次和 7 次，且上榜图书都是他们最出名的作品，分别是《窗边的小豆豆》《狼王梦》《草房子》（见表 2)。

表2　2008～2017年少儿类图书年度畅销前十作者概况

单位：次，分

序号	作者	次数	分值
1	杨红樱	26	152
2	雷欧幻像	20	110
3	黑柳彻子	10	88
4	沈石溪	8	45
5	曹文轩	7	34
6	E. B. 怀特	6	25
7	伍美珍	4	19
8	上海淘米网络科技有限公司	2	16
9	J. K. 罗琳	2	12
10	广东原创动力文化传播有限公司	2	7
11	山石卡通	1	6
12	托马斯·布热齐纳	2	6
13	山姆·麦克布雷尼	1	5
14	美国迪士尼公司	1	4
15	木村光雄	1	4
16	圣·埃克苏佩里	1	4
17	葛冰	1	3
18	任溶溶	1	3
19	阿斯特丽德·林格伦	1	2
20	白冰	1	2
21	深圳市腾讯	1	2
22	孙幼军	1	1

杨红樱的“马小跳”系列、“笑猫日记”系列图书都是图书排行榜中的经典作品，其中《笑猫日记——小猫出生在秘密山洞》《笑猫日记——小白的选择》多次占据开卷公司年度销量排行前十。雷欧幻像的“查理九世”系列和“不可思议事件簿”也经常霸占榜单，“查理九世”系列图书有15本书上榜。

出版单位和市场也在积极发现新的有潜力的作家，2017年少儿类畅销书销量前十的书目中，出现了五位第一次上榜的作家：山姆·麦克布雷尼、圣·埃克苏佩里、任溶溶、阿斯特丽德·林格伦和孙幼军。

有9名外国作家上榜，按照分值从大往小排序，分别是：黑柳彻子、

E. B. 怀特、J. K. 罗琳、托马斯·布热齐纳、山姆·麦克布雷尼、木村光雄、美国迪斯尼公司、圣·埃克苏佩里、阿斯特丽德·林格伦。

3. 哪些出版社上榜

上榜畅销书的出版单位，相较于少儿类畅销书的作者更为集中。2008～2017年，少儿类图书畅销排行榜年度销量前十名的出版社排行榜显示，仅有15家出版单位上榜，其中5家出版单位仅上榜一次。前两名浙江少年儿童出版社和明天出版社上榜次数分别为33次和25次，分值分别为171分和146分。两家出版社的总分值高达317分，占总体分值的57.6%。且两家出版单位均超过20次上榜，占据了总排行榜的半壁江山（见表3）。

表3　2008～2017年少儿类图书年度畅销前十出版社概况

单位：次，分

序号	出版社	次数	分值
1	浙江少年儿童出版社	33	171
2	明天出版社	25	146
3	南海出版公司	10	88
4	江苏凤凰少年儿童出版社	8	40
5	上海译文出版社	6	25
6	接力出版社	3	22
7	江苏美术出版社	2	16
8	人民文学出版社	2	12
9	童趣出版有限公司	3	11
10	中国少年儿童出版社	3	7
11	二十一世纪出版社	1	4
12	天津人民出版社	1	4
13	江苏凤凰文艺出版社	1	2
14	春风文艺出版社	1	1
15	作家出版社	1	1

浙江少年儿童出版社的“查理九世”“冒险小虎队”“不可思议事件簿”系列图书，《狼王梦》和2017年新上榜的引进版绘本《没头脑和不高兴》构成其上榜的作品。明天出版社上榜的作品为杨红樱的“笑猫日记”系列、“阳

光姐姐小书房”系列和2017年的引进版图书《猜猜我有多爱你》。两家出版社的上榜畅销作品不仅畅销而且常销，“笑猫日记”系列图书在2008～2017年每年都有作品登上少儿类畅销书销量年度前十名的榜单，且经常位于前三；“查理九世”系列作品自2012年起每年均有多部作品上榜。

作家出版社的上榜由明星少儿文学作家杨红樱带动，上榜图书为《杨红樱校园小说系列——女生日记（新版）》，明星作家效应显著。经典作品《窗边的小豆豆》、《草房子》、《夏洛的网》、“淘气包马小跳”系列图书，带动了南海出版公司、江苏凤凰少年儿童出版社、上海译文出版社、接力出版社的多次上榜。

4. 少儿类畅销书的定价特点

2008～2017年，少儿类图书畅销排行榜年度销量前十名的100本图书的售价不高，83本图书的售价在20元（含）以内（见表4）。少儿类畅销书的售价相对稳定，2017年由于纸价上涨成本增加，经典图书如《草房子》《窗边的小豆豆》《夏洛的网》等价格出现一定上涨，但最高价格也未超过26元。除去因近年成本上涨引起的图书定价升高，2008～2017年十年间定价超过20元的，登上开卷公司少儿类图书年度畅销榜单前十的畅销书多为

表4　2008～2017年少儿类图书年度畅销前十的图书定价

序号	定价(元)	次数(次)	分值(分)	序号	定价(元)	次数(次)	分值(分)
1	15	41	235	10	22	2	9
2	18	16	81	11	12	3	8
3	25	7	58	12	19.8	2	7
4	20	5	46	13	12.8	2	6
5	16	7	29	14	35.8	1	5
6	13.8	3	22	15	32	1	4
7	17	3	13	16	58	1	4
8	66	2	12	17	19	1	1
9	26	3	10				

引进版，如《哈利·波特与死亡圣器》《小王子》《猜猜我有多爱你》《女孩子必读的100个公主故事》。《哈利·波特与死亡圣器》成为售价最高的上榜作品，定价为66元，于2008年与2009年连续两次上榜。

上榜的100本畅销书作品仅出现17种定价。定价为15元、18元和25元是出版单位使用最多的三个定价，分别出现41次、16次和7次。定价15元的作品多为“查理九世”、“笑猫日记”和《草房子》的定价。50元以上定价出现3次，分别为童趣出版有限公司出版的美国迪士尼公司的《女孩子必读的100个公主故事》，定价58元；人民文学出版社出版的J. K. 罗琳的《哈利·波特与死亡圣器》，定价66元。

二　近十年少儿类畅销书的生产规律

1. 选题策划，注重作家品牌、图书品牌、出版单位品牌

选题策划是出版企业一项重要的编辑业务活动，是出版企业开展业务工作的出发点。在出版产业化发展的今天，出版企业选题策划的内容一般包括：对同类选题的市场调研，确立保持选题竞争力的目标和策略，规划选题的基本内容与大致题目，明确读者对象，论证选题的社会效益和经济效益，寻找和确定作者，选择适合的营销策略等。

研究发现，少儿类畅销书的销售情况受到明星作家的影响十分巨大。排行榜中，杨红樱、雷欧幻像、黑柳彻子三人称霸榜单。据开卷公司数据显示，2008～2017年，杨红樱的“笑猫日记”一直位于少儿类图书排行榜，十分受读者欢迎，而且系列图书作品很多一直占据少儿类图书畅销排行榜的前列。杨红樱还是开卷公司发布的2017年年度作者之一，为2017年图书销量最高的作家，销量占1.01%，也就是说图书市场中每卖出100本书，就有一本是杨红樱的作品。

在少儿类图书市场里，有名气的出版社和出名的少儿类图书作家已经成为市场中一股不可小觑的重要力量，作家的明星化效应尤为明显。近些年，“查理九世”系列、“淘气包马小跳”系列和“笑猫日记”系列等少数几种

系列图书的销售码洋，占据了我国整个少儿类图书年度零售码洋的1/3甚至以上。所以在进行选题策划时，出版单位通常会将明星作家的作品当成重点图书项目对待。在市场环境下，出版单位一般会选择与知名度较高、市场已经接受，或者模式较受认可的作家进行合作，并且深度开发已经获得市场一定肯定的品牌。

20世纪末到21世纪初，充当少儿类图书主力军的是少儿科普、少儿艺术和低幼启蒙类的图书。从2002年开始，少儿类畅销书年榜又多了“鸡皮疙瘩”系列这一引起市场轰动的丛书图书。但是2003～2014年，除了少量的动画片和电影IP引起的系列连环画等图书，少儿类畅销书的榜单几乎80%被少儿文学类图书囊括，少儿文学作品成为最畅销的图书体裁。

2017年，少儿文学类依然是少儿类图书零售市场最大的细分门类，其码洋比重达到了少儿类图书的29.59%，比上一年下降了3.87个百分点。2017年，少儿文学在线下渠道册数排行榜前100名中共占据85个席位。

少儿类图书发展迅速，让市场竞争更加激烈。参与这场竞争的，也不止30余家专业少儿出版社。由于跟风选题泛滥，图书质量参差不齐，不好的选题可能导致“新书”变成“废书”。随着少儿类图书市场的发展，出版单位要想在其中占有一席之地，必须着力打造自身品牌。从上榜的数据看，在我国少儿类畅销书中，以品牌的形式占据畅销书排行榜榜单前十名图书的，是大多数。这与品牌带来的口碑效应有关，品牌图书会给读者持续的心理影响。对于读者和市场而言，品牌是一种口碑，便于读者形成心理认同感，便于在读者心中形成图书质量保证的认识。

对于出版单位而言，打造品牌主要从三点入手：图书品牌、作家品牌和出版单位的品牌。

2. 生产制作，既要设计效果，又要控制成本

少儿类畅销书的生产制作分为两个部分，第一部分是内容生产，即选题策划和创作；第二部分是物理生产，即装帧设计。

畅销书的内容生产，这是畅销书的第一原料，但是这并不等于书籍，要使书稿变成书籍，还要进行装帧设计。决定畅销书开本，选定第二原料，设

计封面、护封、插图、版式等，也就是书稿到书籍形成之间的第二环节——装帧设计。[①] 图书质量好表现在两个方面，一是图书内容，二是图书形象。

我们发现，几乎所有上榜的图书，都包含十分优秀的内容资源，由此变成强势产品，一步一步赢得市场，赢得出版话语权。这些获得优势的少儿出版单位，特色鲜明、核心竞争力强劲，因而在出版市场上的影响力越来越大，图书上榜持续时间越来越久。同时还发现，少儿类图书书籍设计不仅要严格遵循造型艺术原理，还要根据不同年龄段儿童读者的阅读需求和书籍内容、性质，对少儿类图书书籍形态、文字编排、书籍插画、色彩配置、印刷工艺等各种要素细节进行恰当的处理。“优秀的少儿类图书书籍设计能将设计、材料、工艺与书籍内容恰到好处地结合，让读者在学习中领略艺术的美丽，体会阅读的兴趣”。[②]

由于纸价上涨、电商折扣和图书定价低等问题，书籍的装帧设计成本十分受限。要想图书畅销，定价就不能过高，就不能采用过于华丽的和特殊的装帧。少儿类畅销书，必须符合儿童的阅读心理与需求，为小读者提供完好的阅读体验，因而出版单位在生产图书时既要考虑成本因素，又要满足读者需求。出版单位在成本控制的条件下，一般会综合考虑少儿类图书书籍设计的互动性、有效性、趣味性与参与性。

根据前面统计的结论，2008～2017年，少儿类图书畅销排行榜年度销量前十名的100本图书的定价不高，且相对稳定。

“查理九世”系列图书最新版本由浙江少年儿童出版社出版，采用32开的胶版纸，全书约5个印张，定价15元。“笑猫日记”系列由明天出版社2018年1月最新推出的图书《笑猫日记——又见小可怜》采用32开胶版纸，全书约5个印张，定价20元。而2008～2017年，“笑猫日记”的定价均为15元，2018年的新书第一次提高了定价。《草房子》由江苏凤凰少年儿童出版社于2015年推出的版本，同样采用32开的开本，图书约9.5个印

① 邱承德、邱世红：《书籍装帧设计》，印刷工业出版社，2013。
② 张文红：《畅销书案例分析——第一辑》，知识产权出版社，2013，第244页。

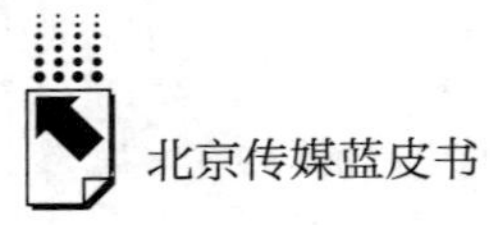

张，定价22元。

3. 市场营销加大力度，线上线下一起走

由于网购图书盛行与电商活动频繁，消费者通过网络购书的码洋已接近传统渠道，或与其平分秋色。网络渠道对地面渠道图书销售的冲击是强烈的。二十一世纪出版社集团有限公司发行公司副总经理魏异君认为，2017年地面渠道呈现的回暖势态，实际上是馆配以及进校园等阅读推广活动促进下的暂时性波动状态。由于受行业内无序竞争、低折冲击，地面店纯零售回暖，只是个童话。①

如何推动少儿类图书的销售，各出版单位都十分重视，且2018年网络渠道带给地面渠道的冲击形式更为严峻。传统书店虽然受到互联网的冲击，但仍然是出版企业的主要销售渠道。2017年，浙江少年儿童出版社在实体店渠道的销售占比达到65%以上。少儿类图书想要畅销必须采取多种形式的营销手段，加大营销力度。我们注意到，各家出版社在2018年采取多重手段加大营销力度，加强对实体店渠道的管理，提升对传统渠道的深度维护、开发以及服务终端的能力。各出版社更重视常规化和系统化卖场品牌活动，增加在实体书店渠道的促销活动频次，与品牌活动同步进行。

网络营销是传统营销手段在互联网环境下的延伸和扩展，是出版社借助信息技术和软件工程，实现其营销目的的一系列市场行为。利用网络媒体进行图书营销宣传，有时候会取得意想不到的效果。《窗边的小豆豆》自出版以来，在当当网、亚马逊、京东商城等购物网站的图书排行榜都名列前茅；网络上的讨论声量很大，还有很多深刻的书评。电商团购、促销、大V重点推广、网络直播宣传、微信公众号的综合运营等都是近几年非常流行的线上图书营销的手法。

各少儿出版企业都在积极顺应社会与技术的发展，积极运用网络营销手段，线上线下一起走，推动其出版的少儿类图书成为畅销书。

---

① 孙珏：《华东六少发行营销总监：2018渠道变革，新生意改怎么做?》，《中国出版传媒商报》2018年3月2日。

三 少儿类畅销书出版生产机制的几点建议

1. 丰富少儿类畅销书的品种

国内少儿类畅销书出现的结构单一、品种单一的现象，说明我国少儿类畅销书的市场运作还不完全成熟，少儿类图书市场的商业化程度还不高。但是随着互联网技术的发展和国外引进版图书的增多，市场需求在逐渐发生改变。当当网、京东商城、亚马逊、天猫等几大电商的少儿类图书，销售前十名的图书结构更为丰富。绘本、科普读物、玩具书等图书都十分受家长欢迎，《这就是二十四节气》《神奇校车·图画书版》《不一样的卡梅拉手绘本》《小鸡球球触感玩具书》《DK 幼儿百科全书——那些重要的事》都是近两年比较畅销的图书，为读者带来更为全面的阅读体验。

当当网公布的近 5 年童书原创市场报告显示，近些年国学热、诗词热、地图热成为儿童阅读内容发展趋势。多样化不仅能丰富少儿类图书市场结构，更能为儿童提供种类繁多的读物，这是少儿类图书市场发展的新趋势。各少儿类图书出版社正在改变少儿类图书单一的局面，满足更为丰富的市场需求。

我们注意到，在少儿畅销书市场中，独占鳌头的文学类优势依然明显。想让更多畅销书类别脱颖而出，形成我国少儿类图书市场新的经济增长点，需要少儿出版社创新能力的加强，信息技术、网络技术、数字技术等前沿科技也为少儿出版社提供了编辑和设计创新的技术支持，少儿类图书的表现形式和传播手段会越来越丰富多样，这都在推动我国少儿类图书市场迅速发展和全方位升级。

2. 注重对图书内容质量的把控

少儿出版社肩负培育时代新人的责任，首先要坚持正确的出版导向，将社会效益放在第一位。由于少儿类图书读者的特殊性，少儿类图书需要为少年儿童、未成年读者提供正能量的指引，为其带来积极向上的影响。因而少儿图书的质量问题尤为重要。质量是出版企业最根本的生存标准，只有图书质量过硬，其生存和发展才能得到保证。优秀的图书内容永远是少儿类图书最重要的竞争力。好的图书内容不仅要符合少儿读者的兴趣特点和心理需求，还要具备教育意义和社会价值。

我国出版企业经过十几年的改革和深化改革，出版生产力得到空前释放，产业规模不断壮大，实力不断增强。但是粗放式的发展也积累了一些问题，比如当前出版企业库存严重、图书编校质量频频亮出红灯、网店折扣战不断爆出地板价格、跟风选题泛滥、粗劣图书充斥市场等。上述问题环环相扣、恶性循环，但是最根本的问题还是在于对内容的把握，在于对出版本质特征的认识。优质内容资源、强势产品是赢得市场话语权的关键，也是出版社主业挺拔、特色鲜明、核心竞争力强劲、影响力巨大的坚实基础。少儿出版市场尤其如此，打造精品力作、打造核心产品，是少儿类出版单位战略与战术的重点。要想在竞争激烈的少儿类图书市场上脱颖而出，必须从出版源头开始、从内容开始，体现对少年儿童成长规律的尊重和对少年儿童的关怀，用一种严肃的态度沉下心来，踏踏实实做书。

3. 增强少儿类畅销书原创能力

引进版少儿类图书长期在我国少儿图书市场占有举足轻重的地位。根据开卷公司的统计数据，2008～2017 年虽然只有十本引进版图书在线下渠道占据年度销量前十，但是线上渠道少儿类畅销书所占比例很大。当当网公布的近五年童书原创市场报告显示，近五年来，当当童书畅销 TOP1000 榜中，原创品类与引进的比例基本保持在 3∶7。当当网 2018 年年中榜单显示，2018 年 1～6 月出版的童书新书十大好书中，引进版的图书占 7 本，欧美和日本的引进书占大多数。

原创是文化发展的生命力。讲好中国故事、传承中国文化、表达中国自信，不妨从提升少儿类原创图书的出版能力开始，这要求政府、社会、企业、作家，各方共同努力。政策要给出自由的创作环境，出版单位要舍得投入，作家、画家的创作热情、创造力自然会点燃。《2017～2018 中国数字出版产业年度报告》显示，原创儿童出版作品在年印数超百万册图书中比例增加，说明我国儿童对于原创文学的认可度有所提升，阅读习惯正在发生变化。当当网数据显示，2017 年，TOP1000 榜中中国原创作品占到 40%，是中国原创作品的爆发年。2018 年年中榜单中，《中国国家博物馆儿童历史百科绘本》、《藏在地图里的古诗词图书》和《中国神话绘本》三本中国本土原创图书上榜。这三本图书以中国传统文化为土壤，让孩子们走进博物馆，增强对历史文物的了解，感受中国优秀传统文化的魅力。中国原创图画书从品种占比到销售码洋都有所增加，儿童绘本的原创力量正在崛起。

四　结语

不论是社会效益还是经济效益，少儿类图书都在我国出版物中占有十分重要的地位。本文以开卷公司近十年（2008～2017）少儿类畅销书年度排行榜前十名的书目为基础，对 100 本图书进行综述。对我国少儿类畅销书从选题策划、生产制作和市场营销三个角度进行分析，总结出一些规律，提出一些问题。

随着互联网的普及，网络购书渠道对传统书店渠道冲击逐渐加大。出版企业都在加大营销力度，营销与策划并行，发挥作家与出版社的品牌效应，线上与线下渠道并重。目前我国少儿类畅销书的类型比较单一，出版单位要注意丰富少儿类畅销书的品种；要加强对少儿类图书内容的把控；运营思路调整，避免价格战；增强国内少儿类图书的原创能力，防止外来文化的过度侵入。

开卷公司 2018 年发布的《2017 年中国图书零售市场报告》显示，2017 年的三大榜 TOP10 中（虚构、非虚构、少儿），2017 年上市的新书仅有 5 种，为 20 年来新书上榜品种最低的一年，少儿类畅销书新书仅有 1 种。即使在这 5 种上榜新书当中，《笑猫日记——樱花巷的秘密》《我不》《未来简史》等也依然是畅销系列或畅销书作家的新作或者续作，并不属于完全意义的创新图书。在上市三年以上的图书中，有 19 种进入了 2017 年的三大榜 TOP10，十年来新书出版效率持续下降。

新书 1% 创造码洋比例增大，但新书的两极分化程度明显，依靠发新书来推动图书行业发展越来越难，甚至会给出版行业带来新的问题。2018 年中央经济工作会议也对实现高质量发展提出了新要求，明确指出我国已经进入高质量发展的新阶段，国家的出版政策也在将重点放在推动出版向高质量发展。少儿类图书的生产方式要顺应形势、顺应市场，从靠量取胜转变为靠质取胜，整个行业应该注重提质增效，转变发展方式，用高质量来带动行业发展。

B.14
实体书店转型升级发展的案例研究

孙　玲*

摘　要： 书店是文化阵地，是社会主义核心价值观的传播者，是一个城市一个国家的名片，在推进全民阅读工作中作用巨大。随着近年来一些书店自我意识的觉醒，实体书店转型升级出现了百花齐放的新局面。本研究以几家特色实体书店为案例，分析总结其规律和独特之处，并针对存在的问题提出对策建议，以期为实体书店的发展提供一些参考。

关键词： 实体书店　转型升级　案例

近几年来，随着国家政策对实体书店的关注和一批民营实体书店的觉醒所带来的整个行业的转型升级，实体书店从 2010 年左右的倒闭潮逐渐复苏并走上百花齐放的道路。作为一种经济形态的实体书店，其繁荣发展不仅有利于自身经济效益的提升，而且由于其文化产品属性，带来的正向的溢出效应也非常明显，从另一个角度带动了全民阅读的发展。在转型升级的这个过程中，无论是民营书店还是国有书店，它们结合市场需求，从不同方向发力，逐渐走出一条基于各自资源禀赋和与经营者价值理念相一致的发展道路，本研究选择国有发行单位，如新华文轩出版传媒有限公司文轩 books、皖新传媒合肥书城及三孝口书店、陕西新华出版传媒集团延安中国红色书店和民营书店如遵义西西弗、上海钟书阁、成都方所等作为案例，试图通过它

* 孙玲，北京市新闻出版研究中心高级经济师、副编审，研究方向为文化创意产业创新管理。

们转型升级的实践总结出一些经验和规律，以期为实体书店的经营者及相关研究人员提供一些理论及实践的参考。

一　结合市场需求，找准自身定位

“十二五”期间，实体书店从关张倒闭潮触底反弹，重整旗鼓，在政府政策的引导下努力探索转型升级之路。很多知名品牌实体书店虽然在转型升级过程中的路径不尽相同，但是都遵循同样的原则，即根据市场需求，找准适合自身资源条件的定位。

创立于1993年8月，位于贵州遵义的西西弗书店，在2007年面对整个民营实体书店的寒冬，加强对市场和自身条件的研究，逐渐走出一条连锁化经营、标准化管理的道路。通过和地产商的分成合作，目前已发展为拥有100余家以销售人文、社科、少儿图书为主的图书零售店，100余家意式咖啡馆，超过1000名员工、100万活跃会员的连锁文化企业，直营连锁书店辐射北京、上海、深圳、重庆等全国近30个省市，2017年产值突破5亿元。

上海钟书阁起源于1995年8月成立的钟书书店。在2010年前后几年的时间里，面对房租和人工成本的不断提升，以及网上书店的逐渐兴起，钟书书店被迫关闭5家店。创始人经过一年多的筹备与新型书店转型探索的挣扎期后，2013年4月开创了上海“最美书店”——钟书阁。钟书阁定位高端，店面设计时尚，很多知名商厦看到其商业引流的重要作用，主动提供免费场所，并协助店面装修来吸引钟书阁入驻。钟书阁连锁却不复制，目前已开业的上海闵行、静安寺、杭州、扬州、成都等6家店均依据不同的选址环境提供相应的选书标准和主题设置，融入当地文化生态，实现精细垂直，引发当地人共鸣。占地2000平方米的第一家钟书阁（上海泰晤士小镇店）已实现年销售收入过千万元。

延安是中国新华书店的发源地，其新华书店与时俱进，结合延安老区的特点，打造近2000平方米的红色主题书店——延安中国红色书店。该书店于2017年4月正式开业，集红色文化理论研究、大众阅读、红色旅游文化与红色文创产品研发于一体，将传承新华书店传统与创新模式进行结合。书店将延安枣园窑洞、中共七大会场等内容融入设计风格，还设有延安杨家岭中央大礼堂式的图书文化展演空间、延安保育院场景的“儿童阅读主题公园”，完整复制新华书店发祥地——延安清凉山新华书店旧址的“新华书店历史陈列馆”。书店将红色文化与陕北文化完美体现，呈现给读者极具红色文化特色和区域文化特色的阅读空间。置身其间的读者在享受阅读的同时，还能增强对红色文化的理解。虽然仅开业4个多月，但书店销售收入已突破300万元。

合肥新华书店三孝口店1985年9月建成，原名合肥科教书店，2012年停业改造，2013年6月以店面八层、总面积达4800平方米的一个全新大型综合性体验书店的新面貌开业。书店环境清新文艺，以人文、社科和儿童类图书为主，不销售教材教辅。2014年，书店试行全天候24小时营业，是安徽省内第一家24小时营业不打烊和全国首家结合微信的体验式O2O书店。2015年实现盈利，2015年底因《中国日报》报道《合肥24小时书店不驱赶任何人，拾荒者也可过夜》走红网络。统计数据显示，从21：30至次日9：00,该书店年夜间客流量可达18万人次。书店夜间经营面积不足1000平方米，夜间最高单日客流量却超过1000余人次，图书周转率从2010年的1.5增长到2015年的3.5。近年来销售增长率达10%，2016年销售收入逾2000万元。

方所2011年成立于广州，由服饰品牌“例外”创始人毛继鸿一手打造，目前在成都、重庆、青岛开有分店。成都方所坐落于太古里商圈，设计风格像一个独立于世的魔幻空间：8米的挑高，37根造型迥异的立柱，铺满行星轨迹的地面。方所集书店、生活美学、咖啡、休闲空间与时尚服饰等多种经营为一体。书店内专门设有多个特色书架，如“方所推荐”“媒体推荐”“网络意见领袖推荐”等。方所主营书籍为人文、艺术、设计、建筑类，其最具特色的是近万种外版书和4万种港台书刊，这些约占其整体销售额的40%，2014年广州方所已实现盈利。

二　注重综合体验，实现服务升级

前几年，很多实体书店没有与时俱进，仍然用卖方市场的思路来经营书店，基础设施陈旧，环境不尽如人意，主动服务意识不强，与读者对书店购书环境、文化氛围、便捷购书的新需求存在较大差距，读者不断流失。当低价便捷的网上书店出现后，很多实体书店沦为网上书店的“体验店”，在竞争中节节败退。面对激烈的市场竞争，实体书店的经营者们经过几年的艰难探索，通过细分读者需求、完善图书品种、改善书店环境、优化支付手段、全方位提升读者体验等方式，化被动为主动，实现了服务升级，使到书店读书购书成为很多年轻人的生活方式之一。

西西弗书店坚持全国统一的店面设计风格，其主色调墨绿和杏黄贯穿在书店的各个角落和细节之中。根据多年对书店的认知沉淀，西西弗用自己的设计团队来完成符合自身定位的 Loft 简欧风。整体店面呈“H”型，书架靠墙有规则地摆放，各式布艺座椅随意点缀在周边，文化创意产品集中在书店进门一角，紧凑却不压抑、稳重而不失风情，光源淡雅浪漫，彰显书卷气，给人以安静、温馨和归属感。在软性服务上，西西弗多家连锁店联动，顾客可以实现一家订购另一家取书的异地销售模式，方便读者更快更方便地拿到自己需要的书籍。

钟书阁致力于打造“最美书店”，其上海泰晤士小镇店前期总投资逾千万元。书店的二楼为坡屋顶，中心最高达 10 米，夸张的层高给人神圣之感，可加以利用，创造出特殊的空间体验。两层之间的联系，以书籍阶梯的形式进行设置，地面用书铺满，上面盖以玻璃。楼梯上方屋顶，加以哥特式的梁架作装饰，丰富了原本单调的屋顶，营造出一种钟情于阅读的空间氛围。该店目前已成为上海文化地标，最多一天接待近 8000 名读者。由上海文艺出版社出版的长篇报告文学《钟书境界》，记载了钟书阁的发展历程。除了打造美轮美奂的店面外，钟书阁以“为读者找好书、为好书找读者”为经营目标，组建 6 人专业选书团队，优先与名家名社合作。除了每年从近 50 万种新书中精挑细选出 2 万种好书之外，钟书阁还为读者提供一系列个性化服务。如提供“私密书架”来保存读者在店内购买的图书，没有读者本人允许，其他人不可翻阅；提供“上门打造书房”服务，增加读者黏性。

文轩 books 是新华文轩出版传媒有限公司倾力打造的第三代书城。该店位于成都市高新区九方购物中心 1 ~ 3 层，中航地产提供 1 万余平方米的场地并出资装修，邀请著名设计师倾力打造。一、二层以人文、自然为设计理念，服务于时尚白领、家庭以及学生。三楼 Kids Winshare 以文明、进化为设计理念，是西南首家专业儿童书店。文轩 books 针对特定阅读群体量身定制，兼具阅读分享和社交功能，宛如家庭书房的延伸。文轩 books 最大的特点是线上线下联动，依托其线上文轩网 70 万库存品种的海量销售数据和线下新华文轩近 180 家实体书店销售数据以及 30 万会员消费数据，结合目标客群需求，建立专业团队进行选品。文轩 books 选品团队与书店筹备同步进行，历时 1 年打造目标客群心仪书单。虽然开业时间不长，但该书店品类齐全、特色突出的产品及现代化的服务已经获得顾客的认可及其他省市发行集团的关注。

皖新传媒 2014 年推出全国首家“智慧书城” O2O 项目。在新华书店安徽图书城店，读者关注“皖新读书会”微信公众号，可以随时收到最新的图书资讯，能享受“线上下单，线下取书”的 O2O 服务；读者选中图书后无须排队结账，可以扫描条码直接微信支付。2017 年 7 月 16 日，合肥三孝口新华书店又推出共享书店项目，成为全球首家共享书店。读者只要缴纳 99 元押金，就可以同时免费借阅书店内的任何两本图书两周，该项目推出一周后，注册会员超过万人。

三　推进多元发展，突出阅读活动

经过近些年的摸索，实体书店经营者逐步认识到书店不仅是售书场所，还是人们文化交流的平台，是一个城市的文化名片和地标，承担着文化传播的重任，这些重要功能是其他经营方式无法比拟的。本研究中所涉及的书店

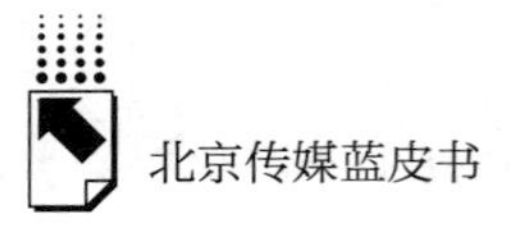

都在不同方面推进多元化经营，并且非常重视开展阅读交流活动，在全民阅读推广活动中起到了重要的作用。

在多元化经营方面，钟书阁、延安中国红色书店、西西弗等都开辟有专门的文创产品区，包括特色的文具、民俗产品等，还有咖啡、茶品及简餐，在丰富了书店业态的同时也方便了读者。合肥三孝口书店、文轩 books 和方所等书店除了上面提到的业态外，还发展了其他业态，如合肥三孝口书店有陶艺布艺产品、床上用品等；文轩 books 有跨界设计师殷九龙的美学生活主题馆，有成都知名餐厅成都印象，有西南首家线上线下同价 Kindle 旗舰店，有台北故宫文创西南首家实体店等；方所有美学生活品、植物、服饰、展览空间等，经营范围涵盖了大文化圈的多种产品。

这些实体书店无一例外都非常重视开展阅读活动。钟书阁定期举办各类免费活动，譬如名家讲座、作者签售、主题读书会等，营造好的阅读氛围，加强读者对品牌的认可度。上海泰晤士小镇店二楼的“梦幻回廊”专为 25 岁以下的年轻人打造，在这里举办聚会或沙龙，钟书阁可以提供从前期策划到后期举办及餐饮在内的“一条龙”服务，全套服务费用为人均 100 元以内。2016 年，钟书阁共举办各类阅读活动 760 余场；方所平均每月有6 ~ 8 场阅读活动，涵盖艺术、设计、建筑、时尚、电影、音乐、文学、历史等领域。9 月 8 ~ 10 日，成都方所承办了“2017 成都国际书店论坛”，汇集全球多家知名书店人，共商书店如何塑造城市风格；推广文化活动是西西弗的日常经营内容之一，主题讲座、读书会、生活荟、书友沙龙会等主题文化活动丰富多彩，2016 年西西弗全国门店共举办文化活动超过 800 场，2017 年超过 1000 场；延安中国红色书店开展各类阅读推广活动，组织红色文化展演活动，每晚七点开启“朗读者”专场，并利用红色空间举办各种机构年会、儿童阅读生日会等；合肥三孝口书店各类阅读活动由每层馆长策划组织，目前国学晚九点、夜读诗会、民谣音乐会、国学诵读会等夜间文化沙龙是很多读者的最爱，从 2016 年 7 月起，合肥三孝口书店又打造“与书同眠”特色服务，为夜间读者和路过的驴友提供帐篷、睡袋、毛毯和场地。

四 加强内部管理，注重体系建设

在研究中得知，这些知名品牌实体书店几年前都曾经遭遇过经营的低迷阶段。在国家政策的引导下，它们不断研究市场，加强内部管理，注重体系建设，逐渐形成现在的局面。

西西弗书店董事长金伟竹从2010年起带领团队开始“如何支撑连锁书店的发展模式”课题研究，目前为止已经探索了300多个相关课题，深入探讨实体书店的标准化、体系化管理，以课题撬动发展，以实践调整思路，在保证开店速度的同时，促进书店的可持续发展。7年时间里，西西弗制定了诸多运营标准，建立了商品采控、商品流控和商品调控三大系统，形成连锁书店的标准化运营。

钟书阁在经营中注重品牌塑造，其表现出五大特色：一是环境美，钟书阁被多人评价为“最美书店”，其店面设计师业已跻身业界知名人物；二是服务美，招聘的员工素质普遍高，进店即能感受到店员热情而不虚伪、专业而不傲慢的服务；三是图书美，有专业的选书团队，以知名出版社、知名作家为保障，同时与一线销售人员保持沟通，了解顾客的切身需求；四是活动美，每年几百场活动，极大地推动了书店所在区域全民阅读的发展；五是体验美，读者置身书店仿佛置身优美的艺术场馆，并且可以进行充分的文化交流。

合肥三孝口书店和延安中国红色书店打破传统国有书店的束缚，非常重视引进外部人才。合肥三孝口书店店面整改后，除了原店店长外，全部店员来自社会招聘，重新培训上岗。店员采取分区责任制，在自己所负责的区域内可以自行决定购进哪些书籍，书架如何布置，组织哪些活动，区域销售额与个人奖金挂钩，员工工作积极性和主动性高涨。延安中国红色书店在新店落成后，引入8名社会人员负责中层管理，注重员工培训和内部企业文化建设，组织员工到全国知名品牌书店参观学习，经常举行员工内部交流活动，提升员工工作满意度及荣誉感，从而提升工作的积极性。

新华文轩针对不同的群体开设不同定位的书店，如西南书城还是以出售图书、文具及相关产品为主，而新开业的文轩 books 则针对商务区的白领，更突出体验功能。新华文轩利用自己的网络先行优势，目前倾力打造文轩云图智慧书城这个产品，融汇了图书馆、社区书屋、售书厅等多个功能，方便读者 24 小时随时获取自己需要的书籍，创新“互联网 + 书店”的新模式，该项目入选“砥砺奋进的五年”主题成就展。

另外，这些书店有一个共同的特点，就是书店的负责人都是老书店人，在书店经营这个领域摸爬滚打多年，有自己的经营理念和价值追求，对书业有着深厚甚至于痴迷的兴趣，因而时时处处思考书店的发展，不断探索，敢于创新经营模式和业态。

五　推动实体书店发展的建议

本文研究中涉及的书店是国内转型升级中的探索者和佼佼者，积累了不少的经验，但同时也存在一些共性问题，如国家及地方政策支持的方向和力度是否符合实体书店的需求，并能很好地助推其持续发展；图书销售在书店经营利润中占比如何，图书是否成为卖场引流的一个噱头；书店如何平衡经营活动和公共服务等。针对这些问题，提出以下建议。

（一）建议政府加大对实体书店的扶持力度

实体书店是经济效益和社会效益并存的载体，出售产品、搭建平台及文化传播已经是现代实体书店三个不可或缺的主要功能，所以与一般的产品卖场不同。特别是像钟书阁、西西弗、延安中国红色书店这样突出自身特色、文化艺术设计感强的书店，本身就是城市一道亮丽的风景，理应成为我们文化中心城市的地标。这些特色实体书店前期投入较多，即使有些书店与商业地产合作，但装修和装饰也是很大一笔资金。由于图书利润较薄，为了突出图书主业，不少书店在艰难中坚守，或者靠其他业态收入来弥补图书销售的不足。如钟书阁创始人介绍他们开创上海泰晤士小镇店，前期投入了近千万元，即便如西西弗这种走低成本道路的连锁店，新开办一家书店投资也需百万元。因而，对于这些有特色，能提升城市整体文化品位的书店，政府要加大扶持力度，给予它们在场地、资金、人力资源等方面全方位的支持，助推它们发展，从而使更多有特色、有品位的书店进驻，丰富市民的文化生活。

（二）建议由政府出资购买实体书店文化服务

2015 年 1 月，中共中央办公厅、国务院办公厅印发了《关于加快构建现代公共文化服务体系的意见》（中办发〔2015〕2 号），提出由政府出资购买公共服务的新模式，即由政府委托社会力量提供公共服务。书店是社会主义文化阵地，是社会主义核心价值观的传播者，其意义不只是一个销售图书、创造利润的企业单位，更重要的是，它具有传播文化，传承精神的重要作用。目前很多书店不仅成为开展全民阅读活动的重要场所，是推进全民阅读活动的一支重要社会力量，而且还承担了图书馆的功能。很多书店经营者反映，进店读书的人很多，但实际买书的人并不多，书籍的耗损量需要书店或者出版社来承担。又如合肥三孝口书店推出的共享书店模式，方便了读者，扩大了阅读，但实际图书销售额不升反降。而且由于图书代销的惯例，这种模式还可能损伤上游出版社和作者的利益及积极性。因而，建议政府以实体书店为依托，对引领全民阅读具有一定示范导向作用的、为社会提供公共文化服务的实体书店，以购买服务的形式给予资助。一方面可以促进实体书店发展，另一方面能发挥社会各界的积极性，减轻政府组织阅读活动的工作压力。

（三）建议政府筑巢引凤，把实体书店建设纳入当地文化基础设施规划

实体书店是城市的浓缩，是文化象征，也是城市文化基础设施。因此，建议政府将实体书店纳入城市文化基础设施规划。一是在新兴地区新建大型综合性书城，打造一批设施配套、功能多元、管理先进、引领潮流的标志性书城；二是依托地区文化建设，挖掘文化内涵，传承历史文脉，引导建设一

批具有当地特色的书店；三是在校园和社区人口密集、文化传播效率高、培养阅读习惯的重要场所，通过低租金或零租金的办法引进特色实体书店。通过这些方法引入不同类型书店，让书香飘满神州大地。

（四）建议政府进一步规范图书市场秩序，引导书店加强行业自律

目前图书市场秩序还存在不规范现象，行业协会履职不足，部分书店自律缺乏。对此，政府应加大打击力度，加强对出版各环节、各参与主体的执法检查，提高侵权盗版、制售非法出版物等行为的违法、违规成本。行业协会应切实履行职能，通过行业内部协议减少价格战带来的行业内耗，营造良好的市场竞争秩序，维护行业公平；引导实体书店加强自身自律，合法经营；构建完善的实体书店诚信体系，奖优罚劣，监督书店诚实守信。

（五）建议实体书店创新经营理念，提升自身造血能力，实现转型升级

实体书店要谋求发展，关键还在于自身造血能力的提升。伴随现代科技手段突飞猛进的发展，只满足传统销售方式的实体书店很难持续经营下去。故经营者要转变观念，用新零售的思维来组织各项经营活动，以互联网、移动互联网为基础，通过运用大数据、人工智能等技术手段，对书籍及相关产品的销售过程进行升级改造，精准把握读者需求，对线上服务、线下体验以及现代物流进行深度融合，将卖“书”与卖“服务”有机结合。同时，建议书店多方吸收社会力量参与，探索开展连锁经营或特色化经营模式，从多个角度增强抗风险能力。

参考文献

陈含章：《转型中的实体书店发展现状、问题与建议》，《出版发行研究》2016 年第 3 期。

《松江区第十届读书节如期开幕　提倡全民阅读》，http：//city. eastday. com/gk/20170509/u1ai10563717. html。

龚维忠、周杨：《文化坚守与发展期望——对我国实体书店发展经营的思考》，《出版广角》2016 年第 20 期。

张李明：《基于传统零售商视角构建 O2O 生态体系的研究》，《经济论坛》2017 年第 8 期。

张理想：《“文化 + 联网”，塑造产业新生态》，《安徽日报》2016 年 5 月 11 日。

赵新乐：《延安“中国红色书店”首日开门红》，《中国新闻出版广电报》2017 年 4 月 25 日。

陈含章：《当前实体书店转型升级存在的突出问题研究》，《科技与出版》2017 年第 7 期。

张雷：《“读”出书店的生存之道》，《房地产导刊》2013 年第 4 期。

王丹：《当代大学生价值观与价值选择状况的调查分析》，《思想理论教育》2018 年第 2 期。

B.15

网络直播的意义建构与文化价值反思

严三九　王 虎*

摘　要： 时空一体的沉浸式体验，正在推动网络直播从人们惯性化的生活场域，发展成为泛在化的社会文化仪式。网络直播参与主体深度的互动参与弥合了前台与后台、虚拟与现实的界限，以社群为联结的群体结构正在治疗现代人的社会性孤独。它所塑造的文化景观，正在极大地影响着当代青年的审美品位和价值观，他们从中找到了话语权，善于利用这种新技术形态去宣泄情感、张扬个性、寻求认同、联结社会，从而形成了不同于主流价值观和审美取向的亚文化群体，构筑了属于自己的文化空间。然而，隐含在这一景观中的审美偏向、价值偏差、伦理失范、话语失序等问题，犹如悬挂在网络直播头顶的“达摩克利斯之剑”，值得我们去警惕和反思。

关键词： 网络直播　沉浸体验　传播仪式　亚文化　娱乐狂欢　媒介伦理

直播曾经创造出传统电视的收视神话，如今被互联网这一高维媒介重构和放大，成为一种平台级和社交属性的新型媒体。作为当前最热门的视频和社交媒体形态，网络直播成为年轻人惯性化的生活场域，它颠覆了传统媒体

* 严三九，上海大学新闻传播学院院长、教授、博士生导师；王虎，山东师范大学新闻与传媒学院副教授、硕士生导师。

单向度的信息传播方式和社会交往模式，成为青年群体表达价值诉求、寻求情感和身份认同的主要途径，形成一种与主流文化相异的、别具一格的亚文化现象。

作为互联网下一个“风口”，网络直播吸引了大量的资本进入，以近乎野蛮的方式增长。资本的逐利本性和网络直播的注意力经济色彩，使隐藏其中的审美偏向、价值崩塌、传播失范等问题凸显，甚至不断地去触碰法律和道德的底线，网络直播似乎触及了发展的天花板。

网络直播如何避免成为“一列飞速的火车，快速地奔向未来，却没有方向”①，需要我们深入地去把握它的形态变革及其所代表的文化意义建构，洞察当代年轻群体的审美和精神诉求，反思其所带来的负面影响，平衡媒介变革与人的精神需求之间的关系。

一　网络直播的发展

网络直播可以追溯到2005年，主要的传播形态是网络视频聊天室，以新浪、搜狐、人民网等门户网站开设的视频直播为代表，有小型专业演播室和直播设备，内容以人物访谈、表演为主，鲜有互动，和传统的电视直播形式没有太大区别，被称为网络直播1.0时代。

2012年YY直播开启了网络直播2.0时代，以游戏直播和移动直播为主要特征，“一人直播、众人围观”的模式逐渐流行开来。此后，斗鱼、战旗、虎牙等电竞直播网站吸引了大量的用户群体，互动性明显增强。

网络直播在2016年迎来井喷式发展，进入了集实时互动、移动化、UGC和社交化等功能于一体的平台化传播时代，一时间吸引了大量的用户和资本，“催生了秀场、演艺、体育、电竞、教育、明星等各类直播形态”，② 这一年也被称为“网络直播元年”。据CNNIC数据，截至2017年12

① 袁源：《新新媒介背景下媒介技术对人和社会的异化》，《现代视听》2014年第3期。

② 海川：《网络直播红与黑》，《新经济导刊》2016年第9期。

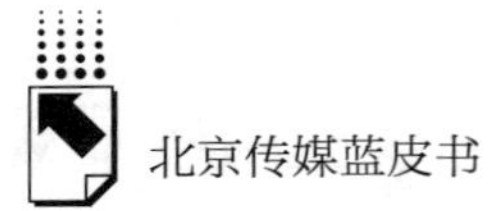

月，我国网络直播用户规模达到4.22亿人，增长率达到22.6%，直播行业市场规模达到119.5亿元。

以网络直播发展的地区分布来看，当前国内以直播为主营业务的上市公司主要有三家，总部分别位于北京（陌陌）、杭州（天鸽互动）、广州（欢聚时代），而主播多来自北京、广东、上海、江苏、辽宁等东部沿海地区，其中北京的“土豪”数最多，“年打赏额”超过5亿元，占比达20.4%。[①]

依据直播内容，网络直播平台可以分为五类。[②] 一是秀场直播，多为主播的个体展示平台，人的因素起着决定性作用，吸引力多依赖于才艺、颜值、身体或者奇观化的生活因素。二是游戏直播，通过富有吸引力的竞技游戏吸引用户的高度参与，独特的游戏赛事和人气主播，以及主播与用户之间的互动是此类平台的核心要素。CCNIC数据表明，前两类直播平台是当前网络直播的主体，分别占据直播用户的28.5%和29.0%。三是电商直播，以淘宝直播为代表，常常采用微博营销、淘宝直播的互动成交模式，它自带的商品属性更容易转化粉丝，将流量变现为商业价值。四是垂直领域直播平台，内容聚焦在财经、文学、教育、时政等专业领域，所占比例不高，但是专业水准高、差异化内容、用户的精准定位是此类平台的核心竞争力。五是泛娱乐类直播，以影视、美食、旅游、音乐等时尚化内容为主体，兴趣是该类平台的流量聚合基础，它的流行标志着全民直播时代的到来。

二　沉浸体验、传播仪式、群体认同——网络直播的形态变革与意义建构

“按约定（时间）运行的媒介至今是一切旧媒介的特征。”[③] 传统媒介

① 《花椒直播年度直播大数据》，http://www.sohu.com/a/122565079_211160，2016年12月。

② 许向东：《我国网络直播的发展现状、治理困境及应对策略》，《暨南学报》（哲学社会科学版）2018年第3期。

③ 〔加〕哈罗德·伊尼斯：《传播的偏向》，何道宽译，中国人民大学出版社，2003。

及其直播形式，或偏重于时间或偏重于空间，单向的信息传递将人类自我和拟态现实分割开来。麦克卢汉曾断言“当信息以电速运动时，时尚和传闻的世界就会变成真实的世界”,[①]，网络直播首次实现了时空的均衡,[②] 用户深度的互动参与弥合了前台与后台、虚拟与现实的界限。这种时空一体的沉浸式传播体验，正在推动网络直播从人们惯性化的生活场域，发展成为泛在化的社会文化仪式。

（一）以体验为中心的沉浸式传播

“人类凭借媒介来拓展传播，以求超越耳闻目睹的生物学局限……渴望回到我们昔日自然传播的故乡”,[③] 莱文森所指媒介演进的人性化趋势，就是将单一的信息传播过程演化为体验过程，使其具有以人为中心、随时随地、无所不能的沉浸式传播特质，信息由传受双方共同创造并进入沉浸体验。当前主流的沉浸式传播媒介有网络直播、VR、AR 和人工智能等，它们是后内容时代的产物，即内容不再是中心，体验才是媒体的核心功能。

1. 深度参与和物化符号带来的娱乐狂欢

（1）以共享为基础的泛在传播与泛娱乐化。李沁从人的视角，指出沉浸式媒介具有“泛在传播”的特征，包含人和社会在内的每一个节点都与网络实时连接，是集合各种传播方式于一体的、面向所有人的个性传播。[④] 作为典型的“泛在传播”模式，网络直播的本质是社交网络的视频化形态，它打通了前台与后台、媒介与生活的隔阂，将媒介消费变成一种时时在线的生活体验。人和媒介都变为泛在网络中的节点，既是信息的生产者也是消费者，可以自由联通、穿越时空。网络直播的低进入门槛引发了内容的草根性和多元化，形成独特的媒体奇观，新崛起的草根文化、吐槽文化、网红文

---

① Derrick de Kerckhove, Brainframes, “Technology, Mind and Business”, *Bosch & Keuning*, 1991, p. 140.

② 李沁：《泛在时代的“传播的偏向”及其文明特征》，《国际新闻界》2015 年第 5 期。

③ 〔美〕保罗・莱文森：《数字麦克卢汉：数字化新纪元指南》，何道宽译，社会科学文献出版社，2001。

④ 李沁：《沉浸传播：第三媒介时代的传播范式》，清华大学出版社，2013。

化、青年亚文化等现象对传统大众文化和社会话语秩序带来了严重冲击。猎奇式围观、发弹幕、送礼物，网络直播的参与者通过各种方式积极主动地参与到这种新的文化景观中并使之与自身的生活相关联，从实时的共享中获得慰藉和快感。

（2）参与主体的多元化与直播平台的高黏性。与电视直播延时的互动形态不同，网络直播可以实现多维参与主体的实时互动，这些主体包括：提供网络直播服务的直播平台；在直播平台进行直播的主播；观看直播节目并参与互动的用户。[①] 声画同步的传播方式可以使信息实时传递到用户终端，当用户通过点赞、发弹幕、打赏等方式参与互动时，他们就从信息的接受者变为直播服务的生产主体。这种方式削弱了传统传播的唯一性和权威性，也避免了微博微信圈层传播常常伴随的噪声，传送双方的关系更为简练直达，参与各方的情感归属感和价值认同感也随之增强。

网络游戏直播之所以具有高忠诚度的用户群体，主要在于其文本的开放性，它需要游戏玩家、主播和围观者的共同参与，游戏文本的叙事和文本意义生成，掌握在参与者手中，他们“既是文本的解读者，又是文本的建构者”。[②] 这种开放式的叙事方式颠覆了受众被动解读文本的地位，玩家可以加入特定的兴趣群体并按自己的意愿进行文本建构。正如麦克卢汉所言，“游戏作为人际交往的媒介，其最本质的功能在于给我们提供一种参与社会生活的基本手段”。[③] 作为社会对话的常见形态，游戏的本质在于使人以一种新的社群关系参与社会生活。除了通过发弹幕等实时互动方式来增强在场感，用户还可以根据主播的表现进行“下注”竞猜，完成延时互动。多维互动方式大大提升了平台的用户黏性。

（3）物化直播符号形成不可遏制的娱乐狂欢。“一切都以符号为中介并受其统治，符号的编码及运行中的差异原则构成了消费社会的逻辑”。[④] 鲍

① 李建波：《网络直播内容规范化管理探析》，《新媒体研究》2017 年第 9 期。

② 袁爱清、孙强：《回归与超越：视觉文化心理下的网络直播》，《新闻界》2016 年第 7 期。

③ 范龙：《媒介现象学：麦克卢汉传播思想研究》，中国大百科全书出版社，2012。

④ 〔法〕鲍德里亚：《消费社会》，刘成富、全志刚译，南京大学出版社，2015。

德里亚认为货币是在不同身份的人之间进行语言交流的媒介。网络直播中的货币符号被以“打赏”“送礼”等虚拟的方式充分开发出来，打赏次数和金额的多少决定了用户在平台中的等级，用户以此种物化的符号意义来建构自己在直播场域中的身份和地位。

实时化的影像消费，使网络直播具有共同在场的视听感染力和游戏娱乐性，[①] 常常表现为群体对个体的“全景敞视”式的围观和公然窥视。另外，网络直播的内容多具有浓厚的性别色彩，充斥了对女性的猎奇式的身体凝视和两性互动的满足，[②] 鲜花、高跟鞋、戒指、口红等打赏符号不断沦为女性物化的客体，从而形成了不可遏制的网络娱乐狂欢。

2. 前台与后台、虚拟与现实的弥合

（1）后台暴露——激发想象的景观。“前台是一种制度化的社会存在，人们所扮演的通常是具有一定程度的理想化和社会化的自我；后台活动则破除了条条框框的限制，是自发性主我的流露”。[③] 个体在身份、地位、收入、长相等方面的差异，使其在社会生活中呈现精心设计和包装的前台，属于个体隐私的后台形象和行为通常被隐藏起来。

社交网络出现后，其开放性和圈层传播特性使个体空间与公共空间的界限开始重合，到了时空一体化的网络直播时代，二者的界限彻底消失，“人人都能表演 + 实时互动交流”充分激发了个体的表现欲，表演的人和围观的人获得了共通的沉浸体验，弥合了前台与后台之间的鸿沟。私密的卧室、穿睡衣的主播、私密的聊天，这些原本属于后台的场景被推向前台，接受众人的围观。主播与粉丝、粉丝与粉丝之间的互动给予了陪伴感，并使人的感官重新部落化，赋予了人们身临其境的沉浸体验。

总的来说，对后台的有意暴露及其引发的想象性景观，形成了网络直播的独特魅力和网红主播的超高人气，但也滋生了低俗化、色情、造

① 陈慧东、韩隽：《碎片化时代的网络媒体奇观：浅析网络直播热潮》，《新闻知识》2018 年第 2 期。

② 王春枝：《参与式文化的狂欢：网络直播热潮透析》，《电视研究》2017 年第 1 期。

③ 〔美〕欧夫曼：《日常生活中的自我呈现》，冯钢译，北京大学出版社，2008。

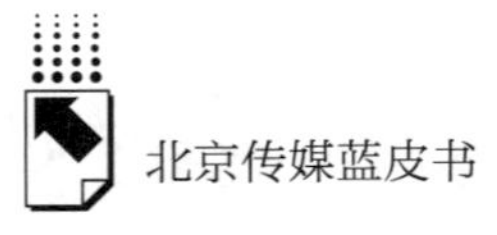

假等乱象。

（2）虚实相生——场景的高度代入。网络直播平台带来的话语权力转移和高度融合的情感体验，带领用户进入情境并进行全方位的实时互动，这与微博微信的即时互动有所不同，后者缺乏沉浸式的交流感。网络直播中，虚拟的面对面交流将主播和用户之间的距离极度压缩，观看主播直播的用户，大多会产生“这是我和主播的私密场景”“在这里可以说悄悄话”等感觉，双方的对话更加平等和偏向强关系，用户由此获得极高的代入性和真实感。这种强烈的沉浸体验，使用户更容易与主播产生情感共鸣，在真实世界和网络直播呈现的虚拟世界之间来回游走，强化虚实相生的亲密感。

3. 主体形象的自我幻化

如前文所说，网络直播的主体除了物化的平台，还有去现实身份化的主播和围观者，后两者在直播中容易产生自我幻化，在一定程度上弥补了其在现实生活中对于情感或尊重的缺失，满足了其对于自我价值实现的需求。

主播的精彩表演可以获得鲜花、关注和聊天，在与用户相互观看的过程中，赋予自我一个镜像化的完美的“他者形象”。由此，游戏直播中的熟练技巧、秀场直播的独特才艺、户外直播的勇者无畏、生活直播的身体符号都进入一种象征模式，成为主播在看客面前树立形象的资本，获取他人的认同和掌声。为了获取直播间更多的带有象征意味的人数、弹幕、礼物，主播会尽可能地自我装饰，让本属于直播的纪实性语境转化为被美化的形象，“镜像我”被等同于现实的“主体我”。这种对现实生活中不满和压抑的规避，转化为一种臆想的视觉符号景观，使其满足于被众人崇拜的身体和重塑的自我。作为围观者的用户，更多的是一种身份投射，他们将生活中的危机、对情感的渴望、对品质的追求投射到主播身上，从而获得一种期待中的自我满足，成为网络直播迅速发展的重要驱动。

（二）传播仪式观下的亚文化隐喻

1. “在场”的传播仪式

从传播的仪式观看来，直播不仅是信息的传递过程，更有“在特定群体和文化中起到沟通、过渡、强化秩序及整合社会的作用”,[①] 它能够以相对统一的形态将不同地域、身份和文化背景的人组织在“共同的信仰”之下，从而完成“文化世界的秩序重建”。[②] 网络直播和由此产生的互动在一定程度上也有仪式化的特征，直播所打造的众人狂欢和神圣的典礼，将特定群体的人们统一在共同的审美经验和意义建构过程中。特定的人物、事物或者兴趣，在网络参与者心中可能会演化为一种信仰，并在群体内部进行共享、沟通和体验，甚至上升为一套群体认同的话语规范或行为准则。对此，柯林斯的“互动仪式链”理论也有类似表述，他指出，传播行为中人的具体行为就是追求情感归属的过程，人们在互动仪式中所进行的资源交换可以强化成员的群体身份认同，从而创造“共同的象征现实”。[③]

在传播仪式观看来，网络直播的传受双方带有强烈的象征意义，即“在场”的参与感，并将其上升到一种文化的阐释。游戏直播过程中，观众可以学习主播的高超技法，更多的则是享受观看过程，打赏、送花、发弹幕以及由此产生的互动过程，使每一位观众成为仪式化的参与者。这种“在场”的隐喻，使观众即使是不直接互动的“内向的疏离者”，也会在情感和精神世界做出潜在的、仪式化的交流。

2. 后现代语境下青年亚文化群体的形成

网络空间的崛起为人们提供了自由的交流空间，精英文化逐渐被平民文化解构和颠覆。青年群体作为最为活跃的参与者，常常将个性、自由、翻盘作为自己言行的时尚，以一种不同于主流文化的表达方式参与到社会文化实践中，形成了独特的青年亚文化。他们不再专注于媒介内容本身，而是强调个性化的表达方式和媒介行为，造就了具有后现代主义色彩的文化消费潮流。

---

① 郭于华：《仪式与社会变迁》，社会科学文献出版社，2000。

② 〔美〕丹尼尔·戴扬、伊莱休·卡茨：《媒介事件》，麻争旗译，北京广播学院出版社，2000。

③ 付晓光、袁月明：《对话与狂欢：从全民直播看移动视频社交》，《当代电视》2016 年第 12 期。

反权威、去中心化，网络直播的文化态势具有典型的亚文化色彩。无论是网红文化、吐槽文化还是眼球经济，都凸显当代青年努力挣脱传统的主流文化隐喻而凸显个性和自我中心主义的渴望。现实生活的压力、群体认同的隐喻，使网络直播有望成为青年群体通过技术赋权打破传统文化的藩篱，获得相对稳固的心理归属。应当指出，作为亚文化的网络直播虽然带有“颠覆”主流文化的色彩，但并不构成对中心价值的强烈对抗，更多的是以娱乐心态实现小群体式的集体狂欢和自我表达。

3. 从惯性化的生活场域到泛在化的社会文化仪式

场域是一种空间隐喻，是“位置之间客观关系的网络或图式，它既为行动者的具体实践提供客观的制约条件，也仰赖行动者的整个实践过程”。[①] 网络直播的参与者，因为共同的兴趣爱好集中到一个相似的场域，他们有着共同的心理体验。作为主播，他们的信息生产是一种反中心、非权威性的空间建构，这就与网络直播的低门槛和围观形成悖论，欲望与现实之间的冲突不断出现。为了调和这种冲突，生活化的场域就此出现，列斐伏尔认为日常生活“是各种社会活动和社会关系的汇聚地和纽带，宏观的政治经济结构通过日常生活的琐碎得以施加其影响”。[②]

网络直播将主播或他人的生活带到参与者面前，以陌生化的形态和真实的临场感，影响当代青年群体的审美认知和文化认同，满足他们的猎奇心理，治疗他们的现代性孤独。一方面，社会角色扮演是网络直播的重要元素，现实生活压力丛生，这种虚拟的社会身份建构会弥补围观者在现实中存在感的不足，个体会努力建构出一个符合自我期待和群体认同的“他者”形象；另一方面，网络直播无论是在内容上还是关系联结上，都与普通生活息息相关，成为参与者进行自我即时释放与表达的虚拟网络环境，成为人们业已惯性化的生活场域。

网络直播对前台与后台、虚拟与现实之间鸿沟的不断弥合，使演员与自

① 景熹、李振委：《网络直播成因的传播“仪式观”探析》，《今传媒》2017 年第 12 期。

② 刘怀玉：《列斐伏尔和 20 世纪西方的几种日常生活批判倾向》，《求是学刊》2003 年第 9 期。

我之间的差距逐渐消失，直播变成了真实生活场景的拟态。一旦这种直播变为随时、随地的状态，成为人们无意识的行为，它就会演变为一种新的生活方式，成为传受双方共同塑造、精英和草根共同参与的社会文化仪式。

（三）对“社会性孤独”的群体强化和社会整合

30 多年前的电影《法国中尉的女人》通过戏中戏的套层结构，预示和反讽了现代人宿命式的孤独。如今，这种孤独已经成为一种严重的社会症候，城市化和工业化的发展正在破坏传统的熟人社会，人们正在遭遇前所未有的孤独体验，人与人之间的疏离感加剧。因此，重建主体性，寻找个体和群体身份的认同显得更加迫切。

1. 以兴趣和陪伴为基础的群体行为

面对现代社会中人们的群体性孤独，具有低门槛和草根特性的网络直播可以突破地位、收入、行业、性别之间的藩篱，将具有相同或相似兴趣的人们聚合起来，形成一个个新的群体。群体成员内部基于价值目标、兴趣爱好、利益以及相关关系进行的重新整合，不仅可以消除孤独和促进人际交往，还可以共同分享彼此的经验和情感，获得群体成员的认可和接纳。像“吃播”这种“有意思无意义”甚至是“无意思也无意义”的直播形态，之所以能够拥有广泛的受众群体，多是因为群体陪伴带来的安全感。很多在现实生活中空洞乏味的行为，经由网络直播的不断渲染，使主播与粉丝之间的“弱联结”转换为超越时空、身份和血缘关系的“强联结”，形成群体内部的闭合互动路径。①

在亚文化生态中，青年群体的行为逻辑正在由集体意识导向转向个体兴趣和价值追求。在直播间这一相对独立、平等的社交场域，主播和围观者可以表达个体情感和价值，促进群体内部价值观和行动的一致性，成为群体内部的行动逻辑。这一行动逻辑的起点是自身利益的驱动，可以是经济利益，

---

① 王长潇、刘瑞一：《网络直播的价值形成、意义流变及其监管引导》，《东南传播》2018 年第 2 期。

也可以是陪伴、娱乐等精神需求。从这一点来说，网络直播的内容正在从同质化程度较高的秀场、奇观展示，转向垂直细分市场，主播和围观者也在基于自身的诉求不断互动，翻新直播形态。

2. 以虚拟社群为联结的群体结构

滕尼斯将“社群”定义为以地域、意识、行为或利益为基础，具有共同价值观的同质化人口所组成的关系密切、富有人情味的生活共同体。[①] 作为“网络利益共同体”，虚拟社群成为现实社区中面对面互动的重要补充，人们开始在线上重塑个体间的社会关系，在社群中共守规范，共担风险，彼此获取信息和情感支持。

在直播间这一相对封闭的社交空间中，网络直播通过观看和对话这两种日常生活中的基本仪式，将参与主体的个人情感能量转化为群体的集体情感，为不同文化群体提供了共享意义和符号的关键通路，由此产生情感连接，形成以某个网络主播为核心的粉丝社群结构。粉丝通过打赏获得主播的关注，也会因为主播提到自己的 ID 而欢呼雀跃，获得身份和情感的满足。“社群”文化的形成，满足了网络直播主体对自我身份的认同和对集体的心理归属，他们能够通过弱关系网络将来自不同地方的“同道”中人集聚在一起，扩大与外界的互动，促进资源交换和信息传播的多样化，以此扩大自己的社会资本。[②] 在网络社群中，人们感兴趣的不仅是内容，更是通过社群所获得的社交关系和由此所获得的认同和满足。

虚拟社群也具有与现实社群进行互动的可能性，网络直播参与主体的线上互动与交流，通过一定时间的积累，可以发展成为以主播为核心的现实生活中的社交行为。尤其对于现代化进程中个体关系日益私化、缺乏个体自主能力的青年群体，为其重新建构个体与社会的关系、提升个体自主能力和集体意识提供了可能，起到了社会整合的作用。

---

① 聂磊、傅翠晓、程丹：《微信朋友圈：社会网络视角下的虚拟社群》，《新闻记者》2013 年第 5 期。

② 李其名、黄薛兵：《青年亚文化视域下的“全民直播”现象解读》，《中国青年研究》2017 年第 11 期。

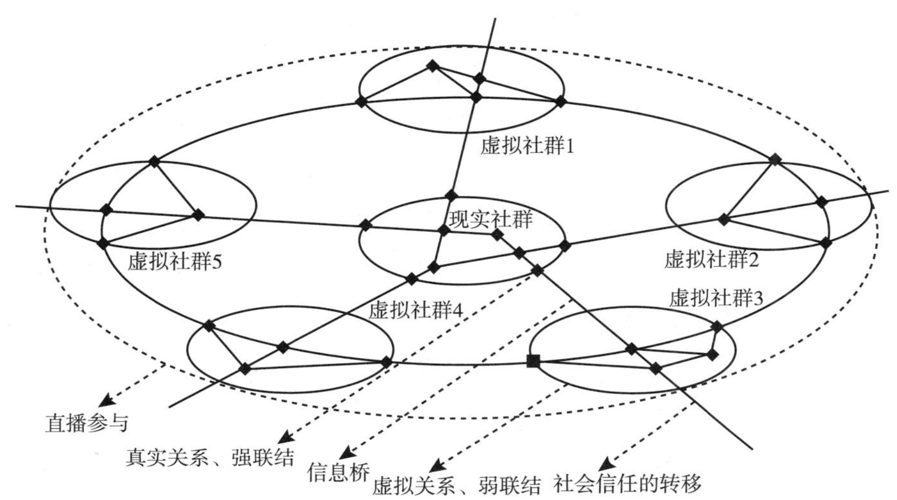

图 1　以虚拟社群为联结的网络直播群体结构

三　网络直播的文化价值反思

“技术改变所带来的媒体形式变化是隐形力量的源泉，最终会在潜移默化中塑造整个文化的特征”。[①] 以网络直播为代表的新文化景观正在极大地影响着当代青年的审美品位和价值观，他们重新找到了话语权，构筑了属于自己的文化空间。然而，隐含在这一景观中的审美偏向、价值偏差、伦理失范、话语失序等问题，犹如悬挂在网络直播头顶的“达摩克利斯之剑”，值得我们去警惕和反思。这就需要我们去深入洞察网络直播的文化内涵，消除其所带来的负面价值，平衡媒介变革与人的精神需求之间的关系。

（一）狂欢的审美偏向与理性审视

巴赫金认为，“狂欢生活是异化暂时消失的生活，它充满了宣泄性、颠

① 郑满宁：《戏谑化：社会化媒体中草根话语方式的嬗变研究》，《中国人民大学学报》2013年第5期。

覆性和大众性”。[①] 后台的消失，虚拟与现实界限的弥合，“无剧本的碎片化表演”使网络直播的参与者过度沉浸在这“虚拟狂欢世界”中，迎合其肆意挥洒的体验。在网络直播间，具有普适性的审美品位常常曲高和寡，低俗化的审美诉求成为多数虚拟社群的共性之一，传播者的最终归属便容易屈从于浅近利益和低俗大众需求。暗藏其间的是与正常的审美取向偏离甚至违背的偏向：猎奇、审丑、恶搞、自虐，以及随处可见的性暗示符号，将网络直播引向重度娱乐的文化喧嚣场域，甚至触碰道德与法律的底线。艾媒咨询的调查表明，超过七成的网民认为网络直播存在低俗化内容，高达九成的网民认为其价值导向一般或偏低。[②]

“内容不够颜值凑”，身体消费作为一种景观往往成为这种审美偏向的重灾区，秀场直播中，女性的身体符号、暧昧的语言、挑逗性的动作不断被挖掘出来，满足受众对画面的欲望投射，身体在网络直播的娱乐狂欢中以一种“被凝视”的方式变成了核心利益元素。在大尺度、低俗化的视觉语言面前，受众的窥私欲也随之水涨船高。有学者指出，这种视觉消费的审美偏向使“个体的主体性不复存在，由各种数字化符号营造的虚拟空间消解了物理世界的深度和意义，远离现实生活的‘屈从式消费’抹杀了个体的创造力和个性”。[③] 最终，网络直播参与者的欲望在这种仪式化的传播中无限膨胀，带来的负面效应也日趋显著，对生活压力和精神焦虑的释放，幻化为对后台私密空间的无限涉足、对他人的挑衅、对自我的炫耀等。如果放眼整个直播平台，把所有的“伪私密关系”链入整个互联网，它们所架构起的也是一个泛生活化的公共舆论空间，继而变为一种偏向化的社会情绪。

作为当前流行的文化形态，网络直播应当代表主流的社会审美趋向。但是，真善美的疏离、审美偏向的怪诞化正在解构传统的文化审美内涵。此种

---

① 〔苏〕巴赫金：《巴赫金全集》，钱中文译，河北教育出版社，1998。

② 《2016 年中国在线直播行业分析报告》，http：//www.iimedia.cn/45009.html，2016 年 9 月 22 日。

③ 李其名、黄薛兵：《青年亚文化视域下的“全民直播”现象解读》，《中国青年研究》2017 年第 11 期。

情况下，我们理性审视直播影像的审美意义和文化价值，引导个体文化消费的内在需求，还原审美的纯粹性，本质上也是对网络直播发展的扶正。

2017 年，北京网络文化协会联合陌陌、一直播、六间房等发起《互联网直播——京剧、昆曲、评剧、河北梆子等传统戏曲艺术人才交流平台》项目，25 期的直播观看人数达到了 630 余万人次，以“国粹之美”为主题的微博话题达到 1350 万的阅读量。活动拓宽了戏曲文化的传播通道，吸引网友对传统文化产生了广泛关注与兴趣，营造了积极向上的网络文化氛围。

（二）直播的价值偏差和媒介伦理救赎

2014 年底，一位四川青年在微博上直播自杀，引来众多网民围观，并呈现整体的冷漠、嘲讽，令人为之痛惜。青年最终选择了结束生命，他的离去也被理解为“人性匿名所致的他杀”。相比微博，今天的网络直播及其所产生的“弹幕文化”形成了威力更大的舆论场，“未成年妈妈”“黄鳝门”“社会摇”“撩妹直播”“飙车直播”等大尺度直播层出不穷，动辄引发数十万人围观，这显示了此类事件中的失范者并不只存在传播伦理的问题，更存在公共道德的问题。① 快速兴起的网络直播正在急剧改变着中国的传播生态和舆论格局，直播参与者之间“弱联结”的虚拟社会关系通常建立在匿名化的规则之上，这就有可能丧失现实世界中应有的价值规范和人文关怀，将虚幻的网络自由主义发展为人性无良和丑恶的放大器。

米歇尔·福柯用“全景敞视监狱”比作“自动施展的，毫不喧哗，形成一种能产生连锁效果的机制……在被囚禁者身上造成一种有意识的和持续可见状态，从而确保权利自动发挥作用”。② 这也是与酷刑最大的不同，“全景敞视监狱”集中在人们“最薄弱的心中”，让个体在“君主权力”之下，或成为自己的监视者，或变成自己的狱卒。

---

① 陈昌凤：《如何报道与传播“自杀”事件：“直播自杀”的传播伦理问题》，《新闻与写作》2015 年第 1 期。

② 〔法〕米歇尔·福柯：《规训与惩罚：监狱的诞生》，刘北成、杨远婴译，生活·读书·新知三联书店，2012。

全景敞视主义是在权利基础上展开的，权利主体是模糊的，任何人都处在无形目光的监视下，任何人都可以行使监视功能。作为互联网时代人类新的生存空间，网络直播和它独特的虚拟社群解构给了大众一个表达自我、展示个性的空间，人们感受到前所未有的自由，当人们为这种自由欢欣鼓舞、如痴如醉的时候，自身也处于“全景敞视监狱”所带来的无形枷锁之中。

网络直播与“全景敞视监狱”的不同在于，大众对个体的围观和凝视，取代了少量看守对大多数的监视；生活被镜头包围却浑然不知，监狱的可见性全然消失。这就使被偷拍或直播的人时刻感到被冒犯，心生恐惧。近些年，网络直播侵犯公民隐私权、名誉权的案例比比皆是，网约车司机直播与空姐谈论私生活，妈妈洗澡被娃直播，网红明星直播与他人约架和公开辱骂，一幕幕现实社会的后台景观被呈现在公众面前，而当事人却浑然不知，俨然成为现实版《楚门的世界》。人们公然享受着对他人的偷窥，名人也享受着“被偷窥”所带来的名利双收，对窥视和被窥视的渴望，使网络直播甘之如饴。

面对网络直播带来的媒介伦理失序，应当建立自律和他律相结合的引导机制，净化网络生态。首先，应当严格监管。近两年，国家出台了《网络安全法》《互联网直播服务管理规定》，初步建立了网络直播的实名认证、黑名单制度，对主播、平台等各方的权责也进行了划分。面对直播中出现的价值导向不正、格调低俗等突出问题，网信部门对平台方采用约谈、关停等方式努力加以制止。

其次，直播平台出现问题后，往往只能采取亡羊补牢的事后处罚，面对蜂拥而至的资本和“嗜血”的注意力经济，传播秩序的失范难以避免。媒介伦理救赎的最高标准是自律，个人才是真正的道德行动者。对此，有学者引入“波特模式”对个体在这种道德伦理困境中所采取的行为的正当性加以框定，提出了定义、价值、诉诸伦理原则、忠诚等四步伦理决策方法，①

---

① 韩笑恬：《网络直播生态及媒介伦理抉择：以波特模式为研究视域》，《新媒体研究》2017年第7期。

作为网络直播平台参与各方的道德伦理准则。

北京率先在全国发起网络直播行业的自律行动。2016 年北京网络文化协会发布《北京网络直播行业自律公约》，倡导通过网络主播的实名制、制定行业进入的年龄限制等措施来加强行业自律；2017 年，北京开始实行网络直播企业备案制度，要求直播平台加强道德自律和责任意识，自觉抵制低俗、恶俗内容，以正确的价值导向发挥引导网络舆论、弘扬正能量的社会责任。

（三）媒介生态的结构性坍塌与话语秩序重建

以网络直播为代表的泛娱乐化，带来的是传播语境的“碎化”，公众可以对文本意义进行自由解读和建构，从而造成社会话语的结构性失衡，主流话语与公众话语的不对称现象愈发凸显。此种情形下，媒介生态也随之发生结构性坍塌，传播者和受众关系日渐模糊，使原本单向的传播形态变为动态互动的意义建构过程，传统的议程设置难以奏效，沉默的螺旋不再沉默，把关人失去了话语权，既有的传播理论和方法难以解释、引导新的传播行为和效果，媒介组织的权力遭到严重削弱，难以组建起有序的对话和交流。各种社会议题被暴露在网络媒体的聚光灯之下，不再因循主流媒体的报道框架进行意义建构，公众可以根据自己或他人的经验，不受约束地进行质疑、围观，甚至是批判和谩骂。

社会话语秩序的重建过程必须重视主流媒体的价值引领和舆论引导作用。以电视直播为例，面对传播语境的“碎化”，电视直播可以围绕某一特定事件或议题，为受众带来相对统一的时空体验，受众在共同的参与过程中接受主流媒体所提供的符号再生产和意义解读。尤其是在重大突发事件的报道中，电视直播可以通过提供统一的、具有深层意旨的视听符号系统，带领受众进行跨时空的“重聚”，为后者传递出统一的集体记忆和心理体验，从而形成价值、伦理和情感的共有经验，在潜移默化中形成社会话语的重新秩序化。

细节真实、整体偏离是网络舆论的典型特点，这也导致网络直播难以构

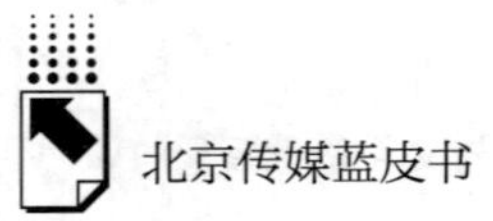

建起有效的理性场域。电视媒体的专业性，可以围绕特定议题进行全方位、持续性报道，现场报道、主持人串联、专家解读多场域的互动连线，可以为受众提供集合式信息。它得益于两点：一是电视媒体严密的组织流程和专业的报道团队，可以通过既定的报道框架为受众提供富有厚度和立体感的信息；二是专业把关人对信息内容的筛选和系统运作，可以实现信息的平衡报道，从而营造出外部世界的总体真实。

可见，以电视直播为代表的主流媒体可以传递出网络直播所不具有的传播仪式感，可以实现人们情感的共鸣、精神的统一和社会和谐。多元媒介生态下不能忽略对传统主流媒体话语权的挖掘，必须将网络直播与主流媒体报道结合起来，使其相互协调、立体传播，通过话语秩序重建赋予公众真善美的情感体验，从而有效引导舆论。

B.16

2017年中国网络自制节目综合解析*

顾亚奇　王　薇**

摘　要： 2017年是中国网络自制节目的重要"拐点"，在政策监管下社会责任建设和内容导向的价值引领方面均有明显提升。技术驱动、平台优势及资本注入使各类网络自制节目呈现良好发展势头：网络新闻节目形态和语态创新取得新突破，网络综艺节目全面赶超电视综艺且势头强劲，网络自制剧打破网台壁垒，迈上内涵式发展轨道，新媒体纪录片以三屏联动不断拓展发展空间，网络大电影质量提升显著，网络短视频从泛娱乐化转向垂直化发展。在行业竞争加剧的背景下，政策监管、平台自律、内容深耕、运营创新为网络自制节目的未来创造了新的空间。

关键词： 主流媒体　自制节目　网络综艺　网剧　融合

2017年中国网络视听节目在外部驱动、内部再造上均有不同程度的推进。从外部环境看：政策监管趋紧，网络新闻、网络综艺、网络自制剧、网

---

* 本文系北京市社会科学基金项目"网络自制节目的价值生态问题研究"（项目编号：16YTB022）的研究成果；本成果受到中国人民大学"统筹推进世界一流大学和一流学科建设"专项经费的支持。

** 顾亚奇，中国人民大学艺术学院副教授、硕士生导师，文化创新与传播研究中心主任，中国传媒大学文学博士、北京大学艺术学博士后，主要研究领域为艺术策划、影视文化和媒介批评；王薇，中国人民大学艺术学院2017级硕士研究生，主要研究领域为艺术理论、传媒艺术。

络大电影等互联网文化内容成为被重点关注的领域；技术发展迅速，AI、VR 等技术开始尝试运用于各类网络自制节目中，收效良好；用户对内容消费需求增大，网生内容呈爆发式增长；资本大量注入网络视听市场，投资回报初显。从内部运营来看：各大平台内容生态逐渐成熟，呈精品、垂直、纵深向发展；各类型自制节目市场价值凸显，用户付费规模大量增长，商业变现迎来春天。综合而言，2017 年的网络自制节目在移动互联网环境下逐渐形成生态链，各平台在激烈的竞争中通过内容、技术、经营、服务等方面的创新，不断在市场红海中寻找一片蓝海。

一　网络新闻：技术突破与内容生产深度融合

《2017 年中国网络媒体公信力调查报告》显示：网络媒体在综合影响力方面，已经形成了以人民网、新华网、腾讯网、人民日报客户端、腾讯新闻客户端等为主的第一梯队。[①] 在网络媒体舆论备受瞩目的背景下，民众渴望真相，受众对优质内容的需求倍增。此外，2017 年 6 月 1 日开始施行的《互联网新闻信息服务管理规定》，标志着互联网新闻领域相关法律法规建设进一步健全，它一方面保护了互联网新闻服务单位的合法权益，另一方面也促进互联网新闻信息服务行业健康发展。

（一）新型主流媒体：技术与内容并行，力求“形神兼备”

1. “媒体大脑”开辟先河，人工智能改写新闻生产方式

2017 年，媒体融合发展已进入深水区，各大主流媒体形成了报、网、端、微全线发力的综合传播态势，与之相匹配的是技术不断更新迭代。在《人民日报》、新华社、中央电视台等各大主流媒体建设“中央厨房”取得一定进展与不错成绩之时，新华社又发布了一款人工智能平台“媒体大

① 《工信部：〈2017 年中国网络媒体公信力调查报告〉发布》，http：//tech. qq. com/a/20180226/021195. htm。

脑”。它基于云计算、大数据、人工智能（AI）等技术，向海内外媒体提供2410（智能媒体生产平台）、采蜜、新闻分发、版权监测、人脸核查、用户画像、智能会话、语音合成等8个模块的服务，探索人工智能时代媒介形态和传播方式。[①] 传统主流新闻媒体主动利用新技术激活新闻产品，焕发出时代生命力。比如，在全国“两会”召开之际，“媒体大脑”从5亿网页中梳理出新闻舆情热词，15秒钟就生产出第一条“两会”视频新闻。此外，“媒体大脑”能够自动分析“两会”舆情、生成可视化图表，连配音、配图和视频剪辑都是自动完成。[②] 由此可见，人工智能在新闻报道领域的应用正不断深入，类似的生产方式将是今后新闻生产的一个必然趋势。当然，新技术手段的应用在新闻生产方式上实现了生产力的解放，但真正有态度、有深度、有温度的新闻报道，依然需要优秀的媒体人为其赋能，人文精神与技术革新需协同前行。

2. 主动革新报道语态，增强内容传播的辐射力和感染力

在短平快的互联网平台保证“准确”的前提下，新闻报道通过语态转变，重点突出口语化，更能适应网络传播。比如，2016年7月改版上线的新华社微信公众号，仅用一年多的时间，粉丝数就从100万激增到1500万，日阅读量接近500万，品牌效应凸显，其中最典型的案例是“刚刚体”的爆红。始于2017年6月21日《刚刚，沙特王储被废了》这篇9个字的标题、45字的内容，创下了新华社微信乃至微信公号范围内的一系列纪录：阅读量增速最快——10分钟内阅读量突破10万次；阅读量最高——788万次阅读量；点赞量最高——15万次点赞；评论量最高——6.7万条评论；分享量最高——46万次分享。[③] 这一模式的成功，引发其他主流媒体的效仿，“来了！”“定了！”这些口语化的字眼在主流媒体网络端频繁出现，既接地

① 徐常亮：《媒体大脑：媒体与人工智能的融合重生之路》，《传媒》2018年第3期。

② 《“媒体大脑”首次上岗，“新闻”报道又升级》，http://www.jiemian.com/article/2004159.html。

③ 关开亮：《新华社网红编辑：通稿到“爆款”的距离只一个好标题》，传媒圈微信公众号，2018年3月5日。

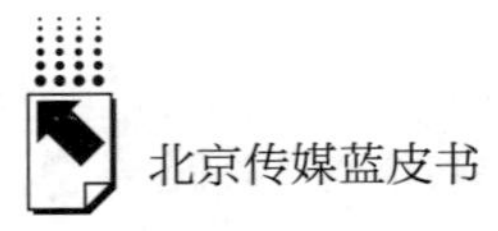

气又吸引受众的关注。

另外，传统主流媒体适应互联网语境与传播特性，一改以往的“高冷范儿”，主动增强与受众的交流互动，提高用户黏性。在内容方面，将编辑的态度、情绪融入内容中，配合优质的图片和视频，受众更易产生情感共鸣。比如，针对南海仲裁案发出的《刚刚，南海非法仲裁结果出来了，中国的态度在这里》、汶川地震纪念日推出的《一转眼，整整9年过去了……》、国家公祭日推出的《南京大屠杀为什么和你有关系!》，很多严肃内容通过这种语态的报道，在传播权威声音的同时也增加了新闻的人情味和感染力。

（二）网络资讯媒体：个性化定制强化精准传播

1. 技术突破服务个性化需求，共享数据打造信息生态网络

移动化是2017年中国网络新闻发展的特点，也是今后的必然趋势，这背后是技术的支持。截至2017年12月，我国手机网民规模达7.53亿，网络视频用户规模达5.79亿，占网民总体的75.0%，手机网络视频用户规模达5.49亿，占手机网民的72.9%。[①] 透过数据可知，随着智能手机的普及和移动网络环境的不断优化，用户更多选择通过移动设备获取新闻信息。网络资讯媒体通过对智能推荐系统、视频加速功能、个性化新闻定制等技术的应用和升级，力图打造移动信息生态网络，形成与传统主流媒体相抗衡的态势。这些媒体平台虽不具备采访权，但拥有大量用户资源，在强大的算法模型的支持下，通过分析用户行为，将用户感兴趣的新闻个性化推送，不断提升用户体验。此外，人工智能技术也逐渐发展成资讯平台核心竞争力，平台在资讯整合、内容制作推荐、营销推广、互动交流等方面进一步发展。比如，腾讯新闻整合大平台的各类资源，在用户活跃数量上遥遥领先；今日头条通过逐步打通旗下今日头条、西瓜视频、抖音短视频、火山小视频、悟空问答等产品，共享用户数据，并在算法技术上拥有自己的核心竞争力，打造

---

① 中国互联网络信息中心（CNNIC）：《第41次〈中国互联网络发展状况统计报告〉》，http：//www.cnnic.net.cn/hlwfzyj/hlwxzbg/hlwtjbg/201803/P020180305409870339136.pdf。

智能技术连接人与信息的内容平台。

2. 流量导向转至内容经营，深耕内容成各平台发展新策略

网络资讯媒体不断更新进化，根植于有海量内容需求的新生用户。深挖用户需求，制作优质内容是平台单纯从流量驱动转向多维布局的重点策略之一。短视频、直播、VR 等富媒体化内容形态逐步受到关注和使用，为用户提供了更大的信息密度和更细的颗粒度；加之技术（如人工智能）助力内容生产，也进一步提升了生产效率。比如，“两会”期间腾讯新闻联合多家媒体推出《两会同期声》《秒懂两会》独家短视频栏目，其中仅《3 分钟听完总理这 10 句话，句句都与你我有关》一则短视频就获得 438 万播放量；再如，主张“各有态度”的网易新闻，将多元化观点内容输出作为一条内容生态链，平台平均每天产生 300 万条跟帖。网易新闻利用这一拳头产品，不断发掘用户观点价值并将其放大，延伸出符合当下年轻人态度的品牌活动，不光注重对新闻内容的深耕，还针对用户二次创造的深层内容价值进行精细化运营。

3. 内容生产凸显“娱乐性、趣味性、互动性”一体化

与传统媒体相比，用户在网络平台上获取资讯，更多的诉求往往归结为：及时、易读、随时随地了解热点事件并获取深度报道与分析。无论是从话题的新鲜度、内容制作的简单化，还是到内容的碎片化处理程度上，网络资讯新闻节目都实现了资源的高效利用。从节目形式到话题的选择，网络自制新闻节目大多体现了娱乐性、趣味性、互动性一体化的特点。例如，腾讯网推出的《新闻哥：换个姿势看新闻》、暴风影音的《屌丝资讯播报》、爱奇艺推出的《爱奇艺早班机》等。这些节目都具有年轻化、娱乐化以及互动性强的内容风格，这与互联网环境主要观看群体年轻化的收视特征较为符合。在话题选择上，主要有：明星八卦、国家大事、民生事件和国外热点事件等，其中明星八卦和民生新闻占比较大。网络新闻节目不仅追求传统的新闻价值，还要有足够的趣味性、吸引力。比如，很多节目中策划的街头采访、主持人访谈，都着力展现对网友意见的征求，对多元观点的包容，节目的嘉宾也站在不同立场进行各自观点的交锋，体现了新媒体语境下的多元价值共存。

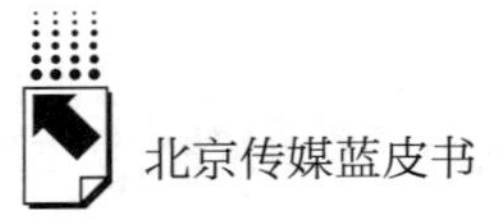

（三）网络社交媒体："后真相时代"的公共舆论新形态

2017 年，以微博、微信等平台为主的网络社交媒体，成为受众获取新闻信息的重要渠道，迎来了新闻的"后真相时代"。"后真相"已经被牛津词典列为 2016 年年度词汇，牛津字典把"后真相"定义为"诉诸情感及个人信念，较客观事实更能影响民意"。[①] 受发布规则的制约，社交媒体平台的新闻视频大多来自外部新闻网站的链接，经过网民的二次传播、二次解读往往更能发掘新闻的深层价值，人们更加关注的是情感和观点，情感甚至胜于客观事实。每一个使用新媒体技术的网络用户都能够参与新闻的生产、制作和传播，个体化、碎片化、情感化共同建构了"后真相时代"网络社交媒体新闻内容的发展趋势。在此基础上出现了新闻视频的"剪刀手"与"搬运工"，经过二次加工和多次传播，有的因内容质量不过关，造成舆论事件或形成负面影响。所以，在网络社交媒体领域，新闻的生产传播更需要行业的监管和专业的坚守。

2016 年 12 月 16 日发布的《关于加强微博、微信等网络社交平台传播视听节目管理通知》就要求："利用微博、微信等各类社交应用开展互联网视听节目服务的网络平台，应取得信息网络传播视听节目许可证等法律法规规定的相关资质；微博、微信等网络社交平台不得转发网民自制时政类视听新闻节目。"相关网络新闻节目的制度正在逐渐建立并不断完善，建立健全的网络新闻制度已是当前不容忽视甚至迫在眉睫的任务，唯有如此才能更加有效地引导网络新闻朝着正确的方向发展。

二　网络综艺：全面赶超电视综艺且势头强劲

继 2016 年网络综艺逐渐"包围"电视综艺之后，2017 年可预见地迎来了网综市场的"爆发之年"，网络综艺节目在数量、质量、播放量、影

① 马广军：《后真相时代网络社交媒体传播技术因素研究》，《新闻战线》2017 年第 18 期。

响力上全面赶超，交出了更加夺目的成绩单。据统计，2017 年，主流视频网站共上线 159 部网络综艺，投资规模达 43 亿元，同比增长 43%，播放量超 500 亿次，市场表现与电视综艺比肩。[①] 网综市场经历了 2014 年到 2016 年三年的快速积累，在资本大量注入、人才迅猛涌入、政策略有收紧的背景下，2017 年的网络综艺节目在内容打造、平台布局、产业运营、变现渠道等方面均做了大量探索并初具规模，呈现爆款节目频出、热度流量猛增、跨界融合加速、变现能力增强的特点。2017 年的网综市场进一步走向大制作、多元化、矩阵化，各方力量共同造就了网络综艺超越电视综艺的强势劲头。

（一）内容关键词：综 N 代、选秀、圈层、跨界

1. 综 N 代：IP 效应虽在持续，但普遍面临下滑危机

“综 N 代”是指把收视率高的名牌节目进行再次开发的综艺节目，其品牌价值已经过前几轮的市场验证，基于大量人气基础和 IP 效应，通过对节目内容的更新迭代，能够持续吸引观众关注。2017 年网综流量 TOP30 中尝试系列化开发的纯网综即达 9 部。从传统台综 N 代借鉴而来有《奔跑吧兄弟》（2、3、4）、《爸爸去哪儿》（2、3、4）、《我是歌手》（2、3）等。纯网综 N 代有爱奇艺的《奇葩说 4》、《大学生来了 2》、《姐姐好饿 2》，优酷的《圆桌派 2》、《晓说 2017》、《火星情报局 3》，芒果 TV 的《明星大侦探》（2、3）、《妈妈是超人 2》等。这些在原有 IP 基础上衍生出的节目，通过内容和形式的再度创新，在保持稳定的前提下取得了相对不错的成绩。

但是，由于互联网传播多样性、快速性、广泛性、丰富性、年轻化等特点，受众对节目的审美疲劳周期缩短，能够真正实现“芝麻开花节节高”的网综节目并不多见。例如，起初被看好的《奇葩说 4》，招商收入从第一季的 5000 万元猛增至第四季的 4 亿元，虽然节目在导师制度和辩论环节均

① 艺恩网：《艺恩发布〈2017 中国网络综艺市场白皮书〉》，http：//www. entgroup. cn/Views/44630. shtml。

做了不小的突破和改革，但相对于第一季豆瓣评分 9.1 分的高口碑，第四季仅为 7.8 分。不少网综 N 代无论是在口碑、播放量还是在影响力上，都面临持续走低的颓势，受众的新鲜感大多停留在第一季上，如何在已有受众定位的基础上打破模式固化、创新乏力的桎梏，也是当下网综 N 代必须面对的现实挑战。

2. 选秀：平台转换探索新“造星”模式

2004 年，湖南卫视《超级女声》开启电视综艺选秀元年。沉寂多年后，互联网选秀成为网综的集中发力点，业界把 2017 年称为“网综选秀元年”。爱奇艺的《中国有嘻哈》、腾讯视频的《明日之子》、芒果 TV 的《快乐男声 2017》扎堆于暑期，主要面向青少年受众群体。其中，不乏从小众垂直类节目脱颖而出，一度逆袭成为爆款的现象级网综，由此也验证了互联网造星能力的强大。这一类的选秀节目不同于经纪公司推出的“成品”偶像，往往通过粉丝的关注与支持来为偶像立“人设”，以打造新的“造星”模式。在偶像的选拔上，因为主要针对 95 后、00 后这一群体，节目制作方把更多的选择权给了“受众”。这一特定群体的粉丝们具有极强的主动探索欲，他们利用自己的媒介素养，考证自己所支持的偶像是否立得住。考证内容不仅包含偶像的才艺，还包含性格、人格魅力等多个维度。从这一维度来看，网综选秀节目更像是节目制作方与消费者之间的游戏和博弈，网络综艺的多元性、互动性、开放性等特点充分彰显，这是平台转换给节目带来的最大变化。

虽然网络选秀节目移植了“全民制作人”的概念，表面上明确了粉丝的权利，但其实质仍然是消费主义逻辑主导的市场目的。比如，《中国有嘻哈》冠军争夺战中采用直播的形式引导网民刷礼物助力偶像夺冠，将投票作为商品进行贩卖，俨然将节目变成了吸金的游戏。

3. 圈层：小众垂直类节目异军突起但前景不明

在网络经济、文化、资本、技术的相互作用下，传统媒体建构的主流意识形态在互联网的环境中被打破、分化。生活碎片化、选择多样化的年轻受众更愿意追逐体现个体精神的意识形态，这就形成了互联网中非主流意识形态与主流意识形态并存的状况。2017 年一些网综将视野投向对嘻哈、街舞、机器、偶像养成等青少年小众圈层文化的研究与开发上，这些题材在打造品牌个性、吸引热度流量、紧跟潮流语态上具有得天独厚的优势。小众垂直类节目经过深耕细作的打造，对精准受众来说具有新鲜感和吸引力，首先形成一波讨论和口碑，再通过互联网的广泛传播，最终进入大众视野。例如，中国嘻哈文化的探路者《中国有嘻哈》、被评为“S + 超级网综”的《机器人争霸》、偶像养成类娱乐选秀节目《明日之子》，都是从小众转向大众的现象级节目。

但是，一些节目由于片面迎合受众口味、制造低俗内容、传播畸形价值观，触碰政策红线的情况时有发生。2017 年 6 月 30 日发布的《关于进一步加强网络视听节目创作播出管理的通知》明确提出，网络视听节目与广播电视节目实行同一标准、同一尺度。这意味着节目制作方不能仅以市场为导向，更应注重内容质量的净化，传播社会主义核心价值观，倡导文明健康的网络综艺。

4. 跨界：多维杂糅，挖掘话题收割流量

泛娱乐趋势下，影视、音乐、主持等各领域的明星纷纷突破娱乐边界加入网综阵营，其中脱口秀节目就是一大流量重镇。明星跨界吐槽，给受众展现出以往不为人知的一面，通过热点话题带动节目流量与互联网热度，一则带给用户真实感，二则提升用户观看的新鲜感。例如，喜剧脱口秀节目《吐槽大会》就以话题明星自嘲和接受吐槽的模式，第一季话题播放量 TOP3 共计达到 6. 7 亿次，对于生活压力大的现代人，这类节目以吐槽的方式达到减压目的，是脱口秀节目获得成功的原因所在。另外，将素人选手提升至节目主角位置也是 2017 年脱口秀节目的又一跨界特色。挖掘社会热点话题，素人选手更接地气，受众为之轻松一笑，双方因此达到共鸣。比如，腾讯视频的《脱口秀大会》，其中的“你真的有朋友吗”“北上广，爱，来，不，来”“以爱的名义绑架你”等 TOP5 话题，播放量共计达 8. 1 亿次。

多维价值的挖掘还体现在跨领域 IP 联动上。由腾讯游戏开发的爆款手游《王者荣耀》，平台将 IP 效应不断放大。2017 年 12 月 15 日上线的实景真人对抗节目《王者出击》，作为首款游戏 IP 改编网综，上线仅 5 期，播放量就斩获 10.3 亿次。基于年轻网络受众的多元化需求，平台尝试多维创新和探索，是今后网综节目的一大方向。

此外，多种类型的杂糅也是 2017 年网综的另一个特征。网综生产不再局限于单一的模式，而是将多种节目的特征融合在一起，吸引不同类型受众的关注。杂糅的节目类型使网络综艺逐渐跳出了模式化的节目生产过程，不断创新的节目模式使网络综艺产业不断被注入新的活力。比如，《下一站大明星》是以年轻男艺人“合宿 + 养成”为亮点的网络综艺节目，杂糅了选秀节目、真人秀节目的特征，《姐姐好饿 2》将美食节目和访谈节目的特征结合在一起，《吃光全宇宙》融合了美食节目、户外探索节目和真人秀节目的特征。

（二）平台运营：头部格局初现，资本支撑平台升级

网络综艺节目与平台战略布局紧密联系，通过品牌调性的打造，达到增强平台用户黏性的目的。从整体制作数量上看，“爱优腾”依靠背后 BAT 强大的资本运作，依然稳居第一梯队，且同比呈增长趋势。腾讯视频超越爱奇艺在数量上居于各大视频网站之首，主要有《明日之子》《脱口秀大会》《拜托了冰箱 3》《拜托了衣橱》《美食告白记》等作品。爱奇艺出品了《中国有嘻哈》《姐姐好饿 2》《大学生来了 2》《明星的诞生》等作品。优酷出品了《火星情报局 2》《小手牵小狗》《穿越吧厨房》等作品。值得注意的是，依托于湖南卫视的芒果 TV，2017 年网综领域有了跨越式的发展，跻身第一梯队，与前三名共分市场，与第二梯队的乐视视频和搜狐视频有了明显分野，打造了《爸爸去哪儿 5》《妈妈是超人 2》《明星大侦探 2》《逛吃逛吃开饭啦!》《2017 变形记》等作品。①

---

① 国家新闻出版广电总局监管中心：《2017 网络综艺发展分析报告》，http：//www.sohu.com/a/209368162_ 728306。

1. 马太效应：爆款节目催生“强者愈强”格局

继2016年“超级网综”概念被提出，2017年高投入、大制作的头部网综迎来高回报，这加速了网综市场的两极分化，马太效应明显。数据显示：2017年新上线网综播放量TOP10占比48%，市场集中度较高，均值同比增长166%，达到23.88亿次。TOP10网综涵盖了真人秀、脱口秀、纪实类节目，其中真人秀占70%，脱口秀占20%，形成网综类型竞争新格局。[①] 在头部内容市场表现中，腾讯视频《明日之子》、爱奇艺《中国有嘻哈》成为热搜、流量双高爆款；另外芒果TV和优酷的《爸爸去哪儿5》，芒果TV的《明星大侦探2》《2017变形记》，腾讯视频的《吐槽大会》《脱口秀大会》均取得了不俗的成绩。平台发起、资本驱动使头部网综在节目模式、明星嘉宾、制作团队、用户定位以及营销宣发策略等多个方面占据优势，“强者愈强，弱者愈弱”，这种格局正不断被加固并呈扩大之势。

2. 资本驱动：矩阵化、强布局、大内容

中国互联网文娱产业已步入全新的生态时代，网络综艺同样面临全面升级的战略挑战。爱奇艺继续实施年轻化策略并在引入台湾艺人方面做了大量尝试，如《奇葩说4》秉承着“以包容的姿态接受多元”的核心价值，在继承之前“毒舌”“犀利”话风的基础上，又在内容选择上直击当下年轻人生存中的“痛点”“泪点”；《中国有嘻哈》《姐姐好饿2》《旅行的声音》等节目中大量试水台湾艺人。优酷一方面有阿里生态加持的大数据营销和全链路营销体系，另一方面战略布局“6+V”综艺矩阵，在喜剧、脱口秀、真人秀、偶像养成、亲子、音乐等六大主流综艺板块中实现超级网综和精准网综双向出击。超级网综，如将脱口秀节目《火星情报局》延展为“火星节目带”，衍生出《火星实验室》《火星学院》等作品；精准垂直网综，如偶像养成节目《超次元偶像》《王牌经纪人》，亲子综艺《大手牵小狗》《厉害了爸比》，文化类节目《晓说2017》《再见李敖》等。腾讯视频则在

---

① 艺恩网：《艺恩发布〈2017中国网络综艺市场白皮书〉》，http://www.entgroup.cn/Views/44630.shtml。

版权综艺和自制综艺上双管齐下，新增《奔跑吧》《极限挑战 3》《演员的诞生》《王牌对王牌 2》《我们相爱吧 3》《中餐厅》《亲爱的客栈》《青春旅社》《喜剧总动员 2》等大量头部 IP 版权，显现强势吸睛能力；在自制综艺上开发了《明日之子》《吐槽大会》《脱口秀大会》等爆款作品，并衍生 IP 矩阵，通过广告、会员付费、衍生商品、线上销售、艺人经纪、“直播 + 点播”、系列内容开发、线下演唱会等形式，达到内容不断循环的产业链状态。

三　网络自制剧：打破网台壁垒，追求内涵式发展

网络自制剧自 2011 年起步发展至今，经过前六年的探索、成长、积累，2017 年的传播效果与口碑均有了相对稳定的成绩，优秀网剧作品甚至超越电视剧。从自制剧数量上来看，相对前几年，同比增长放缓；从质量上看，在资本助推之下网剧投入更大，类型题材更加丰富多样，网剧新类型、新题材探索取得不小的突破。

（一）题材：类型多样化，IP 与原创平分秋色

2017 年的网综市场在题材类型上大力开疆扩土，每种题材几乎都有“爆款”诞生，往往在一部剧中包含多种题材元素，这是在网剧领域的一个新探索，如《河神》同时包含了传奇、探案和悬疑的元素；《双世宠妃》包含穿越、古装宫廷、青春偶像等元素。值得注意的是，悬疑探案类题材网剧最令人惊喜，在 TOP10 网剧中瓜分了近三成流量，《白夜追凶》《无证之罪》《河神》等该类型下的网剧作品都兼具了高口碑与高流量。

“甜宠类”题材也继续占有一席之地。《双世宠妃》《亲爱的王子大人》《致我们单纯的小美好》《你好，旧时光》等在网剧市场一再得到验证，主要面向网络年轻女性群体。另外，喜剧和青春爱情剧呈现不温不火的状态，主要由于喜剧的制作难度相对较大，青春爱情剧的内容创新程度不高，这意味着这两类题材迈向精品化还有很长一段路要走。

IP 改编剧数量上稳步增长，播放量呈飞速增长之势。古代传奇类作品

的平均前台播放量最高，其次是冒险、玄幻、言情、青春校园类。[①] 顶级IP + 人气明星的组合曾是网剧市场获取粉丝效应的流量保障，但由于近年来IP市场优秀内容被不断开采，网剧内容政策管控趋严，加之部分“流量明星”演技欠佳等，依靠精品内容赢得口碑与流量是IP剧力图突破的方向。比如，《河神》对原作颠覆性地改编，充满新意，取得巨大成功；《无罪之证》提取原作精髓，重新塑造剧中人物性格；《你好，旧时光》、《致我们单纯的小美好》以及《春风十里不如你》等青春校园剧，一改以往青春剧不接地气的弊端，用真实而隐喻的表现方式，表达青春里的欲望和冲动，受到观众追捧；《琅琊榜之风起长林》《九州·海上牧云记》因演员的精湛演技、画面的表现张力，以及可圈可点的故事本身，也取得了不错的口碑。

原创网剧数量呈下降趋势，但前台播放量涨幅显著。悬疑推理剧《白夜追凶》《盲侠大律师》《卧底》，历史剧《大军师司马懿》系列，青春校园剧《一起同过窗2》等均来自原创剧本，制作精良表现突出，均有一定示范意义。其中，最出色的如《白夜追凶》，其海外发行权已被Netflix买下，将通过Netflix在全球190多个国家和地区播出，成为首部正式在海外大范围播出的国产网络剧集。可见，受众对于原创网剧的期待依然有增无减，平台以精品内容俘获观众，方能赢得高口碑、高流量、高播放量。

（二）制作：精品式创作，差异化定位

1. 政策监管助推网剧走向内涵式发展

2017年6月27日，国家新闻出版广电总局下发了《网络文学出版服务单位社会效益评估试行办法》，通过出版质量、传播能力、内容创新、制度建设、社会和文化影响五项对网络文学出版服务单位的社会效益进行评估，意味着监管层面已经上升到IP的源头，从源头开始严格把关。同月30日国家新闻出版广电总局又发布了《网络视听节目内容审核通则》，明确了“先审后播，自审自播，

① 《2017年网络剧报告：年度总播放量猛增，口碑剧频出，好故事成制胜关键》，http://www.sohu.com/a/216877771_436725。

未审不播”的审核机制，对网络视听节目的创作播出提出进一步要求，视频行业面临全面整改。2017 年 9 月 4 日，五部门又联合下发的《关于支持电视剧繁荣发展若干政策的通知》，提出“对电视剧、网络剧实行同一标准进行管理，规范网上播出影视剧行为，未取得新闻出版广电部门颁发许可证的影视剧一律不得上网播放”，这是自 2016 年以来，“网台同标”的又一次重要管控。在严格的政策监管下，网剧制作开始从“对标电视剧”“打电视剧擦边球”的状态中走出，行业自觉逐步发力，真正精品化程度高的作品深受观众追捧。

豆瓣网数据显示，优秀网络剧的评分已超越电视剧——《白夜追凶》以 9.0 分的高分超越《白鹿原》的 8.8 分，同时在优秀数量上网剧也占据明显优势（见表 1 和表 2）。可以看出，观众正逐渐摆脱网络自制剧粗制滥

表 1　2017 评分最高的大陆网络剧

单位：分，人

序号	剧集名	豆瓣评分	评价人数	序号	剧集名	豆瓣评分	评价人数
1	《白夜追凶》	9.0	214570	6	《杀不死》	8.2	18351
2	《一起同过窗 2》	8.8	25110	7	《花间提壶方大厨》	7.8	26252
3	《你好，旧时光》	8.6	66485	8	《盲侠大律师》	7.8	13489
4	《河神》	8.3	82936	9	《致我们单纯的小美好》	7.2	56111
5	《无罪无证》	8.2	59336	10	《九州·海上牧云记》	6.9	57170

资料来源：《2017 评分最高的大陆网络剧》，https：//movie. douban. com/annual/2017？source = navigation#29。

表 2　2017 评分最高的大陆电视剧集

单位：分，人

序号	剧集名	豆瓣评分	评价人数	序号	剧集名	豆瓣评分	评价人数
1	《白鹿原》	8.8	53263	6	《射雕英雄传》	7.9	45850
2	《大秦帝国之崛起》	8.5	24545	7	《外科风云》	7.3	46400
3	《人民的名义》	8.3	190495	8	《那年花开月正圆》	7.2	58865
4	《鸡毛飞上天》	8.1	18127	9	《我的！体育教师》	7.0	15172
5	《大军师司马懿之军师联盟》	8.1	71578	10	《大唐荣耀》	6.7	49290

资料来源：《2017 评分最高的大陆电视剧集》，https：//movie. douban. com/annual/2017？source = navigation#30。

造的原有印象，其根本原因在于网剧在题材选择、剧本创作、演员演技、后期制作等方面都在加速升级，内涵发展成效显现。可见，大投资时代，依然需要根植于内容，唯有用心制作好剧，才能获得观众认同。基于日趋专业化的制作背景，网剧超越电视剧、网台壁垒逐渐消失、越来越多的网剧实现网台同步，甚至反向输出电视台的状况，今后先网后台将是一大趋势。如《大军师司马懿之军师联盟》就在优酷和卫视频道同时播出，收官时播放量近60亿次，CSM52城最高收视率破1，斩获了网络点击率和收视率的全面丰收。

2. 三大视频网站领跑市场，视频网站与电视之间用户区分度明显

网络自制剧近几年的飞速发展，已在各平台积累了一定数量观众。根据艾瑞网数据，移动视频用户和电视观众在年龄分布上差异明显，移动视频用户中51.7%集中在25～35岁中青年阶段，而电视观众年龄分布则呈两极分化状态，35岁以上用户占比54.2%，其次为24岁以下用户，占比30.3%①，可见，在用户画像上网台有着明显分野。随着互联网移动化水平的提高、各平台传输成本的下降，网剧制作周期变短，如何在千变万化的网络环境中占据优势，也是网剧制作方不断尝试和探索的问题。其中寻求差异化、定向圈层受众，是2017年的网剧市场一个明显特征。

“爱优腾”三大视频网站依然一马当先，在制播数量上均稳占高地，位于第一梯队。爱奇艺的网络剧数量在各平台中遥遥领先，主打喜剧、悬疑推理、爱情三大类型，比如，喜剧类《花间提壶方大厨》系列，悬疑推理类《河神》和《盲侠大律师》系列等，罪案类《无证之罪》、青春校园类《你好，旧时光》也表现亮眼。腾讯视频在网剧数量上不敌爱奇艺，最大黑马是言情剧《双世宠妃》；运动竞技题材网剧是腾讯视频的大胆尝试，代表作是《蔚蓝50米》；此外，喜剧类表现不错，有《乡村爱情9》《小五当官》等。优酷在第一梯队的独播剧数量上最少，但头部内容表现极为突出，如历史剧《大军师司马懿》系列的《军师联盟》《虎啸龙吟》，罪案类《白夜追

① 《中国网络自制内容行业研究报告：自制剧、自制综艺篇（2017年）》，http://report.iresearch.cn/report_pdf.aspx?id=3088。

凶》等都力图在题材类型上寻求新出路。

搜狐视频、乐视视频、芒果TV等第二梯队平台在独播网剧数量上远不及第一梯队三大平台，但在题材类型上都在做着多样化探索。比如，搜狐视频采取“反其道而行，弥补市场缺位”的策略，探索多元化题材类型，以小而精的定位捕捉目标观众，在市场中爱情类题材网剧持续低迷、其他各平台不看好爱情剧市场的时候，抄底入手这类网剧既弥补了市场空缺又抢占了一片蓝海。

（三）产业链：合作模式与分成方式均有待改变

1. 合作模式：定制转向承制，市场竞争将愈加激烈

2017年中国网络自制剧产业的合作模式主要以合作定制为主，即平台方向制作公司提出内容需求进行定制，根据制作公司所出方案，平台方根据用户数据及战略方向进行方案迭代。这种合作模式的形成主要由于IP资源、制作能力、明星资源等在网剧市场稀缺的重要资源主要集中于大型制作公司手中，制作公司在合作中占有的话语权较多，平台方所获取的分成股比就相对较少。随着平台方对内容的进一步重视，大量进行IP囤积，未来平台方的话语权逐步扩大，合作模式将转向委托承制——即平台将自身独有的IP委托制作公司进行制作，或者通过买断制作公司IP的形式获得独家版权。这就意味着，以往竞争主要集中于传统制作公司抢夺制作权的局面将逐渐转移至平台，平台市场竞争将更激烈。

与此同时，具有强大资本背景的视频平台会择优倾向于实力强的影视公司进行合作，“强强联合”更加造就网络自制剧市场并驱争先的激烈局面。如腾讯视频与传统影视公司华策影视联合出品的《致我们青春的小美好》《柒个我》。平台巨头与制作巨头的联手，中小型视频平台和制作公司必然会受到猛烈冲击，如何在夹缝中求生存空间，是将面临的挑战。

2. 分成方式：营销多样化，分成有待数据化、合理化

在掌握独家播放权的基础上，利用排播方式进行会员拉新，已成为各个平台拉动会员规模的主要手段。中国网络视听节目服务协会发布的《2017

中国网络视听研究发展报告》显示：用户视频付费意识已经养成，付费比例由2016年的35.5%上升至2017年的42.9%，付费网站视频会员总数超过1.7亿。该报告还显示：虽然2017年付费用户比例上升明显，付费意愿却整体低于2016年，并不意味着用户比例上升付费意愿也相应上升，这是值得行业审视的问题。①

同时，营销与内容深度结合，只要内容的质量得到保障，同时平台自制剧数量有持续输出，自制剧的变现渠道与规模将会有稳定增长。2017年，中国自制剧的主要收入类型有四个：广告收入、会员收入、IP衍生以及版权分销。其中占比最高的仍为广告收入来源，自制剧也不断探索出了更有新意和创意的广告植入方式；会员收入已接近传统广告招商收入，大有超过广告收入的势头；IP衍生主要依托于影视剧的IP，对资源需求较高；版权分销随着未来自制剧的质量和产量不断上升，分销卫视的收入有待提高。此外，国家政策鼓励国产影视剧走向海外，未来随着海外市场对国产自制剧认可程度的提高，商业价值与文化意义都将有更大提升空间。

在分成方式上，主要制作团队根据与平台的合作方式不同，分成方式也不尽相同。委托承制合作方式的分成方式相对简单，制作方与平台方按相应比例获取分成；合作定制方式的分成较为复杂，双方根据掌握的资源进行博弈，确定后期分成股比。目前营销分成相对透明，但会员分成计算方式相对复杂，且数据、算法掌握在平台一方。未来随着行业数据的健全化、行业规则的固定化，必然会促进分成方式更加合理化。

四　其他网络视听节目：精品化、垂直化、生态化

（一）新媒体纪录片：三屏联动拓展发展空间

在媒体融合背景之下，纪录片发展迅速，已形成“三屏联动”：以专业

① 中国互联网数据咨询中心：《2017中国网络视听研究发展报告》，http://www.199it.com/archives/663363.html。

纪录频道、卫视综合频道为主力，以新媒体为重要支撑的基本格局。据统计，2017 年中国纪录片生产总投入为 39.53 亿元，年生产总值为 60.26 亿元，同比分别增长 14% 和 15%。[①] 相较于传统纪录片，新媒体纪录片不仅在传播媒介上借助新媒体渠道，还在内容、受众、技术和传播方面有了显著变化。

1. “跨屏 + 融媒”：多向互动传播常态化

移动互联网时代，信息的传播呈现交互和循环的态势，纪录片一改“高冷”姿态，开始主动适应年轻群体的语境语态。弹幕、表情包等网络技术在纪录片传播中出现，微纪录形态降低了受众接受门槛，这些都是纪录片在互联网媒介传播中尝试的方式。从数据上看，2017 年全网视频总点击量为 12928.6 亿次，纪录片总点击量为 90.5 亿次，占比 0.70%。其中，腾讯视频、爱奇艺、优酷的纪录片视频点击量占比分别为 37.8%、32.8%、20.4%。[②] 相对于热门网络影视剧和网络综艺，纪录片网络点击量仍然偏低。由此可见，网络影视和网络综艺的制作、运营、传播方式依然是值得新媒体纪录片借鉴参考的样本。

2. 纪实短视频：聚合分享平台快速崛起

随着移动互联网用户规模的不断扩大，短视频成为 2017 年网络视频的新增长点。纪实短视频持续发力，给纪录影像产业化更大的想象空间。基于移动网络传播碎片化的特点，纪实短视频使用碎片化的视听语言主动满足受众需求。比如，《了不起的匠人》最先将节目时长控制在 10 ~ 20 分钟，《如果国宝会说话》也是以每集 5 分钟微纪录小视频的形式播放。纪实短视频在自媒体时代创作上的自由性，也迎合了后现代主义文化所体现的“碎片化”“非连续化”特征。[③] 另外，随着 UGC 纪实短视频聚合分享平台的快速

① 《两份纪录片研究报告出炉 中国纪录片未来可期》，http://media.people.com.cn/n1/2018/0426/c40606-29950907.html。

② 《2018 年中国纪录片发展报告发布》，http://www.bj.xinhuanet.com/bjxxjd/2018-04/18/c_1122702200.htm。

③ 韩飞、何苏六：《新媒体的生产传播创新与发展路向——以纪实短视频为例》，《出版广角》2017 年第 23 期。

崛起，如快手、抖音、秒拍等 APP，极大地降低了用户日常参与视频制作的门槛，也相对扩大了“泛纪实内容”的生产范围，人人都可以制作内容，人人也都是内容的传播者。这类非虚构形式的纪实短视频，将助力纪录片产业向新媒体领域继续延伸拓展。

3. 产业发展：培育和开发 IP 成主攻方向

随着移动终端的日益多元化，精准传播和差异化内容导向是各大视频平台主攻的方向，其背后是强大的资本运作、大量 IP 的囤积。新媒体纪录片特点突出，培育 IP、开发 IP 市场成为新媒体纪录片发展趋势。2017 年，爱奇艺、腾讯视频、优酷在纪录片领域继续保持“三足鼎立”的格局。爱奇艺通过纪录片领域付费分账合作模式，打破传统单一版权购买合作方式，腾讯视频成立了“企鹅影视纪录片工作室”，优酷致力于打造纪实院线，B 站推出了针对纪录片的“寻找计划”。另外，播出平台除了购买国际热门精品制作的纪录片外，还依据各自不同的特点和品牌定位进行差异化纪实内容的制作。网站自制纪录片可以享有独家版权，既有利于网站自身品牌的建设，也是拓展营销链条的重要方式。

（二）网络大电影：从追求数量转向质量提升

从 2014 年网络大电影的首秀到 2017 年的日趋成熟，四年时间这一领域经历了“野蛮生长”“大浪淘沙”直至如今的理性回归。数据显示，2014 年主流视频网站共上线 450 部网络电影，至 2016 年达到 2500 部的顶峰，并实现了 263% 的同比增长，进入 2017 年，上线作品数量同比下滑 20%，市场趋冷并回归理性。[①] 2017 年，网络大电影与网络综艺、网络自制剧的发展特点相似：题材类型多元化、制作日益精品化、付费用户规模化。中国网络大电影市场正在从数量上的爆发转向质量的升级，精耕细作的内容竞争将更为激烈。

---

① 《网络电影市场理性回归，优酷战略全面升级加码行业发展驱动力》，http：//www.sohu.com/a/228674578_ 104421。

1. 政策管控促使行业自律

2016年网络大电影被下架风波延续至2017年，政策监管更严格，结束了之前很多网络大电影在题材内容上打“擦边球”的状况。自2017年3月1日起施行的《中华人民共和国电影产业促进法》指出：“通过互联网、电信网、广播电视网等信息网络传播电影的，还应当遵守互联网、电信网、广播电视网等信息网络管理的法律、行政法规的规定。”① 这一规定明确了网络电影被管理的范畴。同时，6月30日中国网络视听节目服务协会出台的《网络视听节目内容审核通则》确立先审后播和审核到位两个原则。政策的收紧意味着市场的不断规范，像《二龙湖浩哥》全系列、《我的室友是狐仙》、《打狼之我命由已》、《大风水师》、《催乳大师》、《超能太监之黄金右手》等一系列虽热门但尺度过大或题材不符合规范的作品被下架，提醒制作方与平台方要不断提升行业自律。

2. 分账模式倒逼内容优化

网络大电影原有的盈利模式一般为用户付费点播，制作方与平台方根据约定好的方式进行盈利分成。2017年，这一分账模式悄然发生变化。爱奇艺精细化地将内容合作分成模式分为A～E一共五个等级，对应不同的付费点播分成金额，并增加了营销合作分成和广告分成模式。营销合作分成主要针对站外推广，广告分成主要针对付费期结束转为免费播放期后，通过广告继续获取收益。腾讯视频侧重一次性买断播出权或保底分成及有效付费点播分成。优酷建立了新的分账体系及规则，以影片的播放量、会员观看有效时长及会员拉新等维度为标准综合计算影片分账金额。各大视频网站均结合自身发展优势建立不同的分账制度，力图通过市场的检验倒逼内容质量的提升，其结果是网络大电影市场朝着更加精品化的方向发展。

3. 在互补共融中寻求突围

与大荧幕院线电影相比，网络电影更偏重于小屏幕的娱乐化效果，所以

① 《中华人民共和国电影产业促进法》，http://www.npc.gov.cn/npc/xinwen/2016-11/07/content_2001625.htm。

网络大电影的发展是对院线电影的一个重要补充，二者需找准一个平衡共融的方式，方能相互促进发展。网络电影的制作周期一般较短，平均在一个月左右，加之依托于网络平台的数据分析，找准社会热点题材拓展网生内容，呈现同步化、精准化的特点。追随院线电影的“热点”，快速反应精准跟进，是网络大电影一大特色，也是其对院线电影做补充的做法。如继《战狼2》在院线火爆之后，《特别有种》和《最后的武林》等相应题材网络电影随之推出；反电信欺诈题材电影《巨额来电》上映后，优酷又迅速上线了电影《反诈风暴》系列。此外，一直活跃于院线的优秀电影人开始“触网”，如执导《记忆大师》的台湾导演陈正道首次“触网”，推出了《熟悉的陌生人》，整部影片制作包装更符合电影工业标准，上映后好评不断。

（三）网络短视频：从泛娱乐化到垂直化

依托于移动互联网的高速发展，网络短视频在生产成本、人群、工具、内容的丰富性上都优于长视频，成为各大资本追逐的风口。调查显示，短视频用户主要集中在30岁以下的年轻人，组织化、垂直化、个性化是短视频行业的发展趋势。未来短视频将持续碎片化发展并迈向社群化，由于短视频版权重视不足，商业化探索目前尚处于瓶颈期。

当前主流短视频内容大量集中于泛娱乐内容，多平台跨界连接、融通共生。随着资本对短视频内容生态的扶持，更多垂直领域的内容创作者制作出高质量的短视频内容，加之消费升级背景下，用户对垂直细分领域的需求更加旺盛，未来短视频内容生产领域将会转向垂直化。目前做得较好的头部短视频有：一条和二更。同为生活类短视频，一条设有“隐世小店”“达人厨房”“型车骑士”“男士型格”“城中潮客”“艺术现场”等九个栏目；二更则在二更视角（“身边人”“手艺人”“设计师”“时尚咖”“城市录”）、二更乐活（“好店”“玩法”“足迹”“隐形菜单”“地道风物”）、二更公益三个频道上垂直布局。二者在垂直领域内容和变现手段上探索和挖掘，虽然内容和形式上做了差异化运营，但在实现商业价值方面可谓殊途同归。

当前，观看短视频获取信息和娱乐已成为年轻人追捧的生活方式。据统计，自2017年7月起，短视频行业用户增长迅速，月活跃用户数以及短视频月使用总时长持续增长。快手、梨视频、西瓜视频、抖音短视频以及火山小视频等一系列短视频APP层出不穷，其背后是巨头互联网平台的战略布局。短视频APP成为爆款离不开初期差异化的运营策略，但在积累一定用户规模后，寻求综合发展不仅是APP也是平台的突围之路。对此，整合或淘汰腰部及长尾资源，在国内市场趋近饱和的情况下积极拓展海外市场，通过下沉涉足MCN业务，与内容方建立直接联系，占据优质内容资源等方式可助力平台在激烈竞争中实现突围。

整体而言，2017年网络自制节目在政策规范制约趋紧、行业自律能力增强、内容与技术不断革新下进行了形态的全面升级。各媒体平台融合化、生态化发展促使网络新闻、综艺、自制剧、纪录片、大电影、短视频等不同领域的自制节目初具规模并形成品牌效应。伴随着消费结构的升级，受众对于节目品质的需求也持续增加，未来网络自制节目市场的竞争会更加激烈。自制节目一方面要对市场进行深度拓展开发、精耕垂直领域内容；另一方面也要顺应政策引导，主动提升行业自觉，以实现竞争力和影响力的不断扩大，创造更丰富、健康、美好的文化景观。

B.17

网络口碑与电影票房的双向效应研究*

池建宇　顾恩澍**

摘　要：　电影口碑与票房的关系是电影经济学的重点研究对象。相较于传统的人际传播，借助互联网传播的网络口碑传播速度更快，范围更广，是影响电影票房的重要因素。基于以信息和行为相互转换为本质的“认知—行为”模型，可以在理论上推导出电影网络口碑和票房之间存在的相互促进、互为因果的双向效应。为进一步验证并说明网络口碑与电影票房的双向效应，本文选取2017年4月25日至2017年12月31日于中国上映的150部电影作为研究样本，使用系统GMM模型以及格兰杰因果检验进行验证。综合理论与实证研究的结果，网络口碑与电影票房的双向效应具体体现在：①网络口碑数量和电影票房之间互为因果，相互促进，存在双向效应；②网络口碑效价与电影票房之间不存在互为因果的双向效应，网络口碑效价对电影票房有促进作用，电影票房却对网络口碑效价有抑制作用。

关键词：　电影票房　网络口碑数量　网络口碑效价　双向效应

---

* 本文是北京市社会科学基金项目“北京市文化创意企业生产效率的测度及影响因素研究”（项目编号：17LJB006）的阶段性研究成果。

** 池建宇，中国传媒大学经济与管理学院副教授、博士，研究方向为传媒经济学；顾恩澍，中国传媒大学经济与管理学院博士研究生，研究方向为传媒经济学。

一 引言

文化产业的发展一直是我国经济发展的重要课题之一，文化产业的发展对我国的经济发展影响深远。电影产业是文化产业的核心产业之一，对文化产业的发展起着至关重要的作用。过去几年，中国电影产业发展迅速，在票房、影院建设以及影片数量上均取得了不错的成绩：自 2009 年至 2017 年，我国电影年度总票房由 60.2 亿元增长到 559.11 亿元，荧幕总数由 4723 块上升到 50776 块，国产公映影片数则由 88 部上升到 379 部。[①]。电影票房等指标是衡量电影商业价值的重要因素，从侧面反映了电影产业的发展状况，因而一直受到业界和学界的关注。

长期以来，网络口碑一直被认为是影响电影票房的重要因素，并有助于电影票房的预测。这是因为以电影为代表的传媒产品往往属于体验性产品，消费者只有在购买之后才能通过观看对产品质量、价值进行判断。电影的消费者，即电影观众，在观看电影前是无法知道电影的价值的。因此，作为可被电影观众消费的产品，电影的品质和质量可通过电影口碑向潜在消费者发出。可见，口碑对电影票房的影响是存在的。随着互联网的发展，网络口碑使人们不再局限于人对人的口头交流，开始成为人们获取口碑信息的主要渠道，网络口碑作为一个能够实时更新的信息，为消费者对电影价值的判断提供更多的依据，从而帮助消费者做出最终的决策。

电影观众在观看电影之前是无法知道电影的价值的。对于这类产品，Koschat 认为口碑是为潜在消费者发出的反映电影品质和质量的信号。[②] Bayus 在其早期的研究中也认为，口碑对电影消费选择的影响是巨大的。[③]

① 由时光网、中商情报网、艺恩网，2017 年数据由中商情报网、艺恩网整理所得。

② Koschat M. A.，"The Impact of Movie Reviews on Box Office: Media Portfolios and the Intermediation of Genre"，*Journal of Media Economics*，2012，25（1）：35－53.

③ Bayus B. L.，"Word of Mouth-the Indirect Effects of Marketing Efforts"，*Journal of advertising research*，1985，25（3）：31－39.

可见，口碑和电影票房间是存在相关关系的。而在早期对电影票房与口碑关系的实证研究中，Prag 和 Casavant 也证实了这一点。在他们的研究中，电影预算、评论（口碑）、明星、续集以及获奖情况对电影票房存在正向影响，而在引入“广告”这一变量后，仅有评论（口碑）对票房的影响显著。[①]至此，在未来对于电影票房影响因素的实证研究中，口碑或是网络口碑，一直是用于解释电影票房的重要变量，而在近几年，网络口碑较传统口碑更易被搜集、保存的特点使对网络口碑与电影票房间影响关系的研究变得越来越多。

在网络口碑的度量方面，网络口碑主要由网络口碑数量（volume）、网络口碑效价（valence）反映。其中，电影网络口碑的数量是相对容易获得的网络口碑量化信息。在以 Liu 为代表的研究中，各大电影评分网站的评分或是评论的数量为网络口碑数量的主要度量指标。[②] 杨扬用电影的网络评分衡量网络口碑效价。[③] 因此，考虑到本文研究的网络口碑的特点，将网络口碑定义为在网络公告牌（BBS）等交流平台，或者通过如 MSN（Microsoft Service Network）之类的即时通信工具等途径进行的关于产品、品牌或服务的信息交流与互动。

在实证研究方面，绝大多数的研究都证明了网络口碑数量对电影票房影响显著。但由于所研究的国家、电影上映时段、所用数据的长度和细分程度（如日数据、周数据等）、计量方法等存在差异等，网络口碑效价对电影票房是否有显著影响以及影响的方向，结论并不统一。例如，有学者使用动态面板模型，将电影评论的数量、正负向口碑占比这些指标均滞后一期进行回归，发现口碑对总票房和周票房都是有影响的，尤其是电影刚上映的几周，

---

① Prag J.，Casavant J.，“An Empirical Study of the Determinants of Revenues and Marketing Expenditures in the Motion Picture Industry”，*Journal of Cultural Economics*，1994，18（3）：217－235.

② Liu Y.，“Word of Mouth for Movies：Its Dynamics and Impact on Box Office Revenue，” *Journal of marketing*，2006，70（3）：74－89.

③ 杨扬：《网络口碑对体验型产品在线销量的影响——基于电影在线评论面板数据的实证研究》，《中国流通经济》2015 年第 29 期。

但这种影响几乎是由网络口碑的数量带来的，网络口碑的效价对电影票房的影响并不显著。也有学者使用动态面板数据，引入滞后一期的网络口碑变量，发现网络口碑的效价对电影票房影响显著，但仅发生在电影上映后的第三周。另外，还有学者在认为电影网络口碑和票房是相互影响的互为因果的基础上，建立了三个反映二者关系的等式，采用联立方程模型中的3SLS法进行估计，发现口碑数量对电影票房有显著影响而口碑效价对票房没有影响。

然而，综观上述文献，它们往往忽略了同档期影片的竞争、替代作用。一部影片能否获得较好的票房成绩，一方面取决于它本身的质量，另一方面，取决于和它同时期上映的电影的质量。在某一时期，如果影片质量普遍偏高，那么高水平的影片未必能获得高票房；反之，如果影片质量普遍偏低，一部质量稍好却不能被称为高质量的影片，也可能获得可观的票房收入。这或许是口碑效价对电影票房的影响并不显著的原因之一。考虑到同档期上映影片之间存在着竞争关系，并将这一竞争关系量化，本研究对同一天上映的电影的豆瓣评分进行排名，这一网络评分的排名即为网络口碑效价的度量指标。

二　网络口碑与电影票房的双向效应

（一）消费者观影及口碑发布机制

消费者对某产品或服务进行消费后，便能够对此次消费体验的好坏进行一个判断，而这种仅存于脑内的判断，并不能被称为口碑。关于口碑的定义，Godes 和 Mayzlin 将其定义为消费者进行的有关产品、服务等的人际交流，这种交流可以是口头的方式也可以是书面的方式。[①] 因此，口碑的重点在于交流，而消费者对评价产品质量存在交流的动机，交流行为的发生，将

① Godes D. , Mayzlin D. , “Using Online Conversations to Study Word-of-mouth Communication”, *Marketing Science*, 2004, 23 (4): 545 - 560.

最终形成口碑。

至于口碑形成的动机，有学者认为，引起口碑传播的动机分别为自我表现的动机、利他的动机、自我防卫的动机、自我涉入的动机、在模糊环境下提高认知程度的动机以及降低感知不一致的动机。也有学者将口碑分为正面和负面两种，认为进行正面口碑传播的动机有利他动机、产品涉入的动机和自我提高的动机，而进行负面口碑传播的动机主要是利他、减少焦虑、报复以及寻找建议。

研究表明，消费者对产品的满意程度可能是正面口碑最主要的驱动因素。同样地，消费者对产品的不满意则是负面口碑的驱动因素，而对产品不满意的顾客往往比对产品满意的顾客进行更多的口碑传播。由于消费者对产品的满意是有程度之分的，也有学者认为，相较于满意或不满意程度较低的消费者，对产品十分满意或十分不满意的消费者更可能进行口碑传播。

在对网络口碑形成机制的研究中，黄敏学将网络口碑的产生分为消费者发起的网络口碑以及企业引导的网络口碑。① 而消费者发起的网络口碑的形成与消费者消费体验的满意或不满意程度有关。此外，由于网络能够帮助人们便捷、低成本地发布、获得信息，很多人出于信息分享这一考虑，选择发布网络口碑信息。而企业引导的口碑则可以被称为口碑营销，是由企业发起，主要由顾客推动的。

基于此，可以认为消费者在消费（观影）后对影片质量的满意程度决定了消费者是否发布持某种态度的网络口碑。在对影片的质量判断处于极好或极差的情况下，观影者更有可能对影片做出评价。而网络作为如今最为便捷、易用的信息传播媒介，加之网民们在社交媒体上较强的互动性以及信息接收已经依赖于网络的惯性，电影口碑往往依托于网络这一介质进行发布、传播。而从企业引导的口碑角度考虑，影片发行方会在影片正式上映前进行点映，由于点映的稀缺性，更能诱发消费者分享此次观影活动，并做出一定的评价，从而获取电影上映前期的口碑，这也能在一定程度上对正式上映电

① 黄敏学：《网络口碑的形成、传播与影响机制研究》，武汉大学出版社，2011。

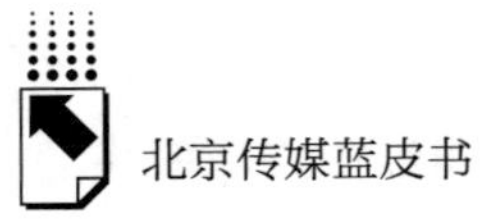

影之后的票房进行预测。此外，电影院和影片发行方也可以通过一些类似于分享观影感受领取礼品或折扣的活动来刺激消费者发布网络口碑。

具体到某一部电影的口碑上，该口碑信息接收者是否会发布电影的网络口碑，其实取决于他是否看过该电影，而该口碑信息对他的具体作用还应取决于这是在他观影之前还是之后被接收到的。如果是在观影之前，该网络口碑应该更多地影响到该接收者是否观影的决策；而如果是在观影之后，该网络口碑则应该更多影响到接收者是否也发布口碑信息。需要说明的是，消费者接受的口碑信息的数量也将决定其最终的决策。

消费者从观影到发布网络口碑信息的整个过程可用图 1 表示。一部电影从确定上映到消费者观影之前，消费者只能够接触到关于该电影的基础信息，如影片题材、主演、导演以及文化背景等，而这些电影的基础信息即为吸引消费者观影的主要因素。在部分消费者进行电影消费之后，他们可能基于观影体验以及其他观影者的口碑，发布自己的网络口碑信息。而当一部电影已经有一部分观众并形成了一定的网络口碑后，尚未观影的消费者能够获得的信息除了电影基本信息（此时，电影现阶段票房也会作为电影的基本信息为消费者做出是否观影的决策提供依据），还有先前观影者的口碑信息，这两类信息将帮助消费者决定是否观影。

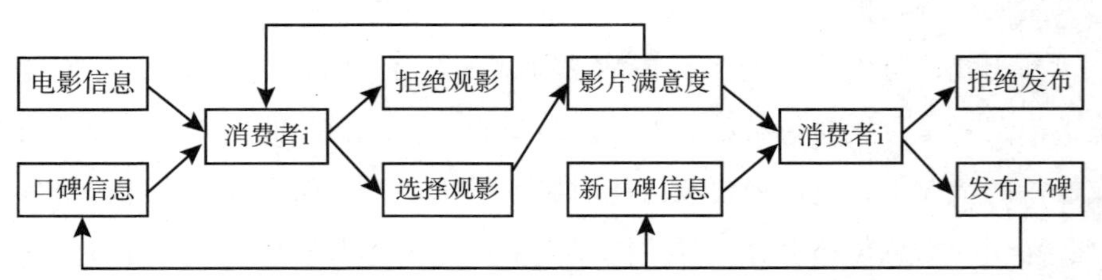

图 1　消费者观影及口碑发布决策全过程

当消费者完成了观影行为，即观看了电影，他就会对影片的质量形成判断，对影片的满意程度也因此形成。此时，消费者可能会出于对其他人对影片的好奇、对自己的判断能够获得他人观点支持等原因，主动去获得新的口碑信息。对影片的满意度以及已经获取到的口碑信息，是消费者决定是否发布口碑信息的依据。需要指出的是，由于口碑获取是一个动态过程，是否发布口碑这一决定在切实发布口碑之前，都是有可能变化的。而一旦消费者发布了口碑，新产生的口碑将有机会被尚未观影或是已经观影的消费者看到，从而影响他们的观影以及口碑发布决策。显而易见，在观影决策上，优秀的电影可能会由于其高质量，引发观影者的二次或多次观影，这与消费者对影片的满意程度有关；而在口碑发布决策上，同一个消费者也可能会因为其信息的更新、态度的转变等原因多次发布口碑信息。

（二）网络口碑与电影票房的相互作用机制

在 Ellis 提出的“认知—行为”模型中，认知行为被分为激发事件（Activating Event）、对事件的认知（Beliefs about the event）和由行为代表的结果（Consequences）三个步骤。[①] 基于这个模型，以电影的消费—评价为逻辑，那么电影本身和网络口碑将作为激发事件，电影消费者消费前获得的包括口碑的与电影相关的信息作为对事件的认知，是否消费将作为结果。网络口碑具有知晓效应（Awareness Effect），知晓效应可以通过网络口碑的数量进行衡量，并且最终反映在电影票房中。在电影消费市场中，即为电影影评的数量。同时，网络口碑也具有说服效应（Persuasive Effect），在电影消费市场中，即为电影影评的分数或影评的内容。电影的评分或影评内容能够作为消费者进行消费前对电影产品质量判断的依据。在实际中，同档期上映的电影之间的关系属于竞争关系。因此，网络口碑的说服效应不仅在于体现电影质量以说服消费者，还在于体现某一电影与其他电影在质量上的差异，从而说服消费者观看更高质量的电影，而非消费质量较低的电影。

从“认知—行为”模型的角度出发，可以认为电影票房本身也具有知晓效应，因此也能影响到后续电影票房的发展。而就个体消费者而言，从受到网络口碑影响到进行观影消费再到发布网络口碑，整个过程存在时间先

---

① Ellis A.，“Discomfort anxiety：A New Cognitive Behavioral Construct（Part I）”，*Journal of Rational－Emotive & Cognitive－Behavior Therapy*，2003，21（3）：183－202.

后，并非同时进行。因此，网络口碑对电影票房的影响是存在时滞的，即今天的口碑可能影响的是明天的观影决策（最终形成明天的电影票房）；同样地，今天的观影感受可能到明天才会变成口碑信息在网络中发布。此外，可以认为，具有知晓效应和说服效应的网络口碑也会影响新的网络口碑的产生，而同样具有知晓效应和说服效应的电影票房也会影响未来的电影票房，即存在电影产业的信息报酬递增规律。基于这一点，可以在 Duan① 的基础上，构建如图 2 所示的理论模型。

其中，影响因素 l 为除电影本身影响口碑发布的因素，因素 i 为除口碑外其他影响电影票房的因素。因素 l 包括了电影类型、专家评论等非时变因素。而因素 i 除了因素 l 包括的非时变因素外，还有荧幕数和周末效应这两个因素。需要说明的是，在接下来的实证分析中，计量模型的搭建以及研究假设均基于图 2 所反映的“口碑—票房”交互影响模型。

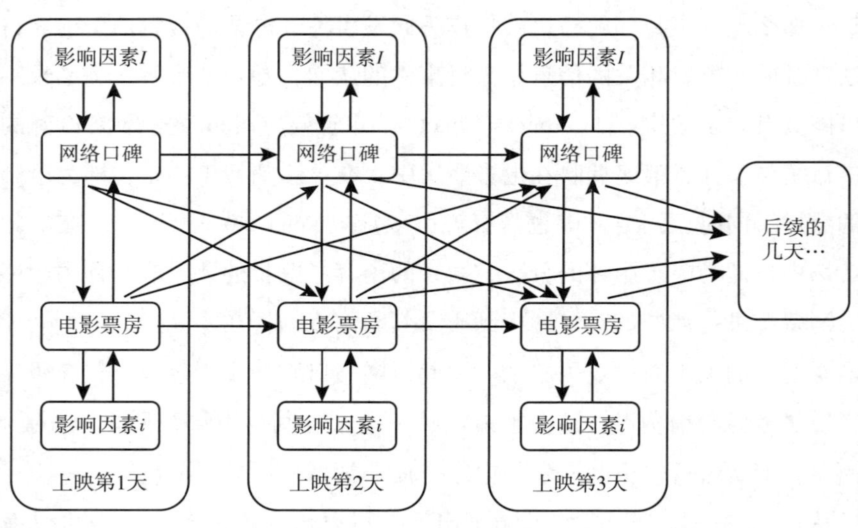

图 2　“口碑 - 票房”交互影响模型

① Duan W. , Gu B. , Whinston A. B. , “The Dynamics of Online Word of Mouth and Product Sales—An Empirical Investigation of the Movie Industry”, *Journal of Retailing*, 2008, 84 (2): 233 - 242, 1007 - 1016.

基于“口碑—票房”交互影响模型，网络口碑和电影票房均具有知晓效应和说服效应。而网络口碑的知晓效应和说服效应分别对应网络口碑的数量和效价，在理论上促进电影票房的增长。在 Bikhchandani 等的研究中，他们发现口碑引致观影需求与票房增长的现象引致了电影业信息报酬递增规律,[①] 同样地支持了这一观点。此外，电影票房也会促进网络口碑内容的形成。因此，提出假设 1 和假设 2 如下。

假设 1：当期网络口碑的数量和效价对电影票房存在正向影响。

假设 2：当期电影票房对网络口碑的数量和效价存在正向影响。

三　网络口碑与电影票房双向关系的实证分析

（一）模型和数据

基于所收集的相关面板数据，考虑到研究的问题为网络口碑和电影票房间可能存在的双向影响关系，根据先前的文献综述，可以认为联立方程模型是最适合分析这一问题的，但二者之间的因果关系仍待检验。在构建回归模型方面，本文构建模型如下：

$$y_{i,t} = \sum_{k=1}^{p} \gamma^{(k)} y_{i,tk} + \sum_{k=1}^{p} \beta_{1i}^{(k)} x_{1i,tk} + \sum_{k=1}^{p} \beta_{2i}^{(k)} x_{2i,tk} + controly_{i,t} + \varepsilon_{i,t} \tag{1}$$

其中，p 表示变量的滞后阶数，i 表示电影片名，t 表示累计上映天数，$y_{i,t}$为电影票房，$x_{1,i}$和 $x_{2,i}$分别表示网络口碑的数量和效价，$controly_i$表示控制变量集合。

本文研究的重点除了验证网络口碑与电影票房间的双向因果关系，关注点还在于，网络口碑的认知效应和说服效应是否对电影票房有影响。

① Bikhchandani S. , Hirshleifer D. , Welch I. , “A Theory of Fads, Fashion, Custom, and Cultural Change as Informational Cascades”, *Social Science Electronic Publishing*, 1992, 100 (5): 992 – 1026.

一方面，网络口碑数量越多，越表明影片受更多人的关注并被更多次扩散，网络口碑的扩散意味着影片可能被更多的人了解和关注，即影片信息到达了更多的潜在消费者；另一方面，反映电影质量的网络评分是口碑效价信息的有效传递：电影网络评分越高，意味着电影质量越高；电影网络评分较同期上映电影网络评分更高，意味着该电影的质量高于同时期上映电影的质量。口碑效价信息的说服效应，即说服消费者观影，是通过影响消费者对电影质量的主观判断实现的。因此，本文引入变量 *box* 表示电影票房的收入，*daily* 表示影片的当日评分人数，*score* 表示电影的当日评分，*rank* 表示电影当日评分排名。

出于对内生性问题的考虑，本文引入表示电影播放场次的变量 *scene*，表示电影排座的变量 *seat*，表示电影平均票价的变量 *price*，表示电影类型的变量 *type*，分别表示电影导演以及两位主演社交媒体的被关注人数的变量 *w_ director*、*w_ actor1* 以及 *w_ actor2* 作为模型的控制变量。以上数据中，艺恩网是电影票房收入（*box*）、电影播放场次（*scene*）、电影排座（*seat*）以及电影平均票价（*price*）的数据来源。豆瓣网是数据电影当日评分人数、电影当日评分以及电影当日评分排名的数据来源。电影当日评分人数（*daily*）由每日统计所得的电影评分总人数相减获得。考虑到市场竞争因素引入的电影当日评分排名（*rank*）指标则通过对当天上映的所有电影的评分进行排名得到，*rank* 是对网络口碑效价的一个变形，其考虑到了影片网络口碑效价为影片挣得的口碑竞争力。另外，电影类型（*type*）来自豆瓣网，是一个虚拟变量。考虑到多数国外导演和演员并不使用中国社交媒体，因此，导演及两位主演的微博被关注人数（*w_ director*，*w_ actor1* 以及*w_ actor2*）取自新浪微博或 Twitter。

此外，本文研究所用的数据来自 2017 年 4 月 25 日至 2017 年 12 月 31 日的日度面板数据，共计上映电影 150 部，观察值为 5754。

（二）网络口碑与电影票房双向因果关系的确定

表 1 列出了动态面板模型系统 GMM 方法的估计结果。考虑到可能存在序列相关，对部分变量取对数，并且在解释变量中引入了电影票房对数的滞

后项。由于部分变量值小于 1 或等于 0，取对数结果会小于 0 或无法取对数，故在进行取对数操作时，将需要取对数的数值加 1 后再取对数。在表 1 所反映的回归结果中，第（1）列和第（2）列反映的是电影票房和网络评分的回归结果，第（3）列和第（4）列反映的是电影票房和当日网络评分排名的回归结果，第（5）列和第（6）列反映的是电影票房和当日网络评分人数的回归结果。为获得更为准确的估计结果本，本文采用系统 GMM 方法进行回归。此外，在使用系统 GMM 方法进行回归时，使用了前面论述中提及的控制变量，但限于篇幅且本文主要研究网络口碑与电影票房之间的关系，故仅列出几个主要变量的系统 GMM 回归结果。

由表 1 可知，电影网络评分、电影网络评分排名以及电影网络评分人数对电影票房的影响是显著的。同样地，电影票房也对电影网络评分、电影网络评分排名和电影网络评分人数的影响显著。

其中，滞后一期的电影票房显著促进着现阶段的电影票房，滞后二期的电影票房对现阶段电影票房有显著的抑制作用。这说明电影票房作为电影相关信息对于消费者的观影行为产生了影响，而滞后一期和滞后二期的电影票房对现阶段电影票房影响方向不一致的原因可能是消费者更愿意消费有热度的电影：滞后一期的电影票房在时间节点上距离现阶段消费者更近，滞后一期的电影票房越高，说明电影仍存在一定的热度；而滞后二期的电影票房越高，则意味着已经有很大一部分的消费者已经进行了观影，就现阶段而言，观影人数会减少，电影热度降低。

表 1　系统 GMM 回归结果

	(1) log_*box*	(2) *score*	(3) log_*box*	(4) *rank*	(5) log_*box*	(6) log_*daily*
L. log_*box*	0. 576 ***	0. 003 ***	0. 588 ***	-0. 392 ***	0. 556 ***	0. 049 ***
	(249. 96)	(40. 07)	(233. 56)	(-42. 38)	(219. 75)	(7. 46)
L2. log_*box*	-0. 132 ***	-0. 004 ***	-0. 114 ***	-0. 161 ***	-0. 127 ***	0. 008
	(-124. 55)	(-83. 63)	(-47. 42)	(-15. 47)	(-71. 69)	(1. 57)

续表

	(1) log_*box*	(2) *score*	(3) log_*box*	(4) *rank*	(5) log_*box*	(6) log_*daily*
log_*box*		-0.001 *** (-15.51)		0.496 *** (48.20)		0.165 *** (28.36)
Score	0.078 *** (12.18)					
L. *score*	0.075 *** (24.15)	0.335 *** (1095.83)				
L. *rank*			-0.011 *** (-17.19)	0.356 *** (85.60)		
L2. *rank*			-0.026 *** (-36.50)	0.250 *** (82.75)		
log_*daily*					0.075 *** (42.13)	
L. log_*daily*					0.023 *** (16.91)	0.218 *** (36.67)
arm1	-5.985 *** (0.00)	-1.576 (0.11)	-5.932 *** (0.00)	-3.867 *** (0.00)	-5.929 *** (0.00)	-9.252 *** (0.00)
arm2	0.267 (0.79)	-1.652 * (0.10)	0.076 (0.94)	0.031 (0.98)	-0.101 (0.92)	-1.029 (0.30)
Sargan	182.539 (1.00)	165.570 (1.00)	178.999 (1.00)	176.876 (1.00)	177.126 (1.00)	181.459 (1.00)
N	4053	4053	4053	4053	4053	4053

注：相关变量回归结果的括号中数字为异方差稳健标准误计算得到的 *t* 值，* 、** 和 *** 分别代表在 10%、5% 和 1% 的水平显著。*arm1*、*arm2* 和 *Sargan* 检验括号中的数值为 *P* 值。

另外，当期和滞后一期的网络口碑评分对电影票房的影响是正向显著的。考虑到网络口碑排名的计算是在每一天结束后的网络口碑评分排名，其真正发挥作用是在排名结果出来的第二天，因此，仅考虑滞后一期和滞后二期的网络口碑评分排名对现阶段电影票房的影响。由表 1 可知，滞后一期和滞后二期的网络口碑评分排名对电影票房的影响是正向显著的。即评分越高，电影票房越高，以及评分排名越靠前（*rank* 值越低），电影票房越高。这意味着影片在先前时间节点的评分越高，排名越靠前，在现阶段就更容易获得高的评分和靠前的排名。因此，假设 1 得以验证。此外，滞后一期和滞后二期的网络口碑数量对现阶段网络口碑数量的影响均是正向显著的，这说明之前的网络口碑行为，将影响现阶段的网络口碑行为。

反观电影票房对网络口碑数量和网络口碑效价的影响，由表 1 可知，当期和滞后一期的电影票房对当期的网络口碑数量有显著的促进作用，但当期的电影票房对当期的网络口碑效价有抑制作用。这可能是因为观影人数越多，意味着消费者对电影质量的预期质量越高，一旦电影无法满足消费者的预期，消费者通过评分反映的电影质量往往会偏低。因此，实证结果只能部分验证假设 2，即当期的电影票房对当期的网络口碑数量有显著从促进作用。

此外，在表 1 中还列出了动态面板残差的一阶和二阶自相关检验的结果，可见，为了去除序列相关，至少要选择二阶滞后。并且，*sargan* 统计量的值表明过度识别约束是有效的。

通过观察表 1 所呈现的结论，可以认为网络口碑和电影票房之间的相互作用均是正向显著的。但网络口碑和电影票房是否存在双向因果关系这一问题仍需进一步的检验才能得以回答。为解答这一问题，需要进一步进行格兰杰因果检验。根据格兰杰因果检验的结果，在 5% 的显著性水平下，仅有电影票房和电影当日网络评分人数是互为因果关系。电影票房和电影网络评分、电影网络评分和电影当日网络评分人数并不互为因果关系。其中，电影票房是电影网络评分排名的原因，电影网络评分排名却不是电影票房的原因；同样地，电影网络评分人数是电影网络评分排名的原因，电影网络评分排名却不是电影网络评分人数的原因。

电影票房和电影网络口碑数量互为因果这一结果证实了本文理论部分所提到的消费者观影评分逻辑：消费者在观影后对电影质量有了一定的认识，出于社交互动、抒发观影情绪等一系列原因，最终选择发布电影口碑信息，电影口碑数量上升；部分潜在消费者通过网络接收到已观影消费者发布的口碑信息，根据自身偏好等一系列原因，最终决定观影，电影票房上升。电影票房和电影网络评分并不互为因果，这意味着本文之前提出的高口碑将导致高票房，高票房的电影是高口碑的理论假设并不成立。其原因可能是消费者在进行观影决策时，质量并不是其唯一的判断标准，很多时候，社交、娱乐等也是影响其观影决策的重要因素。正因为如此，消费者并不一定选择高口碑的电影，因而在观影后也并不一定会对电影做出很高的口碑评价。

四　总结

本文基于网络传播理论、“认知—行为”模型等相关理论，从理论上总结分析了电影网络口碑和电影票房是如何相互影响、互为因果的。并基于理论，利用2017年4月25日至2017年12月31日国内电影消费市场的相关数据进行实证分析。考虑到内生性问题，本文通过系统GMM模型初步证实二者之间的关系后通过格兰杰因果检验证实了网络口碑数量和电影票房之间确实存在双向的因果关系，发现电影网络口碑的数量和效价分别在知晓效应和说服效应上影响着电影票房。其中，当期电影网络口碑数量和当期网络口碑效价对当期电影票房的影响是正向且显著的；当期电影票房对当期网络口碑数量的影响是正向且显著的，对当期网络口碑效价的影响是负向且显著的。另外，本文还发现，电影票房和电影当日网络评分人数是互为因果关系。电影票房和电影网络评分、电影网络评分和电影当日网络评分人数并不互为因果关系。其中，电影票房是电影网络评分排名的原因，电影网络评分排名却不是电影票房的原因；同样地，电影网络评分人数是电影网络评分排名的原因，电影网络评分排名却不是电影网络评分人数的原因。

综上所述，基于理论分析和实证结果，本文可以得出以下结论。

（1）网络口碑数量和电影票房之间互为因果，相互促进，存在双向效应。根据理论与实证分析的结果，网络口碑数量对电影票房的影响是正向显著的，电影票房对网络口碑数量的影响也正向显著。由于网络口碑数量对电影票房的影响是正向的。故可将二者的双向效应解释如下：电影消费者在消费电影后进行评分，所形成的评分人数可以形成一定的群体压力，让未观影者认识到已经有一定数量的人消费过这部电影，如果不进行消费就相当于落伍于已观影者。如此循环往复，电影产业信息报酬递增也由此体现。因此，网络口碑和电影票房的双向效应相当于一个因果循环，二者互为原因，又同为结果。

（2）网络口碑效价与电影票房之间不存在互为因果的双向效应，但对电影票房有促进作用。根据理论与实证分析的结果，网络口碑效价对电影票房的影响是正向显著的，电影票房对网络口碑效价的影响却是负向显著的。这意味着观影人数越多，电影的网络口碑效价越低。这虽然和之前的理论推导有所差异，却是可以解释的。首先，电影票房的累积，代表着观众对电影质量的认可，后面进行消费的消费者对电影质量的预期往往较高，一旦电影的质量无法满足预期，这类消费者往往会给电影较低的评分。其次，电影票房越高，往往意味着其覆盖的观众面越广，但并不是所有观众对电影的喜好都是一致的，一部电影受到一部分人的认可是容易的，被所有观众认可，不被指出不足，却是很困难的。

综上所述，网络口碑的知晓效应和说服效应对电影票房的促进作用均是显著的。因此，为了更好的票房成绩，追求积极的影片评论以及追求更高的影片评论人数都是明智的行为。然而，这也意味着片方可能会为了更高的电影票房而雇用网络水军或是机器人水军发布大量对电影有利的网络口碑，本研究无法将互联网平台上的口碑信息明确分类为“消费者消费产品后的口碑”和“利益相关者雇用的人肉或机器人水军发布的口碑”，消费者在阅读时也很难判断信息发布者的身份。因此，假设这些口碑信息对消费者的影响程度是相等的，并未做相关处理。需要指出的是，既然理论和实证结果均显示，片方有动力通过“水军”将网络口碑向对电影票房有利的一面引导，相关部门就应该进行相应的监管并制定相关的惩罚措施。毕竟，雇用“水军”刷口碑的成本远低于制作一部优秀电影的成本。

B.18

全媒体环境下电视媒体的战略转型研究

潘天牧　孟庆顺*

摘　要： 进入21世纪，互联网技术的飞速发展，使新兴的互联网新媒体如雨后春笋般崛起，并且迅速获得了人们的青睐。我国的传统电视媒体遇到了前所未有的危机，原来在市场上占据垄断地位的市场份额，受到了互联网新媒体的抢占和瓜分，大量的受众注意力都被互联网新媒体吸引去。因此，我国的电视媒体必须迅速对此做出反应，进行全方位的转型升级，进行整个系统的更新换代。

关键词： 全媒体　传统电视媒体　战略转型　互联网新媒体

一　我国传统电视媒体的发展特征

互联网新媒体的飞跃发展，使电视媒体如果想要得到进一步发展，保住原有的地位，就不得不走向全媒体转型的战略路线。由于网络技术自身的特点以及传统电视媒体长久以来的自身特色，电视媒体在向全媒体转型发展的这一过程中有着其独特的发展特征。

（一）电视媒体的产业链发生了变化，产生了分解细化的现象

在过去的传统媒体时代，电视媒体自己掌控着从内容制作到播放渠道

* 潘天牧，中国传媒大学经济与管理学院企业管理硕士；孟庆顺，中国传媒大学经济与管理学院教授。

的全过程。但在新媒体时代，电视媒体的产业链发生了很大的变化，从内容的制作上来看，除新闻内容以外的其他节目基本都实行制播分离，许多节目制作由节目制作公司来完成。在新的媒体生态下，电视媒体会选择市场上具有实力的制作公司来承担节目制作的任务，电视媒体只是起到一个审查和播出的功能，只要内容符合其要求即可。这样一来在内容制作这一任务上就有了分工，进行了细化、专业化，从而达到了质量和效率更优的目的。

（二）传播的手段更加多样性

早些年兴起的数字技术带来的是频道的多样化。频道资源的丰富使人们有了更多的选择权，人们可以更自由地选择自己想要收看的节目。这使人们的娱乐生活有了进一步的拓展。数字技术的运用对于电视媒体来说可以算是第一次巨大的飞跃。后来开始的，一直延续至今的互联网技术则带来了第二次的可以称为革命性的巨变。网络技术的日益成熟，使信息的传播平台变得多样化了。网络的四通八达使信息的传播变得更加自由了。人们可以随时在网上收看自己喜爱的节目，而且还可以通过下载或者缓冲等手段进行保存，在没网的情况下也可以随时随地地进行收看或者是回顾。人们不再需要在固定的时间段守在电视机旁观看节目，可以通过各种终端如手机、平板电脑等进行收看，人们的生活方式变得更为便捷起来。互联网还具有一个特点，那就是互动性。人们可以在收看节目的同时在下方进行评论，评论的内容还可以通过弹幕等形式被人们看到，这就产生了互动的作用。媒体可以通过这些评论了解到人们对节目的看法，了解到人们的喜好，想要看到什么内容，对什么很反感。这样也方便媒体有针对性地进行内容的制作，从而吸引更多观众的注意力。

（三）电视媒体转型的步伐相对缓慢

电视媒体在市场上长期的垄断性地位使其积累了足够的资本，因此在相当长的一段时间内并没有出现太强烈的经济危机，对威胁的认识自然而然也就晚了一步。这造成了电视媒体没有看到互联网技术对其带来的冲击，远远低估了互联网技术所产生的威力和将要造成的威胁。受资金、人才和技术限制，多数电视媒体的全媒体转型建设进展缓慢，在传统媒体与新媒体加快融合的行业背景下，电视台在媒体融合的技术平台、业务流程、用户数据库以及服务平台等方面严重落后。随着年轻受众从传统电视媒体向新媒体的快速转移，除中老年受众群体外，电视台和主流受众正渐行渐远，并有逐步“失联”的危险。

（四）电视媒体基本实现数字化

到目前为止，我国绝大部分地区的电视媒体都已经进行并完成了数字化的改革。我国大部分的电视媒体已经充分与数字技术相融合。模拟电视在我国已经基本被淘汰了，已经成为一种过去的回忆。数字技术使信息传输的质量得到了大幅度的提高，信息的传输量也远超以往许多倍，传输的效率得到了大幅度的提升。我国电视媒体所使用的整套技术系统已经得到了前所未有的大升级。而接下来的，就是与强大的互联网技术的进一步融合，可以说前景是非常令人期待的。

二　我国传统电视媒体的发展模式

互联网新时代已经来临，电视媒体对于全媒体化这一必然趋势已经形成了肯定的态度，但选择什么样的方式去发展，仍然存在许多疑惑和需要仔细探索的问题。

传统电视媒体的全媒体转型本质上就是将传统电视媒体和新媒体进行深度融合。在不改变当前传统电视媒体的体制体系和结构的情况下将电视台和互联网新平台分开同时发展，形成台网分离的效果，但又能够共同为电视媒体的内容传播起到促进的作用。

这种发展模式可以被称为“融合型全媒体”。这种模式能够增加电视媒体的传播渠道，不断拓展电视媒体的传播平台，达到吸引更多受众群体的目的。这类模式的优点在于，它对于传统电视媒体来说是一种局部的创新，不需要彻底改变传统电视媒体的体制和结构，相对来说风险较低，对于当前的电视媒体来说可行性比较高，并且成功的概率也比较高。

这种类型的变革也可以有一些新的“变种”。我们可以将此类模式称为“联合型全媒体”。建立新的平台往往需要耗费大量的资金，而我国地方电视媒体的规模一般都偏小，在资金、人力等各方面的资源都不够充足。在这种情况下，地方电视媒体并不一定要自己亲自搭建网络平台，而是可以将这些互联网平台的开发外包出去，在市场上找到有足够经验和实力，并且已经取得了一定成果的新媒体企业进行战略合作。在一定范围内，进行人才、资源方面的合作共享，以期取得互利双赢的局面。此种模式对于地方电视媒体来说更为现实，付出的成本也相对较小，性价比更高，有利于地方电视媒体的发展。

电视媒体在搭建和利用互联网平台的过程中，应该逐步改变现有传统电视媒体的生产制作结构和运营体系，逐步使自己走向一个新的局面，踏上一个新的台阶。

三　我国电视媒体的生存现状和面临的问题

从目前来看，我国的电视媒体的处境已经有些堪忧。体制内高层的不断出走、人才的不断流失给电视媒体敲响了警钟。我们要清晰地认识到，当下的电视媒体身处困境绝不是偶然的。传统电视媒体所面临的问题是比较复杂的，既有来自其自身内部环境的原因，也有来自外界的原因。

（一）电视节目的播出限制较多

在宏观政策层面上，我国新闻方面的业务要经过各级政府宣传部门的审核。而影视剧、娱乐类节目也要受到国家监督。2015 年的元旦，国家新闻出版广电总局要求一部电视剧最多只能在两个卫星频道上播放。这个规定打破了已经实行了长达十年之久的“四星联播”的政策。国家新闻出版广电总局希望借由这个规定来提升电视剧内容的质量，使更多的人愿意观看国产的电视剧。在以往，一部电视剧可以在四个卫视直播，购买费用被四家卫视平分后就比较低廉了。而现在，只能在两家卫视播出，就相当于提升了一倍的成本，质量较差的电视剧的生存空间就逐渐没有了。但我们必须看到，或许对于央视，还有湖南卫视、江苏卫视等一线卫视来说影响不是很大，但是，对于那些二、三流的卫视来说，处境就很不妙了，它们没有足够的资金同那些一线卫视去竞争。据调查，很多二、三线卫视已经面临无人观看的窘境了，未来的趋势是二线卫视黄金剧场“先网后台”会成为常态，对这些频道而言，与其播出一些效果不明朗的首轮剧，不如找一些点击量表现不错、性价比也合适的网剧播出。长此以往，就会形成一种强者恒强、弱者恒弱的局面，最终一些电视台可能丧失话语权，沦为视频网站的播放器，这是我们所不愿看到的。

（二）传统电视媒体在节目内容上的优势不断削弱

现如今，不少大型的视频网站正渐渐占据了内容方面的高地，并将传统电视媒体一步一步地排除在外。腾讯视频、爱奇艺等大型互联网新媒体都在不断地投入巨额的资金来吸引顶级的内容制作团队。视频网站在这方面的投资是不遗余力的，因为它们知道只有优质的内容才能吸引观众的注意力。它们本身由于互联网技术的强大，在播放渠道方面已经占据了极大的优势，只要在内容方面再得到进一步的加强和补足，就可以进一步抢占电视媒体的市场份额了。曾有人质疑说如果去看这些视频网站的年报，可能会发现这些视频网站并不盈利。但这些大型视频网站的背后或多或少都有一些大型企业的影子，如 BAT 等，因此它们的资金是非常充足的。因资金、人才和资源不足，多数电视台在节目竞争中一直处于不利地位。近年来，随着节目竞争加剧和节目成本攀升，地方台除了本土新闻和线下活动外，节目影响逐步边缘化，节目“流量价值”逐步降低。在“内容为王”的媒体运营模式下，节目变现能力下降，曾经的“三大金刚”新闻、综艺和影视等节目广告承载量也大幅下滑。内容的匮乏又使各电视台之间的节目存在相似性，各种电视节目内容的同质性太强，没有足够的差异性，没有足够的创新，甚至还有很多的生搬硬套，这使人们收看节目时感到索然无味。

（三）人才的不断的流失

对于任何一个企业来说，人才都是核心竞争力，电视媒体行业更是如此。无论是内容的创作方面还是渠道的搭建方面都需要大量的有创意、有思想的专业人才。由于事业编制的用人制度，电视媒体很难形成一套有效的人才激励的机制体系，很难调动人才的积极性，常常会使真正有能力有创意的人才感到憋屈。随着新媒体的蓬勃发展和互联网巨头的进入，电视台对优秀人才的吸引力大幅下降，而“干部能上不能下、人员能进不能出、待遇能高不能低”的僵化机制，更加剧了人才流失，而人才“空心化”是电视台面临的最大危机。人才看重的往往不只是金钱，还有在未来的发展机遇和进步空间。而从目前来看，互联网新媒体似乎更加契合这一特点。很多互联网、新媒体企业不断给出高于电视媒体的薪水，还愿意将股份分给每一个员工，这大大激发了员工们的积极性。电视台人才的流失最终必然会导致优质内容的流失，优质内容的流失又会使电视媒体的经济状况每况愈下，最终进入了一个恶性循环，如同跌入了一个深深的泥沼，最终深陷其中难以自拔。目前电视台只想留住人才，却不进行大刀阔斧的机制体制突破，最后只能沦为培训学校，替社会资本输送人才，为他人作嫁衣。

四　全媒体环境下电视媒体战略转型的路径和布局

（一）全媒体环境下电视媒体的转型发展路径

传统电视媒体能有过去几十年的辉煌成就，主要是因为两个方面。一方面是因为其品牌的公信力。作为党和政府的“喉舌”，人们对于传统媒体其实是非常信赖的。人们认为传统媒体发出的声音就是党和政府发出的声音，因此，信息基本是绝对真实和可靠的。这是电视媒体的一大独有的优势。另一方面则来自电视媒体在节目内容上的优越之处。人们几十年来对电视媒体的不离不弃可以说明人们对电视媒体的内容总体上来说还是比较满意的。虽然也有很多不足的地方，不乏粗制滥造、空洞重复，但正如一年一次的春节联欢晚会，每次都被很多人吐槽，但每次依然有那么多人看。所以说内容的优质是电视媒体成功的一大保证。

电视媒体将来的转型之路必须牢牢把握住这两点。要进一步保证自身的公信力，杜绝假新闻，杜绝各类诽谤和谣言，要牢牢把握住信息真实可靠这一门槛线。在内容上，要继续加强优质内容的制作能力，扩大内容的丰富性和吸引力。在这个基础上，积极开拓全媒体新渠道，充分利用互联网技术，利用互联网平台的强大功能将优质的内容更加便捷地传送给需要的观众，打造出新的更适应现代社会的产业链。电视媒体转型发展路径见图 1。

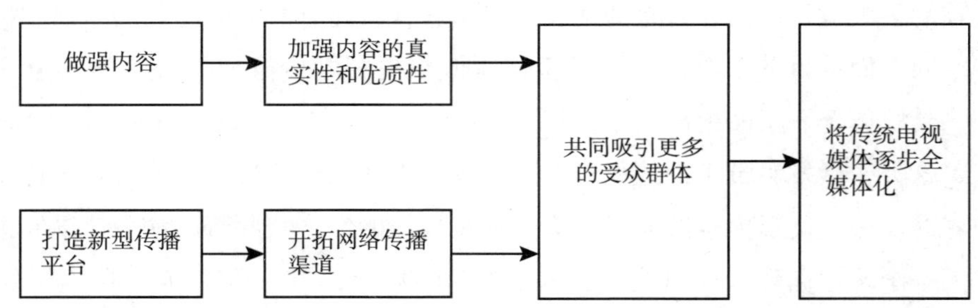

图 1　电视媒体转型发展路径

（二）全媒体环境下电视媒体的发展布局

全媒体转型不只是简单的技术升级而已，而是一个全方位的产业升级，因此，在升级之前应该有一个比较全面的规划和布局。在部署全媒体转型的战略规划之时就应该明确好在几个大方向上的重点布局。

1. 加强电视媒体的权威性

应该进一步巩固电视媒体在社会舆论中、在人们心中的公信力和威信。作为党和政府的“喉舌”，这是电视媒体独有的、最强大的、最根本的优势。目前，很多的专家学者都坚信电视媒体不会倒下，很大一部分原因也是基于此。因此，电视媒体一定要强化在这一方面得天独厚的优势，通过严格审查来保证信息的真实性和正确性。另外，在遇到国内外重大事件时，如国内出现重大灾情时，电视媒体更是要当仁不让地站在第一线。在第一时间赶赴现场进行及时的现场跟踪报道，传送出第一手信息。积极成为国家救灾抢险的指挥平台，同时向全国群众及时传递援助信息。努力突出自己的权威报道形象以及强烈的社会责任心。如在“马航”事件中，中央电视台的及时跟踪报道就得到了全社会的一致好评，为电视媒体树立了一个好的榜样。

2. 在内容方面要不断提高内容制作能力

要加强创新，突出内容的差异性，努力生产出更为优质的节目内容。每个人都有自己的喜好，在电视节目方面也是如此，每个人爱看的节目类型也各不相同。地方电视台的节目要从受众角度，根植于本地文化和风土人情，使受众有亲近感和认同感，可更多地参与和互动；从经营的角度，节目要贴近本地市场和消费者，可与用户进行深度互动与沟通，可解决消费“最后一公里”的推广与服务；从政府角度，电视节目要成为及时沟通民意的重要渠道，可作为解决民生问题和提供公共服务的主流平台。电视媒体必须要注意到这一点，坚持节目内容的“碎片化”，生产不同类型的内容以满足不同受众的需求。可以借鉴别人成功的案例，可以鼓励引进国外的优质节目类型，但绝不能生搬硬套。每个国家的国情和社会风俗都是不同的。因此，在国外引进的节目中要加入自己的思想、自己的创意，将自己的民族所特有的文化特色融入其中，生产出符合我国国情的优质节目。

3. 充分利用互联网技术，搭建互联网新平台

电视媒体应丰富自己的播出渠道，现在很多的传统媒体，无论是电视媒体还是广播媒体、报纸期刊媒体，其实大多已经建立了自己的网站。在这个网站上会有媒体的新闻，也有其以往的内容和最新的内容让受众收看。如北京电视台借助互联网平台企业强大的资本实力、流量实力和技术实力，整合传统广播电视在内容生产、导向把关、权威公信等方面的优势，以期形成一加一大于二的整合效果。但我们必须看到，这只能算是传统媒体全媒体化中的一个很小的部分。电视媒体应该挖掘出更多的信息接收终端，使人们可以

通过多种不同的渠道来获得各类信息或是节目内容。电视媒体还应该抓住互联网技术的互动性这个特点，及时了解人们的反响和各类需求，以期更好更便捷地为人们提供服务。

五　全媒体环境下电视媒体的战略转型措施和对策

21世纪以来，对于传统媒体来说，战略转型已经成为这个行业新的时代主题。无论是电视媒体，还是报纸、广播媒体都应该重新审视自己的发展战略，尽早地进行新的战略定位。从单一媒体向全媒体转型是新时代下电视媒体战略转型的必由之路。

电视媒体人应该看到最近十年来互联网技术的兴起所带来的并不只是互联网新媒体那么简单，其实对我国的整个传媒圈或者传媒生态带来了质的变化。我国的整个传媒产业发生了巨变，甚至可以说是进行了重新的全方位的构建。在这样的一个新的生态环境下，我国大到央视、各大省级卫视，小到各城市的地方电视台都应该对自身的产业系统做出一个全面重新的审视。应该积极地应对新环境新背景所带来的前所未有的冲击，对自身体系的每一个环节都做出改变和升级换代。要充分意识到这一次的转型，是一次触及电视媒体全产业链和灵魂的巨大变革。

（一）电视媒体应该继续制播分离，加强开拓自身的经营属性

“制播分离”这个概念最早提出的是英国，是指电视媒体将节目内容的制作交给市场上专业的内容制作公司去做。对于我国来说，长期以来电视媒体的节目制作和播放都是自己一手把握的。在这种情况下极易造成资源不能有效利用，使效率不高的问题出现。因此，制播分离对于我国的电视媒体行业来说是一个非常大的进步。电视节目的制作和一个机械零件的制作不太一样，不是那种流水性的重复操作。电视节目的制作可以看成是一项精密加工，要有一个很大的团队（这个团队里包含各类的人才），并且需要他们齐心协力一起完成。这种加工包含很多的环节，只要有一个环节出了问题就极

有可能使整个加工前功尽弃。因此，节目的制作是极具技术含量、极具含金量的复杂工作。大部分的电视台都很难有如此庞大的人才资源储备。其实，电视媒体并不需要也不应该“事必躬亲”，那只会造成效率的低下。制播分离使电视媒体可以将节目的制作从中剥离出来成立一家新的企业，从而使电视媒体依托市场，在市场上培育和筛选出实力强大的有经验的内容制作公司，将部分内容制作任务委托给他们，由他们来进行专业的制作加工和包装。节目制作引入竞争机制，就会提升节目内容的品质和建立提升内容创新的体制机制，从而更好地满足受众需求和广告客户需求。节目制作公司在节目内容的生产中，可以根据播出需要开展节目创作，包括频道平台的播出需求和客户定制；也可以以节目制作团队为主导，常态化推出节目生产的创新策划，使新节目既可以在台内的频道或新媒体渠道播出，也可以直接将版权出售至其他电视台或网络视频平台，从而拓展自身的经营属性，逐渐把电视媒体发展成为从优质 IP（版权）生产者向优质 IP 运营商转型。

（二）创新用人制度，打造全能型人才

电视媒体的行政体制可以保持不变，但在用人制度上实现一定的创新。在任何的企业，人才永远是最重要的，人才是一个行业最宝贵的资源。电视媒体曾以人才储备丰富，是人才的摇篮而著称。但近些年来，传统电视媒体的人才流失太过严重。电视媒体的不少中坚力量都相继离开，一些新人却还略显稚嫩。因此，电视媒体应该要注意到这一点。应该完善自己的用人体系和制度，实现从“身份管理”向“岗位管理”的人事制度变革，通过建立“不看身份、用人唯才”的用人制度和“同工同酬、按绩取酬”的分配制度，激发内部人才的积极性，营造出有利于“引才、用才、育才、留才”的人才成长环境，提升在人才市场的竞争力。前文中提到的制播分离其实也有这方面的考虑，可以在一定程度上减少“吃大锅饭”的现象。电视媒体应该优化自身的绩效考核体系，对员工进行科学的绩效管理，并且在此基础上引入淘汰机制，奖励效率高的员工，将不合格的员工淘汰。

另外，应当努力实现传统媒体与新媒体记者、编辑、主持人、制作人等

角色的自由切换，造就融媒体时代的“全能型记者”“全能型编辑”等。在全媒体这个新的主题背景下，电视媒体需要的不再是新闻功底扎实的人员，而是全能型的多面手人才，如全能记者、全能编辑、全能主持人等。电视媒体的工作人员除了拥有出色的文字创作能力，与此同时也要兼备技术上的能力，例如，独自在采访的过程中完成音视频的录制、拍摄工作，对采访来的素材针对不同媒体的特点和需求进行后期的剪辑加工制作等。这些都对传统电视媒体行业的工作人员提出了更高的要求，需要他们有互联网思维和新媒体理念以及很强的综合能力。电视媒体在组织管理中，倡导扁平化管理和项目管理，强化首席编辑、首席记者、首席主持人等人才梯队建设，逐渐形成科学、顺畅、高效的组织指挥体系，培养和建立起一支年龄层次合理、知识结构全面、善用现代传播手段、掌握“跨界叙事”能力的全媒体复合型人才队伍。

审视与更新员工的观念应成为电视媒体战略转型的前提。在全媒体和泛媒体环境中，员工们要树立新的发展观念和新的经营理念，要通过整合社会的人才、创意、内容、渠道和资源，实现发展模式的转型升级；经营上通过实现广告收入、内容发行收入、品牌经营收入、线下活动收入以及产业服务收入等多元化收入，把电视媒体打造成为现代文化传媒服务的平台。

（三）进一步加强内容优势，注重“差异化”

在这个互联网新媒体大兴的时代，人们都在讨论一个问题：到底是“内容为王”呢，还是“渠道为王”。其实，答案很简单。这不应该是一个单选题，而应该是一个双选题。两者都应该是王，两手都要硬。电视媒体永远不能忽视内容的质量，只有优质的内容才能够吸引足够的观众。

应当根据受众需求来确定节目内容，从受众调查、选题、制作上下功夫，还要注重节目创新，根据全媒体的要求制作适合不同媒体播出的节目。应该打破电视媒体节目内容单一、“同质化”严重的壁垒。电视媒体在资金、产业发展受限的情况下，可以依托自身和本地的内容生产优势，在内容制作上多下功夫，要面向本地受众进而面向全国受众。我国历史悠久，传统文化丰富多彩，是一笔宝贵的文化财富金矿。要实现资源内容的统一策划、多媒体采编及共享平台生产。要树立“大编辑部”思维，逐步建立起资源共享与信息处理的平台。要针对不同的新旧媒体形态和用户特征，生产差异化、个性化、分散化的内容产品。另外，电视媒体在与新媒体融合时，要注意网站内容的生产、手机客户端的内容推送以及视频节目的定位，要根据网络媒介的特性和受众特点来规划和分工，在内容方面充分考虑新媒体传播方式和受众需求，注重差异化、贴近性、针对性。电视媒体要做到从“同步播出、互为平台、互为推广”的低层次联动走向“共同策划、联合制作、一揽子营销”的高层次融合。在受众定位方面可以基于传统电视媒体和网络视频用户的年龄、职业和收视时间，有针对性地制作和播出相关节目内容及有针对性的广告内容，适应受众的收视习惯，提供适应电视、移动网、客户端、社交媒体、视频通讯社等多渠道、多形态传播的内容和产品。互动性是全媒体平台的一个很大的特点，电视媒体应该充分利用这一特点，加强和观众们的互动和交流。在平台上开设观众留言功能，及时地获取观众的意见和建议，不断地提升节目对受众的黏性。

在全媒体时代，电视媒体的差异化竞争主要表现在服务和技术两个方面。服务差异化就是进行有效的市场细分，以受众和用户的需求为核心进行节目内容与服务的差异化构建，整合平台的资源内容，更精准地为目标市场和受众服务；技术的差异化就是以电视全媒体的内容产品与服务质量为核心，进行技术层面的创新与改革，发展个性化的全媒体内容产品与服务平台，提升自己的竞争力。

（四）积极开拓多种播放渠道

渠道的建设，是传统电视媒体全媒体化的一个重点。互联网使人们只要在有网络信号的地方就可以随心所欲地收看自己喜爱的各种节目。尤其是当下的年轻人群体，他们基本上都已经不通过电视机观看节目而是在互联网上观看各类视频了。近几年，我国的有线电视用户数量在历史上第一次出现了下降现象。这充分说明已经有一部分受众抛弃电视而去。

我国的三网融合的工程一直在向前推进着，早在2010年便有了试点城市，从目前来看效果还是相当不错的。电视媒体每多出一个播放平台，就会多出一个机会，就会多出一批电视媒体的用户。所以，传统电视媒体必须要抓住这一国家政策机遇，大力推进网络新媒体建设，建立整合电视频道、互联网电视平台、IPTV、手机电视、移动客户端等多种渠道的视频聚合和分发机制，通过“一云多屏、多屏合一”的平台入口和特色内容优势，台网彼此借力构建现代新型传播矩阵。

但在开拓渠道的同时，我们也应该注意到不同渠道的特点。我们应当根据不同渠道各自的特征来采用相应的开拓模式。要充分利用大数据分析工具，及时掌握受众和用户需求偏好，实现精细化运营，提升内容产品的质量，协助进行市场决策；使用个性化推荐公共引擎，协助移动端平台和内容生产机构进行内容产品个性化算法推荐，满足用户深层次需求。例如，我们每天都会用到的微信，人们看微信一般是利用“碎片时间”，一般在微信上看视频时间不超过5分钟。而正常的电视节目通常都在30分钟以上，如果拿来直接放在微信上播，时间就显得太长了。因此，在电视节目制作环节应当考虑微信播出的特点，可以考虑将30分钟的电视节目编辑成6个模块，每个模块只有5分钟，每个模块可以单独播放，6个模块串联起来就可以满足电视播放。与此同时，这样还可以降低节目的制作成本。总之，全媒体战略的精髓并不是单纯地只追求各种媒介或终端的齐全，而是以终端和渠道为手段来增加媒体效益与影响力。

（五）构建全媒体“中央厨房”，打造数据库中心

我们可以将“中央厨房”看成是一种新的运行机制。从技术层面来看，“中央厨房”实际上就是我们从“融合态”的业务场景出发所构建的一套技术体系，既有软件，也有硬件（如无人机、VR设备等），为全媒体平台的业务运行提供强有力的技术支撑。

电视媒体首先将记者所采访到的内容输入自己的数据库，然后再根据自身不同的传播平台的需求分别对其进行进一步的精细加工，最后通过不同的

终端平台发布出去，实现一次采集、多种生成、多元传播。电视媒体可以将自身的人力、内容和渠道方面的资源进行有效的整合，能够提高采访素材的利用率，最大限度地降低成本。

电视媒体还能够利用“中央厨房”提高内容的时效性。当前，互联网新媒体相较于传统媒体最大的优势之一就是它的时效性远超传统媒体。而有了“中央厨房”系统，传统电视媒体可以极大地弥补这个劣势，“中央厨房”的内容生产流程可以使传统内容以最快的速度传递到各类终端平台上，并且还能够同时兼顾内容的深度。各电视媒体在进行“中央厨房”建设时，要突出效果导向，不要生搬硬套，努力在实践中寻找到适合自己的路径和办法，在建设过程中主要注意三方面的问题：坚持和巩固内容生产优势、“做增量”与“做存量”的选择、妥善处理好内外部生产关系等，要运用系统的观点和方法，根据自己的实际情况，方能达到良好的效果。

大数据技术在我国已经进入了一个比较成熟的阶段。在传统媒体时期，电视媒体很难对观众形成一个收视样本，对观众做出一个细致的分析。但有了大数据技术，电视媒体可以运用大数据技术将观众的各种数据进行高度整合，尽最大的可能将受众进行“碎片化”。通过这个流程，电视媒体可以充分了解到人们的喜好，了解到哪些人群对于哪些节目更加偏爱。电视媒体在制作节目的时候就可以充分地考虑这些因素，推出类似于“定制化”的服务，将每一类节目推送给特定的或者说是有需要的人群，并且在每天的播放时间段的安排上也可以更加有针对性。通过中央厨房建设，不同类型的媒介所生产的内容可以互通有无、相互嵌入，并且根据全媒体中各媒体不同的传播特点和对应受众来整合资源进行重新排列组合，并以更多的表现形式和更加丰富的内容来满足细分受众和用户的需求。

（六）构建全媒体产业链

互联网技术的蓬勃发展使电视媒体的外部环境发生了很大变化，为了适应这些变化，传统电视媒体应该积极升级自身的产业结构，打造属于自己的全媒体产业链。

通常来说，产业链其本身实质上是一个由彼此之间有着某种特殊联系的企业所组成的一个群体。这个群体中的各个企业既各自分工又相互合作，相辅相成共同发展。如果电视媒体能够在这条产业链中的某个环节占据主导地位，那么相对来说就能够比较容易地掌控这条产业链，从而形成一个新的传媒生态链。这条产业链的上游通常来说是内容的生产者，也就是各大电视媒体。但近些年来，情况出现了变化。市场上逐渐涌现了很多民营的内容制作机构，它们也同样可以为电视媒体提供内容资源。但这些民营的机构常常因为资金的匮乏以及人才的短缺等问题，在内容的生产上无法形成一定的规模。因此，电视媒体应充分发挥自己的传统优势，联合各种节目制作公司，始终以内容为本，不断打磨自身的内容优势，创造出优质的原创内容，构建基于内容的运营和策划。使产业链的上游能够源源不断地供应出优质的内容资源，提供令客户满意的服务。电视媒体要依托“内容 +”优势，构建全媒体整合营销平台，打造“内容 + 渠道”“内容 + 产品”“内容 + 专业”“内容 + 体验”“内容 + 销售”等一体化的服务产业链。

另外，在新的产业链模式下，广电媒体还需要进一步优化自身的体制机制，努力引进人才，充分发挥他们的优势，有效整合自身的各种资源，通过引进投资者，真正实现资源整合和优势共享。在管理模式层面，可以尝试项目制管理模式，建立产业运营团队和节目团队的利益共享模式，这既能够激励节目的运营，也能鼓励产业的进一步发展，真正能够强化产业链。电视媒体对产业链规划与布局，要围绕“受众—用户—客户—产业”四个维度展开，为受众提供优质的专业节目内容，为用户提供优质的专业服务，为客户提供优质的营销服务，为产业提供未来解决方案，电视媒体最终实现从专业电视频道到专业产业链服务平台的转型升级。在新的媒体生态下，电视媒体的各专业频道要通过重构价值模式，实现从频道经营向传媒文化服务产业链经营转型发展。

资源整合能力是电视台发展服务产业链的“动能”。电视媒体要充分利用自己多年积累的资源整合能力发展传媒文化服务产业链，如整合地方政府资源，为本地用户提供公共服务（如文化、演艺、交通、医疗、便民等）；整合区域产业资源，为相关产业提供增值服务（如营销策划、品牌代理、线下推广等）；整合本地用户资源，为用户提供贴身服务（如教育、健康、旅游等），电视媒体要根据自身的资源优势来选择自己的发展方向。

随着互联网对媒体生态的重构，媒体行业呈现媒体多元化、消费碎片化、受众分众化的三大趋势，电视媒体应该顺应这个趋势，把握住互联网技术这个时代利器，巩固电视媒体自身资源和比较优势，充分利用互联网的特点和优势，不断壮大自身。从目前来看，电视媒体在运用互联网技术面前仍然处于一个相对弱势的地位，自身在市场上的份额也不断地被互联网新媒体蚕食。电视媒体应该做出长远的打算，有一个全盘的考虑，积极进行战略转型。这是一条前所未有的探索之路，电视媒体应该摆正心态，稳扎稳打。千万不能盲目跟风，自乱阵脚。电视媒体应该充分利用自身长期积累下来的经验和各类资源，充分利用自己作为党和政府“喉舌”的宣传功能，在这一基础上积极拓展网络新媒体业务，开拓新的领域，形成新的核心优势，这样才能保持自己向前不断超越的步伐。

参考文献

李永凤、潘浩：《电视媒体的转型策略分析》，《当代电视》2014 年第 1 期。

洪超：《文化产业发展过程中加快传统媒体转型发展研究》，北京邮电大学硕士学位论文，2014。

王兴良：《新媒体竞争下的传统电视媒体转型研究》，首都经济贸易大学硕士学位论文，2014。

胡娟：《基于新媒体的广播转型研究》，浙江理工大学硕士学位论文，2014。

刘京晶：《新媒体环境下我国传媒产业的发展》，《新闻战线》2015 年第 11 期。

王勇：《媒介融合背景下我国广电全媒体发展研究》，武汉大学博士学位论文，2013。

孙宁：《传统电视媒体新媒体转型的四种模式》，《视听界》2014 年第 4 期。

隗建华：《新媒体竞争环境下传统电视媒体如何转型发展》，《新闻研究导刊》2015 年第 2 期。

孔海啸：《我国电视媒体的新媒体发展战略研究》，重庆工商大学硕士学位论文，2014。

B.19
北京传媒上市公司治理结构研究

肖建华　王若凡*

摘　要： 公司治理结构也称“公司治理”，是指现代企业在所有权和经营权分离的前提下，对公司运营决策、利益分配与监督机制的制度安排。公司治理结构决定企业的经营、决策和发展方向，是决定企业竞争力和发展能力的重要因素。传媒企业不仅要在经济上实现经营业绩，同时还要服务于国家目标和社会公益，实现社会效益。探索合理有效的公司治理结构是保障传媒企业健康、有序发展的前提。本文利用我国境内上市的138家传媒公司公布的2017年年报数据，从股权结构、董事会结构、公司控制权和高管激励等四个方面分析了北京市传媒上市公司治理结构的特征。从股东、出资者、国家和职工四个不同视角，分析了我国传媒上市公司治理结构与企业绩效的相关性，并基于此分析了北京市传媒上市公司的优劣势。

关键词： 传媒企业　治理结构　上市公司　公司业绩

“公司治理结构”来自英文corporate governance，也称“公司治理”，是指现代企业在所有权和经营权分离的前提下，对公司运营决策、利益分配与监督机制的制度安排。

---

* 肖建华，中国科学院大学经济与管理学院副教授；王若凡，中国科学院大学经济与管理学院硕士研究生。

“公司治理结构”的概念于20世纪90年代初引入我国。当时主要讨论传统国有企业进行公司化改革以及现代企业制度建设中如何建立产权制度，明确股东大会、董事会、监事会和经理层的职责，形成各司其职、协调运转、有效制衡的局面等问题。随着我国现代企业制度的形成与不断完善，学界更多地使用“公司治理”一词，并将研究问题聚焦在现代公司突出的两类代理冲突问题：一是公司股东与经营者之间的利益冲突，经营者不能按照股东利益最大化进行投资决策，这被称作第一类代理问题；二是公司大股东与小股东之间的利益冲突，大股东借助交叉持股以及不平等投票权等方式，剥夺小股东权力，通过隧道行为实现利益转移，这被称作第二类代理冲突。[①]

有效的公司治理结构不仅要解决两类代理问题，提高公司的经营能力和发展能力，而且要促进公司形成长期稳定的发展方向和发展策略。根据申银万国的统计数据，截至2017年底，我国已有138家传媒公司在境内上市。这些传媒企业不仅要在经济上实现经营业绩，同时还要服务于国家目标和社会公益，实现社会效益。因此，怎样的公司治理结构更有利于传媒企业健康、有序发展，是一个值得深入探讨的问题。

本文利用我国境内上市的138家传媒公司公布的2017年年报数据，从股权结构、董事会结构、公司控制权和高管激励等四个方面分析北京市传媒上市公司治理结构的特征。从股东、出资者、国家和职工四个不同视角，分析公司治理结构对企业绩效的影响，并基于此分析北京市传媒上市公司的优劣势。

一　传媒上市公司治理研究现状

传统上，我国传媒行业属于“事业性单位、企业化管理”二元式体制

① 郑红亮、王凤彬：《中国公司治理结构改革研究：一个理论综述》，《管理世界》2000年第3期。

管理模式，具有十分浓重的行政色彩。近年来，随着传媒行业的企业化改革，公司治理的相关研究也开始展开。研究主要基于以下视角。

一是现存问题探究。例如，陈建思和胡雨驰通过实证研究提出当前传媒上市公司存在的治理弊端在于政府对控股公司的干预问题；[①] 赵曙光发现传媒上市公司国有股比重过大可能会对中小股东的利益构成影响；[②] 而李广魁认为我国传媒行业需要优化股权结构与董事会规模、完善董事以及高管的激励措施、完善独立董事制度、强化监事会的制度建设等。[③]

二是传媒行业股权结构问题。学者发现我国传媒上市公司的股权集中度明显高于其他行业，[④] 且国有股与公司绩效负相关。[⑤]

三是内部人控制问题。刘友芝等发现我国传媒上市公司内部人控制现象严重，需要通过优化股权结构、健全激励约束机制等改善公司治理；[⑥] 王丽华选取2002～2011年15家传媒上市公司，实证发现传媒上市公司内部人控制与公司的经营绩效呈显著的负相关关系，内部人控制程度越高的上市公司，公司经营效率可能越低。[⑦] 赵曙光在探讨“电广传媒”的发展前景时，提出内部人控制和关联交易等问题可能会对中小股东的利益构成影响。[⑧]

随着传媒行业的不断壮大和资本市场的发展，我国的传媒上市公司已初具规模，但针对传媒上市公司最新发展动态进行公司治理结构研究的还不多见，针对地方特色讨论传媒上市公司治理结构的研究相对更少。北京市作为

① 陈建思、胡雨驰：《中国传媒上市公司治理结构的实证研究》，《对外经贸》2014年第10期。

② 赵曙光：《加强非公有制经济组织精神文明建设的思考》，《理论前沿》2002年第5期。

③ 李广魁：《传媒业上市公司治理结构比较研究》，山东大学硕士学位论文，2012。

④ 陈晓霞：《传媒上市公司资本结构与公司绩效关系研究》，湖南大学硕士学位论文，2008。

⑤ 韩雪：《传媒业上市公司股权结构对公司绩效的影响研究》，山东大学硕士学位论文，2013。

⑥ 刘友芝、陈岱，朱江波：《我国传媒上市公司内部人控制问题研究》，《湖南大众传媒职业技术学院学报》2011年第1期。

⑦ 王丽华：《传媒上市公司内部人控制对公司绩效影响的实证研究》，湖南大学硕士学位论文，2014。

⑧ 赵曙光：《加强非公有制经济组织精神文明建设的思考》，《理论前沿》2002年第5期。

我国文化中心，其属地上市的传媒公司数量最多、规模最大。研究北京市传媒上市公司的治理结构及其特点，可以为地区探讨传媒企业的发展问题提供新视角。

二　公司治理指标选择与数据来源

（一）公司治理指标选择

根据现代公司治理领域的研究进展，本文从以下几个方面分析传媒上市公司的治理结构。

1. 股权结构

股权结构是研究公司控制权的重要视角。一般认为，股权集中有利于激励大股东监督管理层，避免出现第一类代理问题。但同时，股权集中容易形成“一股独大”，不利于民主决策，从而容易出现大股东侵害小股东利益的第二类代理问题。因此，关于股权集中还是股权分散更有利于企业经营业绩，学界的研究结论也不尽相同。第一种观点认为股权集中度正向影响企业业绩，如 Berle 和 Means、Shleifer 和 Vishny、许小年等、聂长海等、徐莉萍等、王化成等、Kang 等①；第二种观点则认为股权集中度负向影响企业业绩，代表观点如 Shleifer 1997 年提出的隧道理论，② Johnson

① Berle A. , and G. Means, *The Modern Corporation and Private Property*, (Mc-Millan, New York, 1932); Shleifer A. , Vishny R. W. , “The Limits of Arbitrage”, *Nber Working Papers*, 1997, 52 (1):35 -55; 许小年、王燕:《中国上市公司的所有制结构与公司治理》，载梁能主编《公司治理结构改革：中国的实践与美国的经验》，中国人民大学出版社，2000；聂长海、姜秀华、杜煊君:《“一股独大”悖论：中国证券市场的经验证据》，《中国工业经济》2003 年第 7 期；徐莉萍、辛宇、陈工孟:《股权集中度和股权制衡及其对公司经营绩效的影响》，《经济研究》2006 年第 1 期；王化成、曹丰、叶康涛:《监督还是掏空：大股东持股比例与股价崩盘风险》，《管理世界》2015 年第 2 期；Kang H. C. , Anderson R. M. , Eom K. S. , Kang S. K. , “Controlling shareholders´Value, Long-run Firm Value and Short-term Performance”, *Journal of Corporate Finance* 43 (2017): 340 -353.

② Shleifer A. , and R. W. Visny, “A Survey of Corporate Governance”, *The Journal of Finance* 52 (1997): 737 -783.

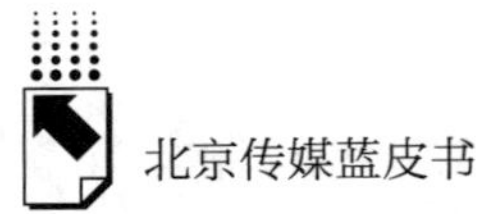

等发现的大股东“掏空”行为,① 以及其他学者利用不同国家、地区数据进行的实证研究结果;② 还有一些学者认为，股权集中度并不是简单地正向或者负向影响企业业绩，而是与企业业绩呈现一种非线性关系。

股权结构的相关研究通常利用股权集中度进行实证研究，本文从第一大股东持股比例、前三大股东持股比例合计和前十大股东持股比例合计来分析股权集中度。

2. 董事会结构

董事会代表股东行使股东所有者的投票权和监督权，是公司重大事项的决策机构。关于董事会的结构如何组成才能更有利于公司绩效，也存在两种普遍接受的理论。一是 Jensen 和 Meckling 提出的“代理理论”，认为董事会的存在是为降低代理风险而发挥其监督的作用，因此主张董事会拥有大量外部独立董事，董事长与 CEO 二职分离。③ 二是 Donaldson 和 Davis 提出的“管家理论”，认为管理层会像管家一样管理好公司的财产，并实现企业利益最大化，因此主张大量内部董事与关联董事，认同董事长兼任 CEO，以减少相互掣肘带来的资源内耗。④

实证研究的结果也分别提供了两种理论的证据。一些学者认为外部董事构成比例高、CEO 和董事长两职分离有利于公司绩效，支持代理理

① Johnson S. R., La Porta F., Lopez-De-Silanes, and A. Shleifer, “Tunnelling”, *American Economic Review* 90 (2000): 22 - 27.

② Fuerst, Oren and Kang, Sok-Hyon, “Corporate Governance, Expected Operating Performance, and Pricing”, *Corporate Ownership and Control*, Vol. 1, Issue 2 (2004): 13 - 30; Shleifer A., Vishny R. W., “The Limits of Arbitrage”, *Nber Working Papers*, 1997, 52 (1): 35 - 55; La Porta R. F. Lopez-De-Silanes A. Shleifer, and R. W. Vishny, “Corporate Ownership Around The World”, *The Journal of Finance* 54 (1999): 471 - 517; Lins K., “Equity Ownership and Firm Value in Emerging Markets”, *Journal of Financial and Quantitative Analysis* 38 (1), (2003): 159 - 184; 张良、王平、毛道维:《股权集中度、股权制衡度对企业绩效的影响》,《统计与决策》2010 年第 7 期。

③ Jensen M. C., and W. H. Meckling, “Theory of The Firm: Managerial Behavior, Agency Costs and Ownership Structure”, *Journal of Financial Economics* 3 (1976): 305 - 360.

④ Donaldson L. J., Davis, “Stewardship Theory Or Agency Theory: CEO Governance and Shareholder Returns”, *Australian Journal of Management* 16 (1991): 49 - 64.

论;[①] 另一些学者持相反观点，支持管家理论。[②]

本文对董事会结构的研究主要从独立董事占董事会的比例、董事长和总经理是否二职分离两个方面展开。

3. 控股股东性质

关于控股股东的性质如何影响公司治理绩效，研究结果也不一致。一些学者基于代理理论，认为国有控股股东对公司绩效存在负面影响。国有企业“所有者缺位”导致的巨大代理成本，以及“政治干预”带来的“掠夺之手”(grabbling hand)，使国有控股股东凭借持股享有表决权和控制权而对企业管理施加干预，从而使企业资源倾向于股东个人，牺牲企业的盈利能力。[③] 而另一些学者认为，国有控股能够为企业提供“扶持之手”（helping hand），通过遏制恶性竞争，提供专业引导，进行资源调配，协助引入国外先进技术等方式来帮助本国企业提高效益。[④]

本文对控股股东的研究主要聚焦于公司实际控制人是否国有。

4. 高管激励

按照代理理论，公司高管在足够的激励作用下会降低代理风险，有利于提高公司绩效。常见的高管激励方式有两种：货币薪酬激励和股权激励。前者通常用高管薪酬来衡量，后者常用高管持股比例来测度。

① John K. , and L. W. Senbet, “Corporate Governance and Board Effectiveness”, *Journal of Banding and Finance* 22 (1998): 371 - 403；李维安、徐建：《董事会独立性、总经理继任与战略变化幅度——独立董事有效性的实证研究》，《南开管理评论》2014 年第 1 期；叶康涛、祝继高、陆正飞等：《独立董事的独立性：基于董事会投票的证据》，《经济研究》2011 年第 1 期。

② Kesner I. F. , “Shareholders and the Issue of Corporate Governance: The Silenced Partner”, *Business Horizons* 32 (4), (1989) : 16 - 21；于东智：《董事会、公司治理与绩效——对中国上市公司的经验分析》，《中国社会科学》2003 年第 3 期；蒲自立、刘芍佳：《公司控制中的董事会领导结构和公司绩效》，《管理世界》2004 年第 9 期；王雷、党兴华：《R&D 经费支出、风险投资与高新技术产业发展——基于典型相关分析的中国数据实证研究》，《研究与发展管理》2008 年第 4 期。

③ 许小年、王燕：《中国上市公司的所有制结构与公司治理》，载梁能主编《公司治理结构改革：中国的实践与美国的经验》，中国人民大学出版社，2000；刘国亮、王加胜：《上市公司股权结构、激励制度及绩效的实证研究》，《经济理论与经济管理》2000 年第 5 期；陈晓、江东：《股权多元化公司业绩与行业竞争性》，《经济研究》2000 年第 8 期。

④ 杨典：《公司治理与企业绩效——基于中国经验的社会学分析》，《中国社会科学》2013 年第 1 期。

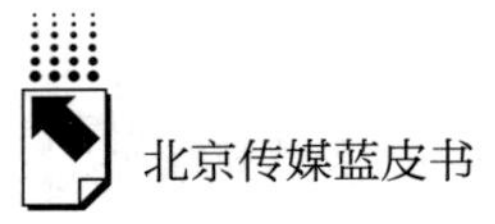

货币薪酬激励是激励高管努力工作并达成企业目标的常见方式。许多学者对 CEO 薪酬与公司业绩进行实证研究，发现 CEO 薪酬与公司业绩显著正相关。[①] 也有一些学者发现高管薪酬的激励作用并不显著，认为我国现行的高管激励力度与其所做的贡献和承担的风险并不对称。

股权激励是确保企业管理者与股东利益保持一致的有效激励方式，通过高管持有股票的方式将二者利益紧紧地捆绑在一起，使经营者能按照股东利益最大化进行决策。虽然有实证研究表明二者之间的关系并不显著，[②] 但吕新军的实证研究结果表明，高管持股比例与公司绩效约束之间存在显著负相关关系。[③]

本文用高管人均薪酬和高管持股比例两个指标分析公司高管激励情况。

（二）数据来源

为了解我国传媒上市公司的治理结构，本文选取申银万国数据库中传媒行业上市公司为样本，传媒行业包括文化传媒、营销传媒和互联网传媒三个子行业，共获得在境内上市的 138 家传媒公司信息，包括这些公司 2017 年年度报告及相关信息。

样本基本情况如下。

在 138 个样本中，有 47 家国有企业，占 34%，其中地方国有 35 家，中央国有 12 家；有 91 家民营企业，占 66%。

从属地上看，138 家公司注册地来自全国 23 个省份，其中排在前五位的分别是北京、广东、浙江、上海、江苏，其上市公司总数为 89 家，占样本总数的 64.5%。各省份传媒上市公司数量如表 1 所示。

---

① 杨青、高铭、Besim burcin yurtoglu：《董事薪酬、CEO 薪酬与公司业绩——合谋还是共同激励?》，《金融研究》2009 年第 6 期；杜兴强、王丽华：《高层管理当局薪酬与上市公司业绩的相关性实证研究》，《会计研究》2007 年第 1 期；辛清泉、谭伟强：《市场化改革、企业业绩与国有企业经理薪酬》，《经济研究》2009 年第 11 期；逯东、王运陈、付鹏：《CEO 激励提高了内部控制有效性吗？——来自国有上市公司的经验证据》，《会计研究》2014 年第 6 期。

② 魏刚：《高级管理层激励与上市公司经营绩效》，《经济研究》2000 年第 3 期；顾斌、周立烨：《我国上市公司股权激励实施效果的研究》，《会计研究》2007 年第 2 期。

③ 吕新军：《股权结构、高管激励与上市公司治理效率——基于异质性随机边界模型的研究》，《管理评论》2015 年第 6 期。

表1　各省份传媒上市公司数量

单位：家，%

序号	省份	公司数量	占比	序号	省份	公司数量	占比
1	北京	25	18.1	13	广西	2	1.4
2	广东	22	15.9	14	河南	2	1.4
3	浙江	20	14.5	15	天津	2	1.4
4	上海	12	8.7	16	重庆	2	1.4
5	江苏	10	7.2	17	甘肃	1	0.7
6	湖南	7	5.1	18	贵州	1	0.7
7	福建	6	4.3	19	海南	1	0.7
8	山东	5	3.6	20	吉林	1	0.7
9	四川	5	3.6	21	江西	1	0.7
10	湖北	4	2.9	22	山西	1	0.7
11	辽宁	4	2.9	23	陕西	1	0.7
12	安徽	3	2.2	—	总计	138	100.0

截至2017年12月31日，138家传媒上市公司总市值为191101亿元，平均每家公司市值为1384.8亿元。其中市值最高的“分众传媒”，是传媒行业的独角兽，市值达1722.2亿元；市值最小的“力盛赛车”，市值为24.6亿元。

截至2017年底，138家传媒上市公司中只有“新华文轩”一家在内地和香港同时上市，其余的137家上市公司仅有A股在内地深圳或上海交易所上市。

截至2017年底，138家传媒上市公司总注册资本1497.4亿元，平均每家公司注册资本10.85亿元。其中注册资本最大的是“分众传媒”，其注册资本为122.3亿元；最小的是“龙韵股份”，其注册资本为0.67亿元。

截至2017年底，138家传媒上市公司共有员工38.7万余人，平均每家公司员工2806人。其中员工人数最多的是“江苏有线”，拥有员工20354人；员工规模最小的是“众应互联”，拥有员工116人。2017年138家传媒上市公司共支付职工薪酬福利592.7亿元，行业人均15.3万余元。

2017年，138家传媒上市公司总营业收入5141.5亿元，平均每家公司37.3亿元。其中营业收入最高的为“上海钢联”，其2017年营业总收入为

737.0 亿元；最低的为“南华生物”，其 2017 年营业收入为 0.67 亿元。

2017 年，138 家传媒上市公司总利润 441.8 亿元，平均每家公司 3.2 亿元。其中 125 家实现盈利，13 家亏损。实现盈利最大的是“分众传媒”，利润总额达 72.3 亿元，亏损最大的是“乐视网”，亏损 174.6 亿元。

2017 年，138 家传媒上市公司缴纳各项税费共 205.5 亿元，平均每家公司上缴税费 1.5 亿元。其中缴税最多的是“分众传媒”，共缴纳税费 20.2 亿元；缴税最少的是“众应互联”，缴纳税费 0.039 亿元。从人均缴税来看，传媒上市公司人均上缴税费 9.15 万元。其中人均上缴税费最多的是“慈文传媒”，为 78.63 万元；最小的是“湖北广电”，为 0.11 万元。

2017 年，共有 23 家传媒上市公司享受税率为零的所得税优惠政策，这些公司均为中央或地方国有企业。

三　北京传媒上市公司治理结构特征

在境内上市的 138 家传媒上市公司中，注册地在北京市的有 25 家，占总数的 18%。其名录如表 2 所示。这些上市公司上市时间平均 4.76 年，其中上市时间最长的“北京文化”有 19 年市龄，有 6 家公司是 2017 年新上市企业，占北京市传媒上市公司的 24%。有 17 家公司上市年龄小于等于 5 年，占总数的 68%。可见北京市传媒上市企业在资本市场上属于刚刚起航的新群体。

表 2　北京市传媒上市公司名录

证券代码	公司简称	公司全称	上市时间	主营业务范围
000802. SZ	北京文化	北京京西文化旅游股份有限公司	1998 - 01 - 08	旅游、影视
002148. SZ	北纬科技	北京北纬通信科技股份有限公司	2007 - 08 - 10	网络游戏
002739. SZ	万达电影	万达电影股份有限公司	2015 - 01 - 22	影视广播
002878. SZ	元隆雅图	北京元隆雅图文化传播股份有限公司	2017 - 06 - 06	出版物销售
300058. SZ	蓝色光标	北京蓝色光标品牌管理顾问股份有限公司	2010 - 02 - 26	广告

续表

证券代码	公司简称	公司全称	上市时间	主营业务范围
300071. SZ	华谊嘉信	北京华谊嘉信整合营销顾问集团股份有限公司	2010 - 04 - 21	电子出版物
300104. SZ	乐视网	乐视网信息技术(北京)股份有限公司	2010 - 08 - 12	电视节目制作
300251. SZ	光线传媒	北京光线传媒股份有限公司	2011 - 08 - 03	广播电视节目
300291. SZ	华录百纳	北京华录百纳影视股份有限公司	2012 - 02 - 09	影视制作
300315. SZ	掌趣科技	北京掌趣科技股份有限公司	2012 - 05 - 11	网络游戏
300364. SZ	中文在线	中文在线数字出版集团股份有限公司	2015 - 01 - 21	网络出版物
300392. SZ	腾信股份	北京腾信创新网络营销技术股份有限公司	2014 - 09 - 10	图文制作
300418. SZ	昆仑万维	北京昆仑万维科技股份有限公司	2015 - 01 - 21	网络游戏
300431. SZ	暴风集团	暴风集团股份有限公司	2015 - 03 - 24	文化经纪
300612. SZ	宣亚国际	宣亚国际品牌管理(北京)股份有限公司	2017 - 02 - 15	广告
600037. SH	歌华有线	北京歌华有线电视网络股份有限公司	2001 - 02 - 08	广播电视传播
600386. SH	北巴传媒	北京巴士传媒股份有限公司	2001 - 02 - 16	广告
600977. SH	中国电影	中国电影股份有限公司	2016 - 08 - 09	影视
601858. SH	中国科传	中国科技出版传媒股份有限公司	2017 - 01 - 18	出版
601949. SH	中国出版	中国出版传媒股份有限公司	2017 - 08 - 21	出版
603000. SH	人民网	人民网股份有限公司	2012 - 04 - 27	广告
603533. SH	掌阅科技	掌阅科技股份有限公司	2017 - 09 - 21	出版物销售
603598. SH	引力传媒	引力传媒股份有限公司	2015 - 05 - 27	电视节目制作
603825. SH	华扬联众	华扬联众数字技术股份有限公司	2017 - 08 - 02	广告
603888. SH	新华网	新华网股份有限公司	2016 - 10 - 28	电子出版物、广告

（一）北京市传媒上市公司概览

北京市 25 家传媒上市公司中，民营企业 17 家，国有企业 8 家。

25 家公司总市值达 3852 亿元，平均每家公司为 154 亿元。

25 家公司注册资本共 278 亿元，平均每家公司 11. 12 亿元。

25 家公司员工总规模为 5. 6 万人，平均每家公司拥有员工 2000 人，人均薪酬 26. 7 万元。

25 家公司总营业收入为 936. 8 亿元，平均每家公司营业收入为 37. 5 亿元，其中“蓝色光标”营业收入最大，为 152. 3 亿元。

25 家公司中 21 家实现盈利，4 家发生亏损。其中亏损最大的“乐视网”，2017 年亏损额达 174. 6 亿元。

25 家公司 2017 年度共缴纳各项税费 43. 3 亿元，平均每家公司 1. 73 亿元。

北京市传媒上市公司与全国情况对比见表 3。北京的传媒上市公司在属性上和全国样本差别不大，国有和民营公司比例大约在 1∶2；其余各项指标，包括公司平均市值、平均营业收入、平均税费和平均员工薪酬都高于全国同行业的平均水平。

表 3　北京市传媒上市公司与全国情况对比

项目	国有占比（%）	民营占比（%）	平均市值（亿元）	平均注册资本(亿元)	平均营业收入(亿元)	平均税费（亿元）	平均员工薪酬(万元)
北京	32	68	154	11. 12	37. 5	1. 73	26. 7
全国	34	66	127. 6	10. 85	37. 3	1. 5	17. 96

（二）北京市传媒上市公司的业绩表现

1. 公司业绩评价指标体系

公司治理的目标是协调不同利益相关者利益。本文从股东、出资者、国家、职工四个利益相关者视角构建评价指标，分析上市公司业绩表现。

（1）股东视角：市值/账面价值 P/B，即公司股权的市场价值与同期公司股东权益的账面价值之比，反映股东投入的价值增值。该指标类似市净率，其中市场价值包括限售股份市值。

（2）出资者视角：企业的投资人包括股东和债权人。公司对出资者的业绩贡献常用资产报酬率 ROA 体现，即相对于出资者提供的资产总额，企业创造的价值（即息税前利润）。计算公式为：

总资产报酬率 ROA = 息税前利润/总资产

（3）国家视角：各项税费占营业收入比，即公司年度上缴国家的各项税费在营业收入中所占的比重。

（4）职工视角：职工薪酬占营业收入比，即公司年度支付给职工和为职工支付的现金在营业收入中占比。

2. 北京样本与全国样本的均值比较

按照股东视角、出资者视角、国家视角和职工视角四个维度，将指标值在 1/3 分位以上值作为高业绩组，将指标值在 2/3 分位以下值作为低业绩组，二者之间的为中业绩组。从均值来看，北京样本的各项业绩表现不仅低于 2/3 分位值，而且低于全国样本均值，说明北京传媒行业整体业绩水平低于同行业平均水平（见表 4）。同时，股东视角和出资者视角的业绩都低于全国低业绩组阈值，处于同行业较低水平。

表 4　四个视角的北京样本与全国样本比较

单位：%

项目	股东视角	出资者视角	国家视角	员工视角
北京样本均值	0. 8	3. 1	5. 1	15. 3
全国样本均值	4. 4	6. 2	5. 7	16. 1
全国低业绩组阈值	2. 2	4. 6	3. 1	8. 7

3. 北京传媒上市公司相对于全国样本的业绩分布情况

利用三分位法将全国 138 家传媒上市公司样本依据各业绩指标分为高业绩、中业绩、低业绩三组，北京市样本在各组的分布情况如表 5 所示。出资者视角有 44% 的北京公司处在低业绩组，低于全国平均水平。结合之前的均值分析，说明北京传媒上市公司在总资产报酬率，即对出资者贡献上较全国同行处于劣势。

表 5　北京样本在各视角的业绩分组分布情况

单位：家，%

业绩组	股东视角		出资者视角		国家视角		员工视角	
	数量	占比	数量	占比	数量	占比	数量	占比
高（前1/3）	11	44	9	36	6	24	7	28
中（前1/3与后1/3之间）	6	24	5	20	11	44	11	44
低（后1/3）	8	32	11	44	8	32	7	28

（三）北京市传媒上市公司的治理结构特征

1. 北京市传媒上市公司股权结构

25 家北京传媒上市公司（以下简称北京样本）与 138 家全国传媒上市公司（以下简称全国样本）的股权结构对比如表 6 所示。北京样本的股权集中度相对较高。

表 6　北京样本与全国样本的股权结构对比

单位：%

项目	第一大股东持股比例	前三大股东持股比例	前十大股东持股比例
北京样本均值	37.14	51.46	62.06
全国样本均值	33.84	48.60	61.81

2. 北京市传媒上市公司董事会结构

北京样本与全国样本的独立董事占比、国有股东控制比例见表 7。可以看出独立董事占比北京样本均值与全国样本均值接近，国有股东控制比例相对稍低。

表 7　北京样本与全国样本的董事会结构与控制权对比

单位：%

项目	独立董事占比	国有股东控制比例
北京样本均值	37.49	33.33
全国样本均值	37.78	34.81

3. 北京市传媒上市公司的高管激励情况

北京样本与全国样本的高管人均薪酬、高管持股比例对比如表8，可见北京样本的高管激励相对于全国同行较高。

表8　北京样本与全国样本的高管激励情况对比

单位：万元，%

项目	高管人均薪酬	高管持股比例
北京样本均值	61.46	16.56
全国样本均值	46.09	14.86

四　我国传媒上市公司治理结构与企业业绩的相关性分析

（一）学界关于治理结构与企业业绩相关性的观点

关于是否存在最优的治理结构问题，学界的观点并不一致。传统的公司治理理论认为，理想状况下的公司治理结构应是在产权明晰的基础上形成责权明确、相互制衡、相互协调、相辅相成的关系能最大限度地减少代理成本，有助于实现股东价值最大化。具体表现为股东大会、董事会、监事会和经理在分工明确、责权清楚的基础上各司其职、各展其能：股东大会行使公司的最高权力；董事会行使经营决策权；监事会行使监督权；董事会、监事会共同对股东大会负责，经理行使执行权。通过这种相互依存、相互制约、对董事会负责的机制，来实现公司的目标和确保股东的权益。这种理论指导下的公司治理模式以美式股东导向型公司治理模式为代表，认为委任更多外部独立董事可以更有效发挥监督作用，股权分散、CEO和董事长职位分设有利于解决权力集中导致的代理问题，高管激励有利于内部管理层做出与股东利益更一致的决策等。

社会学新制度主义理论则认为没有普适的“最佳治理模式”，认为一种公司治理模式的有效性，在于其是否契合所在的制度环境。一些实证研究证明，过多的外部独立董事并不能起到有效的监督作用，股权集中可能会激励大股东关注公司利益而避免“搭便车”风险，CEO 和董事长二职集中可以提高决策效率，避免“掣肘”现象，过高的高管激励并不能有效提高公司绩效等。特别是我国的一些实证研究表明，“一股独大”与“国家持股”反而可能有助于企业绩效的提升。因此，成功的公司治理模式可能是在特定社会、文化、政治等制度环境下各种利益相关者博弈的结果，也可能随企业不同发展阶段而变化，“普适”或是“最佳”公司治理模式可能并不存在。①

（二）基于我国传媒上市公司样本数据的相关性分析

基于学界的不同观点，本文尝试探讨传媒上市公司的公司治理结构与各视角的业绩相关关系。利用 138 家传媒上市公司研究样本的统计数据，剔除两家 ST 公司和 2017 年出现异常状况的“乐视网”，得到 135 家公司样本数据。将各视角的业绩指标与各治理结构指标进行 Pearson 相关性检验，得到各指标的 Pearson 相关系数和相关显著性 *P* 值如表 9 所示。

表 9　各视角下业绩与公司治理结构指标的相关性检验结果

治理结构指标	股东视角		出资者视角		国家视角		员工视角	
	Pearson 相关系数	显著性 *P* 值	Pearson 相关系数	显著性 *P* 值	Pearson 相关系数	显著性 *P* 值	Pearson 相关系数	显著性 *P* 值
第一大股东持股比	-0.046	0.593	0.132	0.128	-0.221**	0.010	0.035	0.689
前三大股东持股比	0.039	0.651	0.171**	0.047	-0.203**	0.018	-0.001	0.987
前十大股东持股比	0.069	0.426	0.299**	0.000	-0.141*	0.102	-0.042	0.628
独董占董事会比	0.186**	0.031	0.293**	0.001	0.175**	0.043	0.135	0.119
二职分离占比	0.062	0.483	-0.095	0.284	0.070	0.431	0.041	0.644
国有控股占比	-0.055	0.534	-0.131	0.135	-0.247**	0.004	0.208**	0.017
第一大股东控制比	-0.017	0.842	-0.018	0.835	0.062	0.478	0.117	0.180
高管人均薪酬	0.093	0.285	0.282**	0.001	0.175**	0.043	-0.004	0.965
高管持股比	0.066	0.446	0.168*	0.051	0.117	0.177	-0.046	0.600

① 杨典：《公司治理与企业绩效——基于中国经验的社会学分析》，《中国社会科学》2013 年第 1 期。

从表 9 可知，在显著性 $P<0.1$ 的条件下，股东视角下，只有“独董占董事会比”一个指标与各视角绩效正相关。

出资者视角下，“前三大股东持股比”“前十大股东持股比”“独董占董事会比”“高管人均薪酬”“高管持股比”与绩效的关系均为显著正相关。

国家视角下，三个股权集中度指标、“国有控股占比”与绩效显著负相关，“独董占董事会比”“高管人均薪酬”与绩效显著负相关；其中“国有控股占比”显著负相关说明，国家控制上市公司时，上缴各项税费在营业收入的比重显著高于非国家控制的上市公司。

员工视角下，只有“国有控股占比”与绩效显著正相关，说明国家控制上市公司时，员工薪酬在营业收入的比重显著高于非国家控制的上市公司。

上述结论归纳为表 10，其中“+”表示显著正相关，“-”表示显著负相关。

表 10　各视角下业绩与公司治理结构指标的相关性

治理结构指标	股东视角	出资者视角	国家视角	员工视角
第一大股东持股比	非相关	非相关	-	非相关
前三大股东持股比	非相关	+	-	非相关
前十大股东持股比	非相关	+	-	非相关
独董占董事会比	+	+	+	非相关
二职分离占比	非相关	非相关	非相关	非相关
国有控股占比	非相关	非相关	-	+
第一大股东控制比	非相关	非相关	非相关	非相关
高管人均薪酬	非相关	+	+	非相关
高管持股比	非相关	+	非相关	非相关

从表 10 可以得到如下结论。

（1）“二职分离占比”“第一大股东控制持股比”与各视角绩效都不相关，说明不论董事长和总经理是否兼职，公司绩效都不受此影响。同时，公司是否第一大股东控制并不重要。

（2）股权集中度与出资者利益有正向关系，但与国家利益呈现负相关。说明公司股权是否集中，需要从不同的利益主体综合考虑。

（3）“独董占董事会中比”“高管人均薪酬”都与投资人、国家利益正相关，说明独立董事在一定程度上有利于公司正确决策；高管的薪酬激励对我国传媒上市企业有效。

（4）“国有控股占比”与国家视角的业绩负相关，与员工利益正相关，说明我国国有控股企业享受国家优惠政策，比非国有控股的公司承担的税费少。同时，国有控股的公司员工福利显著高于非国有控股公司。

（三）北京市传媒上市公司治理结构的优劣势分析

北京样本高管薪酬和高管持股比例均高于业绩表现好的全国同行的水平，说明北京市传媒上市公司比较重视高管激励的作用，且这种激励措施往往对投资人和国家都有正面的促进效应。然而，数据也显示，高水平高管激励下的北京传媒上市企业，其业绩并不尽如人意。可见高管激励效应还没有充分发挥出来。

北京样本的股权集中度相对较高。由于股权集中的双向作用，一方面会对投资人有正向激励效应，另一方面对国家利益可能有负向作用，所以适中的股权集中度往往是权衡各方利益的最佳决策。

北京样本的独董比例与全国均值持平。根据前述的相关性分析结果，独董占比和股东、资金投资者、国家各方利益都显著正相关，因此，适度提高独董比例可能会成为促进企业适度决策的一个因素。

北京样本的实际控制人为国有机构的比例相对较低，且国有机构控制的企业在上缴税费比例上低于非国有控制企业。这一方面说明北京民营传媒企业的兴起，另一方面也说明作为全国文化中心的北京，其国有传媒企业的发展还相对较弱，国有传媒企业做大做强还有较大的提升空间。

附　　录

Appendices

B.20
2017年北京新闻出版广电大事记

1月

1月3日　全国宣传部长会议在京召开。中共中央政治局常委、中央书记处书记刘云山出席会议并讲话，强调要深入贯彻落实以习近平同志为核心的党中央各项决策部署，牢固树立政治意识、大局意识、核心意识、看齐意识，以高度政治责任感做好宣传思想工作，为迎接党的十九大胜利召开提供有力思想舆论保证。

1月3~4日　全国新闻出版广播影视工作会议在京召开。此次会议与全国宣传部长会议套开，与会人员认真聆听了刘云山、刘奇葆同志在全国宣传部长会议上的重要讲话。聂辰席同志出席全国新闻出版广播影视工作会议并作工作报告，强调做好当前和今后一个时期新闻出版广播影视工作，必须坚持围绕中心，服务大局，牢牢把握“两个巩固”的根本任务，在把握机遇、攻坚克难中争取更大作为。

1月8~11日　由北京市新闻出版广电局、北京出版发行业协会主办，北京市新闻出版服务中心承办的2017北京出版发行产业促进交易会在北京举行，共吸引全国各地800余家民营文化公司和国营出版单位参展，带来10余万种图书产品和电子出版物，涉及政治、历史、文学、艺术、少儿、科普、哲学、农业等多个领域。

1月12日　北京市新闻出版广电局召开第七届书香中国·北京阅读季推介会。第七届北京阅读季将以“阅读点亮中国梦”为主题，以“阅读+我”行动计划为活动主线，串联起以“新、爱、美、藏”四大关键词对应的春、夏、秋、冬全年阅读活动。

1月12日　由中国出版协会主办、北京开卷信息技术有限公司承办的“2016年度国内外图书零售市场报告会”揭晓全国图书零售市场占有率排名，北京联合出版公司以2.49%的占有率蝉联第一。

1月12~14日　由中国出版协会和中国书刊发行业协会共同主办的2017北京图书订货会在中国国际展览中心（老馆）举行。本届订货会举办各类文化活动200余场，共设展台2369个，馆配展架910个，参展单位737家，邀请新华书店、图书馆、馆配商、海内外华文书店等3000余家，编辑馆配可供书目11万种。订货会现场馆配采定码洋1.14亿元人民币。

1月13日　由中国出版协会主办、中国新闻出版研究院和中国新闻出版传媒集团协办的2016中国出版年会在京举行。北京出版社出版的“大家小书”系列、北京十月文艺出版社出版的《甲骨时光》、北京联合出版公司出版的《中国社会经济通史》荣获“2016年度中国30本好书”，北京出版集团董事长乔玢荣获“2016年度中国十大出版人物”。

1月16日　中共中央宣传部“优秀儿童文学出版工程”奖颁奖会在京举行，共有七部作品获奖。北京时代华文书局出版的《面包男孩》荣获一等奖。

1月19日　北京市新闻出版广电局向北京地区各网络文学出版服务单位发出通知，组织开展网络文学作品内容、编校质量检查，加强网络文学出版质量监管等系列活动，建设北京市网络文学质量管理年。

1月20日　北京市新闻出版广电局召开全市广电系统2017年广播电视

安全播出工作会议。会议全面总结了2016年广播电视安全播出工作，对2017年围绕十九大安全播出工作进行了具体部署，并对“春节”“全国两会”重要保障期的安全播出提出要求。

1月22日 由国家新闻出版广电总局全民阅读活动组织协调办公室主办，中国新闻出版传媒集团承办，中央部分主要媒体和网站参与的2016年度“大众喜爱的50种图书”推荐活动入选图书正式揭晓。北京十月文艺出版社出版的《如果大雪封门》、北京联合出版公司出版的《觅渡觅渡》《迷人的材料》、北京时代华文书局出版的《面包男孩》入选。

2月

2月15日 北京市优秀广播电视公益广告作品扶持项目征集评审工作启动。

2月17日 北京市新闻出版广电局举办北京市数字编辑人才队伍建设工作座谈会，为首批获得北京市数字编辑专业高级职称的65名同志颁发证书。北京市率先在全国开展了数字编辑专业资格评价工作，在全国起到引领和示范作用。2016年度举办了高级专业技术资格评价工作，有65名同志通过评审并获得高级职称；举办了中级和初级考试工作，3500余人报名，2416人参加考试，近400人通过考试取得中级、初级职称。

2月17日 2017年度国家出版基金资助项目进行了公示，北京市属出版单位十六个项目入选。

2月23日 北京市新闻出版广电局召开了2017年行业安全生产暨消防安全工作会。杨烁局长与行业单位代表签署了《2017年行业安全生产和消防安全工作责任状》并作讲话。

3月

3月8日 北京市召开了2017年软件正版化工作会。会议总结了2016年北京市软件正版化工作，传达了推进使用正版软件工作部际联席会议

2017 年推进使用正版软件工作计划，审议了 2016 年北京市各级国家机关及市属国有企业软件正版化工作检查情况的通报和 2017 年北京市软件正版化工作推进方案。

3 月 20 日　由北京市新闻出版广电局、北京市怀柔区人民政府主办，首都广播电视节目制作业协会承办，北京怀柔国家影视产业示范区管理办公室协办的 2017 春季北京电视节目交易会在北京会议中心开幕。本届交易会共有国内外电视节目制作机构及相关产业机构 440 余家 2300 余人、电视节目播出机构 170 家近 500 人参会，总参会人员超 3500 人。本届交易会参展节目数再创新高，共推介电视节目 900 部、原创优秀网络文学作品 109 部。

3 月 30 日　北京出版集团“儿童文学出版基金”项目暨原创儿童文学作品征稿启动仪式在十月文学院报告厅举行，北京出版集团儿童文学出版基金宣告创立。

4月

4 月 14～24 日　由北京市新闻出版广电局主办，北京发行集团、北京出版发行行业协会承办的 2017 北京书市在朝阳公园举行，有 300 余家国内知名出版发行机构参展，集中展销 40 万种古今中外优秀正版出版物。现场设置约 600 个展位，集中开设了精品畅销书展区、古旧图书展区、青少年文化体验区、文化艺术展览区和优秀图书展区五大展区，还在北京图书大厦、王府井书店、中关村图书大厦、亚运村图书大厦设立书市分会场。在活动期间举办了百余场作家签售、名家讲座、亲子阅读会等文化活动。

4 月 16～23 日　由国家新闻出版广电总局、北京市人民政府主办，国家新闻出版广电总局电影局、北京国际影视交流促进中心承办的第七届北京国际电影节在京举行。本届“天坛奖”评委会主席由丹麦著名导演比利·奥古斯特担任，共收到来自六大洲、59 个国家和地区的 424 部影片报名参赛。“中外电影合作论坛”“中国电影发行高峰论坛”“电影科技国际论坛”“探寻电影之美高峰论坛”四场主题论坛累计参加人数超过 1500 人。电影节期间展映了从100多个国家和地区精选的境内外影片近500部。共有108家企业的56个重点项目成功签约，总金额达到174.58亿元人民币。

4月22日 由北京市版权局、通州区人民政府牵头组织的以“打造版权保护示范区，助力城市副中心建设”为主题的4·26版权保护宣传活动在宋庄上上国际美术馆举行。活动当天，北京市版权局与通州区政府就共同打造版权保护示范区进行了签约仪式。

4月23日 第七届“书香中国·北京阅读季”启动仪式暨“读北京·游北京·讲北京·爱北京”项目发布会在北京宋庆龄故居举办。2017年北京阅读季的活动从4月持续到12月，围绕“联结阅读力量，创变阅读价值”主线，春夏秋冬四季分别以“创新”“关爱”“唯美”“传承”为关键词进行主题阅读推广，使北京城全年都有书香萦绕。

4月23日 由中央电视台与中国图书评论学会联合推出的2016年度“中国好书”榜单揭晓，30种好书榜上有名。北京十月文艺出版社《如果大雪封门》、北京出版社《中国古代建筑概说》、北京时代华文书局《面包男孩》入选。

4月26日 由北京市新闻出版广电局主办的以“我徒步·我保护”为主题的2017年“4·26版权保护宣传周”现场宣传活动在通州区大运河森林公园举行。

5月

5月3日 “京津冀交通广播联盟战略合作协议”签约仪式在天津举行。京津冀交通广播联盟将重点报道空地联运、双城生活等三地民众生活方式的变化，同时为三地出行人群提供立体化交通信息服务，进一步提升对三地民众交通信息服务的水平，深化广播陪伴服务需要。

5月12日 国家新闻出版广电总局公布了2017年中国文艺原创精品出版工程（二期）项目名单。北京十月文艺出版社《我们的老院》《中关村笔记》入选。

5 月 19 日　中央宣传部办公厅、国家新闻出版广电总局办公厅公布了 2017 年主题出版重点出版物选题名单，北京人民出版社《中国军事战略思维论》入选。

5 月 22 日　国家新闻出版广电总局 2017 年向全国青少年推荐百种优秀出版物图书类推荐目录公示。北京出版社《中国故事：中华文明五千年》、北京少年儿童出版社《金骏马民族儿童文学精品》、北京十月文艺出版社《甲骨时光》、北京时代华文书局《面包男孩》入选。

5 月 26 日　北京市新闻出版广电局通过官网公布了《关于开展 2017 年度北京市实体书店扶持项目征集工作的通知》，这标志着北京市实体书店扶持项目征集工作正式启动，约 70 家书店将获得奖励扶持，2017 年扶持资金总额为 1800 万元，一家书店最高可获奖励 100 万元，最低也将不少于 5 万元。

5 月 31 日　第四届中国出版政府奖入选获奖名单公示。北京十月文艺出版社总编辑韩敬群荣获第四届中国出版政府奖优秀编辑奖，北京十月文艺出版社《秘境——中国玉器市场见闻录》、北京美术摄影出版社《城市记忆：北京四合院普查成果与保护》、中国书店出版社《中国佛教版画全集》、北京时代华文书局《面包男孩》入选图书奖提名奖，北京出版社《静静的山》入选装帧设计奖提名奖。

6月

6 月 1 ~ 2 日（当地时间）　由北京市新闻出版广电局组织的北京出版代表团在纽约的贾维茨会展中心举办的 2017 美国书展上设立了“北京出版代表团联合展台”，并通过在展会上举办图书推介会、投放平面广告、宣传品分发等形式，推广北京的出版物和出版企业。

6 月 6 日（当地时间）　“北京优秀影视剧海外展播季 · 英国”系列活动在伦敦启动。

6 月 23 ~ 27 日（当地时间）　北京出版集团与澳洲中国书店、澳洲玛克威出版社联合主办的“品读北京——北京出版集团 2017 澳大利亚精品图书展”在悉尼拉开帷幕。

6 月 27 日 北京市新闻出版广电局召开了市属图书出版单位上半年出版工作会议。

6 月 28 日 北京市新闻出版广电局公示了首批 20 家媒体融合发展重点实验室评审结果。

7月

7 月 3 日（当地时间） 作为德国“感知中国”系列社会文化活动之一，由北京电视台制作的纪实节目《北京之夜》在柏林举行开播仪式。开播仪式上，北京电视台和德国萨沃电视台签署战略合作框架协议，双方将在交流交往、节目制作、版权交换、市场推广等领域开展互利互惠共赢的深入合作。

7 月 4 日 北京市新闻出版广电局与国家新闻出版广电总局广科院举行促进北京市广播影视科技发展研讨会。双方重点就北京市广播影视科技创新发展、推动科技企业“走出去”、京津冀协同发展科技资源共享等议题进行了充分讨论，达成了多项重要共识和合作意向。

7 月 7 日 第七届书香中国 · 北京阅读季 · 2017 北京儿童阅读周 · 第三届中国童书博览会在北京展览馆开幕。本届童书博览会为期 10 天，秉承“让中国的孩子读最好的童书，让世界的孩子读中国最好的童书”的创办理念，是儿童图书产业协作及交流的重要纽带。

7 月 10 日 由北京日报社与北京市教工委、市教委联合主办的第五届“与未来相约 · 千名中小学生进报社”活动拉开序幕。作为本届活动的首批参观者，50 余名来自府学胡同小学的学生走进北京日报社，了解报纸的生产制作流程，并与编辑、记者座谈。

7 月 10 日 北京市 2017 年度重点图书选题出版扶持入选项目评审结果揭晓，63 个重点图书选题入选。

7 月 11 日 由北京出版集团与北京电视台等单位联合发起的“带本书

给家乡的孩子”大型公益活动第五季启动仪式在京举行。启动仪式后，作为“捐书信使”的大学生将陆续启程，把北京出版集团捐赠的优质图书带往全国各地。

7月18日 北京人民广播电台主办的“乐享四季·北京广播音乐会”系列公益演出正式拉开帷幕。首场演出以“胜利的勇气”为主题，向中国人民解放军建军九十周年致敬。

7月18日 北京市新闻出版广电局组织召开第七届书香中国·北京阅读季·2017北京儿童阅读周·第三届中国童书博览会总结会。

7月21日 北京市新闻出版广电局组织召开北京农村电影放映工作改革创新座谈会。围绕目前北京农村电影放映工程面临的问题和困难、体制机制改革、提质增效、市场化运行等方面进行了研讨。

7月26日 由北京市版权局、世界知识产权组织（WIPO）中国办事处共同主办，首都版权产业联盟承办的视听表演版权保护研讨会在金台艺术馆顺利召开，旨在宣传《视听表演北京条约》，推动《视听表演北京条约》尽早生效。

7月26日 北京市委宣传部、北京市新闻出版广电局、北京人民广播电台、北京发行集团在北京图书大厦联合举办了第七届书香中国·北京阅读季“书香北京”评选启动、诵读小站——北京图书大厦站揭幕、北京图书大厦“智慧书城”上线等系列活动。

7月28日 北京影视出版创作基金2017年项目资质申报工作启动。在北京地区注册，具有独立法人资格，持有从事广播电视、电影相关业务资质，且3年来无违规记录的广播电视、电影制作机构都可申报。

7月31日（当地时间） 由北京市新闻出版广电局主办、四达时代集团承办的“2017北京影视剧非洲展播季”活动在赞比亚首都卢萨卡启动。

8月

8月11~13日 由国家新闻出版广电总局、北京市人民政府指导，北京市委宣传部、中国音像与数字出版协会、北京市新闻出版广电局（北京市版权局）、北京市互联网信息办公室、北京市文学艺术界联合会、北京经济技术开发区管理委员会主办的以“网络正能量、文学新高峰”为主题的首届中国“网络文学+”大会开幕式暨中国网络文学高峰论坛在北京亦创国际会展中心举行。国内65家行业领先企业参展，其间举办了平行主题论坛、中国网络文学IP交易大会、读者体验活动、网络文学线上活动、成果发布等多项主题活动。掌阅科技、中文在线、大佳网和百度阅读等多家网络文学企业、平台单位和多名网络作家，自发共同发起宣布了《中国“网络文学+”大会北京倡议》。

8月22日　第24届北京国际图书博览会的标志性活动2017北京国际出版论坛召开。聚焦“一带一路”，畅谈国际出版合作，聚焦“一带一路”热点话题、分享“一带一路”出版业新资讯、展示“丝路国家”出版合作新亮点、探索“一带一路”国际出版合作之路四大看点引领国际出版行业新风向。

8月23日　北京市新闻出版广电局联合太合音乐集团在第24届北京国际图书博览会上宣布，共同启动“大运河之歌征集活动”，邀约广大音乐人，以传承、阐释大运河文化为主题，创作优秀音乐作品，积极打造大运河文化音乐IP。

8月23日　由中共北京市委宣传部、北京市新闻出版广电局、顺义区人民政府联合主办的以“书香迎盛世　融合展辉煌”为主题的第十五届北京国际图书节在顺义新国展开幕，共展出中外精品出版物近5万种，举办各类阅读推广活动100多场。主会场开展了“红沙发”访谈、“一带一路”高峰论坛、名家大讲堂等七大主题活动。

8月23日　北京市新闻出版广电局与北京银行签署了新一轮为期五年的《支持北京新闻出版与广播影视产业发展全面战略合作协议》，成为全方位战略合作伙伴。此次签约标志着北京市新闻出版广电局与北京银行政银合作迈入新阶段。

8月23～27日　由国家新闻出版广电总局、北京市人民政府等单位主办，中国图书进出口（集团）总公司承办的第二十四届北京国际图书博览会（BIBF）在中国国际展览中心（顺义新馆）举行。本届图博会共设七大展馆，展览面积92700平方米，较上年增长17.9%。来自国内外的2500多家参展商参展，参展国家和地区达89个，其中“一带一路”沿线参展国家28个。伊朗伊斯兰共和国担任本届图博会的主宾国。现场展出了全球最新出版的图书30多万种，举办近千场出版文化活动。

8月25日 由北京市三网融合工作协调小组办公室组织，北京市新闻出版广电局会同市经信委、市通管局在中国职工之家召开“北京市广电媒体与通信企业三网融合业务推介会”。

8月31日 北京市新闻出版广电局与北京市慈善义工联合会以“发挥网络社会监督作用，促进网络视听健康发展”为主题，启动互联网视听节目监督志愿服务行动。

9月

9月11～13日 由文化部、国家新闻出版广电总局、北京市人民政府共同主办，北京市贸促会承办的第十二届中国北京国际文化创意产业博览会在北京举办。本届北京文博会以“文化科技融合、传承创新发展”为主题，举办综合活动、展览展示、推介交易、论坛会议、创意活动、分会场六大系列百余场活动，并搭建官方互联网展示平台。

9月21日 北京市出版工作会议在京召开。北京市委常委、宣传部部长杜飞进出席会议并讲话。市委宣传部副部长韩昱，市新闻出版广电局党组书记、局长杨烁出席会议。市属图书出版单位社长、总编，部分报刊、发行、电子音像网络出版、民营出版单位主要领导参加会议。会议传达了全国出版工作会议精神，对当前及今后一个时期北京市出版工作进行了部署。

9月21日 掌阅科技股份有限公司在上海证券交易所主板挂牌上市，掌阅科技是在北京市推进全国文化中心建设领导小组第一次会议后首家上市的北京文创企业，也是国家新闻出版广电总局、中共北京市委宣传部、北京市新闻出版广电局多年引导扶持、孵化培育的龙头数字出版企业。

9月27日 第十四届精神文明建设“五个一工程”表彰座谈会在京召开，列入北京市文化精品工程项目、由北京市重点扶持创作的电影《战狼2》《智取威虎山》《湄公河行动》《百团大战》获得优秀电影奖。

9月27～29日 2017年秋季北京电视节目交易会在北京会议中心隆重举行。

9月28日 “春华秋实”2012～2017北京电视剧优秀成果表彰在京举行，北京鑫宝源影视投资有限公司等十家北京市优秀电视剧制作机构获表彰，国家新闻出版广电总局副局长田进，北京市委常委、宣传部部长杜飞进等出席并讲话。

10月

10月10日 北京市新闻出版广电局与北京银行召开了《支持北京新闻出版与广播影视产业发展全面战略合作协议》解读会。

10月23日 北京市版权局召开2017年北京市版权保护示范单位评选工作总结表彰会，来自各区的26家书店和25家印刷厂共51家单位获得“北京市版权保护示范单位”荣誉称号。

11月

11月1日（当地时间） 由北京市新闻出版广电局组织的中国北京电影代表团参加了在美国洛杉矶举行的第十三届中美电影节开幕式暨“金天使奖”颁奖典礼。由北京市新闻出版广电局选送的阿里巴巴影业（北京）有限公司出品的《三生三世十里桃花》、爱奇艺影业（北京）有限公司出品的《八月》，双双获得中美电影节“金天使奖”。北京生产影片《战狼2》获得中美电影节最佳故事片奖。

11月9日 第七届书香中国·北京阅读季在北京国际青年营召开以“阅读滋养心灵，书香引领成长”为主题的书香校园建设专家研讨会。

11月23日 书香中国·北京阅读季与北京地铁公司共同打造北京“书香地铁”工程，在29个地铁站点的82个位置发放带有北京地铁地图和好书推荐的“乘客服务指南”，有80辆“书香公交”集中亮相。

11月28日 由北京市新闻出版研究中心主编、社会科学文献出版社出版的《北京新闻出版广电发展报告（2016~2017）》（“北京传媒蓝皮书”）在京发布。

11月30日 在2017年全国绿色印刷宣传周期间，由国家新闻出版广电总局印刷发行司指导、北京市新闻出版广电局和中国新闻出版传媒集团联合主办的第二届中国出版印刷者大会在京举行。大会以“数字·贯通·融合”为主题，汇聚行业主管部门、科研院所、出版单位、印刷企业、平台软件供应商负责人，分享对印刷业数字化融合发展的研判以及各自在数字化生产、产业对接方面的实践。

11月30日~12月1日 由北京市新闻出版广电局主办，天津市新闻出版局、河北省新闻出版广电局协办的2017年北京绿色印刷产业促进商务交流会暨京津冀协同发展绿色印刷产业促进商务交流会在北京举办。

12月

12月5日 2017“书香中国·北京阅读季”阅读盛典在京举行。据统计，2017年，这一全民阅读品牌活动共推出各类阅读活动3万余场，覆盖和影响人群超过1000万，参与活动的居民年人均纸书阅读量达10.97本。

12月9日 北京市新闻出版广电局与承德市人民政府签订框架协议，共建北京（承德）影视产业基地，以期达到优势互补、资源共享，引领京津冀影视产业发展的目的。

12月11日 由北京璀璨星空文化发展有限公司制作的53集电视动画片《京剧猫之信念的冒险》获得国家新闻出版广电总局季度优秀国产电视动画片荣誉。

12月12日 北京市新闻出版广电局举办“辅导老师与作者见面会”。

来自北京等全国各地的32位“大运河文化”主题网络文学重点选题孵化项目的作者、18位辅导老师和17家网站负责人参加了会议。每一部作品均与一位文学专家学者或资深编辑结上了对子。

12月14日 由北京市新闻出版广电局主办的北京市网络文学管理工作会议在京召开。会议就2017年网络文学阅评工作情况、2017年北京网络文学推优活动选送作品整体情况和网络文学编校质量专项检查情况进行了讲评和分析。

12月15日 第十二届中国北京国际文化创意产业博览会国际电影产业发展研讨会在北京电影学院成功举办。

12月15日 第十二届中国北京国际文化创意产业博览会国际版权论坛暨第五届中国国际音乐产业大会在京举办。本届大会以“新征程”为主题，探讨2017年行业热点及音乐产业未来发展方向，共同打造音乐全产业链生态圈，为音乐产业的未来发展注入新的动力。

12月29日 北京市委宣传部发布《北京市2017年度文化精品工程重点项目》，北京十月文艺出版社《中关村笔记》《太阳深处的火焰》《特别能战斗》、北京联合出版公司《胜者思维》、文津出版社《北京文脉》、北京出版社《北京口述历史·第二辑》、北京日报出版社《昨日重现：水彩笔下的老北京》、北京少年儿童出版社《发现中国印记系列丛书》、爱奇艺文学《竹林颂·嵇康传奇》入选。

B.21

新闻出版广电业相关优惠政策目录

一 国家级政策

（一）产业改革发展类

1. 财政部、国家税务总局、中宣部《关于继续实施文化体制改革中经营性文化事业单位转制为企业若干税收政策的通知》（财税〔2014〕84号）

2. 财政部、海关总署、国家税务总局《关于继续实施支持文化企业发展若干税收政策的通知》（财税〔2014〕85号）

3. 国务院《关于深化改革推进北京市服务业扩大开放综合试点工作方案的批复》（国函〔2017〕86号）

4. 国家新闻出版广电总局《改革发展项目库项目申报指南》（新广出办函〔2017〕283号）

5. 国家新闻出版广电总局《关于征集年度文化产业发展专项资金新闻出版广播影视重大项目的通知》（新广出办发〔2017〕25号）

（二）影视类

1. 财政部、国家发改委、国土资源部、住房和城乡建设部、中国人民银行、国家税务总局、国家新闻出版广电总局《关于支持电影发展若干经济政策的通知》（财教〔2014〕56号）

2. 财政部、国家新闻出版广电总局《中央级国家电影事业发展专项资金预算管理办法》（财教〔2016〕4号）

3. 国家新闻出版广电总局《广播电视公益广告扶持项目评审办法》（新广电发〔2017〕19 号）

4. 国家新闻出版广电总局《优秀电视剧剧本扶持引导项目评选章程（修订版）》（新广电发〔2015〕150 号）

5. 国家新闻出版广电总局《年度网络视听节目内容建设专项资金》（新广电发〔2017〕39 号）

6. 国家新闻出版广电总局《少儿节目精品发展专项资金及国产动画发展专项资金评审办法》（新广电办发〔2015〕292 号）

（三）出版类

1. 国家新闻出版广电总局、财政部《国家出版基金资助项目管理办法》（新广发〔2016〕51 号）

2. 国家新闻出版广电总局《关于推动网络文学健康发展的指导意见》（新广出发〔2014〕133 号）

3. 国家新闻出版广电总局《关于大力推进我国音乐产业发展的若干意见》（新广出发〔2015〕81 号）

4. 国家新闻出版广电总局《“原动力”中国原创动漫出版扶持计划》（新广出办发〔2016〕21 号）

5. 国家新闻出版广电总局《关于实施“中国原创游戏精品出版工程”的通知》（新广出办发〔2016〕98 号）

（四）国际传播类

1. 丝路书香工程
2. 经典中国国际出版工程
3. 中国图书对外推广计划
4. 中华图书特殊贡献奖
5. 图书版权输出奖励计划

二　北京市级政策

（一）出版类

1.《北京市优秀长篇小说创作出版专项资金管理办法》（京宣发〔2016〕53号）

2.《北京市图书出版奖励扶持专项资金管理办法》（京财科文〔2014〕174号、京新出联〔2014〕36号）

3.《北京市绿色印刷出版物奖励资金管理办法》（京新出印〔2013〕31号）

4.《北京市实体书店扶持资金管理办法》（京新广发〔2016〕112号）

5.《北京市音像电子网络出版物奖励扶持专项资金管理办法》（京新出联〔2014〕35号）

6.《北京市报刊出版引导资金资助项目管理办法》（京新广发〔2016〕53号）

7.《关于实施国产网络游戏属地管理试点工作的通知》（京新广发〔2017〕116号）

（二）影视类

1.《北京市多厅影院建设补贴管理办法》（京宣发〔2017〕38号）

2.《北京市国家电影事业发展专项资金征收使用管理办法》（京新广发〔2017〕248号）

3.《北京市新闻出版广电局广播电视公益广告扶持项目评审办法》（京新广发〔2017〕26号）

4.《北京影视出版创作基金电影精品扶持项目实施细则》

5.《北京影视出版创作基金优秀广播电视作品项目实施细则》

6.《北京影视出版创作基金优秀网络视听节目项目实施细则》

（三）国际传播类

1.《北京市提升出版业传播力奖励扶持专项资金管理办法》（京新广发〔2016〕16 号）

2. 北京市提升广播影视业国际传播力奖励扶持专项资金管理办法（试行）

✤ 皮书起源 ✤

“皮书”起源于十七、十八世纪的英国，主要指官方或社会组织正式发表的重要文件或报告，多以“白皮书”命名。在中国，“皮书”这一概念被社会广泛接受，并被成功运作、发展成为一种全新的出版形态，则源于中国社会科学院社会科学文献出版社。

✤ 皮书定义 ✤

皮书是对中国与世界发展状况和热点问题进行年度监测，以专业的角度、专家的视野和实证研究方法，针对某一领域或区域现状与发展态势展开分析和预测，具备原创性、实证性、专业性、连续性、前沿性、时效性等特点的公开出版物，由一系列权威研究报告组成。

✤ 皮书作者 ✤

皮书系列的作者以中国社会科学院、著名高校、地方社会科学院的研究人员为主，多为国内一流研究机构的权威专家学者，他们的看法和观点代表了学界对中国与世界的现实和未来最高水平的解读与分析。

✤ 皮书荣誉 ✤

皮书系列已成为社会科学文献出版社的著名图书品牌和中国社会科学院的知名学术品牌。2016 年，皮书系列正式列入“十三五”国家重点出版规划项目；2013~2018 年，重点皮书列入中国社会科学院承担的国家哲学社会科学创新工程项目；2018 年，59 种院外皮书使用“中国社会科学院创新工程学术出版项目”标识。

中国皮书网

（网址：www.pishu.cn）

发布皮书研创资讯，传播皮书精彩内容
引领皮书出版潮流，打造皮书服务平台

栏目设置

关于皮书：何谓皮书、皮书分类、皮书大事记、皮书荣誉、
皮书出版第一人、皮书编辑部

最新资讯：通知公告、新闻动态、媒体聚焦、网站专题、视频直播、下载专区

皮书研创：皮书规范、皮书选题、皮书出版、皮书研究、研创团队

皮书评奖评价：指标体系、皮书评价、皮书评奖

互动专区：皮书说、社科数托邦、皮书微博、留言板

所获荣誉

2008 年、2011 年，中国皮书网均在全国新闻出版业网站荣誉评选中获得“最具商业价值网站”称号；

2012 年，获得“出版业网站百强”称号。

网库合一

2014 年，中国皮书网与皮书数据库端口合一，实现资源共享。

中国社会发展数据库（下设 12 个子库）

全面整合国内外中国社会发展研究成果，汇聚独家统计数据、深度分析报告，涉及社会、人口、政治、教育、法律等 12 个领域，为了解中国社会发展动态、跟踪社会核心热点、分析社会发展趋势提供一站式资源搜索和数据分析与挖掘服务。

中国经济发展数据库（下设 12 个子库）

基于“皮书系列”中涉及中国经济发展的研究资料构建，内容涵盖宏观经济、农业经济、工业经济、产业经济等 12 个重点经济领域，为实时掌控经济运行态势、把握经济发展规律、洞察经济形势、进行经济决策提供参考和依据。

中国行业发展数据库（下设 17 个子库）

以中国国民经济行业分类为依据，覆盖金融业、旅游、医疗卫生、交通运输、能源矿产等 100 多个行业，跟踪分析国民经济相关行业市场运行状况和政策导向，汇集行业发展前沿资讯，为投资、从业及各种经济决策提供理论基础和实践指导。

中国区域发展数据库（下设 6 个子库）

对中国特定区域内的经济、社会、文化等领域现状与发展情况进行深度分析和预测，研究层级至县及县以下行政区，涉及地区、区域经济体、城市、农村等不同维度。为地方经济社会宏观态势研究、发展经验研究、案例分析提供数据服务。

中国文化传媒数据库（下设 18 个子库）

汇聚文化传媒领域专家观点、热点资讯，梳理国内外中国文化发展相关学术研究成果、一手统计数据，涵盖文化产业、新闻传播、电影娱乐、文学艺术、群众文化等 18 个重点研究领域。为文化传媒研究提供相关数据、研究报告和综合分析服务。

世界经济与国际关系数据库（下设 6 个子库）

立足“皮书系列”世界经济、国际关系相关学术资源，整合世界经济、国际政治、世界文化与科技、全球性问题、国际组织与国际法、区域研究 6 大领域研究成果，为世界经济与国际关系研究提供全方位数据分析，为决策和形势研判提供参考。

法律声明